本书为 2020 年度教育部哲学社会科学重大委托项目
"中国共产党百年教育史研究"（项目批准号：20JZDW006）研究成果。

朱旭东　施克灿

总主编

中国共产党领导下的
百年教育

第二卷

1949—1978

施克灿　周慧梅　刘幸　等著

北京师范大学出版集团
BEIJING NORMAL UNIVERSITY PUBLISHING GROUP
北京师范大学出版社

图书在版编目(CIP)数据

中国共产党领导下的百年教育. 第二卷，1949—1978/朱旭东，施克灿总主编；施克灿等著. —北京：北京师范大学出版社，2022.9（2024.9重印）

ISBN 978-7-303-28059-9

Ⅰ. ①中… Ⅱ. ①朱… ②施… Ⅲ. ①教育史－中国－1949—1978 Ⅳ. ①G529.7

中国版本图书馆 CIP 数据核字(2022)第 139254 号

联 系 电 话 010-58807068
北师大出版社教师教育分社微信公众号 京师教师教育

ZHONGGUO GONGCHANDANG LINGDAO XIA DE BAINIAN JIAOYU
DI-ER JUAN 1949—1978

出版发行：北京师范大学出版社 www.bnup.com
　　　　　北京市西城区新街口外大街 12-3 号
　　　　　邮政编码：100088
印　　刷：北京虎彩文化传播有限公司
经　　销：全国新华书店
开　　本：710 mm×1000 mm　1/16
印　　张：144.5
字　　数：1310 千字
版　　次：2022 年 9 月第 1 版
印　　次：2024 年 9 月第 3 次印刷
定　　价：720.00 元(全四卷)

策划编辑：鲍红玉　郭兴举　　　　责任编辑：康　悦
美术编辑：焦　丽　　　　　　　　装帧设计：王齐云
责任校对：段立超　张亚丽　包冀萌　责任印制：马　洁

前　言

中华人民共和国成立后，中国共产党从在革命根据地、解放区局部执政的党成为执掌全国政权的党，担负起领导全国各族人民建设新国家、新社会的重任。党领导教育的历史也揭开了新的篇章。

1949年到1978年，是中国共产党作为执政党领导社会主义革命和建设的阶段，教育的发展始终是在前进与守旧、进步与落后、革命与改良的反复较量和斗争中进行的，在不断探索中积累了历史经验和教训。为顺利完成社会主义革命与建设任务，中国人民政治协商会议第一届全体会议确定了将《中国人民政治协商会议共同纲领》作为中华人民共和国的施政纲领，对新中国教育的性质、任务、方法和教育发展的步骤、重点，都做了明确规定，奠定了党对教育事业的领导权。

中国共产党在对新中国成立初期政治、

经济、文化发展情况进行综合考量后,学习苏联教育理论和经验,制定并在实践中具体落实以"教育为工农服务""教育为生产建设服务"和全面发展为核心的教育方针,改造旧教育、创建新教育,注重面向工农,提倡两条腿走路办教育、推行两种教育制度,建构起中国共产党领导下的、与社会主义革命和建设时期经济社会发展相适应的教育体系。党中央制定的有关教育方针、政策以及提出的一系列教育工作指示,成为新中国社会主义教育事业的根本指导思想。

这一时期中国共产党领导下的全国人民对社会主义教育道路的探索,取得了辉煌的成就,培养了大量经济、文化建设等方面的骨干力量和各类人才,同时也有"左"倾带来的挫折和教训。总结社会主义革命和建设时期中国共产党教育的主要成就和基本经验,对探讨中国特色社会主义教育的基本规律具有深远意义。

本卷第一、二、五章由周慧梅教授执笔;第三章第一、二、七部分,第四章第一、二、四、五部分由刘幸博士执笔;第三章第四、五、六部分由博士研究生刘文佳执笔;第三章第三部分、第四章第三部分由硕士研究生孙加龙执笔;全书由施克灿教授统稿。

施克灿

2021 年 5 月

目　录

第一章 ｜ 中国共产党的教育方针探索

　　教育方针作为国家教育制度的重要组成部分，是对各项教育工作的总指导思想、总目标和总任务的概括。它是根据党中央总路线、总任务对教育工作的要求，经过法定程序变成的国家意志。教育行政部门通过全面贯彻落实教育方针，来实现和加强党对教育的政治领导。新中国成立后，中共中央积极借鉴苏联教育经验，制定相应的教育方针，对教育工作发出一系列的指示，不断调适教育行政部门建制，积极推动各项教育事业发展，为发展和建设新中国事业培养出一大批工农知识分子、产业工人和农村干部。

1956年，随着社会主义三大改造的完成，中共中央及时调整教育方针，使其完成了从新民主主义教育方针向社会主义教育方针的过渡。20世纪60年代，随着中苏关系恶化，中国共产党开始独立探索社会主义发展道路，提倡两条腿走路办教育，推行两种教育制度。

一、新民主主义文化教育总方针

中华人民共和国成立前夕，在中共中央的指示下，新老解放区的教育已经开始改造，初步落实新民主主义教育宗旨。新中国成立后，根据《中国人民政治协商会议共同纲领》和第一次全国教育工作会议的精神，确立了新民主主义文化教育总方针，指导全国范围内改造旧教育、创建新教育的伟大实践。党通过教育方针的制定和调整，来实现对教育工作的领导。

（一）教育总方针提出的背景

早在1940年1月，毛泽东在《新民主主义论》中就明确指出："我们既应把对于共产主义的思想体系和社会制度的宣传，同对于新民主主义的行动纲领的实践区别开来；又应把作为观察问题、研究学问、处理工作、训练干部的共产主义的理论和方法，同作为整个国民文化的新民主主义的方针区别开来。"毛泽东指出，新民主主义的文化，"它是反对帝国主义压迫，主张中华民族的尊严和独立的"。"它是反对一切封建思想和迷信思想，主张实事求是，主张客观真理，主张理论与实践一致的。""它应为全民族中百分之九十以上的工农劳苦民众服务，并逐渐成为他们的文化。"①他指出共产党领导的新文化在新民主主义阶段，主要任务是领导人民大众反帝反封建，建立民族的、科学的、大众的新文化。1945 年 4 月 24 日，毛泽东在中国共产党第七次全国代表大会上作了《论联合政府》的政治报告，认为在中国的现阶段，中国人民还不可能实现社会主义的国家制度。他阐述了新民主主义文化教育的性质："中国国民文化和国民教育的宗旨，应当是新民主主义的；就是说，中国应当建立自己的民族的、科学的、人民大众的新文化和新教育。"②1949 年 5 月 9 日，周恩来在北京大学教授联谊会上作了《关于新民主主义的教育》的讲话，指出新民主主义教育"就是要反对帝国主义、封建主义和官僚资本主义的文化，发展民族的、科学的、人民大众的文化"③。中国共产党和全国人民在民主革命斗争中发展文化教育事业的这些智慧和经验的结晶，成为制定新中国文化

---

① 《毛泽东选集》第二卷，706、707、708 页，北京，人民出版社，1991。

② 《毛泽东选集》第三卷，1083 页，北京，人民出版社，1991。

③ 陈廷伟、张桦、葛寄海：《周恩来教育思想》，44 页，南京，江苏教育出版社，1998。

教育方针的重要基础。

1949年9月21—30日，中国人民政治协商会议第一届全体会议召开，会议通过了具有临时宪法性质的《中国人民政治协商会议共同纲领》（以下简称《共同纲领》）。《共同纲领》规定中华人民共和国的国家性质为"新民主主义即人民民主主义的国家，实行工人阶级领导的、以工农联盟为基础的、团结各民主阶级和国内各民族的人民民主专政"。《共同纲领》第一次系统地、明确地规定了新中国教育的性质和主要任务："中华人民共和国的文化教育为新民主主义的，即民族的、科学的、大众的文化教育。人民政府的文化教育工作，应以提高人民文化水平，培养国家建设人才，肃清封建的、买办的、法西斯主义的思想，发展为人民服务的思想为主要任务。"①中共中央根据《共同纲领》的规定，制定出了新民主主义时期党的教育总方针。

1949年，全国教育工作者代表会议召开，筹备委员会成员林砺儒、成仿吾、俞庆棠、竺可桢、汤用彤、叶圣陶、陈鹤琴、江恒源、叶企孙、钱俊瑞等17人代表全国教育工作者参会，共商新中国教育问题。1949年10月19日，中央人民政府任命马叙伦为教育部部长，钱俊瑞为党组书记。10月30日，马叙伦部

---

① 中央教育科学研究所：《中华人民共和国教育大事记1949—1982》，3～4页，北京，教育科学出版社，1984。

长遵照政务院决议，接收前华北人民政府教育部和高等教育委员会，在此基础上组建了中央人民政府教育部。11 月 1 日，中央人民政府教育部举行成立典礼，并于 12 月 23—31 日召开了第一次全国教育工作会议，会议明确："中华人民共和国的文化教育为新民主主义的教育，即民族的、科学的、大众的文化教育。人民政府的文化教育工作，应以提高人民文化水平、培养国家建设人才，肃清封建的、买办的、法西斯主义的思想，发展为人民服务的思想为主要任务。"①部长马叙伦致会议开幕词时专门指出了中共中央对新中国教育发展指导的重要作用："在老解放区，对中国新教育的建设已经积蓄了一定的经验。这明显的表现在我们的《共同纲领》关于文化教育政策部分。它规定了新民主主义教育的性质、任务、国民道德标准、教育方法以及教育改造的步骤和重点。"②教育部党组书记、副部长钱俊瑞在会议总结报告中明确表示："我们的教育必须根据《共同纲领》，以原有的新教育的良好经验为基础，吸收旧教育的某些有用的经验，特别要借助苏联教育建设的先进经验，建设我们的'以提高人民文化水平，培养国家建设人才，肃清封建的、买办的、法西斯主义的思想，发展为人民服务的思想为主要任务'的

---

① 《中国人民政治协商会议共同纲领》，见教育资料丛刊社：《当前教育建设的方针》，1 页，北京，人民教育出版社，1952。

② 《马叙伦部长在第一次全国教育工作会议上的开幕词》，见何东昌：《中华人民共和国重要教育文献 1949～1975》，6 页，海口，海南出版社，1998。

新民主主义教育。"①会议确定的教育工作总方针和改造旧教育、创建新教育的政策措施，强调教育必须为国家建设服务，学校必须向工农开门，教育方法必须是理论与实际一致，同时也明确了旧教育改革的步骤和新教育发展的方向。

(二)教育总方针的要点

新民主主义教育方针是契合新中国成立初期的过渡阶段的政治、经济任务而提出来的，在1949年至1956年的教育工作中发挥了重要的指导作用。1949年12月18日，徐特立发表了《科学化、民族化、大众化的文化教育》一文，指出："我们的政协《共同纲领》第四十三条所说'普及科学知识'，也是要求科学为大众所掌握，也就是科学大众化。所谓科学大众化，不仅是量的扩大，其内容和形式也必须适合大众的要求和接受的程度。"②1950年4月，《人民日报》发表了中央宣传部部长陆定一的《新中国的教育和文化》，指出："我们的工作是向着两个主要目标去进行：第一是使文化教育事业从过去少数人的手里，转移到广大劳动人民的基础上；第

---

① 《钱俊瑞副部长在第一次全国教育工作会议上的总结报告要点》，见何东昌：《中华人民共和国重要教育文献 1949～1975》，8页，海口，海南出版社，1998。

② 徐特立：《科学化、民族化、大众化的文化教育》，载《新建设》，1949(8)。

二是使我们的文化教育事业有效地为恢复与发展国家生产建设而服务。"①随后，《人民教育》第一、二期重点推出了钱俊瑞的《当前教育建设的方针》，对新民主主义教育方针进行了阐述。他指出在目前阶段推行新民主主义教育应"为工农服务，为生产建设服务"。"这就是当前实行新民主主义教育的中心方针。离开这个方针，我们就会出偏差，就会犯错误。"②经过徐特立、陆定一、钱俊瑞等人对新民主主义教育方针的诠释，逐渐形成了"教育为工农服务""教育为生产建设服务"教育方针要点，成为这一时期教育实践的主要指导思想。

1. 教育为工农服务

新民主主义教育方针第一核心要点，即"教育为工农服务"。陆定一指出："中央人民政府准备把发展工农教育，培养工农出身的新型知识分子，作为文教工作上的首要任务。这个工作的意义，不仅是为了要解决今天工人与农民对文化上的要求，并且要为将来中国进行社会主义的建设作必要的准备。"③1950 年5 月，教育部社会教育司在工作报告中称："自从去年全国教育工作会议，确定了教育为工农服务的方针，指出了中国新教育建设的中心任务，是有计划有步骤地大批培养工农知识分子干部，使其成为国家建设的骨干，并提出开展工农业余教育，推

行识字运动，筹办工农速成中学与人民大学等具体措施之后，以及在这之前颁发冬学运动指示，指出冬学应结合当时当地情况与中心工作，提高农民群众政治觉悟与文化水平，宣传新中国的诞生，共同纲领，并为今后农民文化学习、识字运动打下基础。"①在正规学制内，中央人民政府创办了中国人民大学和三年制的工农速成中学，培养了数以万计的工农出身的受过高等教育的新型知识分子，与其他有觉悟的知识分子一起，成为经济建设、文化建设和国防建设的骨干。钱俊瑞直接提出"教育为工农服务"，不仅要认识到那种"我不为谁服务，我不参加政治，我为教育而教育"的自欺欺人的论调，还要辨别清楚"我要为全体人民服务，却不能单单为工农服务"的狭隘观念，更要认识到"占全国人口百分之八十以上的工农大众及其子女基本上还被关在学校门外"的现实状况，强调："我们必须首先用主要的力量给工农以教育。根子扎稳了，枝叶才会长得茂盛。工农的基础打好了，别的民主阶级也跟着受到根本的和长远的好处，因为工农是社会财富的创造者，他们代表着生产力，工人阶级又是国家的领导力量，他们就各方面的提高与加强，也就是从基本上加强和巩固了人民民主专政，也就是全般地发展了四个阶级的利益，将整个社会经济推向前进。"因此，"我们应该确定

---

① 《社教司半年来工作报告》，中华人民共和国教育部档案，档案号：98-1950-C-27.0006。

现阶段的中国教育应该首先和主要地为工农服务"。而要做到
"教育为工农服务",首先是教育的内容问题,钱俊瑞认为要将
"民族的、科学的、大众的"教育内容内化到为工农服务的新教
育中:

> 第一,我们的首先为工农服务的新教育,必须是彻底
> 的民族的,即彻底的反对帝国主义侵略,主张中华民族的
> 尊严、独立与解放的。
>
> 第二,我们的首先为工农服务的新教育,必须是彻底
> 的科学的。这种科学的教育,"是反对一切封建思想与迷信
> 思想,主张实事求是,主张客观真理,主张理论与实践
> 一致的"。
>
> 第三,我们的首先为工农服务的新教育,必须是真正
> 的大众的。它的内容必须服从于工农大众的利益,而不能
> 违背工农大众的利益。①

其次是教育建设的部署问题。在党的统一部署下,教育部
要做好以下六个方面的事情:"加强工农干部和人民解放军的教
育";"推行工人业余补习教育";"农民的业余补习教育";"准
备推行识字教育,有计划有步骤地在全国范围内扫除文盲的工

---

① 钱俊瑞:《当前教育建设的方针》,载《人民教育》,1950(1)。

作"；"举办工农速成中学"；"全国各级学校应该大大地为工农及其子女开门"。1952年5月9日，政务院第149次政务会议批准了《教育部1952年工作计划要点》，其中有"各级学校继续贯彻向工农兵开门的方针"，规定："高等学校招收部队、机关、团体的在职干部14000人入学，各高等学校在实行院系调整后，有准备地接收或开办工农速成中学，作为自己的预备学校。中等学校工农子女入学的比率，老区争取达到60%—70%，新区争取达到30%—50%。初等学校工农子女的比率，老区争取达到80%—90%，新区争取达到60%—70%，大中城市增设中学和小学，着重招收工人子女，增设专收青年工人及工人子女的中等技术学校。"[①]按照教育部部署，"教育为工农服务"的方针转换为学校必须为工农开门，很大程度上拓宽了受教育群体。大力贯彻高等学校为工农开门的方针，取得了明显的成效。截至1954年10月，"高等学校学生中工农成份现在已占学生总数百分之二十一点九四。随着工农群众生活的不断改善，中小学中工农子女的大量入学，高等学校的工农成份正在日益增加"[②]。工农大众在"政治翻身"后，实现了"文化翻身"。

2. 教育为生产建设服务

新中国成立后，经济建设是国家建设的首要的和基本的任

---

① 《教育部1952年工作计划要点》，见何东昌：《中华人民共和国重要教育文献1949～1975》，167页，海口，海南出版社，1998。

② 马叙伦：《五年来新中国的高等教育》，载《人民教育》，1954(10)。

务。为了发展物质生产力，新中国的人民教育的另一个主要方针和主要目标，就是为恢复和发展人民经济服务，即为生产建设服务。当时教育的重点和主要目标，应该是为生产建设服务。因为生产建设为整个国家建设的命根子。"我们的一切努力都应该围绕着这个命根子。"为生产建设服务的人民教育，"在提高劳动人民的生产热忱与积极性方面，在提高劳动者的文化、科学、技术方面，在培养生产建设的干部方面，以及在生产技术的改进方面，都可能起和应该起极其重大的作用。为生产建设服务的人民教育，对于人民经济的恢复与发展，乃是必要的，不可缺少的"。为了达到这个目标，钱俊瑞论述了"为生产建设服务的人民教育"内容应包含两个方面：第一，"我们在各种和各级教育工作中应该树立尊重劳动和热爱劳动的正确观点与习惯，应该肃清那种贱视劳动和劳动者的错误观点与习惯"；第二，"我们的人民教育应该着重地发展科学与技术的教育，并将这种教育与经济建设的需要（包括目前的需要与长远的需要）密切地联系起来"。[①] "教育为生产建设服务"要和"教育为工农服务"结合起来，重点在工农干部群众中着手进行和加强文化教育，不仅要识字和学算术，还要在可能的条件下学习技术，比如在小学阶段改进和加强劳作教育，发展中等技术教育。各高校理、工、农、财经等学院各系的课程，都须根据经济建设的实际需

---

① 钱俊瑞：《当前教育建设的方针》下，载《人民教育》，1950(2)。

要，按照基本知识与专门知识相结合、理论学习与生产实习相结合的原则加以逐步的改革。

1953年1月，马叙伦在《人民教育》上发表《加紧学习 迎接国家建设的新任务》，指出："一九五三年，是我国国家进入大规模的经济建设的第一年。……全国人民正是满怀信心地迎接祖国这一伟大的号召，准备以积极行动来投向大规模经济建设的高潮。我们各级学校教育工作者，自然没有例外，一定会充分认识到我们的教育建设工作必须密切配合经济建设，这是经济建设中的重要环节。"[1]这段话旨在强调"教育为生产建设服务"。

(三)教育总方针的细化

按照《共同纲领》和第一次全国教育工作会议精神，教育部先后召开多次会议，商定具体方针和实施办法，对这一时期不同学段和不同类别（如工农教育）教育的工作方针予以相应细化。

1949年12月16日，《政务院关于成立中国人民大学的决定》发布，指出："为适应国家建设需要，中央人民政府政务院决定设立中国人民大学，接受苏联先进的建设经验，并聘请苏联教授，有计划、有步骤地培养新国家的各种建设干部。……

---

[1]　马叙伦：《加紧学习 迎接国家建设的新任务》，载《人民教育》，1953(1)。

该校教育方针，应是教学与实际联系，苏联经验与中国情况相结合。"①这为之后高等学校教育方针的讨论提供了一个样板。1950年5月5日，政务院发布《各大行政区高等学校管理暂行办法》，其中第三条规定："各大行政区高等学校的重要方针，除由中央教育部作一般性的统一规定外，各大行政区教育部或文教部亦得作适应地方性之规定，但须报请中央教育部核准后始得执行。"②为了培养师资，教育部按照新的教育方针改革了北京师范大学。5月19日，教育部颁发《北京师范大学暂行规程》，指出："本校的任务主要的是培养中等学校师资（即普通中学、工农速成中学、师范学校的教员，中等技术学校的政治、文化教员），其次是培养和训练教育行政干部与社会教育干部。这些师资和干部必须具有为人民教育服务的专业精神，能够掌握马列主义、毛泽东思想的基本内容，进步的教育科学、教育技术，以及有关的专门知识。"③同月，钱俊瑞作为教育部副部长，解读高等学校应如何结合"教育为工农服务"和"教育为生产建设服务"教育方针要点来进行教学内容改革，并且指出，"教育部门还准备和经济建设的各个业务部门配合起来，有计划有步骤地

①　《政务院关于成立中国人民大学的决定》，见何东昌：《中华人民共和国重要教育文献 1949～1975》，3 页，海口，海南出版社，1998。
②　《各大行政区高等学校管理暂行办法》，见何东昌：《中华人民共和国重要教育文献 1949～1975》，14 页，海口，海南出版社，1998。
③　《北京师范大学暂行规程》，见何东昌：《中华人民共和国重要教育文献 1949～1975》，14 页，海口，海南出版社，1998。

添设各种专科学校，并按需要与可能，在各个大学添设比较短期的专修科和短期训练班"①。1950 年 6 月 1—9 日，教育部在北京召开第一次全国高等教育会议，讨论改造高等教育的方针和新中国高等教育建设的方向问题。部长马叙伦在开幕词中指出："我们的高等学校的目的应该是以理论与实际一致的教育方法，培养具有高度文化水平，掌握现代科学技术的成就，全心全意为人民服务的高等建设人材。"为了达到这个目的，高等学校就要进行革命的政治教育，肃清封建的、买办的法西斯主义思想，发展为人民服务的思想；就要配合工业、农业和国防建设的需要，密切地联系实际，进行关于科学理论和技术的教学和研究工作，努力提高人民群众的科学文化水平，推进国家的全面建设。为了完成上述任务，教育部特提出了整顿和加强高等教育需遵循的原则：

第一，也是最重要的一点，我们的高等教育，必须密切地配合国家经济、政治、文化、国防建设的需要，而首先要为经济建设服务，因为经济建设乃是整个国家建设之本。……

第二，我们的高等学校从现在起就应该准备和开始为工农开门，以便及时地为我们的国家培养大批工农出身的

① 钱俊瑞：《当前教育建设的方针》下，载《人民教育》，1950(2)。

知识分子。……

第三，我们的高等教育应该随着国家建设的逐渐走上轨道，逐步走向计划化。……现在新中国已经有了坚强的政治和经济的统一，我们的教育工作就应该以此为基础，在统一的方针下，逐渐作有计划的布置和开展。

首先，我们要逐步实现统一和集中的领导。……

其次，我们要在统一的方针下，按照必要和可能，初步地调整全国公私立高等学校或其某些院系，以便更好地配合国家建设的需要。……

最后，我们要有计划有步骤地改造与培养高等学校的师资，和编辑高等学校的教材。[1]

这次会议通过了《高等学校暂行规程》《专科学校暂行规程》《私立高等学校管理暂行办法》《关于实施高等学校课程改革的决定》和《关于高等学校领导关系的决定》五项草案，把高等学校的方针任务、向工农开门、成立教学研究指导组、对私立高等学校的管理方针以及如何在课程和教学中实现理论与实践一致等原则问题，用法律的形式具体明确地规定了下来。

1950 年 9 月，教育部与中华全国总工会联合召开了第一次

---

[1] 《马叙伦部长在第一次全国高等教育会议上的开幕词》，见何东昌：《中华人民共和国重要教育文献 1949~1975》，25~26 页，海口，海南出版社，1998。

全国工农教育会议，根据当前国家的总情况和总任务，确定了工农教育的实施方针："在教育对象方面，必须首先着重对工农干部和积极分子的教育，并有条件地推广到有组织的男女青年和迫切要求学习的工农群众中去。在教育内容方面，当前一个时期，对工农干部、积极分子及已经完成了土地改革的农村农民和生产已经正常并进行过政治启蒙教育的工人应以文化教育（首先是识字）为主要内容，并适当地结合政治教育、生产技术教育和卫生教育。在新解放区和半老区，则一般地仍应与群众斗争相结合，与当时当地中心任务相结合，以政策时事教育为主要内容。"[1]工农教育作为一次规模巨大的群众运动，必须贯彻群众路线，根据群众的自觉自愿，充分依靠群众自己的力量来进行。

1951年3月19日，教育部在北京召开第一次全国中等教育会议，会议确定了中等教育的方针、任务等问题，主要是适应国家经济和文教建设的需要，培养中等技术干部。各种中等学校的性质和情况不同，故应在这一总的方针和任务下，采取不同的措施。在技术教育方面，"必须和经济部门密切联系，用各种办法发展中等技术学校，培养中等技术人才"；在师范教育方面，"使培养师资成为当前的急务"；在普通中学方面，"主

---

① 马叙伦：《关于第一次全国工农教育会议的报告》，见何东昌：《中华人民共和国重要教育文献 1949～1975》，67 页，海口，海南出版社，1998。

要地应作调整和巩固的工作，在老解放区，可以作适当的发展"。① 中等技术学校、师范学校和普通中学的中等教育从此有了有针对性的教育方针。同年 6 月 12 日，第一次全国中等技术教育会议在北京召开，曾昭抡作了大会报告。他指出中等技术学校的方针任务，"应该是用理论与实际一致的方法，培养具有一般文化、科学的基础知识，掌握现代的生产技术，全心全意为祖国为人民服务的初、中级技术人才"②。此次会议对中等技术学校的方针、任务的阐述，延续了第一次全国中等教育会议的精神。

1951 年 8 月 27 日，第一次全国初等教育与第一次全国师范教育会议合并举行，会议分别确定了初等教育、师范教育的方针和任务。初等教育作为人民的基础教育，对新中国的教育建设有极重要的意义。"当前儿童初等教育建设的方针，应该是：稳定巩固，并做有计划有步骤的发展。……给儿童以全面的基础教育，使他们成为新民主主义社会热爱祖国与人民的积极的和自觉的成员。我们的小学应该实施智、德、体、美全面发展的教育。"该会议延续第一次全国中等教育会议的精神，从高等师范学校和中等师范学校两个层面来分别厘定其方针和任务：

---

① 《马叙伦部长在第一次全国中等教育会议上的开幕词》，见何东昌：《中华人民共和国重要教育文献 1949～1975》，83 页，海口，海南出版社，1998。

② 曾昭抡：《积极整顿与发展中等技术教育——在第一次全国中等技术教育会议上的报告》，见何东昌：《中华人民共和国重要教育文献 1949～1975》，96 页，海口，海南出版社，1998。

"师范学院必须制订统一的规程，明确规定师范学院的具体任务，使它和一般高等学校有所区别"；而中等师范学校则着重解决小学师资以及工农初等教育的师资问题。① 11 月 22 日，教育部在北京召开第一次全国师范教育会议，明确了当前师范教育的工作方针，"必须是正规师范教育与大量短期训练相结合"②，正规的师范教育，主要调整、整顿和发展各级师范学校。11 月23 日，马叙伦在政务院第 112 次政务会议上作了第一次全国民族会议的报告，明确了少数民族教育的总方针，"即少数民族教育必须是新民主主义的内容，并应采取适合于各民族人民发展和进步的民族形式"③；明确了各少数民族的教育内容必须是新民主主义的（民族的、科学的、大众的）教育，而不能是其他性质的教育。这种教育必须采取民族形式，照顾民族特点，才能很好地和各民族实际情况结合起来。

总而言之，这一系列涉及高等学校、工农教育、中等教育、中等技术教育、初等教育、师范教育的全国教育会议，都在逐步明确和贯彻总的教育方针，所作出的各项决议和通

---

① 韦悫：《巩固和发展新中国的初等教育和师范教育——在第一次全国初等教育与师范教育会议上的报告》，见何东昌：《中华人民共和国重要教育文献 1949～1975》，110、112 页，海口，海南出版社，1998。

② 《教育部关于第一次全国师范教育会议的报告》，见何东昌：《中华人民共和国重要教育文献 1949～1975》，128 页，海口，海南出版社，1998。

③ 《关于第一次全国民族教育会议的报告》，见何东昌：《中华人民共和国重要教育文献 1949～1975》，129 页，海口，海南出版社，1998。

过的各项文件，不仅将新民主主义文化教育总方针在教育的各个层面或领域予以具体化，更为新中国的教育事业确定了正确而宏远的目标，切合了新中国成立后的教育实际情况和需要，对这一时期的教育建设事业的发展有着极为重要的意义。

二、学习苏联教育理论和经验

毛泽东在 1945 年的《论联合政府》中，就提到了学习苏联经验："苏联所创造的新文化，应当成为我们建设人民文化的范例。"①新中国成立后，党和国家的工作重心转移到社会主义经济建设上来，恢复和发展国民经济对人才队伍提出了新的要求。革命战争时期成长起来的工农干部普遍文化水平偏低，而现有的教育规模②不能满足经济建设急需大量专业技术人才的要求。为了解决这个供求矛盾，党和国家将人才培养的重点放在培养工农出身的新型知识分子上。面对以美国为首的西方国家的孤立和封锁，以社会主义阵营的"老大哥"苏联为师，在国

---

①　《毛泽东选集》第三卷，1083 页，北京，人民出版社，1991。

②　据统计，1949 年全国的教育规模如下：中等及中等以上学校 926 所（其中高等学校 205 所、中等技术学校 561 所、中等师范学校 160 所），在校生有 33.4 万人；高等学校在校生仅有 11.5 万人。详见顾明远《中国教育大系·马克思主义与中国教育》下，1936～1939 页，武汉，湖北教育出版社，1994。

家建设的各个领域全面学习苏联，成了以毛泽东为核心的党的第一代中央领导集体的自然选择。在此背景下，党和国家领导人总结以往革命中的教育经验，并在借鉴苏联经验的基础上改造旧教育、创建新教育。苏联的教育理论和办学模式深刻影响着中国教育。

（一）建立学习苏联的样板高校

"为了适应经济建设的需要，教育部门应当首先集中力量发展和改进高等教育。"①1949 年 12 月 30 日，教育部副部长钱俊瑞在第一次全国教育工作会议总结中，首次向全国教育工作者明确提出了借鉴苏联教育经验的意见，并把学习苏联教育经验作为建设新教育的方向。"创办人民大学的任务，是接受苏联的先进经验，有计划、有步骤地培养新中国的各种建设干部。参加这个大学学习的，不仅有青年知识分子，还要吸收工农青年和干部。这将是新中国的完全新式的高等教育的起点。"②在教育部的领导下，全国高校掀起了向苏联学习的热潮。1951 年5 月 18 日，教育部部长马叙伦在政务院第 85 次政务会议上作报

① 周恩来：《政府工作报告——在中华人民共和国第一届全国人民代表大会第一次会议上的报告》（节录），见何东昌：《中华人民共和国重要教育文献 1949～1975》，374 页，海口，海南出版社，1998。

② 《钱俊瑞副部长在第一次全国教育工作会议上的总结报告要点》，见何东昌：《中华人民共和国重要教育文献 1949～1975》，8 页，海口，海南出版社，1998。

告，将"大力加强中国人民大学、哈尔滨工业大学和北京师范大学的工作，并及时总结推广其经验"列入 1951 年全国高等教育工作的任务。①

中国人民大学是以华北大学为基础，依照苏联经验创办的一所新型大学。时任国家副主席的刘少奇积极参与到该校的筹备工作中，在经费非常困难的情况下给予了该校充足的创办经费。1950 年该校经费占教育部全部概算的五分之一。②1950 年 10 月 3 日，中国人民大学正式举行开学典礼，刘少奇到场作了讲话。根据苏联高校经验，中国人民大学在组织层面成立教务部、研究部、行政事务部和图书馆四个部门，以及六个教研组，并按照苏联模式开展教学。作为学习苏联教育经验的样本校，1950—1957 年，中国人民大学先后聘请苏联专家 98 人，该人数居全国高校第一位。这些苏联专家对该校全面学习苏联经验起到了重要作用，该校办学经验通过各种媒体如《人民教育》《人民日报》等的大幅报道被推广出去。例如，《人民教育》1951 年全年各期中，有多期刊登了该校学习苏联教育经验的文章，向教育界详细介绍了该校一年来的办

---

① 《关于 1950 年全国教育工作总结和 1951 年全国教育工作的方针和任务的报告》，见何东昌：《中华人民共和国重要教育文献 1949～1975》，93 页，海口，海南出版社，1998。

② 成仿吾：《战火中的大学——从陕北公学到人民大学的回顾》，159 页，北京，人民教育出版社，1982。

学情况。[①] 全国高等教育经过了新中国成立后的恢复和调整，到1952年，在全国教师思想改造运动的基础上，学习苏联先进经验，改革教育制度，进行院系调整和专业设置，开始教学改革，强调培养工农干部，已基本上改变为工人阶级领导的、适应国家建设需要的新的高等教育，并且有了相当大程度的发展，但在整顿、改革和发展过程中也存在不少工作问题，比如"在学习苏联先进经验，进行教学改革中，由于事先缺乏应有的准备，执行中要求偏高偏急，具体指导不够"等问题。1953年年初，中共中央提出"整顿巩固、重点发展、提高质量、稳步前进"的文教工作方针，强调"学习苏联先进经验，并与中国实际相结合"的教学改革方向，并特别指导正确贯彻团结改造知识分子政策的重要性。1954年6月，高等教育部召开中国人民大学教学经验讨论会，全国各类高等学校校长及教学负责人400余人参

---

① 具体篇目及分布如下。张腾霄：《中国人民大学的教学工作概述》（第二卷第三期）；周铭、张腾霄：《中国人民大学培养研究生的工作》（第二卷第四期）；张向一：《中国人民大学科学研究工作的开端》（第二卷第四期）；张腾霄：《中国人民大学是怎样进行成绩考查的》（第二卷第五期）；成仿吾：《中国人民大学的教研室工作》（第二卷第六期）；王焕勋：《中国人民大学教育学教研室是怎样进行工作的》（第二卷第六期）；成仿吾：《中国人民大学的工人学生》（第三卷第一期）；张腾霄：《中国人民大学怎样贯彻爱国主义教育》（第三卷第一期）；刘经宇：《中国人民大学的"习明纳尔"》（第三卷第一期）；何戊双：《中国人民大学"系"的工作》（第三卷第二期）；张琳：《中国人民大学工厂管理系的工作》（第三卷第二期）；齐一：《中国人民大学的教师工作》（第三卷第三期）；张文寿、钟涵：《中国人民大学青年团的工作》（第三卷第五期）。详见余子侠、刘振宇、张纯：《中俄（苏）教育交流的演变》，222页，济南，山东教育出版社，2010。

加了会议。中国人民大学副校长胡锡奎在会上就本校学习苏联教育经验的情况作了总结报告，引起积极反响。北京大学校长马寅初在小组会上发言："今天使我更清楚地了解到党中央在一九四九年解放之初即决定成立中国人民大学的重要意义。"①7月9日，在政务院第221次政务会议上，高等教育部汇报了中国人民大学建校四年来的经验及存在的一般性问题，涵盖了以下四点内容：

第一，学习苏联先进经验进行教学改革，不能枝枝节节地去作，必须系统地、全面地领会其精神实质，然后有计划、有步骤、有准备地进行，方能收到切实效果。

第二，在理论与实际相结合、学习苏联先进经验与中国实际情况相结合方面，中国人民大学近一二年来也作出了初步成绩。

第三，如何在高等学校结合教学、结合实际以开展科学研究工作，中国人民大学在这方面虽然一般说质量还不算高，但已作出一个榜样。

第四，为各业务部门开办专修科轮训在职干部，使其在政治上业务上得到提高，招收工农干部入本科以培养工

① 杨秀峰：《中国人民大学教学经验讨论会闭幕词》，见中央人民政府高等教育部高等教育通讯编辑室：《中国人民大学教学经验讨论会报告汇编》，10～11页，北京，高等教育出版社，1954。

人阶级自己的专家，这是中国人民大学的主要任务，其他高等学校在过渡时期也应有这个任务。工农干部学生的特点，是政治觉悟较高，有一定实际工作经验，但文化程度不齐，针对这些特点，应有特殊的教学方法，中国人民大学在这方面做出了很多成绩，积累了一些经验，可供他校参考。[①]

哈尔滨工业大学作为理工科的学习苏联教育经验的样板校，进行了一系列改造。1950 年 4 月，教育部制定了《哈尔滨工业大学改进计划》，要求该校以苏联工业大学为模板，培养重工业部门的工程师和国内大学的理工科师资。6 月 7 日，中共中央电告东北局，指示哈尔滨工业大学"应着重招收国内各大学理工学院的讲师、助教和研究生，主要学俄文，两年毕业即分配到各大学任教，并翻译俄文工程方面的教材。为了增加该校的领导核心，已决定该校聘请苏联教授十人"[②]。1951 年春，以弗·瓦·古林为总顾问的第一批苏联专家进驻哈尔滨工业大学，帮助该校制订每一专门组的五年教学计划并结合实际草拟了哈工大第一份发展规划蓝图。[③] 1951—1957 年，哈尔滨工业大学先后聘

---

① 《高等教育部关于全国综合大学会议、全国高等财经教育会议、中国人民大学教学经验讨论会、全国政法教育会议的报告》，见何东昌：《中华人民共和国重要教育文献 1949~1975》，354 页，海口，海南出版社，1998。

② 闫明星：《苏联专家对哈工大发展建设的贡献》，载《哈工大报》，2010-05-20。

③ 《苏联专家是怎样帮助哈尔滨工业大学培养建设人才的》，载《人民日报》，1952-12-13。

请苏联专家 67 人，聘请苏联专家人数仅次于中国人民大学，在全国高校中居第二位。苏联专家为该校和全国培养了 557 名研究生和进修教师，直接讲授了 151 门课程，编写了 66 门主要专业课程的讲义，帮助该校建立了 68 个现代化实验室。1954 年5 月，高等教育部、第一机械工业部认为该校"已基本上改造成为采用苏联教学制度的新型工业大学"①。哈尔滨工业大学的办学实践为高等教育部改革其他高校提供了经验。同年 8 月 29日，《高等教育部关于清华大学工作的决定》，指出"清华大学已从过去抄袭英美资产阶级教育制度的旧型大学，逐步地改造为实行苏联五年制教育制度的新型多科性工业大学"②，并明确清华大学的任务、今后的专业设置以及发展规模，都要学习并运用苏联五年制高等工业学校经验，为国家培养忠于社会主义建设事业的具有高超科学技术水平的体魄健全的工业建设人才。

(二)聘请苏联教育专家来华工作

新中国成立初期，中共中央大力号召社会各领域全面学习苏联，聘请苏联专家来华工作，但因工作方法简单，存在多请、

---

① 毛礼锐、沈灌群：《中国教育通史》第六卷，80 页，济南，山东教育出版社，2005。

② 《高等教育部关于清华大学工作的决定》，见何东昌：《中华人民共和国重要教育文献 1949～1975》，367 页，海口，海南出版社，1998。

滥请等情况，导致部分民众对苏联专家的作用存在抵触情绪，特别是一些知识分子的抵触情绪明显。1950 年 4 月 3 日，中共中央专门强调了聘请苏联专家的方针："关于专家待遇增加经费事，已在政务会议报告过，拟在政府委员会开会时再行提及，使大家认识既请专家便要准备花钱。因此，就必须请好的、必要的，一改过去多请、滥请而又想讨便宜的作风。同时，也逼得请专家的部门赶快在一两年内向专家学好本事，免得专家走了仍然不能自立。为着花钱学乖、学本事，故协定一经签字，我们就须认真履行，认真向专家学本事。"[①]而具体到教育领域，由于全面学习苏联进行教学改革的方针不够明确，一些教师存在抵触情绪。为了尽快改变这种情况，1953 年，中共中央专门下发了文件，强调聘请苏联专家的部门要改变认识："某些聘请专家的部门在向专家学习方面尚不够积极和主动，还没有采取一切必要措施，以充分发挥专家的力量；有的部门对专家的建议不够重视，既不认真执行，也不对专家说明不能执行的原因，少数工作人员对专家建议甚至有阳奉阴违的情形，致使专家不能在工作中发挥其应有的作用。为了纠正这些缺点，更加充分地发挥专家的作用，特作下列规定，望各聘请专家的工作部门

① 《中共中央关于增加苏联专家待遇经费等问题给李富春等的指示》，见中央档案馆、中共中央文献研究室：《中共中央文件选集（1949 年 10 月—1966 年 5 月）》第二册（1950 年 1 月—4 月），271 页，北京，中共中央党校出版社，2013。

遵照执行。"①11月20日，杨放之被任命为国务院专家工作局局长，专门负责苏联专家的聘请工作。1954年，《人民日报》发表了《进一步加强向苏联专家学习》社论，指出："事实证明，向苏联专家学习乃是学习苏联社会主义建设的先进经验的最实际的最有效的方法。因为苏联专家不仅是苏联先进经验的传授者，而且他们的传授是根据我国的具体情况，根据我国各项具体建设工作的需要来进行的。""因此，只有各部门的领导干部把向苏联专家学习的工作当做自己领导活动的一个重要方面，只有各部门的党的组织密切关心这个工作，把向苏联专家学习作为自己经常的思想政治工作的主要内容之一，才能带领全体人员更加珍贵苏联专家们所带给我们的无比丰富的财宝，并努力学习它，推广它，使它有力地推动我国的建设事业前进。"②在中共中央多次号召下，在各种媒介的宣传下，加上1954年赫鲁晓夫访华加大了援华力度，全社会掀起了全面向苏联专家学习的热潮。

　　1955年，苏联专家来华达到高峰，全国有37所高等学校和5所中等专业学校聘有苏联专家。③ 据统计，1949—1957年，我国普通高等学校共聘请苏联专家754人，其中567人是

①　《中共中央关于加强发挥苏联专家作用的几项规定》，见中央档案馆、中共中央文献研究室：《中共中央文件选集(1949年10月—1966年5月)》第十三册(1953年7月—9月)，328~329页，北京，中共中央党校出版社，2013。

②　《进一步加强向苏联专家学习》，载《人民日报》，1954-10-23。

③　《苏联专家全面帮助我国培养建设人才》，载《光明日报》，1955-02-18。

1953—1957 年聘请的。[①] 1958 年后中苏关系紧张，苏联专家来华数量大减。1960 年 5 月，国务院正式提出聘请苏联专家要贯彻"自力更生为主、争取外援为辅"的方针，仅限于聘请苏联专家为现代高精尖及高等学校开设新专业和新课程的师资。7 月 16 日，苏联政府照会我国政府，单方面决定撤走全部在华专家。7 月 28 日至 9 月 1 日来华苏联专家分批全部撤回，苏联专家的援建工作正式结束。

1954 年 8 月 2 日，《高等教育部关于重点高等学校和专家工作范围的决议》发布，指出"有苏联专家帮助和指导"为条件之一，暂定中国人民大学、北京大学、清华大学、哈尔滨工业大学、北京农业大学、北京医学院为全国性重点高校，要求这些学校要贯彻实施高等教育部所规定的各科教学方法和制度，并及时总结和推广经验，根据所交付的任务，在聘请专家、调配师资及干部、人员编制、基本建设和设备方面予以必要的合理的支持。高等教育部还就苏联专家的工作范围问题予以明确："专家的主要任务是：指导所在校的有关系科及教研组的教学工作，帮助培养及提高所在校的有关教师（要求于专家在校期间能基本掌握专家的本领），指导培养研究生，指导所在校及有关校修订有关的教学计划、教学大纲，指导建立实验室。同时并要

---

① 李涛：《借鉴与发展：中苏教育关系研究（1949—1976）》，131 页，杭州，浙江教育出版社，2006。

求专家抽出一定时间进行以下工作：1. 帮助其他学校的教师进修，根据高等教育部认定必要与学校可能举办短期训练班；2. 根据高等教育部的计划，每学年有一个月的时间到有关外校讲学；3. 帮助有关外校解决重大疑难问题及教学方面的关键性问题；4. 帮助高等教育部解决有关工作上的疑难问题；5. 对于两校合聘的专家，应指定以一校为主，同时与另一校保持经常联系，定期到另一校帮助解决有关问题；6. 在可能条件下经高等教育部同意后，给有关业务部门以必要的帮助。"①1955 年10 月之后，中共中央明确提出培养专家接班人是向苏联学习的主要任务，应创造一切条件，加强领导，保证这一任务的完成。各校选拔有一定基础、有培养前途的骨干教师脱产进行重点培养，同时还要求他们指导同教研室教师。一些院系的翻译兼研究生也得到了苏联专家的指导。在党和国家各项措施的保障下，来华苏联教育专家在高等教育的学科建设、教材编写、师资培训等方面发挥了重要的指导作用。

中国人民大学作为国内聘请苏联专家最多的高校，先后聘请的 98 名苏联专家除 4 名为校长顾问外，其余的 94 名根据专业被分配到各个系科，担任各教研室的科学指导员和必修课程的负责人、主讲人。当时中国人民大学必修课中仅有"中国革命

---

① 《高等教育部关于重点高等学校和专家工作范围的决议》，见何东昌：《中华人民共和国重要教育文献 1949～1975》，362 页，海口，海南出版社，1998。

史"和"体育教育"两门课由中国教师负责，其他课程的负责人均为苏联专家。就学科分布看，俄语 26 人居首位，其余依次为：财政贸易 15 人，马克思列宁主义基础和法律各 10 人，政治经济学 7 人，哲学、外交、计划统计、工业经济各 5 人，农业经济 3 人、新闻 2 人、档案 1 人。[①] 除俄语外，在财政贸易、马克思列宁主义基础、法律和政治经济学等专业中，苏联专家的优势集中。这些苏联专家帮助各系制订教学计划，为青年教师（包括进修教师）和研究生授课，指导他们编写讲义和教材，引导他们进行科学研究，还经常公开讲演、作报告，向社会各界传播苏联教育经验。经过几年建设，专业优势在全国高校中凸显。例如，马列主义哲学领域，在以凯列为主的苏联专家的帮助下，建立了一套教学制度和教学方法，课程体系、教学大纲逐步完善。在苏联专家的指导下，截至 1953 年，中国人民大学共培养马列主义教员 206 名。马列主义研究班开办 7 年，培养了 2500 余名研究生，为国内各高校输送了大量师资。凯列桃李满天下，被称为"中国高等学校马克思主义哲学教育的重要奠基人"[②]。1954 年，高等教育部对中国人民大学进行院系调整后，

① 《中国人民大学 1950—1957 年的苏联专家工作情况的报告》，中国人民大学档案馆，档案号：1960-XZII-XB-24，1960-07-28。
② 吴惠凡、刘向兵：《苏联专家与中国人民大学学科地位的形成——1950—1957 年苏联专家在中国人民大学的工作与贡献》，载《中国人民大学学报》，2013(6)。

将中国人民大学的任务进一步明确为"培养财经、政法及俄文干部和高等学校师资""改造和提高高等学校现有的财经、政法师资"以及"培养马列主义师资及研究生"。这在很大程度上肯定了中国人民大学苏联专家密集分布的学科领域的优势和指导性地位。在该年召开的中国人民大学教学经验讨论会上，高等教育部充分肯定了中国人民大学在学习苏联方面所取得的成功经验，号召全国其他高校向中国人民大学学习。中国人民大学在苏联专家的指导下建立的会计专业、档案学专业成为当时高校的样板专业，工业经济、贸易经济和党史等专业在苏联专家的帮助下成为全国相关专业的建设模板。苏联专家在中国人民大学的创建及学科地位的形成中发挥了重要作用。

1954年3月17日，高等教育部召开哈尔滨工业大学问题座谈会，会议由苏联专家、高等教育部顾问列别捷夫主持。会议形成了《关于哈尔滨工业大学几项问题的决定（草案）》，使有关方对该校未来发展达成了共识。5月20日，高等教育部部长马叙伦与第一机械工业部部长黄敬共同签署了《高等教育部、第一机械工业部关于哈尔滨工业大学工作的决定》，重申该校办学方针是"学习苏联高等工业学校先进经验，培养水平较高的工程师和高等工业学校的师资；要适应国民经济发展的需要，在第一个计划期间，扩大学校规模，增设新专业，增加招生人数"。高等教育部同意哈尔滨工业大学在第一个五年计划期间每年聘请苏联专家的名额控制在 30 名以内。① 大批苏联专家的到来，为哈尔滨工业大学的快速发展奠定了基础。

苏联专家对北京师范大学各项工作的改革与改进，有着重要影响，起了"工作母机"和指导员的作用，主要表现在：①在全国高师师资培养和学校有关教师的培养与提高方面，专家们做了很多工作。由他们主讲的研究班和进修班有学校教育研究班、教育史进修班、心理学进修班、学前教育专修班、学前教育进修班、农业基础研究班、马克思列宁主义基础研究班等。听课的研究生、进修生和校内外旁听人员共计 2858 人。②他们为学校科研工作做了一系列的指导工作，反复指出科研工作对提高教学质量和推进国家建设的重大作用，强调科研必须联系实际、面向普通教育，还亲自指导各专业科学研究工作计划的制订与执行。③专家们参加了各专业教学大纲制订和修订的具体指导工作，并亲自主讲课程和指导中国教师讲授课程，在教学实践中帮助中国教师提高。④专家们指导了教育实习的各个环节。②

1957 年 11 月 6 日，为了庆祝苏联"十月革命"四十周年，

---

① 《高等教育部、第一机械工业部关于哈尔滨工业大学工作的决定》，见何东昌：《中华人民共和国重要教育文献 1949～1975》，326 页，海口，海南出版社，1998。

② 《学校五年来苏联专家工作总结及部分系的总结》，北京师范大学档案馆，档案号：校长办公室，1956-110。

《人民日报》刊发了教育部部长杨秀峰题为《坚持学习苏联的方针》的纪念文章，对苏联专家的作用给予充分肯定：

> 我们之所以能够在短短几年内学习苏联取得这样的成绩，苏联政府派遣了大批专家对我们的帮助起了很大的作用。几年来，苏联政府共派遣了五百八十三位优秀的专家来我国高等学校工作，本学年已经来到或即将来到的还有一百一十七位专家。……仅据不完整的统计：到1957年上半年止，专家们已为我们培养了研究生和进修教师八千二百八十五人；专家们新开课程或帮助基础薄弱的课程开课已有八百八十九门，指导中国教师讲授的课程有四百四十三门；到1956年年底止，专家已编写教材六百二十九种，其中已公开出版发行一百零八种；帮助中国教师建立实验室四百九十六个，资料室一百九十二个，实习工厂三十四个；还有三十六位专家主讲开过三十七个训练班，参加学习的教师有二千七百七十五人；在第一个五年计划期间，专家帮助各高等学校新设立了包括电子计算机、和平利用原子能等培养新兴科学技术干部的缺门专业一百四十八种。至于帮助中国教师建立教研组，修订教学计划、教学大纲，指导毕业论文、毕业设计等更是难以数计。①

① 杨秀峰：《坚持学习苏联的方针》，载《人民日报》，1957-11-06。

成批苏联专家来华，他们所传播的苏联教学经验和科学技术，在中国高等教育领域起到了立竿见影的积极效果。"苏联专家们在我国传播了马克思列宁主义理论和政法、财经专业的科学知识，介绍了苏联革命和建设的经验，以及高等教育的经验，发挥了无产阶级的国际主义和集体主义精神，忘我的劳动，踏实的工作，对我校建设，确实起到了巨大的作用。根据中央和教育部的指示，中国人民大学主要是苏联专家帮助我们培养教师、系统地给研究生讲课，帮助我们编写讲义和教材，协助我们建立教育制度和教学方法，指导科学研究工作等。"①当然，也应该指出的是，苏联专家对西方当代教育制度及理论所持的否定观点，加剧了我国教育界与西方教育的隔阂。苏联专家在教学过程中过分强调正规化、集中统一和教师在课堂上的权威主导地位等在一定程度上脱离了中国的教育实际。在"全面向苏联学习"的口号下，由于认识的片面性和形而上学，苏联专家主张中的一些脱离中国实际的错误被放大，也对中国教育产生了一些消极影响，这些尤其反映在院系调整的过于专业化要求、全面移植苏联教育理论等所引发的负面效应上。

(三)传播苏联教育理论

新中国成立前夕，东北解放区已开始学习苏联教育理论，

---

① 《报送"10年来教育部门对苏联专家工作的总结"给国务院外国专家局的函（附工作总结）》，中华人民共和国教育部档案处，档案号：1960-Y-69.0001。

在东北人民政府教育部部长车向忱、副部长董纯才的组织下，开始着手翻译苏联教育理论文献。1949 年至 1950 年，《人民日报》上刊登了凯洛夫《教育学》的若干章节。[①] 随后，克鲁普斯卡娅、加里宁和马卡连柯等人的教育著作，还有指导苏联教育发展的马克思列宁教育思想先后被翻译成中文，苏联教育理论在中国大规模传播开来。

凯洛夫主编的《教育学》是苏联教育基本理论在中国传播最为广泛的代表。该书是俄罗斯联邦教育部批准印行的师范学院教育学教科书，主编为俄罗斯联邦教育科学院院长凯洛夫，编者包括叶希波夫、舒里曼等专家，几乎囊括苏联教育理论界的精英。该书以马克思列宁教育观及夸美纽斯、赫尔巴特、乌申斯基的教学理论等为理论基础，总结社会主义教育经验和如何培养全面发展的人才，力在阐述社会主义教育规律，是苏联一定历史时期政治、经济和教育客观发展的产物，批判吸收了教育史上进步教育家的思想，在苏联广为流传。[②] 这本书先后出了三个版本（1939 年第一版，1948 年第二版，1956 年第三版），其中尤以 1948 年第二版对新中国成立后的教育教学的影响最大。

---

① 《苏联国民教育制度》（《人民日报》，1949-11-14，于卓节译）；《苏联的劳动教育》（《人民日报》，1950-03-28，江洪举译）；《教育学是科学》（《人民日报》，1950-04-03，沈颖、南致善译）。

② 李涛：《借鉴与发展：中苏教育关系研究（1949—1976）》，235 页，杭州，浙江教育出版社，2006。

凯洛夫《教育学》在方法论上，以辩证唯物主义认识论为基础，坚持党性原则和办学的社会主义方向，坚持让苏维埃政府的有关决策精神指导并规范教育改革和发展。该书提出社会主义的教育教学要贯彻直观性、巩固性、自觉性与积极性、系统性与连贯性以及通俗性与可接受性原则，强调普通教育学校必须教授学生系统的基本知识和基本技能技巧，"用构成将来能担任任何职业之准备基础的知识、技能、熟练技巧来武装儿童"。该书强调班级授课制是教学的基本组织形式，在课堂中实现"教育、教养、教学的目的及任务"，从而确定了教学组织形式正规化的基本认识。沈颖、南致善等人将苏联 1948 年版的凯洛夫《教育学》翻译成了中译本（上下），分别于 1950 年、1951 年在人民教育出版社出版。凯洛夫《教育学》中译本一经出版，便被列入"大学丛书"，为亟待了解苏联社会主义教育经验和理论的中国教育界解了"燃眉之急"。来华访问的苏联专家也多推荐该书，例如，俄罗斯联邦教育科学院院士、副院长麦尔尼科夫来参加中华人民共和国成立五周年典礼时，曾赞扬该书："关于教育学的基本概念问题，我认为大家不必花许多力量在概念上兜圈子。根据凯洛夫所著《教育学》进行解释就可以。"[1]该书出版后多次翻印，总发行量达 50 万本，影响巨大。

---

① ［苏联］麦尔尼科夫：《访问中国的观感及对工作的意见》，载《人民教育》，1955(1)。

1952年，教育部颁布了《教育部关于翻译苏联高等学校教材的暂行规定》，号召有条件的学校有计划、有步骤地翻译苏联高等学校教材，并将其提升为当时高等教育迫切的政治任务之一。[①] 除凯洛夫的《教育学》广泛流传外，叶希波夫、冈查洛夫合著的《教育学》（苏联中等师范学校教材，于卓、王继麟等译，人民教育出版社1952年出版上册，1953年出版下册）、申比廖夫和奥哥洛德尼柯夫合著的《教育学》（苏联师范专科学校教科书，陈侠、熊承涤等译，人民教育出版社1955年出版）也被翻译成中文，成为国内中等师范学校、专科师范学校教育学教科书蓝本。在这一阶段，一些聘有苏联专家的高校纷纷加入翻译苏联教科书的队伍，如北京师范大学明确提出要把专家当作"工作母机"使用，使专家的主要精力集中于培养教师与指导教师编写教材。至1954年，北京师范大学已经翻译和计划翻译的苏联教材已达122种。[②]

在翻译苏联教育理论及教材的大潮中，人民教育出版社发挥了中流砥柱的作用。据统计，1951—1957年，该社翻译出版的苏联教育学图书多达303种，发行量为1262749册。[③] 除教育

---

① 《教育部关于翻译苏联教材的有关指示及印发试行师范学院教学计划（草案）》，北京师范大学档案馆，档案号：校长办公室，1952-28。

② 《学校翻译苏联教材情况一览表》，北京师范大学档案馆，档案号：教务处，1954-64。

③ 柳湜：《坚决走社会主义道路，坚持学习苏联方针：庆祝伟大的十月社会主义革命四十周年》，载《教师报》，1957(8)。

理论外，该社的出版内容还涵盖了各级各类教育书籍，如在中小学教育方面翻译出版了苏联的《学校管理》《学校视导员工作》以及各科教学法等 10 余种图书，还翻译了《苏联大百科全书选译·教育学与教育史》(1～3 辑)、凯洛夫《关于苏维埃学校和教育科学问题的几个报告》。为了给翻译人员和有兴趣的学者提供便利，人民教育出版社还专门编订出版了俄汉对照的《教育学名词》，广受读者欢迎。

这一时期，《人民教育》与《人民日报》一起，着重介绍苏联的教育经验。1950—1957 年，仅《人民教育》就在其所出版的 77 期刊物上刊登了 170 篇有关苏联教育的文章，对苏联国内教育动态更是重点关注。例如，1952 年苏联围绕"教育与上层建筑的关系""教育与发展""教育学研究的方向与任务"等 10 个问题展开讨论时，该年的《人民教育》第 5 期及时予以跟踪报道，在其后重点推出了包德列夫、叶希波夫等合写的《关于作为社会现象的教育的专门特点的讨论总结》一文，对这场大讨论进行了详细爬梳。[1] 这就为国内教育界了解苏联教育动态及时提供了最新资料。1956 年 4 月，苏联教育代表团访华，在一系列报告会和座谈会上介绍苏联教育工作经验。《人民教育》自第 5 期开始连续发表了苏联教育代表团成员的 10 篇报告。1956 年 12 月，

---

[1] 见瞿葆奎：《教育学文集·教育与教育学》，76～104 页，北京，人民教育出版社，1993。

凯洛夫率队访华，他的一系列报告被《人民教育》等媒体纷纷发表。凯洛夫来访不仅促进了国内教育界重温其 1948 年版《教育学》中译本，也激起了国内教育界对 1956 年他在苏联新出版的《教育学》的极大关注。1956 年 10 月中旬，1956 年版《教育学》由俄罗斯联邦教育科学院专家莫洛兹昂寄到北京，北京师范大学教育系教授陈友松先睹为快。《人民教育》第 12 期推出了陈友松的《凯洛夫新编"教育学"简介》一文，指出该书以巴甫洛夫学说为依据提出了许多教育教学的原则，注意揭示教育现象的客观规律，是当时最完备的一本教育学教科书。[1] 人民教育出版社邀请陈侠、朱智贤两位教授，以最快的速度翻译出版（1957 年 3 月出版）了最新版的《教育学》。此版本推出后先后被翻印 8 次，总印数达 19938897 册，在我国得到了大规模的流传。"凯洛夫的学说对我国的教育理论和实践有很大影响。"[2]

为了将苏联教育理论活学活用，各省（区、市）联系实际，通过苏联专家指导学生实习，以及举行各种讲座、培训、公开课观摩教学等形式，深入中小学实践。苏联教育理论专家利用指导学生实习等机会直接参与到中小学教学实际中；不少教育学者被广播电台邀请进行苏联教育理论的广播讲演，主要听众就是中小学教师。人民教育出版社 1953 年还专门推出了《教育

---

[1] 陈友松：《凯洛夫新编"教育学"简介》，载《人民教育》，1956(12)。
[2] 金铁宽：《中华人民共和国教育大事记》第一卷，62 页，济南，山东教育出版社，1995。

学通俗讲座》（曹孚著）。该书结合中国的实际来诠释苏联教育理论，语言通俗易懂，广受读者欢迎，截至1958年共印了13次，印数达52万册。组织观摩教学，也是推广苏联教育理论的常用方式。据统计，上海市仅1954年一年，全市性的观摩教学就有26次（其中语文10次，历史7次，地理4次，俄语、政治各2次，生物1次）。不少学校涌现出学习苏联先进经验的积极分子，如上海市市东中学化学老师杨帼英、邑庙中心小学语文老师袁容，影响最大的是上海中学生物老师顾巧应。她的观摩教学成了上海普教系统学习苏联经验掀起高潮的一个标志。[①] 在政府号召下，各级教育行政部门积极部署，使学习苏联教育经验及教育理论的活动突破高校和学术界，遍及城乡的中小学和幼儿园。在学习过程中，国家教育行政部门大力推介苏联教育经验，设立学习苏联教育经验的样本校，明令其开展试验并总结经验进而推广到全国，从而使苏联教育理论的影响广泛渗透到各级各类教育的各个层面。

新中国成立初期的教育改革与发展之所以取得了显著成绩，是与学习了苏联的先进经验分不开的，同时与批判地继承祖国优秀文化遗产有密切关系。"一切外国的好东西，我们都要学。但是，学习外国经验必须结合中国的实际，拒绝学习外国的经

---

① 李太平：《普及与提高：中国初等教育60年》，22页，杭州，浙江大学出版社，2009。

验，或者采取教条主义的机械搬用的态度都是错误的。"而对于祖国丰富的文化遗产，"我们必须利用现代科学的知识和方法，认真地加以整理和研究，使它们能为我国当前的社会主义建设直接和间接地服务。对民族文化遗产采取轻视甚至一概抹煞的态度是错误的。这种民族虚无主义的态度是今天在对待民族文化遗产问题上的主要偏向。当然，对民族遗产不加选择地全盘接受也是不对的"①。学习苏联先进经验，继承本国优秀文化教育传统，是比较理性的中国教育变革的成功之道。

三、社会主义教育方针的形成

随着社会主义三大改造的完成，中国共产党人努力探索和开辟适合中国国情的建设社会主义的道路，国家建设事业进入新阶段。1956 年 9 月 15 日，中国共产党第八次全国代表大会胜利召开，总结了第一个五年计划的基本情况和当时国内外进行社会主义建设的经验，提出当前党和国家的主要任务是发展生产力。面对新的社会生产需要，党和政府积极调整新民主主义教育方针政策，社会主义教育方针初步形成。

----

① 林枫：《关于我们国家培养建设人才的问题》，见何东昌：《中华人民共和国重要教育文献 1949～1975》，700 页，海口，海南出版社，1998。

(一)社会主义教育方针形成的背景

社会主义教育方针的提出，是在新民主主义转向社会主义的社会变革大背景下，由教育内部和外部环境变化的双重因素所致的。《共同纲领》所确定的"为工农服务""为生产建设服务"的新民主主义文化教育总方针，随着社会性质的变化，已逐渐不能适应新的社会经济发展需要，比如，中小学毕业生的普遍升学需求与国家不能提供足够的机会之间存在矛盾。1954年5月22日，中共中央批发中央教育部党组的《关于解决高小和初中毕业生学习与从事生产劳动问题的请示报告》、中央宣传部的《关于高小和初中毕业生从事劳动生产的宣传提纲》等文件，并就此矛盾作了专门指示，将中小学教育方针的原则性错误列为关键原因：

目前中、小学毕业生之所以普遍发生紧张的升学问题，主要由于过去几年中央教育部对中、小学教育的指导思想上有忽视劳动教育的偏向，在教学改革中，在教育思想改造中，都没有着重批判鄙视体力劳动和体力劳动者的剥削阶级的教育思想，也没有向广大群众和学生明确地阐明中、小学教育的性质与任务，使旧中国遗留下来的鄙视体力劳动和体力劳动者的错误的教育思想，继续支配着广大教师和学生，这是中、小学教育方针上一个带原则性的错误，中央教育部应在这方面进行公开的自我批评。对于许多学校教师和青年学生存在着的鄙视体力劳动和体力劳动者的错误观点，则应进行耐心的教育，以提高他们的觉悟水平。①

中共中央指出，教育部应向全体师生透彻说明体力劳动与脑力劳动的关系，指明体力劳动是一切劳动的基础，应立即根据"全面发展"精神检查和改编现有的中小学教材，肃清教材中的错误观念。1954 年 8 月 26 日，《劳动部、教育部关于有计划地组织未能升学的初中和高小毕业生参加工业生产的通知》发布，要求："劳动部门、教育部门必须认识未能升学的初中和高小毕业生受过党和人民政府的几年教育，已经具备了一定的文化、科学知识和政治觉悟，为学习技术打下了良好基础。……必须注意把组织未能升学的初中和高小毕业生参加工业生产，当作一项重要任务。"②该文件同时要求劳动部门与教育部门通力合作，密切配合。9 月 23 日，政务院总理周恩来在

① 《中共中央批发中央教育部党组〈关于解决高小和初中毕业生学习与从事生产劳动问题的请示报告〉等文件》，见何东昌：《中华人民共和国重要教育文献 1949～1975》，330 页，海口，海南出版社，1998。

② 《劳动部、教育部关于有计划地组织未能升学的初中和高小毕业生参加工业生产的通知》，见何东昌：《中华人民共和国重要教育文献 1949～1975》，369 页，海口，海南出版社，1998。

第一届全国人民代表大会第一次会议上作了《政府工作报告》，专门指出："中小学教育中都应当注意劳动教育，以便中小学毕业生广泛地参加工农业劳动。"①这一系列举措，为调整新民主主义教育方针、出台社会主义教育方针做了充分的舆论准备。

外部的国际局势也在发生变化。1956 年 2 月，苏联共产党第二十次全国代表大会召开，会上赫鲁晓夫作了《关于个人崇拜及其后果》的秘密报告。4 月 25 日，毛泽东在中共中央政治局扩大会议上作了《论十大关系》的报告，对苏联在建设社会主义过程中的缺点和错误进行了总结与反思，指出："对于苏联和其他社会主义国家的经验，也应当采取这样的态度。过去我们一些人不清楚，人家的短处也去学。当着学到以为了不起的时候，人家那里已经不要了，结果栽了个斤头，像孙悟空一样，翻过来了。……有些人对任何事物都不加分析，完全以'风'为准。今天刮北风，他是北风派；明天刮西风，他是西风派，后来又刮北风，他又是北风派。自己毫无主见，往往由一个极端走到另一个极端。""苏联过去把斯大林捧得一万丈高的人，现在一下子把他贬到地下九千丈。我们国内也有人跟着转。""对外国的科学、技术和文化，不加分析地一概排斥，和前面所说的对外国东西不加分析地一概照搬，都不是马克思主义的态度，都对我

① 周恩来：《政府工作报告——在中华人民共和国第一届全国人民代表大会第一次会议上的报告》（节录），见何东昌：《中华人民共和国重要教育文献 1949～1975》，374 页，海口，海南出版社，1998。

们的事业不利。"①5 月 28 日，中央宣传部部长陆定一在部分省市委宣传（文教）部长座谈会上发表《关于学习苏联和今后宣传工作中应注意的问题》，指出"过去我们学习苏联，学习马列主义，是吃过苦头的，这苦头就是教条主义"②，指出不能生搬硬套苏联经验。同年 6 月，赫鲁晓夫的秘密报告被西方公布于世，产生了极大的国际震动。东欧一些社会主义国家纷纷开始尝试探索适合本国国情的社会主义道路，摆脱苏联社会主义模式。中共中央也开始思考如何摆脱照搬苏联经验的模式，独立探索适合本国国情的发展道路，新的教育方针亟须制定。

（二）社会主义教育方针的出台

1957 年 2 月 27 日，毛泽东在最高国务会议扩大会议上作了《关于正确处理人民内部矛盾的问题》的报告，他指出："我们的教育方针，应该使受教育者在德育、智育、体育几方面都得到发展，成为有社会主义觉悟的有文化的劳动者。"③在毛泽东看来，社会主义教育应该是德育、智育和体育三个方面相互联系、相互结合的教育，旨在培养全面发展的劳动者，这指明了社会

---

① 毛泽东：《论十大关系》（节录），见何东昌：《中华人民共和国重要教育文献 1949～1975》，605～606 页，海口，海南出版社，1998。

② 陆定一：《关于学习苏联和今后宣传工作中应注意的问题》，见何东昌：《中华人民共和国重要教育文献 1949～1975》，628 页，海口，海南出版社，1998。

③ 中共中央文献研究室：《毛泽东文集》第七卷，226 页，北京，人民出版社，2004。

主义教育的目的和教育途径。1958 年 9 月 19 日，《中共中央、国务院关于教育工作的指示》发布，正式确定："党的教育工作方针，是教育为无产阶级的政治服务，教育与生产劳动结合。为了实现这个方针，教育工作必须由党来领导。没有党的领导，社会主义的教育是不能设想的。教育是改造旧社会和建设新社会的强有力的工具之一。教育工作必须在党的领导之下，才能很好地为社会主义革命和社会主义建设服务，为消灭一切剥削阶级和一切剥削制度的残余服务，为建设消灭城市与乡村的差别和消灭脑力劳动与体力劳动的差别的共产主义社会服务。"①"两个必须"的社会主义方针正式出台。

1. 教育必须为无产阶级政治服务

"教育为无产阶级政治服务"是列宁主义教育学说的基本原则之一。列宁指出教育与政治之间有密切联系："在各方面的教育工作中，我们都不能抱着教育不问政治的旧观点，不能让教育工作不联系政治。""在资产阶级社会里，这种思想一贯占着统治地位。所谓教育'不问政治'，教育'不讲政治'，都是资产阶级的伪善说法，无非是对 99％是受教会势力和私有制等等压迫的群众的欺骗。"他指出虽然资产阶级政府不肯直接承认，但实际上一切资本主义国家的教育与政治机构的联系都非常密切：

① 《中共中央、国务院关于教育工作的指示》，见何东昌：《中华人民共和国重要教育文献 1949～1975》，859 页，海口，海南出版社，1998。

"虽然资产阶级社会不肯直率地承认这一点。同时，资产阶级社会通过教会和整个私有制来影响群众。"[①]

毛泽东提出的"两个必须"成为各级教育会议的指导方向。1958年4月15日，陆定一在全国教育工作会议的讲话中指出："教育要为政治服务，为生产服务"，"教育的目的是培养有社会主义觉悟的有文化的劳动者。这是我们办教育的方针、路线"。"我们现在所能办到的全面发展，就是（一）勤工俭学，学生既能做体力劳动，又能做脑力劳动；（二）既要有文化教育，又要有政治思想教育。"[②]以此为标志，党在教育方针上的认识发生了明显变化，各大报刊、高校开始围绕"又红又专"人才培养目标进行热烈讨论。"1958年，党中央进一步规定了教育为无产阶级的政治服务、教育与生产劳动相结合的方针，这就使我们的教育工作有了一个更明确的马克思列宁主义的方向。"[③]

该方针的提出和实践，也使教育领域中"左"的思想开始抬头并逐渐占了上风，把教育为无产阶级政治服务放在了首位，使各级各类教育领域受到了不同程度的冲击。人为制造阶级斗争、远离经济建设中心工作，无论是对人才的培养，还是对教

---

① 《列宁选集》第四卷，302页，北京，人民出版社，2012。

② 《陆定一同志在全国教育工作会议上的讲话》，见何东昌：《中华人民共和国重要教育文献 1949～1975》，823～824页，海口，海南出版社，1998。

③ 《中共中央关于讨论试行全日制中小学工作条例草案和对当前中小学教育工作几个问题的指示》，见何东昌：《中华人民共和国重要教育文献 1949～1975》，1149页，海口，海南出版社，1998。

育多项功能的发挥，都产生了不良影响，使教育工作出现了曲折。

2. 教育必须与生产劳动相结合

1957 年 6 月 26 日，周恩来在第一届全国人民代表大会第四次会议的《政府工作报告》中，重申了毛泽东有关教育方针的论述："我们今后的教育方针，应该是培养有社会主义觉悟的、有文化的、身体健康的劳动者。过去这个方针是不够明确的。我们的中小学学生毕业后除了一小部分升学以外，多数都应该参加工农业生产。高等学校中也应该加强劳动教育，学生毕业后一般地应该参加一定的体力劳动，今后应该对此定出一些制度，逐步实施。"[①]培养有社会主义觉悟的、有文化的劳动者和受教育者德智体全面发展的教育方针，与新民主主义文化教育方针相互叠加，成为新阶段教育工作的中心指南。面对国内外政治形势的变化，特别是随着 1957 年年底反右派斗争的扩大化，在教育系统内加强思想政治教育成为必须要做的事。1958 年 1 月，毛泽东指出"教育必须为无产阶级政治服务，必须同生产劳动相结合"，指出"劳动人民要知识化，知识分子要劳动化"是"两个必须"教育方针的目的。

1958 年，中央宣传部部长、中央文教小组组长陆定一在

---

① 周恩来：《教育改革和向科学进军问题》，见何东昌：《中华人民共和国重要教育文献 1949~1975》，772 页，海口，海南出版社，1998。

《红旗》半月刊上发表了《教育必须与生产劳动相结合》。文章对教育必须为政治服务、教育必须与生产劳动相结合进行了具体阐释，强调了党对教育的全面领导地位。他指出："中国共产党的教育方针，向来就是，教育为工人阶级的政治服务，教育与生产劳动相结合。为了实现这个方针，教育必须由共产党领导。"①这篇文章刊发前，毛泽东曾进行多次审阅、修改，专门写过三个评语，如评语二中有"在教育史部分，应批评凯洛夫、斯大林，对中苏都有益。中国教育史有好的一面，应该说到，否则不全"的表述。毛泽东还亲自在陆定一的稿子上添加了如下论断：

> 中国教育史有人民性的一面。孔子的有教无类，孟子的民贵君轻，荀子的人定胜天，屈原的批判君恶，司马迁的颂扬反抗，王充、范缜、柳宗元、张载、王夫之的古代唯物论，关汉卿、施耐庵、吴承恩、曹雪芹的民主文学，孙中山的民主革命，诸人情况不同，许多人并无教育专著，然而上举那些，不能不影响对人民的教育，谈中国教育史，应当提到他们。但是就教育史的主要侧面说来，几千年来的教育，确是剥削阶级手中的工具，而社会主义教育乃是工人阶级手中的工具。从剥削阶级手中的工具到工人阶级

①　陆定一：《教育必须与生产劳动相结合》，载《红旗》，1958(7)。

手中的工具，是教育的质的飞跃，是教育本身的大革命。①

这篇文章刊发时，毛泽东还代《红旗》编辑部写了"编辑部按"："陆定一同志这篇文章，是根据党中央召集的教育工作会议的结论写出的。党中央对这个问题即将有指示发给各级党委。我们希望各级党委在讨论党的指示的时候，结合陆定一同志的文章予以讨论。在学校党委讨论此事的时候，可以吸收非党的教授教员参加。"②这篇以陆定一署名的文章，实际上是党中央和教育工作会议的集体智慧结晶。

四、社会主义教育方针的调整

1959年1月12日至3月1日，中共中央在北京召开教育工作会议。与会代表讨论了贯彻执行社会主义教育方针的主要经验和存在的问题，认为在1958年的"教育大革命"中，成绩显著，缺点很多，比如学术批判过多、打击面太大，造成了一定程度的教育混乱。会议提出：1959年教育工作方针主要是"巩固、调整、提高"。但在随后的庐山会议上，党的主要精力集中

---

① 陆定一：《教育必须与生产劳动相结合》，载《红旗》，1958(7)。
② 陆定一：《教育必须与生产劳动相结合》，载《红旗》，1958(7)。

在批判右倾机会主义上，教育方针的调整被迫中断。1961 年
1 月召开的全国文教工作会议，再次强调在教育工作中要贯彻
"调整、巩固、充实、提高"八字方针。次年 4 月全国教育会议
召开，重申"调整、巩固、充实、提高"的方针，在党的带领下，
结合当时的社会状况，对社会主义教育方针进行了相应调整。

(一)提倡两条腿走路办教育

1958 年 9 月 19 日，《中共中央、国务院关于教育工作的
指示》指出，在统一的教育方针下，举办中小学教育应该采取
多种多样的形式，即"国家办学与厂矿、企业、农业合作社办
学并举，普通教育与职业(技术)教育并举，成人教育与儿童教
育并举，全日制学校与半工半读、业余学校并举，学校教育与
自学(包括函授学校、广播学校)并举，免费的教育与不免费的
教育并举"。"我们的原则，是在普及的基础上提高，在提高的
指导下普及，是'两条腿走路'，不是'一条腿走路'。"①两条腿
走路办教育作为"教育与生产劳动相结合"的实践方式，为 20 世
纪 60 年代两种教育制度在全国范围内全面铺开奠定了理论
基础。

1958 年 3 月，中央宣传部部长陆定一参加民办农业中学座

---

① 《中共中央、国务院关于教育工作的指示》，见何东昌：《中华人民共和国
重要教育文献 1949～1975》，859～860 页，海口，海南出版社，1998。

谈会，认为"学校办到家门口，群众自己办学，国家也不要出钱，群众也省了钱，两方面都省钱"①，使不能进普通初中的小学毕业生都能升学。他将农业中学视为"两条腿走路"的好办法。1963 年 3 月，《中共中央关于讨论试行全日制中小学工作条例草案和对当前中小学教育工作几个问题的指示》发布，强调要认真贯彻执行普通教育与职业教育并举的"两条腿走路"的方针，指出"教育事业必须适应以农业为基础、以工业为主导的发展国民经济的总方针，直接地和间接地为这个总方针服务。中小学校学生除了极小部分将升入高等学校以外，一小部分将要在城市就业，绝大部分将要在农村参加生产劳动"②，并且提出在城市举办各种类型的职业学校，同时每年还要有计划地组织城市和农村中一部分不能升学的初、高中毕业生，给以短期的职业技术训练，以便他们在农村劳动就业。为了贯彻执行这一指示，时任教育部部长杨秀峰在城市职业教育座谈会上强调："在中等教育事业中，必须进一步贯彻两条腿走路的方针，全面合理地安排普通教育与职业教育，并在职业教育中，全面合理地安排培养技术人才与实施一般劳动就业训练的两个方面。"为此，"在

---

① 《陆定一在农业中学问题座谈会上的发言》（节录），见何东昌：《中华人民共和国重要教育文献 1949～1975》，809 页，海口，海南出版社，1998。

② 《中共中央关于讨论试行全日制中小学工作条例草案和对当前中小学教育工作几个问题的指示》，见何东昌：《中华人民共和国重要教育文献 1949～1975》，1150 页，海口，海南出版社，1998。

保持普通中学与高一级学校的合理比例关系，保证高一级学校的招生质量的前提下，有必要对现有的普通中学主要是初级中学进行适当的调整，调整一部分为实施劳动就业训练的各类职业学校，同时在普通中学也要加强劳动教育和劳动锻炼，加强生产知识的教育"①。"两条腿走路"成为破除中等教育不能满足毕业生需求困局的应对之策。

在"调整、巩固、充实、提高"时期，"两条腿走路"成了调整中小学教育的途径之一。中小学问题的"另一方面是民办、半日制、业余，两条腿走路。全日制搞重点。调整后初步设想中等以上学校的学生将（从）1300万降到七八百万，其中有些是重点学校，作为钢筋，我们要抓住这方面。其他如民办、半日、业余，要求有一般水平就行了，不能要求一个水平。完全避免大起大落是不可能的，有些学校要随着经济的变化而变化，如果都由国家包下来，就不好办，如采取两条腿就很好，这也是一个经验"②。在国家经济困难时期，"两条腿办学"成了维持中小学教育的宝贵历史经验。

1964年2月13日，毛泽东在春节座谈会上指出："教育的

---

① 《教育部部长杨秀峰在城市职业教育座谈会上的讲话要点》，见何东昌：《中华人民共和国重要教育文献 1949～1975》，1191页，海口，海南出版社，1998。

② 《林枫同志在全国教育会议上的讲话》，见何东昌：《中华人民共和国重要教育文献 1949～1975》，1095页，海口，海南出版社，1998。

方针路线是正确的，但是办法不对。我看教育要改革，现在这样不行。"他指出教育存在"课程多、压得太重是很摧残人的"。"现在的考试办法是用对付敌人的办法，实行突然袭击。题目出的很古怪，使学生难以捉摸，还是考八股文章的办法……我很不赞成，要完全改变。"他给出了改革的出路："学制可以缩短。""我看课程可以砍掉一半，学生要有娱乐、游泳、打球、课外自由阅读的时间。"①毛泽东关于教育改革的指示成了社会主义教育方针调整的指南。

3月6日，刘季平在教育部召开的全国教育厅局长会议上，就毛泽东关于教育方针的论述进行了全面解读，认为正确贯彻执行党的教育方针，就要"贯彻执行两条腿走路的方针，适应国民经济发展的需要，为以农业为基础，以工业为主导发展国民经济的总方针服务。为此，办学一定要坚持多样化，反对一律化。这里的中心是两条腿走路的问题。两条腿走路，不仅是一个办学的方式方法问题，而是无产阶级教育的方针、路线问题"②。这个方针不是暂时的，而是整个社会主义时期都要坚持贯彻的。他认为："农业中学本来是很好的为农村培养新式农民的学校，但有些地区的农业中学却热心于向普通中学看齐，结

---

① 中央教育科学研究所：《中华人民共和国教育大事记 1949—1982》，353～354 页，北京，教育科学出版社，1984。

② 《刘季平同志在全国教育厅局长会议上的讲话》，见何东昌：《中华人民共和国重要教育文献 1949～1975》，1253 页，海口，海南出版社，1998。

果反而困难重重，办不下去。城市也有这个问题，重视普通教育而不重视职业教育。城市普通中学，实际上非两条腿走路不可，但思想上也是倾向一律化，硬要向全日制看齐，实质上还是轻视劳动，片面追求升学的思想在作怪。"他将"抓两条腿走路"列入 1964 年教育重要的十件事中，认为要先着重从农村做起，在农村首先抓小学教育，进一步加强业余教育，有条件的地方还可以重点抓一抓农业中学。① 他强调要贯彻执行"两条腿走路"的方针，实行多层次、多规格、多形式办学。

在这次大会上，陆定一也讲到"两条腿走路"的问题，指出："两条腿走路实际上是教育为谁服务的问题，是多快好省还是少慢差费的问题。"他强调不要把两条腿走路看成短期行为，而是在社会主义条件下普及教育的好办法，既有利于生产，又可以和群众商量着办。他提出了三个办法：

第一，各地要统筹安排，在一个县要设多少全日制、多少农业中学、简易小学，好好统筹安排，普及教育是不难的，可以大大提高儿童入学率。

第二，半日制这条腿的学校，一部分好学生还是要给他升学，可以选，怎么选，可以研究，要经过补课，如何补课

① 《刘季平同志在全国教育厅局长会议上的讲话》，见何东昌：《中华人民共和国重要教育文献 1949～1975》，1251 页，海口，海南出版社，1998。

要研究。这部分虽然不大，也要有。主要还是参加劳动。

第三，全面计划要把两条腿走路列进去，不要只算全日制，别的不算，要打破计划工作中的教条主义。

陆定一指出会后要狠抓四件事，其中之一便是"用两条腿走路的办法普及教育，首先普及小学教育。这件事比较好做，希望很大，相当有把握。初中，包括农业中学，能多办就多办一些"①。会后各地纷纷行动起来，如在河北省和天津专区的统一部署下，河北省三河、宝坻、香河、蓟县四个县掀起了办简易小学的热潮。宝坻县动员了 3495 名学龄儿童入学，其中简易小学招收了 3095 人，其余 400 人进入了全日制小学做插班生，使全县入学的学龄儿童所占比例由原来的 65.5％ 上升至 72.4％。办简易小学提高了女孩子的入学率，更大大减少了乡村小学的"白点村"，便利了儿童就近入学。②《人民日报》在 6 月 2 日刊登社论，称河北省阳原县利用简易小学普及小学教育是教育战线上的一面红旗。社论指出，阳原县"为了贫农、中下农子女的方便，他们得出结论：必须是'两条腿走路'，先进教师

---

① 《陆定一同志在全国教育厅局长会议上的总结讲话》（节录），见何东昌：《中华人民共和国重要教育文献 1949～1975》，1256～1257 页，海口，海南出版社，1998。

② 《中共中央批转河北省农村教育问题的两个材料》，见何东昌：《中华人民共和国重要教育文献 1949～1975》，1279 页，海口，海南出版社，1998。

陈正启说得好：'孩子们哪怕是学习一会儿也比不学强，能认几个字，就教他们几个字。'由此可见，不批判资产阶级教育思想，不坚决执行'两条腿走路'的办学方针，农村普及教育工作就不能进展。'两条腿走路'的办学方针，同我们的阶级路线是不可分的，它是办学中执行阶级路线的具体表现"①。随着"以阶级斗争为纲"的政治氛围日浓，"两条腿走路"的方针成了阶级路线的代名词，偏离了普及中小学教育的初衷。

为了进一步贯彻普通教育与职业教育并举、"两条腿走路"的方针，将普通教育与职业教育并举落到实处，中央宣传部联合教育部、劳动部联合召开了部分地区代表参加的城市职业教育座谈会，并于 1963 年 7 月 10 日发布了《关于征求对有关职业、技术教育问题的两个文件(草稿)的意见的通知》，指出在农业生产形势日趋好转的情况下，广大农村地区急需农业以及与农业有关的工业技术方面的初中级人才，这就要求尽快合理处理普通教育与职业教育的关系，坚持"两条腿走路"的办学方向。1964 年 4 月 2 日，国务院决定将关于技工学校综合管理的工作由劳动部划归教育部，劳动部管理该项工作的干部一并调到教育部，为普通教育与职业教育并举理顺了教育行政的体制管理。②

---

① 《阳原县普及小学教育是教育战线上的一面红旗》，载《人民日报》，1964-06-02。

② 《国务院关于技工学校综合管理工作由劳动部划归教育部的通知》，见何东昌：《中华人民共和国重要教育文献 1949～1975》，1271 页，海口，海南出版社，1998。

（二）推行两种教育制度

两种教育制度和两种劳动制度一起作为一个有机体，是刘少奇在勤工俭学、半工半读基础上提出来的，是"教育与生产劳动相结合"教育方针的新时期实践，在"教育大跃进"期间得到初步试验。1964 年，随着国内政治氛围的变化和教育政策的宽松，毛泽东提出要对学制进行改革，主管教育的刘少奇再次大力倡导两种教育制度、两种劳动制度，在中央和地方都做了大量的宣传发动和政策宣传工作。教育部还专门设立了半工半读教育办公室，各省（区、市）也纷纷成立了半工半读领导小组，全国各地以更大规模来进行半工半读试验。两种教育制度作为社会主义教育方针的调整内容之一，反映了党中央普及教育、提高劳动者素质的迫切愿望，有利于从根本上克服长期存在的教育与劳动相脱节的弊端，体现了党在教育改革和劳动用工制度方面的积极探索。

1958 年 1 月，毛泽东在《工作方法（草案）》中指出："一切中等技术学校和技工学校，凡是可能的，一律试办工厂或者农场，进行生产，作到自给或者半自给。学生实行半工半读。"[①]共青团中央发出了在学生中提倡勤工俭学的决定，强调半工半读，

---

① 毛泽东：《工作方法（草案）》（节录），见何东昌：《中华人民共和国重要教育文献 1949~1975》，796 页，海口，海南出版社，1998。

革新教育制度。3月，劳动部在天津召开全国技工学校工作会议，提出技工学校要做到"既是学校，又是工厂；既是学生，又是工人；既是学习，又是劳动"，要求技工学校必须贯彻执行勤工俭学的方案，继续加强生产实习教学。同月，教育部发文，决定中等专业学校要组织学生到本部门所属工矿企业参加生产劳动，将半工半读落到实处。3月24日，教育部召开第四次全国教育行政会议，会议将"大力举办农业中学、工业中学和手工业中学，把高小毕业生培养成为有社会主义觉悟、有文化，又有一定生产技能的劳动者"列为革命教育工作的五大任务之一。农业中学作为"一种民办的半工半读的职业（技术）学校"①，符合毛泽东的非正规化办学思想，更为解决农民子弟升学难问题探索了一条路径。江苏省海安县双楼乡率先试点，仅用四天时间就创办了农业中学，拉开了办学"大跃进"的序幕。《人民日报》专门发表社论②，号召各地应大力发展民办工业中学，浙、豫、闽、辽等省纷纷响应。5月5日，中共八大二次会议召开，会议制定了"鼓足干劲，力争上游，多快好省地建设社会主义"的总路线。在总路线的指引下，农村合作化速度加快，"群众自办、半耕半读、勤俭办学和为生产服务"的办学原则得到了广大农民和学生的欢迎，群众办学热情高涨，创办农业中学成为

① 陆定一：《教育必须与生产劳动相结合》，载《红旗》，1958(7)。
② 《大量发展民办农业中学》，载《人民日报》，1958-04-21。

一时的热潮。刘少奇在天津视察工作时，指示要试办半工半读学校来试行新的教育制度和劳动制度。5 月 27 日，国内第一所半工半读学校在天津国棉一厂正式成立。29 日，《人民日报》发表社论，指出半工半读的"工人学校是培养工人成为知识分子的重要形式。它代表着我国教育事业发展道路中的一个新的方向，是多快好省地培养工人阶级知识分子的一项重要办法"。半工半读的工人学校值得"大大提倡"。[①] 5 月 30 日，刘少奇在中共中央政治局扩大会议上提出实行两种教育制度和两种劳动制度的主张，指出："一种是现在全日制的学校制度，一种是半工半读的学校制度。在工厂中，也是两种主要的劳动制度同时并行：一种是八小时工作的劳动制度，一种是四小时工作的劳动制度。"[②]刘少奇将其视为采取群众路线，多快好省地培养工人阶级和劳动人民知识分子的一种方法，为半工半读教育的全面铺开营造了舆论。仅用了一个月时间，23 个省份已办起农业中学 59115 所，374 万余名农村小学毕业生和农业青年入学。以江苏省为例，扬州专区用一个月的时间创办了 777 所农业中学，平均每乡有两所，有学生 30600 人，使历届不能升学的高小毕业生大部分都被容纳。[③] 而苏州专区，在不到 10 天的时间内，就

① 《举办半工半读的工人学校》，载《人民日报》，1958-05-29。

② 《建国以来刘少奇文稿》第九册，128 页，北京，中央文献出版社，2018。

③ 周泽：《巩固和提高农业中学》，载《人民日报》，1958-05-15。

创办了 538 所共 600 个班的业余中学，招收学生 25000 名。① 农业中学"农闲多学、小忙少学、大忙放假"，长短班结合，教授语文、数学和农业知识，形式灵活，为当地培养了一批急需人才，成为农村职业教育改革的新事物。从 1958 年开始，半工半读、半农半读的学校在城市、厂矿和农村蓬勃发展。《人民日报》还专门发表了社论，指出"工厂附设半工半读的学校，具有十分迫切的现实意义"，既可以满足工人不脱产学习、提高工人文化技术知识的需要，又保证了工厂生产不受影响，减少了对专职脱产的教育支出，且见效迅速。② 1958 年 7 月 10 日，刘少奇在天津主持召开半工半读座谈会，各单位办学的积极性高涨，半工半读的业余教育成为"教育大跃进"时期工农学习文化技术的有效途径。

1960 年 3 月 16 日，《人民日报》发表了《又多又好地办农业中学》社论，强调要本着"积极提倡、大力发展、记事巩固、不断提高"的方针③，大力创办农业中学，进一步把农业中学办好是当年农村教育工作中的迫切的任务。"从 1958 年开始，5～6 年内农业中学已为社队输送了一大批有觉悟、有一定文化的农业劳动者和初级技术管理人员……农业中学还对当地生产技

---

① 东林：《纠正对于职业中学的一些错误看法》，载《人民教育》，1958(5)。
② 《举办半工半读的工人学校》，载《人民日报》，1958-05-29。
③ 《又多又好地办农业中学》，载《人民日报》，1960-03-16。

术的改良和提高、农作物病虫害防治、农用化肥掌握、土壤改良、整枝修剪、良种选用、一般农用机具维修使用等方面都起到了积极的作用。"[①]在"教育大跃进"中，在各方面大力支持下，农业中学保持了逐年增长的规模优势，但是，农业中学大规模发展以后，也出现了不少问题。因为农业中学是"教育大跃进"中出现的新鲜事物，很多地方对发展农业中学不免头脑发热。有些地方学生入学率不平衡，专业教师理论薄弱、水平参差不齐，农业技术和农业知识的教学质量及实习场所难以保证。1960年前后，各地遭受了自然灾害，农民生活极端困难。农业中学经费和场地更为支绌，纷纷停办。1961—1963年，本着调整、整顿的原则，随着对正规化教育的强调和对教育政策的调整，半工半读学校被大量裁撤、合并，少数办学基础较好的改为全日制学校。

1965年12月25日至1966年1月16日，高等教育部在北京召开全国半工（农）半读高等教育会议。大会讨论了全日制高等学校的改革问题，决定按照中央"决心要大，步子要稳"的精神，进行半工半读高等教育试验和对全日制高校的改革，要求高校学生既要认真劳动，又要认真读书。1966年1月8日，在高等教育部部长蒋南翔向中共中央书记处汇报会议进展时，周恩来指出"发展半工（农）半读教育要谨慎一点、稳妥一点。文科

---

① 闻有信、杨金梅：《职业教育史》，57页，海口，海南出版社，2000。

改革，至少要经过两年的试点。高等学校的专业，分科不要分那么细"①，告诫各地切勿一哄而上。"文化大革命"开始后，两种教育制度遭到猛烈批判，半工半读、半农半读学校被全部关并，两种教育制度的探索戛然而止。

两种教育制度作为"教育为生产建设服务"教育方针的发展，是针对升学与就业之间的现实矛盾而提出的解决方案，是中共中央在社会发展到一定阶段后进行的教育改革。长期以来，我国的人才培养主要由全日制学校担负，制度比较单一。两种教育制度的提出和实践，在一定程度上打破了一元制办学模式，尝试将教育与劳动紧密结合起来。两种教育制度的试验表明，有不少农业中学和农业技术学校的学生，毕业后回农村担任生产队长、农业技术员和会计等，成为农村建设的骨干力量。而城市半工半读学校和中等技术学校的毕业生，充实到工人队伍中去，不少也成长为技术骨干，为工农业生产战线输送了一批新型劳动者。但因为过于强化政治、劳动等功能，半工（农）半读的两种教育制度割裂了自身和全日制教育的关系，忽视了教学的作用，使过多的体力劳动影响了正常的教学秩序。加上两种教育制度的设计过于理想化，在试办过程中对学习和劳动的时间设置（如"四四制"）过于死板，要求各行各业都要积极创办

---

① 中央教育科学研究所：《中华人民共和国教育大事记 1949—1982》，390 页，北京，教育科学出版社，1984。

半工半读学校，甚至要求大学文科也要办到"田间地头"，违背了教育自身的规律，形式主义倾向严重，给教育带来了消极影响。

党在任何一个时期的教育方针都是在一定的时代背景下制定的，都是一定时代特征和内外环境相互因应的体现，是对以往优秀传统经验进行吸收的结果。1958年提出和确立的社会主义教育方针体现了我国社会主义的性质、任务、培养目标和基本途径。在之后的十几年里，根据不同时期的不同情况，在总结经验的基础上，社会主义教育方针不断调整和发展，尽管遭遇了不少挫折和失误，但基本的思路是一脉相承的。

第二章 | 中国共产党的社会主义教育实践

1949 年 12 月 30 日，教育部党组书记、副部长钱俊瑞在第一次全国教育工作会议上进行总结发言，指出建设中华人民共和国的新教育是一个长期的奋斗过程，要"以老解放区新教育经验为基础，吸收旧教育有用经验，借助苏联经验，建设新民主主义教育"①。党和国家接管了全部公立学校，接收了依靠外国津贴的教会学校和私立学校，贯彻"教育向工农大众开门""教育与生产劳动相结合"的方

---

① 《钱俊瑞副部长在第一次全国教育工作会议上的总结报告要点》，见何东昌：《中华人民共和国重要教育文献 1949～1975》，7 页，海口，海南出版社，1998。

针，对学制、课程和教材进行了全面改革；全面学习苏联经验，建立了新型的教育体制，大规模进行扫盲运动；对知识分子进行了思想教育改造，在全国范围内基本上完成了改造旧教育的任务，为新民主主义教育向社会主义教育的转变奠定了良好基础，从此中国共产党开始独立探索社会主义教育发展道路。

一、对旧教育制度的改造

按照《共同纲领》关于发展"民族的、科学的、大众的文化教育"要求，党和国家有步骤地对旧有教育文化事业进行改造，争取和鼓励知识分子为人民服务，使学校教育制度与思想文化建设适应新社会的形势，推进生产事业的恢复和发展。中共中央、国务院调整各级教育管理机构，制定旧教育改革的原则，对旧学校进行接收、接管，使教育事业从过去掌握在少数人的手中，转向为广大劳动人民服务，有计划、有步骤地对旧教育制度进行了大规模的改造，为新教育体系的建立扫清了障碍。

(一)调整各级教育管理机构

1949 年 4 月 23 日，南京解放，原国民政府教育部被南京市军事管制委员会接管，大部分职员被送往华东人民革命大学南

京分校学习，华北人民政府教育部和高等教育委员会负责解放
区的教育行政工作。中华人民共和国成立后，10 月召开的第
三次政务会议通过《政务院指导接收工作委员会工作条例》，明
确了该委员会代表中央人民政府统筹指导与处理原国民政府中
央机关、人员、档案、图书、财产、物资等接收事宜；对原属
于中央系统各机关的工作人员进行甄审，因材使用，合理分
配。① 10 月 19 日，作为中华人民共和国中央人民政府文化教育
工作的最高指导机关的政务院文化教育委员会成立，郭沫若为
主任，马叙伦、陆定一、沈雁冰等人为副主任，负责指导文化
部、教育部、卫生部、科学院、新闻总署和出版总署的工作，
对其所指导的机关和下级机关下发决议和命令，并审查相应的
执行情况。同日，中央人民政府任命马叙伦为教育部部长，钱
俊瑞、韦悫为副部长，同时钱俊瑞担任中共教育部党组书记。
10 月 31 日，教育部部长马叙伦遵照中央人民政府 10 月 27 日关
于结束华北人民政府工作的命令，接管了前华北人民政府教育
部和高等教育委员会。11 月 1 日，教育部举行成立典礼，教育
部下设办公厅、高等教育司、中等教育司、初等教育司、社会
教育司、视导司和高等教育委员会、识字运动委员会等部门，

---

① 12 月，由中央派出的华东工作团对原南京国民政府教育部的相关人员、
档案、图书以及所存仪器设备进行统一安置，原国民政府教育部不复存在。详见
中共中央党校理论研究室：《中华人民共和国国史全鉴·教育卷》，5 页，北京，
中央文献出版社，2005。

管理全国教育工作的最高行政机构正式开署办公。政务院文化教育委员会和中央人民政府教育部的成立，使得新中国教育有了统一的领导机构，为贯彻、落实党和政府的文教工作方针政策、改造旧教育提供了极其重要的组织保证。

1949 年 12 月，政务院公布《大行政区人民政府委员会组织通则》，规定各大行政区在文教方面设立文教委员会，并设教育部（局）、文教处等；中央直属学校归教育部直接领导，并受其所在地大行政区政府的指导。1950 年 1 月 7 日，政务院公布了省、市、县人民政府的组织通则，规定在文教方面，省人民政府设文教厅或处，直辖市人民政府设局，县人民政府设教育科或局。同年 11 月，政务院公布《大城市区人民政府组织通则》，区人民政府酌设文教科或股。按照这些政策规定，各大行政区、省、市、县的教育行政机关相继成立，形成了从中央到地方的层级教育行政体系。

随着新中国成立初期教育事业建设发展的需要的变化，政务院文化教育委员会及教育部的相关机构不断调整、增减。例如，为了统一办理留学生派出及回国事宜，1949 年 12 月，政务院文化教育委员会成立了办理留学生回国事务委员会；为了开展扫盲工作和识字运动，政务院文化教育委员会于 1952 年增设了扫盲工作委员会；为了加强高等院校调整，1952 年 11 月 15 日，中央人民政府委员会第十九次会议通过决议成立了高等教育部，任命马叙伦为高等教育部部长，张奚若为教育部部长，撤销社会教育司建制，改设业余教育司；为了促进民族教育事业的恢复与发展，1952年教育部增设了民族教育司，各大行政区教育部（文教部）增设了民族教育处（科）或在其他处（科）设专职干部等，为开创新中国教育事业新局面发挥了重要作用。

（二）旧学校改革的原则

新中国成立以前的学校，从性质上大体可以分为公立和私立两类。其中私立学校有外国津贴创办和中国私人创办两种，这些学校在当时都统称为"旧学校"。早在新中国成立前夕，在中共中央指示下新老解放区的教育已开始改造。1949年12月23—31日，第一次全国教育工作会议在北京召开。教育部部长马叙伦在致会议开幕词中专门提出要以"有计划、有步骤、有重点"的"稳步前进"方针，密切配合整个国家的建设来布置教育工作。根据《共同纲领》和第一次全国教育工作会议的精神，党和政府采取了一系列措施，有计划、有步骤地进行了旧有学校教育事业和旧有社会文化事业的改革工作。

第一次全国教育工作会议重申了新中国教育为新民主主义性质。"代替这种旧教育的应该是作为反映新的政治经济的教育，作为巩固和发展人民民主专政的一种斗争工具的新教育。这种新教育就是新民主主义的，即民族的、科学的、大众的教育。"会议强调必须对旧教育进行根本的变革，建设新民主主义教育是一项长期的、艰巨的任务，是一个"坚决改造"和"逐步实现"的过程，必须采取稳步前进的方针。

> 我们在实行这个方针时，要防止工作中可能发生的偏左或偏右的倾向。譬如对旧教育，我们采取的是坚决改造，逐步实现的方针。凡一时不能得到解决的问题，暂时维持现状，逐渐的加以改良。但这不能认作我们对旧教育的改良仅仅是改良主义的，是不坚决和不彻底的。因此，在原则上不坚持新民主主义教育的总方针，或者和旧教育采取无原则的妥协，这是不能允许的。另一方面，我们也反对对旧教育采取否定一切，不批判吸收历史遗产中优良的部分的态度，或对新解放区的教育工作者采取排斥的态度而违反争取改造和团结的方针；同时我们也反对不顾情况，单凭主观愿望，不讲求步骤急于求成的那种急躁和盲目的态度。我们主张凡是在短时间内不可能获得解决的问题，如全国各级教育的学制、课程、教材等等问题，就不应采取急躁的措施，要求加以立即的和全般的解决，但同时我们又应当即刻开始准备工作，以便及早的即使是初步的解决这些问题。①

---

① 《马叙伦部长在第一次全国教育工作会议上的开幕词》，见何东昌：《中华人民共和国重要教育文献 1949～1975》，7 页，海口，海南出版社，1998。

12月30日，副部长钱俊瑞在第一次全国教育工作会议上进行总结发言，指出要以老解放区新教育经验为基础，吸收旧教育有用经验，借助苏联经验，建设新民主主义教育，改造旧教育，建立新教育。1950年6月5日，毛泽东在中共七届三中全会讲话中指出："有步骤地谨慎地进行旧有学校教育事业和旧有社会文化事业的改革工作，争取一切爱国的知识分子为人民服务。在这个问题上，拖延时间不愿改革的思想是不对的，过于性急、企图用粗暴方法进行改革的思想也是不对的。"①稳步推进成为对教育改造的基本原则。

（三）接收、接管旧学校

人民解放战争后期，随着大中城市和广大农村相继解放，解放区迅速扩大。面对这种形势，中共中央提出接管时要贯彻"原封原样、原封不动"的方针，在解放区应"保护一切公私学校、医院、文化教育机关、体育场所，和其他一切公益事业"②。新中国成立后，为保持教育事业的连续性，使之适应新生政权和经济发展的需要，中央人民政府对国民政府留下来的教育机构进行了接收和管理，首先接管的是国民政府遗留下来的公立学校系统，随着形势的发展变化和实际需要，逐步接管

---

① 毛泽东：《为争取国家财政经济状况的基本好转而斗争》，载《人民日报》，1950-06-13。

② 《毛泽东选集》第四卷，1458页，北京，人民出版社，1991。

了接受外国津贴的教会学校系统和中国人自己开办的私立学校系统，为构建新教育体系奠定了基础。

1. 接管和改造公立学校

公立学校是新解放区原国民教育体系的基础，接管公立学校使其回到人民手中是关键。中共中央以"对于新区文教机关，包括大中小学、研究院、图书馆、博物馆及各种社会教育设备，一律以维持原有机关，逐步加以必要和可能的改进为原则"，对教职员一般留用，保证其生活，有步骤、有计划地提高其思想水平。[①] 在中国人民解放军解放大中城市后，立即成立军事管制委员会（简称军管会），接管新解放区留存下来的教育事业。在接管旧有的国立、省立、市立、县立等各级公立学校的过程中，军管会组织师生员工代表组成校务委员会，负责清点学校物资，维持现状，接管与办学两不误，受到广大教职员工和学生的拥护与支持。

教育行政部门快速动员，对旧公立学校全部予以接管。以北京市中等学校为例，公立中学工作组按照两个系统接管旧公立学校：属于北平市范围的，由北平市教育局接管；国立高等学校的附属中学，由北平市军管会文化接管委员会教育部接管。1949 年 2 月 4 日，北平市军管会派侯俊岩率军管小组接管北平市教育局，同时组成公立中学、私立中学两个工作组。

---

① 《中央对新区文教事业的政策》，中央档案馆，档案号：1948 年卷 262-4。

其中，公立中学工作组的办公地点设在西城罗贤胡同的一座旧庙中，工作人员由进城参加接管的干部、北平公私立中学教职员中的党员以及从其他系统中抽调的人员组成。经过一个多月的调整研究，至4月27日，分3批将市立中等学校共14所全部接管完毕。与此同时，北平市军管会文化接管委员会教育部派军代表郝人初、彭文分别接管了北京师范大学男附中和女附中。接管组进入学校后，贯彻"加强思想教育，进行民主管理，消灭混乱现象，恢复秩序"的接管方针，首先宣布废除训导制度，在学生中开展宣传教育，对教员实行固定薪金制，稳定其情绪。为了加强民主管理，校内建设校务委员会、学生自治会，有条件的学校还建立了党团组织，并调运、补充课桌椅。师生也积极行动起来，自己动手解决教学设备不足的问题，保证教学工作正常进行。① 各地公立学校的接管有序进行。

新中国成立后，争取团结和改造知识分子是新解放区教育工作的关键。1949年12月30日，钱俊瑞在第一次全国教育工作会议上的总结报告中指出："我们在新区应坚决执行维持原有学校，逐步作可能与必要的改善的方针。所谓维持就是每到一处，不许破坏损毁这些学校的设备房屋，让一般的原有教员

①《关于接管市属公立中小学及社教机关工作总结》，北京市档案馆，档案号：J153-1-2。

安心教下去，然后有计划有步骤地加以改善，决不要采取急进的冒险的政策。"他指出新解放区学校安顿后的主要工作是有计划、有步骤地在师生中进行政治与思想教育，逐渐树立革命的人生观。[①] 1950 年 8 月 14 日，教育部颁布《高等教育暂行规程》，对高等教育的目标、发展方向、招生等予以规定，指出要提高人民文化水平，培养国家建设人才，肃清封建的、买办的、法西斯主义的思想，发展为人民服务的思想。《高等教育暂行规程》将高等教育培养目标定位为"高级建设人才"和"专门技术人才"，符合当时国家建设的大形势和历史文化传统，对新中国成立后的旧高等学校改造具有方向性意义。

2. 接管和改造私立学校

早在第一次全国教育工作会议之前，有关部门就对新解放区（特别是大城市）的私立学校数量做了统计："全国已解放地区（缺西南六省、西北三省数字）共有私立中等学校 1467 所，占中等学校总数 48％；学生共有 356,000 人，占 42％，共有私立专科以上学校 49 所（估计有遗漏的），占该类学校总数 40％；学生 20,500 余人，占 26％，其中教会主办的共 21 所，学生 13,500 余人。仅京、津、沪、宁、武汉五个市的统计，共有私立小学 1452 所，占小学总数的 56％；学生 307,400 余人，占

---

① 《钱俊瑞副部长在第一次全国教育工作会议上的总结报告要点》，见何东昌：《中华人民共和国重要教育文献 1949～1975》，8 页，海口，海南出版社，1998。

44％。共有私立中等学校 439 所，占中等学校 84％；学生136,200 余人，占 73％。"①这些部门同时提出在新解放区如何加强对私立学校的领导和管理，是一个很重要的问题。在第一次全国教育工作会议召开期间，与会代表"讨论了关于私立学校的管理及改造问题。目前私立学校及学生占很大的比例，我们对私立学校除个别的反动特务学校应加取缔外，一般的应采取保护维持、加强领导、逐步改进的方针，对积极改进或办有成绩的学校，政府应予以奖励"②。这为私立学校的改造指明了方向。

外国津贴学校几乎都隶属于不同的外国教会，俗称教会学校，对它们的改造和接管分两步走。新中国成立初期，中央人民政府要求教会学校到人民政府登记、立案，遵守人民政府法令法规，将宗教活动与学校教学分开。但一些教会学校和相当一部分在校任职的神职人员及外籍教师，对这些规定置若罔闻，并以断绝经费来源相威胁，为人民政府改造旧学校设置了重重障碍。为此，中共中央决定对这些外国津贴学校采取必要措施。1950 年 10 月 12 日，教育部命令接办天主教会办理的北京私立辅仁大学，并提请中央人民政府任命陈垣为校长，负责主持校务，并称今后辅仁大学全体师生员工将在陈垣校长领导下，为

---

① 《教育部关于第一次全国教育工作会议的报告》，见何东昌：《中华人民共和国重要教育文献 1949～1975》，10 页，海口，海南出版社，1998。

② 《教育部关于第一次全国教育工作会议的报告》，见何东昌：《中华人民共和国重要教育文献 1949～1975》，11 页，海口，海南出版社，1998。

办好人民的辅仁大学而努力。①《人民日报》发表马叙伦部长为接办辅仁大学招待记者的书面谈话，通告了外国人在中国办学的基本原则：

（一）在一个独立民主的国家里，不允许外国人办学校，除非是他们的侨民自己设立而为教育他们的子女的学校，这是世界通例。

（二）外国人在旧中国所办的教会学校，因为它已办了多年，所以必须在它真实的遵守中国人民政治协商会议共同纲领及教育方针与法令的条件下，可以暂时允许它继续办，但中央人民政府保有根据需要以命令收回自办的权利，更绝对不允许新设这类性质的学校。

（三）宗教和学校教育是两回事，必须明确分开，不允许任何曲解与含混，在学校课堂内不允许进行做礼拜、查经等宗教活动。

（四）教会设立的高等学校，可以设宗教的课程，但只准是选修，而且不允许任何强迫与利诱学生选修宗教课程。

（五）中央人民政府教育部最近颁布的《高等学校暂行规

---

①《关于接办私立辅仁大学的请示、批复、座谈会记录、汇报及来往信》，中华人民共和国教育部档案处，档案号：1950-C-71。

程》和《私立高等学校管理办法》是全国私立高等学校都要遵守的法令。

马叙伦部长在书面谈话中还指出：教会与辅仁大学的关系只是补助经费及主持宗教选课，教会活动不能涉及学习、行政及其他。[①] 教育部接办辅仁大学，正式拉开了全国接收外国津贴学校的序幕。

1950 年 12 月 29 日，中央人民政府政务院发布《关于处理接受美国津贴的文化教育救济机关及宗教团体的方针的决定》。根据这个文件的精神，教育部于 1951 年 1 月 11 日发出《关于处理接受美国津贴的教会学校及其他教育机关的指示》，指出：必须把这个关于国家教育主权的重大工作做好，不仅使原有接受美国津贴的各级学校能维持下去，而且能办得更好；同时具体规定了处理的原则：一切接受外国津贴的学校都要进行登记，1951 年将接受美国津贴的学校全部处理完毕，按学校具体情况，采取不同办法；还规定了各级人民政府教育行政部门分工负责和处理的步骤，由教育部、各大行政区人民政府（军政委员会）教育部（文教部）、各省市文教厅（局）分别处理接受美国津贴的高等学校、中等学校和初等学校（包括幼儿园）。截至 1951 年

---

① 《为政府接办辅仁大学事 马叙伦部长发表书面谈话》，载《人民日报》，1950-10-13。

12月26日，接受外国津贴的各级学校共753所，其中高等学校19所，根据不同情况分别改设为公立和私立（中国人办理，政府补助）两种。中等教育方面共处理268所学校，其中由政府接收改为公立的共51所，将近20%；维持私立改由政府酌予补助的共217所，占总量的80%多。初等学校共处理约465所，其中由政府改为公立的占15%，维持私立的占85%。[①] 这次处理，使753所学校变成了为中国人民服务的教育事业。在改造工程中，大多数师生员工的政治觉悟得到提升，认识到收回教育主权的重要性，增强了爱国意识。这次接收调整期间，个别地区、个别学校在执行方针政策方面曾发生偏向，如出现了因缺乏调查未能区别学校性质而做简单草率的处理、因情绪急躁不重视思想动员而乱动乱接、没有把反对帝国主义文化侵略的斗争和保障宗教信仰自由正确结合起来、只顾一时的狭隘利益而破坏政策等情况，产生了一些不良影响。相对来讲，基础教育领域接收较为平稳。据统计，1951—1952年，各级政府共接收外国津贴初等学校1500多所以及多所幼儿园、孤儿院、育婴堂、慈幼院等，收回了外国各种力量在华办学的权利，落实了中国教育主权。

1952年6月14日，毛泽东在中共北京市委递交的《关于北

---

① 《教育部关于1951年处理接受美国津贴的学校的总结报告》，见何东昌：《中华人民共和国重要教育文献 1949～1975》，134 页，海口，海南出版社，1998。

京市中小学校学生负担及生活情况的报告》上批示："如果有可能，应全部接管私立中小学。"①根据这一指示，教育部于同年8月召开了全国中小学教育行政会议，讨论全国范围内接管私立中小学的进度。9月10日，《教育部关于接办私立中小学的指示》发布，决定自1952年下半年至1954年将全国私立中小学全部改为由政府接办，转为公立；规定各级教育行政部门在接办工作开始之前，要对当地私立中小学做好充分调查研究工作，同时选派一定数量政治上较强的干部负责接办工作。11月，《教育部关于接办私立中等学校和小学的计划》及《教育部关于整顿和发展民办小学的指示》发布，对接办工作的方针和原则、计划、步骤等做出具体部署。接办工作按照先外资举办后中国私人举办、先差学校后好学校的接管原则进行：先接办外资举办的学校，后接办中国人自办的学校；先接办办学成绩较坏的学校，后接办办学成绩较好的学校；先接办经费困难的学校，后接办经费还能维持的学校。对于少数民族团体或个人举办的私立小学暂缓接办（自愿的予以接办），其办学经费有困难的，当地政府予以补助。在私立学校接管过程中问题最大的是对农村地区相当比例的私塾的接管。例如，皖南地区有私塾3768所，相当于正规小学的两倍以上；塾生45327人，相当于小学生总

---

① 中央教育科学研究所：《中华人民共和国教育大事记 1949—1982》，59页，北京，教育科学出版社，1984。

数的三分之一；塾师 3768 人，相当于小学教师总数的五分之三。当涂、繁昌等七县私塾数量比例更大，占村小总数的 75％，塾生占小学生总数的 48％。塾师情况更是复杂多样、参差不齐。在对私塾进行处理的过程中，不少地区将其看作封建残留，采取严加取缔和管制的办法，出现了一些极端事件。针对这种情况，中共中央要求"防止不顾当地实际情况，对私塾一律加以封闭或放任不管的两种可能发生的偏向"①，对接收私塾中出现的各种问题进行有针对性的处理。总体来说，这项接办私立中小学改为公立学校的工作，到 1956 年社会主义改造基本完成时才全部完成。至此，延续千年的私学制度从此暂时中断，开启了"国家办学"的单一教育体制。

私人办学在中国源远流长，近代中国的私立学校曾对教育做出过积极贡献，产生了一批办学卓有成效、颇具特色的私立学校，也培养了大批人才。在改造私立学校的过程中，未能充分辩证地借鉴其有用经验，是值得我们吸取的历史教训。

二、新教育体系的建立

建设中华人民共和国的新教育是一个长期奋斗的过程。中

---

① 毛礼锐、沈灌群：《中国教育通史》第六卷，31～32 页，济南，山东教育出版社，1989。

国的新教育，和中国的新政治、新经济一样，在老解放区积累了不少经验，尤其在社会教育、知识分子思想改造教育、农村小学教育等方面。新中国成立初期，面对全国范围的建设任务，中共中央指出教育要根据《共同纲领》建设，"改造旧教育和建设新教育是两个密切联系和不可分开的过程。前者要在后者的指导下进行；而新教育的建设也必须从旧教育吸取合理的成分"①。随着教育建设的开展，教育部对原来的学制、课程和教材进行了一系列改革，并着手进行规章制度的建设，正常的教学秩序逐步建立起来。

(一)新学制的出台

新中国成立初期，为了维护和稳定原有的教育事业，使其能够顺利地转移到为人民服务的轨道上来，中央人民政府曾暂时沿用了原有的学制。但随着人民教育事业的恢复和发展，原有学制出现了不能适应新形势的问题，主要集中在工农干部学校、各种补习学校、技术学校和训练班在学制中没有体现，初等学校的"四二分段"影响了劳动人民的子女教育等方面。因此，教育部通过酝酿和研讨，提出了《关于改革学制的决定》的草案，该文件是根据新民主主义教育方针和国家建设的需要，在吸取、

---

① 《钱俊瑞副部长在第一次全国教育工作会议上的总结报告要点》，见何东昌：《中华人民共和国重要教育文献 1949～1975》，9 页，海口，海南出版社，1998。

借鉴了老解放区和苏联教育经验基础上制定的，由政务院第97次政务会议讨论通过，并于1951年10月1日公布实施。《政务院关于改革学制的决定》中学制改革的要点有三个：一是确定了劳动人民和工农干部的教育在各级学校系统中的重要地位；二是确定了专业教育的重要地位；三是把小学六年两级制改为五年一贯制，使大多数劳动人民容易受到完全的初等教育。①

新学制改革落实了"教育为工农服务""教育为生产建设服务"的文化教育总方针，保证了工农干部和群众的受教育权，并确立了各类技术学校和专门学校的地位，如涉及"工农速成"教育的规定有初等教育和中等教育部分："对青年和成人实施初等教育的学校为工农速成初等学校、业余初等学校和识字学校，实施以相当于小学教育程度的教育"；"实施中等教育的学校为中学、工农速成中学、业余中学和中等专业学校"。工农速成中学作为培养工农干部和产业工人的新型学校在学制中得以体现，保障了各类专门技术和管理人才的培养。

从图2-1可以看出，新学制与传统学制有着本质区别：工农业余教育与普通教育并举，均可通向高等教育；工农教育、业余教育、中等专业教育在新学制中均有体现，成年人的学习诉求得到了制度性保障。在经过改革的新学制中，实施初等教

① 郭沫若：《关于文化教育工作的报告——在一届政协三次会议上的报告》，载《新华月报》，1951(11)。

研　究　部

年级

5

4　大学和专门学院

3

2

专科学校

年龄/岁　1

18

6　中等专业学校　业余高级
　　　（技术、师范、　中学
17　高级中学　医药及其他）　工农速成　（3~4年）

16　5　　　　　　中学
　　4　　　　　　（3~4年）　业余初级

15　　　　　　　　　　　　中学

14　3　初级中学　　　　　　（3~4年）

13　2

　　1

12

5

11　4　　　　　　　工农速成　业余初等

10　　　小　学　　初等学校　学校

9　3　　　　　　　（2~3年）

8　2

　　1

7

6

5　幼　儿　园

4

3

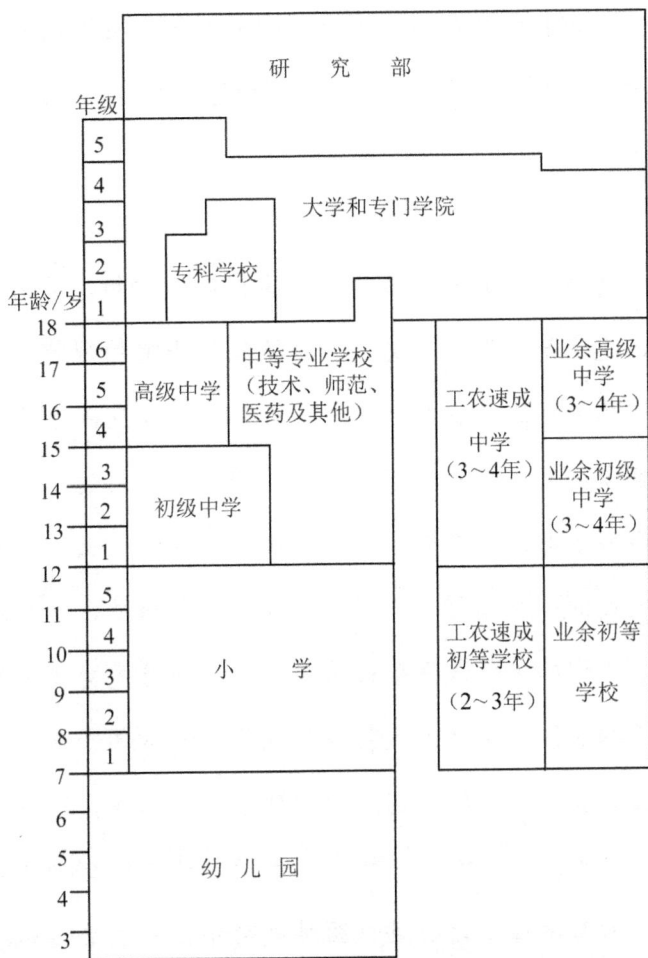

图 2-1　中华人民共和国学校系统图（1951 年）

育的机构包括对自幼失学的青年和成人实施教育的识字学校（冬学和识字班）、业余初等学校和工农速成初等学校，实施中等教育的机构包括工农速成中学、业余中学，各种高等学校附设先修班和补习班。《政务院关于改革学制的决定》以国家法令的形式确立了工农业余教育在教育体系中的地位，将工农业余教育纳入国民经济发展大计。政务院总理周恩来曾专门谈起这一点，指出：

> 这个学制是我们新中国建国初期的学制，不是很完善的，也不是长期不变的。它是从我们当前的现状出发，并照顾到今后的发展的。它的特点是一方面反映了我们政权的性质，另一方面适应了建设的需要。我们的政权是工人阶级领导的以工农联盟为基础的人民民主专政。但是，我国人民的文化水平，一般说，还是比较低的，文盲还有很多。人们的文化水平普遍需要提高，而首先需要提高的是工人和农民。因为工人阶级是我们政权的领导阶级，工农联盟是我们政权的基础。新学制就反映了我们这种政权的这种特点。在新学制中就有关于工农速成教育和各级各类业余教育的规定，而且这两种教育不是占次要的地位，而是与其它各种教育占同样重要的地位。同时，为了适应国防、经济等各方面建设的需要和照顾到今后的发展，新学制还有关于专业教育设置的规定，并且对普通学校的学制作了一些改革。中学学制没有改动，以后是不是要改，这要看将来的需要。我们学制中的工农速成学校、中等技术学校和各级各类补习学校，在资本主义国家的学制中是没

有的。在苏联，现在也没有工农速成学校，因为它今天已经没有这种需要了。我们的新学制同旧中国的学制相比，也有很大不同。旧中国的学制是先抄日本的，后抄美国的，虽然有一些修改，但一般说，还是属于资本主义的教育制度。我们在宣传上要将新学制的这些特点说清楚，使大家都了解。①

以中等专业教育取代原有的职业教育，并把职业技术学校纳入中等专业教育系统，如此，便将各种技术学校（农业、工业、交通和运输业等）纳入了正规学校制度。中等专业学校毕业生经过实际工作锻炼，还可以升入高等学校继续深造。这项改革虽是为了适应新中国成立之初国家对大量建设人才（特别是中级技术人才）的急切需要，但同时也打破了近代以来职业学校低于普通学校的社会偏见。

(二)课程及教材改革

中华人民共和国成立后，教育部统一领导和部署，在全国范围内对原有学校的课程、教材进行了革旧布新式的改革。改革的总方向是以辩证唯物主义和历史唯物主义为指导，清除宣

---

① 周恩来：《谈新学制》，见何东昌：《中华人民共和国重要教育文献1949～1975》，107页，海口，海南出版社，1998。

扬封建的、买办的、法西斯主义思想的内容，取消烦琐、陈腐、庞杂的材料和结构，在实现教育目的的前提下进行课程改革。这次课程改革要求课程设置既要适合儿童和青少年身心发展阶段，又要符合当代科学技术水平，并从实际出发，参照先进国家尤其是苏联教育的经验，充分考虑中国的教育传统，编订出各级各类学校的新课程和适用的教科书。

1949 年 10 月，华北人民政府在北京召开了华北高校会议，颁布了《各大学、专科学校、文法学院各系课程暂行规定》，规定各院系必须废除反动课程，添设马列主义课程，逐步改造其他课程。该文件还对文学、哲学、历史、教育、经济、政治、法律七个系的任务、基本课程进行了规定，还提出各系的外国语课程要尽可能开设俄语课。

1950 年 8 月 2 日，政务院颁布了第 43 次会议批准的《关于实施高等学校课程改革的决定》，共 11 条。其中，第二条指出：一年来，全国高等学校的教育内容，已经经过了初步的改革，也收到了一定的成效，但现有高等学校课程中相当大的部分还不是新民主主义的，即还不是民族的、科学的、大众的，还不能符合新中国建设的需要。因此，全国高等学校的课程，必须根据《共同纲领》第四十六条的规定，实行有计划、有步骤的改革，达到理论与实际的一致。一方面克服"为学术而学术"的空洞的教条主义的偏向，力求与国家建设的实际相结合。这是我们现有高等学校主要的努力方向，另一方面要防止忽视理论学习的狭隘实用主义或经验主义的偏向。

1950年9月26日，教育部发布了高等学校文学院5个系、法学院4个系、理学院5个系和工学院6个系的课程草案，作为各校拟订课程的参考。课程草案规定：文法学院各系的总任务是培养学生全心全意为人民服务的观点，使其掌握现代科学与技术的能力，使之成为财政、经济、政治、法律、文化、教育等项工作的高级建设人才，并有计划、有步骤地培养工农出身的知识分子。课程草案还规定：暂用学分制，以学习3小时为1学分（包括听讲1小时，自习、实验、实习2小时）。

课程改革中的重要内容之一是政治课的设置与教学。为了改进政治课教学，教育部曾于1950年7月24日至8月25日在北京召开全国高等学校政治课教学讨论会，讨论解决政治思想教育中出现的过"左"情绪、教学方法上的教条主义、教学内容上的讲授重点不明确和教学组织不健全等问题。10月，教育部又发出通知，规定高等学校应根据具体情况，成立政治课教学委员会。1951年暑假期间，教育部几个大行政区的教育部门又分别召开了高等学校政治课讨论会，提出政治课应作为业务课之一，着重于系统地讲授有关理论知识，并注意解决学生的主要思想问题。

课程和教材的改革还推动了学校教学研究工作的改革。苏联教学研究指导组①（简称教研组）的形式，在各级学校中得到推广。早在 1949 年秋天，一些高校院系已着手成立教学研究小组，如北京师范大学在 1950 年春开始有重点地建设教研室。历史系于 1950 年春天已成立了四个教学研究指导小组——中国通史、中国近代史、世界通史、中国史学史，到下半年合并为中国通史、中国近代史教研室。1950 年 5 月 19 日，教育部颁布《北京师范大学暂行规程》，其中第十五条规定："本校设各种教学研究组，为教学基层组织，由一种学科或性质相近的几种学科的全体教授、副教授、讲师、助教及实验室技术人员等组成之。"②随后，教育部在 1950 年 6 月初召开的第一次全国高校会议中，号召高等学校组织教学研究指导组。同年 8 月，教育部颁发《关于实施高等学校课程改革的决定》和《高等学校暂行规程》，更加明确规定教学研究指导组为教学的基本组织。1951 年 5 月 31 日，教育部颁发《关于华北区高等学校教学研究指导组暂行办法》（以下简称《办法》）。该《办法》规定：教学研究指导组（简称教研组）为高等学校基本教学组织，担任进行一种或性质相近的几种科目的教学工作及与教学有关问题的研究工

---

① 俄罗斯联邦教育部于 1947 年颁发《学校教学法研究工作规程》，规定在小学按年级设立教学研究指导组，在中学按学科设立各科教学研究指导组，在有 14 个班级以上的七年制不完全中学和七年制完全中学设立教学研究室，在区、市设立教育研究室。

② 《北京师范大学暂行规程》，见何东昌：《中华人民共和国重要教育文献 1949～1975》，15 页，海口，海南出版社，1998。

作。该《办法》还规定了教研组主任的职责范围，并规定了教务长对教研组的教学工作负有计划、组织、督导检查的责任。

1952年3月18日，教育部颁发《中学暂行规程（草案）》《小学暂行规程（草案）》。其中，《中学暂行规程（草案）》规定："中学各学科设教学研究组，由各科教员分别组织之，以研究改进教学工作为目的。每组设组长一人，由校长就各科教员中选聘之（在班数较少的学校，教学研究组得联合性质相近的学科组织之）。"①《小学暂行规程（草案）》规定："教导研究会议：由全体教师依照学科性质，根据本校具体情况，分别组织研究组，各组设组长一人，主持本组教导研究会议，研究改进教学内容和教导方法，并交流、总结经验。"②在教研组的组织形式下，担任同一教学任务的教师组织起来，统一教学进度，集体备课，讨论和制定各科教学进度，研究教学内容及教学方法，很大程度上保障了平行班较整齐的教育质量。

（三）高等院校院系调整

新中国成立后，高等院校经过接管、整顿和初步改造，整体面貌发生了很大改变，但学校的规模、系科设置、地区分布、

---

① 《中学暂行规程（草案）》，见何东昌：《中华人民共和国重要教育文献1949～1975》，140页，海口，海南出版社，1998。

② 《小学暂行规程（草案）》，见何东昌：《中华人民共和国重要教育文献1949～1975》，144页，海口，海南出版社，1998。

培养层次等方面仍基本上保持着原有格局。随着国家经济建设的发展，这些问题在高等教育中日渐凸显。"为了有计划地配合生产建设，全国高等学校的分布必须根据国家建设的总计划，进行有计划有步骤地调整。在这方面东北已有了良好的开端。为了实现这一调整工作，现在在一部分学校还残存着的宗派主义和山头主义，必须坚决克服。全国的教师必须逐步地做到完全服从于人民和国家的整体的利益。这样，我们的高等教育就会更加充分与完满地为国家的基本建设即生产建设服务。"[①]1951年11月，教育部召开全国工学院院长会议，会议通过了参照苏联工科学院模式的中国工学院调整方案，并于1952年4月正式公布，拉开了高等院校院系调整的序幕。在中共中央的统一部署下，以苏联高等教育经验为参考蓝图，教育部分两个阶段对高等院校进行了大规模的调整。

第一阶段的大规模院系调整集中在1952—1953年。这次院系调整的指导思想是"以培养工业建设人才和学校师资为重点，发展专门学院，整顿和加强综合大学"，以华北、东北和华东、中南四大行政区为重点，对辖区内的高等学校进行全面调整。1952年5月，教育部专门发布《关于全国高等学校1952年的调整设置方案》，轰轰烈烈的大规模高等院校院系调整和专业设置正式开始。这次调整，对多数大学的文、理、法学院或系实行

---

① 钱俊瑞：《当前教育建设的方针》下，载《人民教育》，1950(2)。

合并，调整和加强综合大学；将各大学的工学院和工科各系合并，组建多学科工学院，或独立出来成立专门的工学院，基本形成机械、电机、土木、化工等主要专业比较齐全的学科体系，同时进行师范、农林和医药等院校的调整。在这次调整中，中共中央有一个明确目标，就是"高等学校尽量集中领导，归中央管"。周恩来在政务院第 156 次政务会议上指出："尽管全国有 200 多所专科以上的学校，遍布各地，西南、西北都有，领导也还是应该尽量集中。现在有些学校虽然还需要委托地方指导，但是计划、院系调整和教材等，必须集中到中央。高等教育必须加强集中领导。今后五年内，国家需要 50 多万高等学校毕业生，如果不集中领导，高等教育就不能适应国家建设的需要，这对国家就是极大的损失。"①这从国家建设高度指出了中共中央对高等院校进行领导的必要性。1952 年 11 月，高等教育部成立，专门负责高等学校行政管理事宜。1953 年 10 月 11 日，政务院公布《关于修订高等学校领导关系的决定》，规定高等教育部对全国高等学校(军事学校除外)实施统一的管理，凡高等教育部所颁布的有关全国高等教育的建设计划、财务计划、财政制度、人事制度、教学计划、教学大纲、生产实习规程以及其他指示或命令，全国高等学校均应执行。

---

① 周恩来：《必须加强文化教育工作》，见何东昌：《中华人民共和国重要教育文献 1949~1975》，176 页，海口，海南出版社，1998。

1953 年 5 月 29 日，高等教育部部长马叙伦在政务院第 180 次政务会议上作了有关高等学校院系调整计划等工作报告，指出：“中央人民政府高等教育部成立后，鉴于大规模的、有计划的经济建设已经开始，为使高等学校院系分布进一步趋于合理，人力物力的使用更为集中，各类专门人材的培养目标更为明确，拟于 1953 年继续院系调整工作。调整的原则，仍着重改组旧的庞杂的大学，加强和增设工业高等学校并适当地增设高等师范学校；对政法、财经各院系采取适当集中、大力整顿及加强培养与改造师资的办法，为今后发展准备条件。”[①]报告指出华北、东北和华东三区已基本完成院系调整工作。

表 2-1　1952 年和 1953 年调整前后各类高等学校设置情况统计表

学校类别	1952 年调整前设置情况/所			1952 年调整后设置情况/所			1953 年调整后设置情况/所		
	共计	大学学院	专科学校	共计	大学学院	专科学校	共计	大学学院	专科学校
总计	211	140	71	201	154	47	182	153	29
综合性大学	0	0	0	7	7	0	13	13	0
普通大学	49	49	0	14	14	0			
高等工业学校	33	14	19	43	33	10	39	36	3
高等师范学校	32	19	13	33	21	12	31	26	5
高等农林学校	17	11	6	28	25	3	29	28	1

---

① 《关于高等学校院系调整计划、改订高等学校领导关系和加强高等学校及中等技术学校学生生产实习工作的报告》，见何东昌：《中华人民共和国重要教育文献 1949～1975》，210 页，海口，海南出版社，1998。

续表

学校类别	1952 年调整前设置情况/所			1952 年调整后设置情况/所			1953 年调整后设置情况/所		
	共计	大学学院	专科学校	共计	大学学院	专科学校	共计	大学学院	专科学校
高等医药学校	28	25	3	32	29	3	29	28	1
高等政法学校	0	0	0	3	3	0	4	4	0
高等财经学校	19	6	13	13	7	6	7	5	2
高等艺术学校	16	10	6	15	11	4	15	6	9
高等语文学校	7	0	7	8	1	7	8	0	8
高等体育学校	1	0	1	2	1	1	5	5	0
少数民族高等学校	6	6	0	2	2	0	2	2	0
其他	3		3	1	0	1			

说明：1952 年调整前设置情况中"其他"栏中的专科学校为中华工商专科学校、西昌技艺专科学校及乐山技艺专科学校；1952 年调整后设置情况中"其他"栏中的专科学校为西昌技艺专科学校。

资料来源于高等教育部办公厅：《高等教育文献法令汇编》第一辑，76 页，北京，高等教育部办公厅，1954。

经过 1952—1953 年第一轮高等学校院系调整后，综合性大学由 7 所变为 13 所，华东以 4 所排在第一位；1953 年的高等工业学校、高等师范学校数量均进行了少量的压缩。到 1953 年年底，高等学校第一阶段的调整工作基本结束。这次调整卓有成效，基本上将不能适应培养国家建设干部需要的旧大学改组为培养目标明确的新型大学；将原来重复设置和过于分散的院系适当集中，将办学条件太差的院校予以取消或合并，建设了一批新的专门学校，形成了航空、机械、电机、土木、化工、地质等比较齐全的工科专业体系，从根本上改变了高等院校不能培养比较配套的工程技术人员的落后局面。一些院校还建立了夜大学，丰富和完善了高等教育的结构。但是，由于这一阶段的调整基本上是在各大行政区内进行的，高等学校的区域分布问题尚未得到合理的解决，学校仍过分集中在大城市和沿海沿江地区，内地偏少，高等工业学校和工业基地距离过远；对一些知名大学多年形成的学科特长未能给予照顾，在学科结构调整上存在"理工分割、文理分家"现象，调整中对文、法、财经院校撤并过多；不适当地取消了社会学、政治学、社会教育等学科，一定程度上给新中国教育带来了发展缺陷。

第二阶段的高等院校院系调整从 1955 年开始，持续到 1957 年年底基本结束。高等教育部本着"贯彻精简节约的方针"，既要逐步加强内地学校，又要充分发挥现有沿海城市学校各方面的潜力，将沿海地区一些高校的专业、院系迁往内地组建新校，将少数学校全部或部分迁至内地建校；在调整步骤上既要克服安于现状的保守思想，又要防止急躁冒进的偏向。在这次调整中，内地的高等学校数量由 1951 年的 87 所增加到 115 所，同时学校规模得以扩大，实力有所增强。例如，西安 1951 年仅有 8 所高校，到了 1957 年已增至 22 所，其中上海交通大学将一部分师生迁到了西安。1957 年 6 月 17 日，新华社记者就上海交通大学迁校问题访谈了高等教育部部长杨秀峰。他专门强调"院系调整是必要的"，简明扼要地向记者转述了周恩来总理就解决上海交通大学迁校问题的主要意见：

> 总理从高等学校院系调整问题谈起，他说，院系调整这一方针是由于旧中国高等教育不能适应新中国社会主义建设的具体要求而来的。中国落后，办高等教育的历史不过几十年，经过学校教育培养出来的知识分子，特别是高级知识分子数目是很小的。根据共同纲领和宪法对教育工作的要求，旧中国高等教育的底子是不相适应的。有很多学科的缺门必须补充，许多专业必须发展。再者，过去高等学校的设置安排也不尽适应新的经济部署的要求。旧中国工业的布局和教育的部署是不平衡不合理的。假如看不到这些基本情况，就无法理解解放后各项改革的必要性，也难于理解在高等教育方面进行院系调整的必要性。院系调整在教育上的是一种改革，我们应将这种改革对新中国的需要肯定下来，否则从不同的眼光看，就容易过分强调缺点的一面，甚至否定一切，引起思想混乱。①

---

① 《杨秀峰在上海谈周总理对交大迁校问题的意见》，见何东昌：《中华人民共和国重要教育文献 1949～1975》，768 页，海口，海南出版社，1998。

上海交通大学的部分师生迁到西安，为西安交通大学的成立创造了优厚条件，对增强西部地区高等教育的实力产生了深远的影响。在这次调整中，中共中央以极大的魄力和胆识进行了全国高等学校的重新组合。这次院系调整将原有高等学校按院或系进行分解，再分类归并，成建制地搬迁，组建新校或加强他校。这些院系调整合并都是设备、图书、仪器、学生、教职工及其家属等一并搬迁，有的还跨省跨江进行迁移。不少师生和教职工及其家属怀着报效祖国、投身建设的崇高热情，离开自己长期工作、生活的地区和学校，在全省甚至全国范围内进行大规模迁移，去创业，这种精神和实践不能不说是中国共产党百年教育史上的一次壮举。

高等学校经过院系调整和改革，无论数量还是质量，都有了很大的提升。1957年，全国普通高等学校总数为229所，比1952年增长了14%；在校学生44.1万人，比1952年增长了1.3倍。第一个五年计划期间，全国高等院校毕业生达27万人，超过了1912—1947年毕业生总和（21万人）。院系调整作为一种教育改革，是全面学习苏联和落实新的教育方针的产物。经过六年多的院系调整，我国基本上实现了整顿和加强综合大学，发展专门学院，优先发展工业学院和师范学院的预期调整目标；高等学校在地区分布上不合理的问题有所缓解，基本适应了当时国家实行计划经济和开展大规模经济建设的人才需要。通过院系调整，我国把半殖民地半封建性质、深受欧美资产阶级影响的旧高等教育，转变为无产阶级思想领导的、适合国家建设需要的高等教育，完成了中国教育性质的转变，取得了令人瞩目的成绩。但是，在调整过程中，国家对一些地区原有的教育事业基础和未来发展考虑不够，没有照顾到一些院校的原有特点和学科特长，使它们多年积累形成的基础被强行拆开；对法商系科侧重于政治上的界定，使财经类院校遭到了削弱，过分压缩了政法类系科，取消了社会学系科；部门办学的体制使得专业划分过窄过细，使学生的文化科学视野局限于专业范围。这些都影响了人才的全面发展。

三、面向工农的教育实践

新中国成立后，大批工农干部从硝烟弥漫的战场转入各项和平事业的建设。这些干部中文盲、半文盲数量很大，他们迫切需要学习文化、政治和技术，以便尽快适应新中国的建设事业。新中国成立时，全国文盲中工农出身的人占了绝大多数，且在革命中成长起来的工农干部普遍文化水平不高。"我们在建设中需要老区干部和工农知识分子，但他们文化水平很低，如果不让他们学习，他们就不能前进。"①面对这种情况，党和国

① 《周恩来教育文选》，32～33 页，北京，教育科学出版社，1984。

家提出"教育向工农开门"的教育方针，创办工农速成中学，发展工农业余教育，开展大规模的扫盲运动，培养了一大批工农出身的新型知识分子和劳动力。

(一)创办工农速成中学

创办工农速成中学是新中国成立后面向工农的重要教育实践。1949年12月召开的第一次全国教育工作会议提出"应特别着重于工农大众的文化教育、政治教育和技术教育"①。教育部副部长钱俊瑞在会议总结报告中指出：要把工农干部培养成知识分子。"我们要求全国的部队、机关、团体和学校都尽可能地为青年工农，首先是为多年参加革命斗争的青年和成年工农干部，办这样的速成中学。这批工农干部乃是我们祖国最宝贵的财产，我们必须负责将他们培养成为知识分子，培养他们负担建设任务。"②这次会议正式提出创办工农速成中学。这次会议还草拟了《工农速成中学实施方案》，规定工农速成中学以"吸收工农干部及工农青年，给以文化科学教育，使其获得中等文化程度和基本科学教育，以便升入大学深造，成为新中国建设的骨干"为任务，招收参加革命工作三年以上，具有相当于高小毕

---

① 《马叙伦部长在第一次全国教育工作会议上的开幕词》，见何东昌：《中华人民共和国重要教育文献1949～1975》，6页，海口，海南出版社，1998。

② 《在全国教育工作会议上 钱俊瑞副部长总结报告要点》，载《人民日报》，1950-01-06。

业程度，年龄在 16 岁至 30 岁，思想进步、身体健康、工作积极的部队、机关工作人员（男女兼收），以及有三年以上的工龄，年龄在 16 岁至 28 岁，具有相当于高小毕业程度，思想进步、工作积极、身体健康的工人，首先看重产业工人（男女兼收）。该方案还对修业年限与课程、设置办法、实施计划和经费设施等进行了制度性规定。作为一种带有知识补偿性质的成人教育，工农速成中学的出现，是工农干部对文化的要求与国家建设需要相结合的时代产物。

　　会后，全国各地积极行动起来。1950 年 1 月，教育部与北京市文教局暂借东城区外交部街原大同中学为临时校舍，筹办北京实验工农速成中学。教育部从东北、河北、山东等老解放区选配了一批既有革命经验又有多年教学经验的老干部担任学校领导。其中，东北实验学校校长胡朝芝被调入北京，担任校长。经过筹备、报名和招生考试，北京实验工农速成中学录取新生 120 名①，4 月 3 日正式开学。教育部部长马叙伦、副部长钱俊瑞等相关领导及该校全体教职员、第一期学员等共约 200 人出席了开学典礼。马叙伦、钱俊瑞等人先后讲话。《人民日报》给予了专门报道："钱俊瑞副部长在讲话中指出：文化原是劳动人民创造的，后来被剥削阶级夺了去作为统治劳动人民

---

　　① 学生中年龄以 20 岁到 26 岁者为最多；参加工作年数在十年以上者有 19 名，五年以上者有 20 名，三年以上者有 81 名；职别以办事员、通讯员、收发员、科员为最多。

的工具。今天中国劳动人民在政治上翻身了，经济上亦开始翻身，文化上也必须翻身。如果文化上不翻身，则政治、经济上的翻身还不能巩固。文化上翻身是要把文化交还劳动人民，与劳动生产结合，使工农掌握文化、掌握理论，加强斗争和建设工作。他号召学员们努力学习，将来进大学，毕业后做工人阶级和农民阶级的最忠实的知识分子，终身为工农服务。"①该校顺利开办，为此后工农速成中学在全国范围内推广起到了示范作用。

鉴于苏联创办工农速成中学的成功经验以及社会各界对工农速成中学的大量需求，各地区纷纷行动起来。1950 年，在华东地区，华东人民革命大学附设工农速成中学，7 月 22 日举行了入学考试，录取学员 277 名，并于 8 月 21 日正式开学；② 在华北地区，河北、山西、察哈尔、平原省等的工农速成中学和绥远省的工农速成班相继成立；③ 在中南地区，重庆市南岸海棠溪开办了一所实验工农速成中学，第一期招收了 4 个班，共有学员 160 人。④ 为了进一步加快速度，1950 年 9 月，第一次

---

① 《有计划地培养工农干部工农青年 京工农速成中学开学》，载《人民日报》，1950-04-05。

② 王永贤：《上海成人教育史 1949—1989》，37～38 页，上海，上海社会科学院出版社，1991。

③ 《华北各省工农速成中学已先后建立》，载《新华社新闻稿》，1950-09-21。

④ 四川省教委《四川普通教育年鉴》编写组：《四川普通教育年鉴 1949—1985》，135 页，成都，四川教育出版社，1992。

全国工农教育会议召开，会议积极响应"教育向工农开门"的教育方针，在全面分析中国教育现状、综合考量各方面因素后决定首先重点培养工农干部和积极分子，提出建立专门招收工农干部的工农速成中学。该会议还具体制订了 1952 年的招生计划，计划在全国招收 7000 名学生，区域分布如下：中央560 名（包括北京实验工农速成中学、北京大学附设工农速成中学、清华大学附设工农速成中学），河北省 400 名，山西省、平原省各 320 名，察哈尔省 120 名，绥远省 40 名，北京市80 名，天津市 160 名，华北区 1720 名，华东区 1400 名，中南区 1000 名，西北区 560 名，西南区 240 名，内蒙古自治区80 名。有条件的地区还可适当发展。[1] 12 月 14 日，《政务院关于举办工农速成中学和工农干部文化补习学校的指示》（以下简称《指示》）颁布，提出："为了认真提高他们的文化水平以适应建设事业的需要，人民政府必须给予他们以专门受教育的机会，培养他们成为新的知识分子。为此，决定在全国范围内有计划有步骤地举办工农速成中学和工农干部文化补习学校，吸收不同程度的工农干部给以适当时间的文化教育，尽可能地使全国工农干部的文化程度能在若干年内提高到相当于中学的水平。"该《指示》规定工农速成中学修业年限暂定为三年，由教

---

[1]　教育部中学教育司：《第一次全国工农速成中学工作会议总结摘要》，载《人民教育》，1952(2)。

育部和大行政区教育部统筹举办。①

　　1951 年 10 月 1 日，《政务院关于改革学制的规定》颁布，对工农速成中学作为培养工农干部和产业工人的新型学校在学制中予以确定。11 月 19 日，教育部发布了《教育部关于工农速成中学附设于高等学校的决定》，指出："根据苏联创办工农速成中学的先进经验，以及我们二年来在北京大学及清华大学附设工农速成中学的试办经验，证明工农速成中学由高等学校附设，作为高等学校的预备学校，不但可以逐渐改变高等学校的学生成分，使高等学校确实面向工农开门，而且可使工农速成中学实施重点分类的教学计划，更容易与高等教育课程密切衔接，同时在设备及教学方面，亦可得到高等学校的具体帮助和指导，因而有利于学生集中精力，学好基础的科学知识，保证速成任务的完成。"②为此，要求自 1953 年起，工农速成中学应有计划、有步骤地附设于各类高等学校，作为高等学校预备学校，使学生在毕业后一般即可升入本高等学校继续深造。各地现有独立设置的工农速成中学，应由各大行政区教育部根据国家建设需要及本地区高等学校设置情况，于 1953 年暑假内，有计划地

　　① 《政务院关于举办工农速成中学和工农干部文化补习学校的指示》，见何东昌：《中华人民共和国重要教育文献 1949～1975》，69 页，海口，海南出版社，1998。

　　② 《教育部关于工农速成中学附设于高等学校的决定》，见何东昌：《中华人民共和国重要教育文献 1949～1975》，127 页，海口，海南出版社，1998。

移归高等学校附设，允许个别确有移转困难的学校暂保独立设置。

1951 年 11 月 20—29 日，教育部在北京召开了第一次全国工农速成中学工作会议，就工农速成中学的方针、任务进行了深入的讨论。到会代表一致认为："工农速成中学不仅是为了满足工农干部和产业工人对于文化的要求，而且是为了适应国家建设的需要，准备培养工农干部和产业工人成为各种高级建设人才。因此，工农速成中学的性质，和一般干部学校或党校不同，也和一般中学不同。工农速成中学是在较短的时间内培养工农干部和产业工人升入高等学校的一种准备学校。"①会议根据一年来各地试行的情况，决定工农速成中学的修业年限暂时仍定为三年至四年，并拟订了两种教学计划同时试行。1952 年 8 月，教育部决定自 1952 年暑假起，为扩大学员来源，工农速成中学可以招收 18～30 岁的农村优秀青年干部、青年工人。在党和国家的全面部署下，各大行政区和各省、市教育行政部门迅速行动起来，认真贯彻执行有关指示，于是工农速成中学在全国各地开始兴办起来。

1954 年 3 月 13 日，习仲勋在全国文化工作会议上作了《1954 年文化教育工作的方针和任务》的工作报告，指出："要

---

① 《第一次全国工农速成中学工作会议》，见张篷舟、张仪郑：《1952 人民手册》，532 页，上海，上海大公报，1952。

切实整顿和大力办好工农速成中学。各级教育行政部门应协同有关部门，抽调和选送工农干部和产业工人中优秀的积极分子入学，调配必要数量的优秀教师去任教，以便切实办好这些学校，有效地提高工农干部的文化水平，争取更多更好的工农速成中学毕业生升入高等学校。"①国家积极动用各种力量为工农速成中学的创办创造条件。

据统计，1950—1954 年，全国有工农速成中学 87 所（其中 57 所属于高等学校附设），调配 3700 名教师和干部，购置了相应的教学仪器、图书和体育设备，总招生规模为 64700 余名（1954 年当年招生 29200 余名）。② 1953 年 7 月 28 日，高等教育部、教育部联合发出通知，确定工农速成中学招生自本年起逐步实行"工人返还制"③，更好地为保送学员的各企业部门培养专门人才。1955 年 2 月 22 日至 3 月 7 日在北京召开的全国工农速成中学教育会议和全国职工业余文化教育会议指出，1955 年将招收 3300 名新生，使得在校学生达到 8400 人。④ 工

① 习仲勋：《1954 年文化教育工作的方针和任务》，见何东昌：《中华人民共和国重要教育文献 1949～1975》，294 页，海口，海南出版社，1998。

② 《中国教育年鉴》编辑部：《中国教育年鉴 1949—1981》，175 页，北京，中国大百科全书出版社，1984。

③ 这种招生办法是将各企业部门保送的产业工人，尽可能分配到设有与该企业部门相关的专业的高等学校附设的工农速成中学学习，待他们从高等学校毕业后，再把他们分配回保送单位工作。

④ 《全国工农速成中学教育会议和全国职工业余文化教育会议闭幕》，载《新华社新闻稿》，1955-03-09。

农速成中学的发展满足了工农干部的文化需要，带动了广大工农干部的学习热情，使不少毕业生顺利升入高等学校。以中国人民大学附设工农速成中学为例，该校 1953 年已有学员 907人，其中工农干部占 86.92%，第一届毕业生中有 59 人升入中国人民大学工业经济系、经济计划系、合作系、对内贸易系、对外贸易系、法律系、俄文系；有 21 人升入北京大学、北京工业学院以及其他高等学校；有 5 人考入留苏预备班。[①] 随着工农速成中学学员毕业并考入高等学校，高等学校中工农出身的学生数量迅速增加。据统计，1951—1952 学年，全国高等学校工农成分学生占在校生总数的 19.08%；到 1956—1957 学年，工农成分学生已经占到在校生总数的 34.1%。在每年招收的新生中工农成分学生的比重逐年增长，1953 年高等学校招收的工农成分学生占新生总数的 27.39%；1956 年已增至 36.69%；1957 年招收的本科和专科新生中工农成分学生达到 44%。[②] 这说明新中国成立后贯彻"教育向工农开门"的办学方针取得了初步成效。

表 2-2　工农速成中学事业发展一览表

年份	1950	1951	1952	1953	1954	1955	1956	1957
学校数/所	24	41	51	58	87	65	56	58

① 胡朝芝：《三年来的中国人民大学附设工农速成中学》，载《人民日报》，1953-12-28。

② 宋守礼：《高等学校工农成份学生年年增加：1957 年招收的新生中工农成份学生已达到 44%》，载《人民日报》，1957-12-27。

续表

年份	1950	1951	1952	1953	1954	1955	1956	1957
在校生数/人	4000	13000	19000	28000	51000	36000	32000	22000
毕业生数/人	0	0	100	2200	4200	7100	400	7300
教职工数/人	4000	7000	12000	13000	29000	未招	未招	未招
专职教师数/人	300	800	1400	2000	3700	2800	2100	1500

资料来源于顾明远：《中国教育大系·马克思主义与中国教育》下，1936～1938页，武汉，湖北教育出版社，1994。

工农速成中学要求广大工农干部进入学校接受教育，这就需要抽调大批的优秀干部和骨干工人长期脱产学习，这在当时全国各地大力进行经济恢复和建设的背景下实际上是有很大困难的。而抽调上来的部分学员，因知识基础较差、时限紧等存在严重的学习困难。当时许多速成中学的学生因学业跟不上而留级甚至退学，有的学生则因学习过分吃力而损害了身体健康。同时大量的业余学校和识字班（组）在各机关、工厂、矿山、街道和农村纷纷建立，业余小学、中学也纷纷设立，为数千万工农干部和工农群众提供了不脱产、业余学习的可能和机会。1955年5月19日至6月10日，全国文化教育工作会议在北京召开。会议综合考虑工农教育和工农速成中学存在的问题及发展情况，决定停止招生，工农教育转向业余学习为主："现有的工农速成中学，过去虽作了很大努力，但这种使产业工人中的骨干和工农干部，大量长期离职学习和短期速成的办法在各方面有难于克服的困难，因此从今年起应即停止招生。对现有工农速成中学必须继续办好，学制延长一年；其中一部分有条件的工农速成中学可以招工农干部班，并逐步改为普通中学。"①7月9日，教育部与高等教育部联合发布了《关于工农速成中学停止招生的通知》（以下简称《通知》），对五年来的工作给予肯定："几年来，全国工农速成中学，在各级党委和人民政府的领导下，由于有关方面的协助及全体师生的共同努力，已有了一定的成绩，但实践证明，对工农干部文化科学知识的学习，不用循序渐进的方法而用短期速成的方法，使之升入高等学校，从根本上说来，并不能达成预期的目的。……广大工农干部和工农群众的学习，应坚决贯彻业余学习为主的方针，不再采用举办工农速成中学的办法。"该《通知》指出："停止招生后，各省、市可将现有的工农速成中学，视其具体情况，逐步转为普通中学。有的地方还可根据需要与可能（学生来源、学校条件），选定一定的工农速成中学设立工农干部班，招收厂矿干部和由工人提升的车间主任工段长等以上干部或已预备调至厂矿中工作的工农干部，提高他们的文化，使之毕业后能更好的工作。"对于在校的学员，《通知》规定："为了保证教育质量，现在的一、二年级学生，一律改为四年制。"②《通知》还就学校员工、校舍及教学设备善后做了相关规定。1958年最后一届学员毕

---

① 《全国文化教育工作会议闭幕》，载《人民日报》，1955-06-12。
② 高等教育部办公厅：《高等教育文献法令汇编》第三辑，196～197页，北京，高等教育部办公厅，1956。

业，不少办学条件好、有基础的工农速成中学利用校舍和教师，改为普通中学、大学预科或高校附属中学，如北京实验工农速成中学作为中国第一所工农速成中学，1959年更名为中国人民大学预科，后正式更名为中国人民大学附属中学。

总而言之，从1950年4月第一所工农速成中学挂牌成立到1958年最后一届工农速成中学学生毕业，工农速成中学仅在中国教育史上存在了9年，但它却是中国共产党作为执政党在教育领域对成人"速成教育"的一次伟大探索。工农速成中学作为新中国成立后中国共产党全面领导国家建设的一次尝试，是"教育向工农开门"的教育原则的实践体现。"工农速成中学是为了培养工农干部和产业工人使成为各种高级专门人才，使成为建设新中国的坚强骨干。这是建设新中国的根本之图，是使中国工业化的有力保证。"[1]工农速成中学作为时代的产物，为国家培养了一大批新型知识分子和管理干部。其毕业生有的考入高等学校，成长为高等建设人才和高级管理干部；有的直接回到工作岗位，成长为中级管理干部和党政机关的骨干，实现了从低文化水平向高文化水平的提升、从缺少科学知识到科技骨干的飞跃、从普通群众向社会主义建设者的转变。实际上，工农速成中学作为新中国成立后中国共产党全面领导国家建设的

---

[1]　教育部中学教育司：《第一次全国工农速成中学工作会议总结摘要》，载《人民教育》，1952(2)。

一个尝试，很好地诠释了教育与政治之间的相互影响和制约关系。

(二)大力发展工农业余教育

新中国成立初期要进行大规模的经济建设，培养技术人才是必要条件。新中国成立初期，各地工会和公营企业就首先开展了一次热烈的政治学习运动。随着工人的政治认识的提高，提高文化、技术水平成为工人的诉求。为了培养大量的中级和初级技术人才，全国各地先后创办了工人夜校和业余文化学校。1951年10月25日，郭沫若代表政务院文化教育委员会，在中国人民政治协商会议第一届全国委员会第三次会议上作了《关于文化教育工作的报告》，专门提及一年多来工农业余教育的进展：全国职工参加业余学校的，已达178万人，比去年增加了1.24倍。这种情况表明：在三年左右消灭全国现有产业工人中的文盲，是可能的。[1] 态度极为乐观。

1950年4月，中华全国总工会召开了九大城市职工业余教育座谈会。5月23日，社会教育司统计数据显示："目前工人业余教育正广泛地开展着，已开始形成一个群众性的学习运动。仅以华北、东北、华东、中南四大行政区极不完全的材料统计，

---

[1]　郭沫若：《关于文化教育工作的报告——一九五一年十月二十五日在中国人民政治协商会议第一届全国委员会第三次会议上的报告》，载《人民日报》，1951-11-05。

则已超过五十五万人以上。"①6月1日，经政务院批准，教育部发布了《教育部关于开展职工业余教育的指示》《各级职工业余教育委员会条例》《教育部关于开展农民业余教育的指示》等一系列文件，根据当时情况，明确规定了职工业余教育应以识字教育为重点，各工厂、企业应大力发动有经验的技术工人担任技术教员。经过数月筹备，9月20—29日，教育部联合中华全国总工会在北京举行了第一次全国工农业余教育会议，毛泽东和周恩来亲临大会。教育部部长马叙伦在开幕词中指出："我们现在把工农教育问题列为国家教育工作主要的议事日程，这在中国历史上是一件空前的大事。"会议决定了工农业余教育的方针："在教育对象方面，必须首先着重对工农干部和积极分子的教育，并有条件地推广到有组织的男女青年和迫切要求学习的工农群众中去"，"实行以民教民为主的方针，必要与可能时，设一定的专任教师作为骨干"。② 1952年4月，《政务院关于整顿和发展中等技术教育的指示》颁行，明确了中等技术教育的方针："要根据实际需要举办各种速成性质的技术训练班，或在各工矿企业农场中以及各技术学校中附设各种业余性质的技术补习班或训练班，有计划地吸收有一定文化水平的产业工人、参

---

① 《社教司半年来工作报告》，中华人民共和国教育部档案处，档案号：98-1950-C-27.0006。

② 马叙伦：《关于第一次全国工农教育会议的报告》，载《人民教育》，1951(1)。

加革命多年的干部和农民劳动模范入学，使速成的、业余的技术学校和训练班得到适当的发展。"①1952 年年底，鉴于工作重点的转移，教育部裁撤社会教育司，改设工农业余教育司，专司工农业余教育行政。

1954 年 3 月 13 日，习仲勋在全国文化工作会议上作了《1954 年文化教育工作的方针和任务》的工作报告，将工农业余教育提到重大政治任务的高度。他总结了一年的教育计划执行情况，提出要加强工农干部和工农群众的文化教育任务，"有计划、有步骤地组织还没有具备一定文化的工农干部学习文化，采取以业余学习为主并积极举办工农速成学校等项办法，以逐步提高他们到小学、中学以至大学的文化水平，使他们有可能不断提高政治和业务水平，成为各项建设事业的骨干，是一项重大的政治任务"；指出"要重视工农业余文化教育和扫除文盲工作"。1954 年 10 月 6 日，教育部、团中央联合发布《关于1954 年冬学工作的指示》，指出要紧密结合宣传宪法，进一步开展以互助合作为中心的农业增产运动，继续做好统购统销等工作，对农民进行政治教育，同时为了适应农业合作化运动发展需要，积极组织农民学习文化。1955 年 12 月，高等教育部、教育部和中华全国总工会联合召开了全国职工业余教育会议，

----

① 《政务院关于整顿和发展中等技术教育的指示》，见何东昌：《中华人民共和国重要教育文献 1949～1975》，146 页，海口，海南出版社，1998。

提出了开展从小学到大学的正规职工业余教育的要求。工人教育转向职工业余教育形式，使工人既能参加生产工作，又能在业余时间进行学习，提高职工文化水平和专业技能。1956年召开的职工业余教育工作会议制定了对中等以上的业余学校采取"积极发展、力求正规、提高质量"的工作方针，将工矿企业的在职干部和产业工人，特别是工农干部、劳动模范、积极分子和技术工人作为职工业余教育的重点对象。[1] 1959年5月24日，国务院发布《关于在农村中继续扫除文盲和巩固发展业余教育的通知》，农民业余教育受到重视。文件指出"要对摆脱文盲状态的青壮年，逐步实行普及业余初等教育"，强调在农民业余教育开展过程中，要注意贯彻政治、文化、技术相结合的原则，从而实现"教育为生产建设服务"。同年12月，教育部先后召开全国农村扫盲工作电话会议、全国业余教育工作电话会议。教育部部长杨秀峰在讲话中指出，要大力发展业余初等学校，使普及业余初等教育同扫盲识字两个环节紧密衔接起来。扫除一批文盲，就要立即发展一批业余初等学校，"随脱盲，随开学"，要保证学以致用，把发展业余教育与培养干部、技术人员结合起来。农民业余教育的开展，在巩固扫盲结果的同时，还通过文化科学知识的学习培养了一批农民干部和农业技术人员，

---

① 《职工业余教育工作会议 商讨职工业余教育规划》，载《人民日报》，1956-01-04。

对提高农村劳动人口素质起到了积极作用。1960 年 1 月，全国职工业余教育现场会在哈尔滨市召开，指出要大力发展职工业余教育，迅速培养技术人员。"现有职工的文化水平，大体上是文盲半文盲约占 21％，小学程度的占 51.6％，初中程度的约占 22％，高中程度的约占 4％，大专程度的约占 1.4％。职工的文化水平还不高，还需要大大提高全体职工的政治、技术、文化水平。"[①]为了加强行政领导，国务院批准成立了业余教育委员会，自此职工业余教育成为职业培训和技能提升的一条渠道。

(三)创立共产主义劳动大学

共产主义劳动大学是中国共产党领导教育的新鲜事物。1958 年 6 月 9 日，中共江西省委根据毛泽东的指示和邵式平、汪东兴等人的倡议，决定创办江西省工业劳动大学，并规定了专业设置、学生条件和学习期限、收费情况：

三、工业劳动大学总校设立冶金、煤炭、机械、电力、轻工、纺织、地质、建筑、铁路、公路、航运、邮电、石油、化工等若干科、系。各分校可视实际需要，分别设立其中部分科、系。各科、系除学习各专业课程外，还必须

---

① 林枫：《大办职工业余教育，迅速培养技术力量》，见何东昌：《中华人民共和国重要教育文献 1949～1975》，942 页，海口，海南出版社，1998。

统一学习马列主义和毛泽东同志的著作，学习社会主义教育课程。

四、工业劳动大学的学生条件。凡具有生产知识、劳动经验的男女工人、店员、公社社员、转业军人或具有相当文化程度的男女学生和社会青年，年龄在十六岁以上、三十五岁以下，身体健康、政治历史清楚并经审查考试合格者，均可录取。学生来源，首先由全省各工厂企业保送一部分、以县为单位每个人民公社平均保送十名；另外，还可向社会上招收学生。

············

六、工业劳动大学的学生，在学习期间的膳宿费用，从半工半读的收益中加以解决，不足部分由学校补贴，日常用品自备。①

当日在各地设立招生处。6月16日，江西省委、省人民委员会决定将学校改名为共产主义劳动大学，并发出《关于创办共产主义劳动大学几项具体问题的决议》。8月1日，江西共产主义劳动大学（以下简称江西共大）正式成立，设在南昌市郊的西山梅岭总校以及井冈山、大茅山、武功山等30处的分校同时举

---

① 《中共江西省委江西省人民委员会关于创办江西省工业劳动大学的决定》，载《江西政报》，1960(2)。

行开学典礼。该校共有 1.1 万名学生，其中工农及其子女占总人数的 92.7%。自此，半工半读的新型大学，正式在江西这片革命老区诞生。据不完全统计，1959 年 1 月，江西共大总校及分校共兴办工厂 243 个、畜牧场 71 个、农场 66 个、林场 40 个，学校经营的耕地面积 4.275 万亩（1 亩 ≈ 666.67 平方米），林地面积14.2 万亩，建校半年来收入为 427 万余元，初步建立起教学、科研和生产三结合的新型大学，为解决办学经费和保障学生生产自给打下了基础。学生数量不断增加，除本省生源外，来自上海、江苏、安徽、福建等地的学生也纷纷考试入学。截至 1959 年8 月，江西共大分校已由开办之初的 30 所增至 77 所，学生总数达 4.6 万人。该校还参加了该年在北京农业展览馆举办的大型农业展览会，引起很大反响。

　　江西共大作为新鲜事物，在办校之初曾招致不少议论，如"学生的入学程度低，既要劳动生产，又要保证教学，这是异想天开""抢大斧，扛锄头，这像是大学生吗"……云山分校根据半农半读的特点，将教学与生产劳动结合起来，贯彻少而精和"学以致用、学用结合"的原则，按照学校的生产基地和生产项目来设置、调整专业方向，在生产基地内设置教学实验园地，教学内容集中在本省和南方省份应用较广的农业技术和科学方法上，教材编排服从生产的规律性，"边学边做，边做边学"。在江西共大成立三周年前夕，1961 年 7 月 30 日，毛泽东亲自写了

500 余字的贺信，对该校办学经验给予充分肯定。1965 年 1 月，中央宣传部印发《中共中央转发毛泽东同志给江西共产主义劳动大学的信和江西关于共产主义劳动大学办学情况报告》，将毛泽东的这封信向全党、全国公开，并要求"各级领导干部认真学习研究"，在全国范围内产生了很大影响，促使不少地方纷纷前往江西共大参观、学习。

随着 1964 年半工（农）半读浪潮的奔涌，江西共大得到了进一步发展，1965 年有"学生一万四千余人"[1]，几乎在江西省主要县都设了分校。分校的毕业证书上有毛泽东头像，并印有"我们正在做我们的前人从来没有做过的极其光荣伟大的事业。我们的目的一定要达到。我们的目的一定能够达到。"除了兴办半工（农）半读高校外，一些全日制高校也开始试办半工（农）半读专业。据统计，1965 年全国 66 所农业高校中的 37 所办有半农半读专业；1965—1966 学年初，全国 434 所全日制高校中，有177 所成为半工（农）半读试点，占全日制高校总数的40.8％。[2] 上海有复旦大学、上海交通大学、同济大学、华东化工学院、华东纺织工学院、华东师范大学、上海师范学院 7 所学校试办 10 个专业的半工半读。1966 年 3 月，根据中央改造文科

---

[1] 刘俊秀：《我们是怎样创办共产主义劳动大学的》，载《人民日报》，1965-04-17。

[2] 毛礼锐、沈灌群：《中国教育通史》第六卷，186 页，济南，山东教育出版社，2005。

大学、到农村地区办半农半读分校的要求，复旦大学中文系师生170余人到青浦县朱家角公社山湾大队办学，师生分住在9个生产队的31户贫下中农家里，半天劳动，半天学习。① 这种对办学方式的探索留下了正反两方面的经验教训。

(四)开展大规模的扫盲运动

"苏联首先用大力扫除了占全国人口百分之八十的文盲，使这些因受压迫、受剥削而成为文盲的男女，睁开眼睛，一个个成为有文化、有教养的人。"②扫除文盲为苏联的现代化建设提供了充足的有能力的劳动力。新中国成立前夕，鉴于新的经济发展、政治建设的需要，文盲问题亟待解决。早在1945年，毛泽东就曾指出："从百分之八十的人口中扫除文盲，是新中国的一项重要工作。"③新中国成立后，中国共产党及中央人民政府投入极大精力，在吸收苏联和革命根据地扫盲经验的基础上，充分调动广大民众的学习热情，积极开展以识字为主的各种形式的社会教育。新中国成立后至1952年年底，教育部延续传统，下设有社会教育司、识字运动委员会，作为全国扫盲运动的最高领导机构。根据中共中央、中央人民政府委员会的提议，1952年11月5日，中央扫除文盲工作委员会成立，楚图南担任主任委员，下设

---

① 蒋纯焦：《上海教育史》第三卷，215页，上海，上海教育出版社，2019。
② 董渭川：《新中国的新教育》，37页，上海，中华书局，1953。
③ 《毛泽东选集》第三卷，1083页，北京，人民出版社，1991。

办公厅、城市扫盲工作司、农村扫盲工作司、编审司，专门负责规划发展扫盲识字工作。1956 年 3 月 15 日，中央人民政府又成立全国扫盲协会，陈毅担任会长。在党和政府的倡导下，新中国成立后开展了历史上规模最大、持续时间最长、最具有系统性和针对性的扫盲识字运动，这场运动一直持续到 20 世纪 50 年代末 60 年代初。

新中国成立后，不仅国民整体文化水平极为低下，党员干部队伍中也存在大量文盲。1949 年 12 月，教育部召开了第一次全国教育工作会议，提出争取在 1951 年开始进行全国规模的识字运动，并颁布《关于开展一九四九年冬学工作的指示》，指出冬学①运动是适应广大群众需要、与实际工作密切结合的教育方式，应该在全国农村地区普遍试行。1950 年 3 月，时任中央宣传部部长的陆定一在会见苏联驻华代办时介绍我国干部水平情况，指出当时我国"华北有 150 万党员，其中 130 万是文盲或

---

① 冬学作为提高农村地区民众文化水平和政治水平的有效方式，在新中国成立后得到广泛重视。根据教育部发出的 1949 年冬学工作指示，新中国成立后第一年的冬学教育，根据中国人民解放区的冬学经验，在土地改革已完成的老区，对农民群众进行政治和文化两方面教学，其中文化教育以识字为主，教材以《共同纲领》为主。华北、东北、西北、中南等几个地区，约有 1200 万人参加冬学运动，以识字为主，学习与生产相关的知识，如"春耕""化肥"等常用词，学习内容与劳动生产相结合，有效提高了农民识字的速度。经过学习，一般学生能认识 200 个字；有的学会了 400～500 个字，可以记账、写便条和简单书信；有的甚至学会1000 多个字，能写会议简单记录。据统计，1950 年春天约有 6571 处冬学转为农民业余学校，有 3485036 人坚持着常年学习。冬学在提升农民文化水平的同时，也是进行党的思想、路线、方针政策宣传的基础，是一场全民参与的政治启蒙运动。冬学除了教会农民识字写字，还要进行时事政策教育、爱国主义教育，因地制宜，根据各地情况制定相关学习内容，如进行土地改革的地区，冬学应当密切结合土地改革，进行系统的政策思想教育。

半文盲。在区委以上的领导人中，近 50％没有文化或文化不高"①。而农村党员干部，许多人还不识字，连基本的读书看报也很困难，缺乏科普知识和政策理论水平，各种迷信思想蔓延，这严重阻碍着农村社会发展，给各项政策在农村地区的落实带来了极大的难度，也为新中国的建设和发展带来了沉重的负担。所以说，干部扫盲是农村扫盲工作的重点和关键，其顺利开展能够起到良好的带动和示范效应。根据各地区的实际情况，有计划、有步骤地开展识字运动，逐步减少工农群众中的文盲是新中国成立初期工农教育的基本任务之一。9 月，教育部和中华全国总工会在北京联合召开了第一次全国工农教育会议。会议明确指出："开展识字运动，逐步减少文盲。"②12 月 14 日，政务院批准并转发《教育部关于开展农民业余教育的指示》，指出"有计划有步骤地开展农民业余教育，提高农民的文化水平，是当前我国文化建设上的重大任务之一"③，要求争取条件将农民季节性的业余学习（冬学）逐渐转变为常年业余学习，规定农民业余教育一般应以识字学文化为主，并配合进行时事政策教育和生产、卫生教育。该文件首次提出了扫除文盲的对象和标准，指出应执行

---

① 高培华：《祁建华与"速成识字法"》，载《教育史研究》，2002(4)。
② 《马叙伦部长在第一次全国工农教育会议上的开幕词》，见何东昌：《中华人民共和国重要教育文献 1949～1975》，58 页，海口，海南出版社，1998。
③ 《教育部关于开展农民业余教育的指示》，见何东昌：《中华人民共和国重要教育文献 1949～1975》，70 页，海口，海南出版社，1998。

从农村干部逐步推广到一般农民的教育策略和三年内识千字的识字教育标准。1951年2月，教育部发布《关于冬学转为常年农民业余学校的指示》，将冬学正式转为常年农民业余学校。各地机关在这一指示下，研究开展常年民校的条件、具体要求和工作步骤与方法，争取实现500万名农民参加常年民校学习的总目标。据统计，1949年冬季土改地区参加冬学的农民有1100余人，至1950年冬季参加冬学的农民增至2500万人，1951年秋季转入农民业余初等学校的约有1100万人。[①] 1949—1951年三年共扫除文盲340.4万人，其中绝大多数是农民。[②] 1952年4月，《人民日报》发表社论，号召各地"普遍推广速成识字法"[③]。5月15日，教育部发出通知，指出运用速成识字法将使扫盲过程大大缩短，要求各地迅速开展教学试验工作。9月13日，中共中央发出《关于推行速成识字法开展扫除文盲运动的指示》，指出："从工农兵劳动人民及工农干部中扫除文盲，是我们的国家实行经济建设与民主建设的必要条件。"23—27日，教育部联合中华全国总工会召开全国扫盲工作座谈会。会议认为，开展扫盲运动是一项迫切和重大的政治任务。各级领导应以领导历次革命运动的精神来领导这一具有伟大历史意义

---

① 国家教育委员会成人教育司：《扫除文盲文献汇编1949—1996》，302页，重庆，西南师范大学出版社，1997。

② 刘英杰：《中国教育大事典1949—1990》下，1831页，杭州，浙江教育出版社，1993。

③ 《普遍推广速成识字法》，载《人民日报》，1952-04-26。

的运动，以期在今后 5 年至 10 年内基本扫除全国文盲，提出扫盲工作要"大张旗鼓、稳步前进、由点到面、限期完成"。① 以速成识字法为主的第一次扫盲高潮在全国掀起。截至 1953 年年末，全国共扫除文盲 408 万人（其中职工文盲近 100 万人，农民文盲 308 万人）。

扫盲运动不但在文化上使广大农民摆脱了旧社会的噩梦，打开了知识文化的大门，从而实现了自身的解放，而且为广大农民通过技术革命改变农村的落后面貌提供了重要的文化条件。但在扫盲运动推行过程中，有些地区不顾农民实际条件，出现了急躁冒进倾向，不少地区还出现了只顾进度、"复盲"现象。教育部等相关部门先后召开会议予以纠偏。1953 年 1 月，政务院文化教育委员会召开大行政区文教委员会主任会议，指出扫盲是一项长期复杂的任务，不是三五年就能一蹴而就的。1953 年 2 月 23 日至 3 月 5 日，新中国第一次全国扫盲工作会议在北京召开。会议认为，1952 年全国推行速成识字法并开展扫盲运动收到一定成效。但由于过分强调该方法的速成作用和对其公式化、程式化的理解与实践，扫盲教育制定的要求过高、过急，计划和摊子铺开过大，形成了盲目冒进的偏向。② 扫盲

---

① 张树军：《图文共和国年轮 1949~1959》，195~196 页，石家庄，河北人民出版社，2009。

② 齐高岱、赵世平：《成人教育大辞典》，867 页，东营，石油大学出版社，2000。

工作委员会副主任林汉达作了专题报告，批判盲目冒进思想，要求"将扫盲工作纳入正轨"。① 扫盲工作应遵循教育规律，从长计议，按部就班开展。1953 年 11 月 24 日，扫盲工作委员会发出《关于脱盲标准、扫盲毕业考试等暂行办法的通知》，针对不同对象制定了相应的脱盲标准②，更有针对性。1954 年 3 月 22 日，教育部、扫盲工作委员会联合发布《关于一九五四年组织农民常年学习的通知》，提出为了适应农业社会主义改造的要求，在农村互助合作社及农业生产发展的基础上，逐步提高农民的社会主义觉悟和文化水平，这是今后农村的一项重要工作。各地要在冬学基础上，根据自愿原则，采取常年民校、小组学习或个人自学等办法，积极组织农民利用生产空闲时间继续学习。1954 年 8 月 5 日至 16 日，第一次全国农民业余文化教育会议在北京召开。会议认为"过去一年，各级根据'整顿巩固，稳步前进'的方针，对农村扫盲工作大力进行了整顿，现已纠正盲目冒进的偏向，初步纳入国家建设的轨道"。会议确定农民业余文化教育必须密切结合农村互助合作运动和农业生产需要，积

---

① 顾明远：《中国教育大系·历代教育名人志》，678 页，武汉，湖北教育出版社，2015。

② 脱盲标准：干部和工人一般可定为认识 2000 个常用字，能阅读通俗书报，能写 200～300 字的应用短文；农民一般可以定为认识 1000 个常用字，大体能阅读最通俗的书报，能写农村中常用的便条、收据等；城市劳动人民一般可以定为认识 1500 个常用字，阅读、写作方面可以参照工人、农民标准。各地可根据具体情况灵活掌握，适当伸缩。见齐高岱、赵世平：《成人教育大辞典》，869 页，东营，石油大学出版社，2000。

极地、有计划地扫除农民中的文盲，提出争取用三个五年计划左右的时间，基本上扫除农村青壮年文盲。[①] 1954 年 11 月 18 日，教育部、扫盲工作委员会根据国务院指示，扫盲工作委员会合并于教育部，扫盲教育从行政归属上重新回归教育行政体系。

第二次扫盲高潮出现在 1955 年前后，扫盲运动与社会主义改造结合在一起，农业合作化是强劲助推力。1955 年 10 月，在中共七届六中全会上，毛泽东指出："扫盲运动，我看要扫起来才好。有些地方把扫盲运动扫掉了，这不好。要在合作化中间把文盲扫掉，不是把扫盲运动扫掉，不是扫扫盲，而是扫盲。"[②]毛泽东还亲自制定了"每人必须认识 1500 到 2000 个字"的扫盲标准。在此背景之下，教育部、团中央等积极组织实施，《人民日报》等新闻媒体也极力宣传，第二次扫盲教育运动就此轰轰烈烈展开。1955 年，国务院发布《关于加强农民业余文化教育的指示》，确定了发展农民业余文化教育的基本方向，学习组织与生产组织相结合，冬学、常年民校要融入生产合作社，互助组与学习小组紧密结合，实现对农民的生产和学习的

① 《中共中央对教育部党组〈关于第一次全国农民业余文化教育会议的报告〉的批示》，见何东昌：《中华人民共和国重要教育文献 1949～1975》，423～424 页，海口，海南出版社，1998。

② 毛泽东：《农业合作化的一场辩论和当前的阶级斗争》，见中华人民共和国国家农业委员会办公厅：《农业集体化重要文件汇编(1949—1957)》上，446 页，北京，中共中央党校出版社，1981。

部署与管理。[①] 1956 年 3 月 29 日，中共中央和国务院发布《关于扫除文盲的决定》，重申在全国范围内积极地、有计划地、有步骤地扫除文盲，使广大劳动人民摆脱文盲状态，具有现代文化，要求密切结合工业化和农业合作化的发展，在工农群众中大力开始识字教育，明确提出"各地按照当地情况，在五年或者七年内基本上扫除文盲"的奋斗目标[②]，将扫盲提高到了空前的高度，第一次把扫盲作为国家进行社会主义建设的一项极为重大的政治任务。为了具体生动地展现学习内容并激发广大群众学习的兴趣，识字教育多采用民间故事、顺口溜、谚语、诗歌、歌曲、寓言等大众喜闻乐见、易于理解的形式进行，极大鼓舞了工农群众的学习热情。

总之，由党和政府领导的新中国成立初期的扫盲教育运动，涉及范围广、参与人数多、产生影响大，由于其处于特定的历史时期，遂形成了自己的特点，既有过去扫盲运动和冬学运动的一些经验借鉴，也结合当时实际需要，开创了一些新的扫盲教育方式。新中国成立以后，扫盲识字运动的开展取得了明显的成效。1964 年，全国开展第二次人口普查，对国民的文化素质进行了调查。结果显示：15 岁以上人口的文盲率，已经由

① 中共中央文献研究室：《建国以来重要文献选编》第六册，226 页，北京，中央文献出版社，2011。

② 《新中国成立初期中共中央关于扫除文盲工作文献选载》，载《党的文献》，2012(5)。

1949 年的 80％下降到了 52％；1 亿多人摘除了文盲的帽子。扫盲运动提高了工农群众的教育水平，拓展了人民群众特别是农民的眼界。《人民日报》专门报道了全国农业劳动模范李顺达、申纪兰的事迹。他们没念过一天书，不识一个字，通过扫盲教育，不仅能看报纸，还能写出通顺的总结报告。[①] 当然，扫盲过程也存在一些明显的缺点和不足：未能充分认识教育的持久性、连续性规律，制定过高的扫盲目标，采用政治运动方式一哄而上、急躁冒进，一些地区的强迫命令和放任自流伤害了农民学习的积极性。这些经验教训对我们当下的教育工作仍有现实意义。

四、社会主义教育发展道路的曲折探索

新中国成立后，中共中央对文化、经济等重大领域进行了社会主义改造。在党和国家的领导下，教育领域也开展了一系列社会主义改造运动。在改造旧教育、建设新教育的过程中，除面向工农组织一系列教育实践外，面向知识分子的思想改造运动、面向农村的社会主义教育运动声势浩大，席卷全国。1958 年中共八届二中全会召开，确立了"鼓足干劲，力争上游，

---

① 赵德昌：《太行山区农民文化丰收》，载《人民日报》，1957-12-18。

多快好省地建设社会主义"的总路线。会后，各条战线迅速掀起"大跃进"高潮，在这种背景和环境下，教育战线也开始了"大跃进"。

（一）知识分子思想改造运动

新中国成立后，党和政府十分重视争取和团结知识分子，在教育领域内对广大教师加强了思想教育改造的工作，帮助广大教师转变世界观，分清大是大非，提高政治思想觉悟，树立为人民服务的思想，为学校的教育教学改革做好思想上的准备。在教育改造过程中，党和政府把大力宣传马克思主义、宣传唯物主义、反对唯心主义作为社会主义改造的重要任务。对广大教师的思想教育和改造，主要通过三条途径进行：一是组织学习马克思列宁主义、国家方针政策、国内外时事；二是安排参加政治运动；三是对学术思想进行讨论和批判。

面对新中国成立以来翻天覆地的变化，许多知识分子在思想上、行为上乃至情感方式上都存在不同程度的不适应问题，对一些重大政治问题存在着不同程度的模糊认识，他们迫切希望学习和进步。党和政府对于这种正当愿望给予了热情欢迎和支持。1950年6月23日，在全国政协一届二次会议上，毛泽东号召文化教育战线和知识分子，开展一次自我教育和自我改造运动。1951年9月，北京大学校长马寅初致信周恩来，热诚邀请毛泽东等担任该校政治学习运动的教师，以便提高教职员的政治思想水平，推动学校的教育改革。这种积极主动的学习态度得到了中共中央的高度肯定。中共中央决定将学习运动扩大到北京、天津的所有高校，作为全国高校的试点。9 月 29 日，周恩来在京津高等学校教师学习报告会上作了《关于知识分子的改造问题》的报告，论述了知识分子的立场、态度和为谁服务等问题。他结合自己的经历，阐明了知识分子进行思想改造的必要性，先努力站在人民的立场，最终争取站在工人阶级的立场。他强调，立场问题的解决一定有一个过程，促进这个过程、推动知识分子进步的同时，要防止可能发生的偏差。① 同时，《人民日报》也发表了题为《认真展开高等学校教师中的思想改造学习运动》的短评。11 月 30 日，中共中央发出指示，要求在大中小学的教职员和高中以上的学生当中，有计划、有领导和有步骤地普遍进行初步的思想改造工作，主要解决分清革命与反革命、树立为人民服务的思想问题。思想改造运动在整个教育系统推广开来。

　　这场在京津地区试点的知识分子思想改造运动首先是一次学习运动。京津地区 20 所高等学校的教师共计 3000 余人参加了以改造思想、改革高等教育为目的的学习运动。学习方式以

————————

① 周恩来：《关于知识分子的改造问题》，见何东昌：《中华人民共和国重要教育文献 1949～1975》，119～121 页，海口，海南出版社，1998。

听报告、读文件为主，联系个人思想和学校状况，开展批评与自我批评。

1951年10月8日，北京师范大学物理系雷瀚教授给毛泽东去信，汇报自己的学习和工作情况。毛泽东在10月11日复信给雷瀚，全文如下："雷先生，看到你十月八日给我的热情的信，深为高兴。我对你的努力和进步表示庆贺！"毛泽东的回信让雷瀚教授及广大师生备受鼓舞。

1951年11月30日，中共中央发布《中共中央关于在学校中进行思想改造和组织清理工作的指示》，推动全国范围内的广大教师开始了思想改造运动。同时，改造运动中还增加了组织清理的内容。这场思想改造运动首先从教育界开始，并逐步扩大到整个知识界，形成了一个全国范围的知识分子思想改造运动。次年5月2日，《中共中央关于在高等学校中批判资产阶级思想和清理"中层"的指示》发布，指出要将这次思想改造运动作为高等学校的政治改革重大步骤来抓。①

到1952年秋，学校教师的思想改造运动基本结束，全国高等学校91％的教职员、80％的大学生和75％的中学教师都参与了这场运动。这场运动，在教师队伍中进行了一次政治上、思想上、组织上的集中清理，壮大了教师中的积极力量，增强了

---

① 《中共中央关于在高等学校中批判资产阶级思想和清理"中层"的指示》，见何东昌：《中华人民共和国重要教育文献1949～1975》，148页，海口，海南出版社，1998。

广大教师为人民服务的思想，明确了教师前进的方向，为人民
教师队伍的建设奠定了坚实的基础。但是，思想改造运动的过
程中也存在着动员不足、运动后期有些做法过于简单粗暴、模
糊了思想认识问题和政治立场问题的界限、急功近利等问题。
有些学校采取群众斗争的办法，要求思想检查"人人过关"，给
知识分子造成了很大的压力，在感情上伤害了一些人。这种运
动式的思想改造的教训值得总结。

　　为了充分调动和发挥知识分子的积极性，中共中央需要对
知识分子政策做必要调整。1956 年 1 月 14—20 日，中共中央召
开了关于知识分子的专门会议，周恩来代表党中央作了《关于知
识分子问题的报告》（以下简称《报告》）。《报告》高度评价了知识
分子在发展社会主义建设事业中的地位和作用，指出："在社会
主义时代，比以前任何时代都更加需要充分地提高生产技术，
更加需要充分地发展科学和利用科学知识。因此，我们要又多、
又快、又好、又省地发展社会主义建设，除了必须依靠工人阶
级和广大农民的积极劳动外，还必须依靠知识分子的积极劳动，
也就是说，必须依靠体力劳动和脑力劳动的密切合作，依靠工
人、农民、知识分子的兄弟联盟。"《报告》充分肯定了新中国成
立后知识分子的巨大进步和深刻变化，"他们中间的绝大部分已
经成为国家工作人员，已经为社会主义服务，已经是工人阶级
的一部分"。《报告》重申了党和政府的知识分子政策，指出：

"我们目前对于知识分子的使用和待遇中的某些不合理现象，特别是一部分同志对于党外知识分子的某些宗派主义情绪，更在相当程度上妨碍了知识分子现有力量的充分发挥。我们必须加强领导，克服缺点，采取一系列有效的措施，最充分地动员和发挥现有的知识分子的力量，不断地提高他们的政治觉悟，大规模地培养新生力量来扩大他们的队伍，并且尽可能迅速地提高他们的业务水平，以适应国家对于知识分子的不断增长的需要。这就是我们党目前在知识分子问题上的根本任务。"《报告》提出，为了最充分地动员和发挥知识分子的力量，应该为他们提供三个方面的便利：第一，应该改善对他们的使用和安排，使他们能够发挥他们对于国家有益的专长。第二，应该对所使用的知识分子有充分的了解，给他们以应得的信任和支持，使他们能够积极地进行工作。第三，应该给知识分子以必要的工作条件和适当的待遇。①

《报告》把继续帮助知识分子进行自我改造列为党在过渡时期的重要政治任务之一。知识分子改造要经过三条道路：一是经过对社会生活的观察和实践；二是经过他们自己的业务实践；三是经过一般的理论学习。其中，社会生活的教育作用最为广泛和直接。会议闭幕后，毛泽东接见了参会代表，并发表了讲

---

① 国务院法制办公室：《中华人民共和国法规汇编 1956—1957》第三卷，13~14 页，北京，中国法制出版社，2014。

话，号召全党努力学习科学知识，同党外知识分子团结一致，为赶上世界科学先进水平而奋斗。[①] 1956 年 1 月 30 日至 2 月 7 日，全国政协二届二次会议在北京召开。周恩来到会讲话，再次发出"向现代科学进军"的号召。会后不久，中共中央政治局通过了中共中央《关于知识分子问题的指示》(以下简称《指示》)，肯定我国知识分子面貌已发生根本性变化，知识分子的基本队伍已成为劳动人民的一部分。该《指示》提出，党有必要进一步地把知识分子问题放在全党和国家的各个工作部门的议事日程上，全面规划，加强领导，克服缺点，采取有效措施，充分动员和发挥现有知识分子的力量。4 月 14 日，中共中央批转《中央组织部关于高级知识分子入党情况的报告》，要求在知识分子(特别是高级知识分子)中吸收党员。全国许多知名科学家、教授、工程师、医师和文艺工作者被发展为党员，成为社会主义教育事业的骨干力量。5 月 2 日，毛泽东在最高国务会议上提出在文学艺术和科学研究中应该实行"百花齐放、百家争鸣"的方针。这些都为调动知识分子的积极性做了充分准备。1957 年 2 月，毛泽东在《关于正确处理人民内部矛盾的问题》中指出："我国的艰巨的社会主义建设事业，需要尽可能多的知识分子为它服务。凡是真正愿意为社会主义事业服务的知识分子，

---

① 中央教育科学研究所：《中华人民共和国教育大事记 1949—1982》，154 页，北京，教育科学出版社，1984。

我们都应当给予信任，从根本上改善同他们的关系，帮助他们解决各种必须解决的问题，使他们得以积极地发挥他们的才能。"①党中央将知识分子当作可以信任的工人阶级的一部分。

在培养无产阶级知识分子的同时，对旧知识分子继续进行改造。在此期间，反右派斗争扩大化，伤害了一些知识分子的情感，更加剧了"教育大跃进"的错乱局面。

(二)社会主义教育运动

在对国内外阶级斗争形势估计越来越严重的情况下，中共中央决定在全国城乡范围内发动一次普遍的社会主义教育运动（简称"社教运动"），开展大规模的阶级斗争。社会主义教育运动最初重点在农村开展，聚焦"四清"（清政治、清经济、清组织、清思想）运动。实际上，早在民主革命时期，毛泽东就指出："严重的问题是教育农民。"②在社会主义三大改造完成以后，对广大农村干部和群众进行社会主义教育，始终是党关心的一个核心问题。1956年农业社会主义改造完成后，党在农村的社会主义教育运动就没有间断过，它是在反右派斗争、对农民教育问题的重视，反对"修正主义"等政治背景下提出的。至1963年则将各级各类学校的学生动员起来，本着教育应以为阶级斗争服务的教育方

---

① 毛泽东：《关于正确处理人民内部矛盾的问题》，载《人民日报》，1957-06-19。

② 《毛泽东选集》第四卷，1477页，北京，人民出版社，1991。

针，组成工作队到农村搞社会主义教育运动。

1957年3月12日，毛泽东在全国宣传工作会议上指出：要想巩固新制度，必须实现国家的社会主义工业化，坚持经济战线上的社会主义革命，还必须在政治战线和思想战线上，进行经常的、艰苦的社会主义革命斗争和社会主义教育。8月8日，中共中央发出《关于向全体农村人口进行一次大规模的社会主义教育的指示》，指出在农村有必要进行一次大规模的社会主义教育。教育的中心题目是：第一，合作社优越性问题；第二，粮食和其他农产品的统购统销问题；第三，工农关系问题；第四，肃反和遵守法制问题。

"大跃进"和人民公社化运动中的严重"左"倾错误，加上自然灾害，使党和国家面临新中国成立以来最严重的经济困难。如何化解这一危机，毛泽东认为基层干部作风问题是造成困难的主要原因，他决定在城乡发动一次普遍的社会主义教育运动。1963年2月21日至28日，中共中央在北京召开工作会议。会议决定在农村开展以"四清"为主要内容的社会主义教育运动，在城市开展反对贪污盗窃、反对投机倒把、反对铺张浪费、反对分散主义、反对官僚主义的"五反"运动。这次会议之后，城市"五反"首先在中央机关以及部分基层单位展开，农村社会主义教育运动开始试点。同年5月和9月，中央先后制定了《关于目前农村工作中若干问题的决定（草案）》（"前十条"）和《关于农村社会主义教育运动中一些具体政策的规定（草案）》（"后十条"），对在农村开展社会主义教育运动的政策和方法做了规定。

到农村进行社会主义教育运动成为中央组织部培养后备干部的一条途径。中央组织部与高等教育部、国家计划委员会商定，从 15 个省、市的应届毕业生中挑选出 60 名大学毕业生进行重点培养。1964 年 5 月 18 日，中组部发布相关事项的通知，挑选条件在原来的"工农家庭出身、政治思想好、历史清楚、学习成绩优良、身体健康而有培养前途的优秀党员"基础上，增加了"应注意挑选那些头脑清楚，有活动能力，善于联系群众，经过一定社会工作（党、团组织和学生组织的工作）锻炼的毕业生。要从全省、市范围内的应届毕业生中挑选最优秀的，要拔尖子"，并规定这些毕业生的挑选、审查、名单的确定以及与本人谈话等工作，均由有关省、市委组织部负责。"关于他们的工作分配，在与本人谈话时，要向他们说清楚，先由中央组织部组织他们到农村基层参加一年社会主义教育运动，进行劳动锻炼和基层工作锻炼，然后再分配他们做党的工作、政权工作、厂矿企业中党的工作或行政工作。"①

1964 年 8 月 29 日，毛泽东接见尼泊尔教育代表团，在与代表团的谈话中指出："以教育制度来说，我们正在进行改革。现

①《中央组织部关于挑选 60 名大学毕业生的有关事项的通知》，见何东昌：《中华人民共和国重要教育文献 1949～1975》，1282 页，海口，海南出版社，1998。

行的学制年限太长，课程太多，教学方法很多是不好的，考试
方法也有很多是不好的。"他进一步指出："最脱离实际的是文
科。""文科要把整个社会作为自己的工厂。师生应该接触农民和
城市工人，接触工业和农业。不然，学生毕业，用处不大。"①
毛泽东关于教育改革的指示，被中共中央、国务院通过发出各
种通知命令高校师生进行社会主义教育运动的形式加以贯彻。
1964 年 9 月 11 日，中共中央、国务院发出《关于组织高等学校
文科师生参加社会主义教育运动的通知》，规定从本年冬季开
始，高等学校文科师生都应该分批下去，主要是参加农村的
"四清"运动。为了使各校更好地安排文科学生参加农村社会主
义教育运动，教育部之前就做出过如下安排：

　　第一，文科各类专业的学生，除毕业班外，都应该参
加农村社会主义教育运动，至于参加时间的长短，可因专
业性质不同而有所区别②……

　　第二，参加运动所需要的时间，用原定当年的劳动、

---

①　中央教育科学研究所：《中华人民共和国教育大事记 1949—1982》，
366～367 页，北京，教育科学出版社，1984。

②　马克思列宁主义基本理论各专业（政治、政治经济学、哲学），以及政法、
部门经济等方面的各专业学生，应尽可能参加运动的全部过程或主要过程，时间
在三个月以内；一般文科各专业（中文、历史、教育等）学生，应尽可能参加运动
的主要过程，如果安排有困难，也可以缩短一些时间，但至少应在一个半月以上；
外国语、艺术各专业学生，以参加一小段时间为宜。身体弱的学生，经学校批准，
可以不参加运动。政治上反动的学生，不允许参加运动。

社会调查时间，并可根据需要占用两年的寒暑假时间 2 至 6 周。

· · · · · · · · · · ·

第三，学生在农村参加运动期间，如因体力消耗较大，吃粮需要增加时，建议各地党政部门考虑给予适当补助。

第四，学生参加农村社会主义教育运动的地点，如条件许可，最好安排在领导力量较强，工作较有基础的地区；大城市在郊区安排如有困难，也可以在相邻省区安排。

第五，各校文科学生参加农村社会主义教育运动的计划、要求等，应由学校行政和党委向所在地区省、市一级党政领导部门提出报告，请求统一安排和具体领导，未经地方党政部门批准，学校不得自行安排。

第六，各校行政和党委应该切实加强对这一工作的领导，派强有力的干部和教师带领学生去农村。文科各年级学生到农村参加运动时，有关的青年、中年教师原则上应该随同学生一起参加运动，一方面加强对学生的指导，同时教师也受到锻炼。①

《关于组织高等学校文科师生参加社会主义教育运动的通

---

① 《教育部关于高等学校文科学生参加农村社会主义教育运动问题的通知》，见何东昌：《中华人民共和国重要教育文献 1949~1975》，1220 页，海口，海南出版社，1998。

知》还要求各校文科学生参加农村社会主义教育运动，应该分期分批地进行，并应预先做出全面安排，制订具体计划，及早调整教学日历，避免临时安排而打乱教学秩序。例如，参加社会主义教育运动的北京师范大学师生在农村坚持和广大贫下中农同吃、同住、同劳动（"三同"），同时进行访贫问苦，编写家史、村史和革命斗争史，了解和反映农村的历史和现状。曾参加这次"四清"运动的王炳照（当时为在校研究生）回忆道："客观来讲，这种与农民'三同'的方式，对从来没有到过农村的同学是个很好的锻炼机会，每天劳动，不仅体质增加了不少，对农村、农民的认识有了切身认识，很有教育意义。"[1]通过"三同"、访贫问苦和共同战斗，大家对贫下中农的过去和现在，有了一些感性认识，再用《中国社会各阶级的分析》《湖南农民运动考察报告》和中央有关农村工作的文件作武器来观察分析，大家就感到心明眼亮了。[2] 有 100 名师生被评为学习毛泽东著作和政策好、实际工作好、劳动锻炼好、调查研究好和思想改造好的"五好教师"和"五好学生"，还有 267 名师生受到了表扬。许多人表示，这次下乡，是促进思想革命化的"难忘的一课"和"必要的一课"。[3] 师

① 王炳照：《王炳照口述史》，110 页，北京，北京师范大学出版社，2010。
② 《受阶级教育 树劳动观点 增工农感情：北师大师生下乡参加社会主义教育运动和劳动得到锻炼》，载《光明日报》，1964-03-22。
③ 《北京师大文科生下乡参加社会主义教育和生产劳动在农村革命熔炉中进行锻炼》，载《人民日报》，1964-03-26。

生在农村中受到了实际斗争的锻炼，思想上有了很大改变。

城市的社会主义教育运动在 1964 年开始大规模搞起来。1964 年 9 月 18 日，中共中央发布《农村社会主义教育运动中一些具体政策的规定（修正草案）》（第二个"后十条"），规定整个运动都由工作队来领导，要求每一个点开展社会主义教育运动，都必须有上面派去的工作队。工作队成员力求精干，必须经过严格挑选和审查。

1965 年 1 月，中共中央发布《农村社会主义教育运动中目前提出的一些问题》（"二十三条"），成为社会主义教育运动的指导文件。2 月 2 日，中共中央、国务院发出《关于组织高等学校理、工科师生参加社会主义教育运动的通知》规定，高等学校理、工科师生，从 1965 年暑假起，分期分批组织高年级师生参加一期"四清"的全部过程或主要过程。5 月 10 日，高等教育部发出了《关于高等学校师生参加社会主义教育运动的几项规定》。到 1965 年年底，全国 395 所高校 22 万余名师生参加了社会主义教育运动。[①]

1981 年中共十一届六中全会通过《关于建国以来党的若干历史问题的决议》（以下简称《决议》），对社会主义教育运动做出了方向性评价，指出 1963—1965 年在部分农村和少数城市基层

---

① 中央教育科学研究所：《中华人民共和国教育大事记 1949—1982》，378~379 页，北京，教育科学出版社，1984。

开展的社会主义教育运动，虽然对于解决干部作风和经济管理等方面的问题起了一定作用，但是，由于指导思想上"以阶级斗争为纲"，许多不同性质的问题都被认为是阶级斗争或者是阶级斗争在党内的反映，使不少基层干部受到了不应有的打击。《决议》为我们认识和评价社会主义教育运动提供了基石。以政治运动和阶级斗争为主要方式的教育运动，是对中共八届十中全会阶级斗争错误理论的一次大范围的实践，阶级斗争的扩大化和绝对化，进一步发展了"左"倾错误。使得"四清"运动成为"文化大革命"的前奏，在探索中国式社会主义教育发展道路的进程中，起了消极作用。1966—1976 年，"文化大革命"的十年，各方面工作受到了严重影响。"文化大革命"虽以"文化"为名，实质上却是一场政治运动，冲击了社会生活的各个方面，教育受到的影响最为严重，大批知识青年上山下乡再掀高潮，到广阔的农村、农场进行劳动锻炼。

(三)知识青年上山下乡

本着"教育为生产建设服务"的方针，为了缓解城市就业困难，1955 年毛泽东号召"一切可以到农村中去工作的这样的知识分子，都应当高兴地到那里去"。以此为开端，团中央书记处开始进行组织城市知识青年下乡的试验。1957 年，根据刘少奇关于动员不能升学的高小、初中毕业生参加农业生产的指示，北京、天津、上海、武汉、成都等几个城市都进行了动员城市知识青年下乡插队的试点。1957 年 10 月 25 日，中共中央发布《一九五六年到一九六七年全国农业发展纲要（修正草案）》时，表述作了如下修正："城市的中、小学毕业的青年，除了能在城市升学和就业的以外，应当积极响应国家的号召，下乡上山去参加农业生产，参加社会主义建设的伟大事业。我国人口百分之八十在农村，农业如果不发展，工业不可能单独发展。到农村去工作是非常必要和极其光荣的。"①"上山下乡"首次出现在新中国的重要政府文件中。1964 年 1 月 16 日，中共中央和国务院正式发布《关于动员和组织城市知识青年参加农村社会主义建设的决定（草案）》，掀起大规模动员知识青年上山下乡运动。这一运动一直持续到"文化大革命"后期，以 1979 年知识青年大返城为结束。

"上山下乡"作为城市知识青年参加农村社会主义建设的运动，是一定历史条件下的产物，"文化大革命"开始后，因大学和工厂"不招生、不招工"，加上商业服务业处于停滞状态，城市里初高中毕业生积压严重，仅 1968 年积压人数就高达 400 多万，如此众多的毕业生分配成为刻不容缓的严重社会问题。1968 年 10 月，毛泽东发出"知识青年到农村去，接受贫下中农的再教育，很有必要"的号召，被宣传为具有"反修防修""缩小

---

① 《一九五六年到一九六七年全国农业发展纲要（修正草案）》，载《人民日报》，1957-10-26。

三大差别"的重大政治意义，全国随即掀起知识青年上山下乡的热潮，各地在很短的时间内，不顾具体条件把大批知识青年下放到农村、生产建设兵团或农场。这一运动忽视了当时的历史背景，做出的一些决策脱离了现实情况，如知青们大多年龄偏小，不能担负起生活上的自立重担，远离父母和家乡，很难在缺乏合理管理、生活难以得到保障的环境和条件下接受"再教育"，造成对教育事业的深层破坏，其教训值得我们深深思考。

(四)教育事业的调整

1959 年年初，"教育大跃进"造成的混乱，已被一些党和国家领导人察觉并试图加以纠正。1 月 8 日，中共中央办公厅向教育部转达了中央书记处会议有关教育工作的决定，其主要内容有：①当前教育面临的任务是在调整的前提下进行巩固和提高；②体制下放后，中央该管的事，如基建、高等学校教师配备、学制、课程设置及课本等，必须管起来；③要保证重点学校的质量，在基本上不削弱重点学校的前提下照顾一般学校；④在校大学生不要提前毕业，各方面要调在校高中生一律不批准；⑤高等学校教师的学衔一律不取消，已取消的要恢复，但不再授学衔。① 1 月 12 日至 3 月 1 日，中共中央在北京召开中央教

---

① 杨元华、沈济时、陈挥，等：《中华人民共和国 55 年要览 1949—2004》，225 页，福州，福建人民出版社，2006。

育工作会议，主要讨论了贯彻党的教育方针的主要经验和存在的问题。会议认为1958年的主要工作是发展、普及，为提高打下了基础；1959年的教育工作主要是巩固、调整和提高，特别是全日制学校要在巩固、调整、提高的基础上有重点地发展。

会议还提出1959年学校管理要抓紧重点，在大学方面，"要有中央管的重点学校。包括中央各部管的重点学校，也有省委管的重点学校"。在领导、管理、人力分配、专业设置、经济分配上进行重点分配。以此为标志，"以提高高等教育质量"为目标的重点大学政策得以继续推行，控制学校规模与优先发展重点大学成为改革重点。1959年3月22日，中共中央发布《中共中央关于在高等学校中指定一批重点学校的决定》。鉴于"在目前师资不足、设备不全、学生来源不多的情况下，高等教育的大发展，可能招致高等教育质量的降低"，《决定》指出："为了既能发展高等教育，又能防止平均使用力量，招致高等教育质量的普遍降低，和为了便于将来逐步提高高等教育的质量起见，从现有的比较有基础的高等学校中，指定少数学校，从现在起就采取措施，着重提高教育质量，是必要的。"[1]《决定》宣布北京大学、清华大学、中国人民大学、北京师范大学等16所高等学校为全国重点学校。

对于全国重点高等学校，《决定》要求："（二）上列学校，从

---

① 《中共中央关于在高等学校中指定一批重点学校的决定》，见陈大白：《北京高等教育文献资料选编1949~1976》，426页，北京，首都师范大学出版社，2002。

现在起，即应着重提高质量，非经中央同意不得再扩大学校规模，不得增加在校学生数目和增设科系。在招生时，应保证新生具有较好的政治条件、文化水平和健康条件。在办学中仍应遵守精简机构和勤俭办学的原则，不得铺张浪费。（三）上列重点学校，必须招收和认真培养研究生，适当地担负高等学校教师进修的任务，同其他学校交换教材、交流教学经验等等，以这些方式为提高全国高等教育的质量服务。（四）上列重点学校，其领导关系照旧不变。"①随着这一文件的出台，教育部党组对这16所重点高等学校的专业设置、招生名额及发展规模提出了指导意见，如表2-3所示。

表 2-3　教育部党组关于16个重点高等学校的专业设置、
招生名额及发展规模的意见（简表）

校名	专业数/个	每年本科招生数/人	本科最大规模（研究部在外）/人
中国人民大学	13	1400	4300
北京大学	45	2000	10000
复旦大学	23	1200	6000
中国科技大学	38	1400	7000
清华大学	40	2200	11000
天津大学	34	1800	9000
哈尔滨工业大学	35	1800	9000
上海交通大学	31	1600	8000

① 《中共中央关于在高等学校中指定一批重点学校的决定》，见陈大白：《北京高等教育文献资料选编1949~1976》，426~427页，北京，首都师范大学出版社，2002。

校名	专业数/个	每年本科招生数/人	本科最大规模（研究部在外）/人
西安交通大学	29	1600	8000
北京工业学院	28	1410	7000
北京航空学院	30	1320	6600
北京农业大学	16	770	3800
北京医学院	5	570	3400
上海第一医学院	3	570	3400
北京师范大学	11	1400	7000
华东师范大学	11	1200	4800

注：某些院校和某些院校所设尖端专业，需要适当延长学习年限，如果延长，各院校的最大规模也要相应改变。

资料来源于何东昌：《中华人民共和国重要教育文献1949～1975》，903页，海口，海南出版社，1998。

各高校严格遵循计划招生，如教育部党组对北京师范大学专业设置的建议为11个，本科招生规模的建议为1400人，本科最大规模的建议为7000人。据档案资料显示（1959年5月统计）：北京师范大学拥有本科生5000多人，研究生和进修员200多人；设有10个系，共11个专业：教育系（学校专业和学前专业）、政治教育系、中国语言文学系、俄罗斯语言文学系、历史系、地理系、数学系、生物系、物理系、化学系。[1] 总体规模和7000人的规模尚有差距。

1960年10月22日，中共中央颁布《中共中央关于增加全国

---

[1] 《北京师范大学在前进中》，载《光明日报》，1959-05-20。

重点高等学校的决定》（以下简称《决定》），将全国重点高等学校增加到 64 所，而高等师范院校仍旧是北京师范大学、华东师范大学两所，没有增加。《决定》要求："全国重点高等学校的专业设置不宜过多，各校之间要有适当分工；学校的发展规模不宜过大，应该加以控制；以便集中力量，迅速达到提高质量的目的。"①

对于全国重点高等学校，教育部颁布了一系列规定，保证全国重点高等学校的优先发展。1960 年 10 月 22 日，教育部颁布《关于全国重点高等学校暂行管理办法》。次年 1 月，教育部召开全国重点高等学校工作会议，着重研究贯彻"八字方针"，对全国高等学校实行"四定"（定规模、定任务、定方向、定专业），并强调通过建立完善的教学秩序，大力提高教学质量。1961 年 4 月，中共中央、国务院批转教育部党组《关于审定全国重点高等学校发展规模和专业设置的报告》，其中提出了全国高等学校发展规模的原则意见。

图 2-2 中的数据显示：就高等师范教育来讲，1960 年北师大的本科招生计划为 1300 人，实际招生 1229 人；1960 年上半年拟订的最大规模为 10000 人，实际在校生为 6446 人（其中本科、专科及各种代培生 6103 人，研究生及进修教师 343 人。鉴于此，教育部给予了如下审定意见：学校招生最大规模为 6500

---

① 中共中央文献研究室：《建国以来重要文献选编》第十三册，649 页，北京，中央文献出版社，1996。

序号	学校名称	修业年限本科	现在在校的学生人数 合计	本科、专科及各代培种学生数	研究进修生及教师数	1960年的招生数 计划招生数(本科)	实际招生数(本科)	1960年上半年扣订的最大规模	审订意见 最大规模 合计	本科	研究及进修生教师	达到发展规模学年度本科生招生数	备注
	总计		309,044	301,089	7,955	66,190	70,553		334,220	315,520	18,700	62,035	
1	北京大学	文理5/6	10,615	10,312	303	1,830	1,797	15,000	11,500	10,500	1,000	1,875	
2	南开大学	5	4,784	4,632	☆152	1,260	1,587	10,000	6,000	5,700	300	1,140	
3	吉林大学	5	4,473	4,392	☆81	870	1,155	10,000	6,000	5,700	300	1,140	
4	复旦大学	5	5,828	5,690	☆138	1,200	1,219	12,000	6,000	5,700	300	1,140	
5	南京大学	5	7,029	6,815	214	1,580	1,596	12,200	6,300	6,000	300	1,200	
6	山东大学	5	3,267	3,223	☆44	1,170	1,280	—	5,000	4,800	200	960	
7	山东海洋学院	5	1,437	1,347	90	460	444	6,000	3,200	3,000	200	600	
8	武汉大学	5	4,795	4,735	☆60	910	1,201	10,000	6,000	5,700	300	1,140	
9	中山大学	5	4,602	4,400	202	1,100	1,150	10,000	6,000	5,700	300	1,140	
10	四川大学	5	4,838	4,751	☆87	1,200	1,200	10,000	6,000	5,700	300	1,140	
11	兰州大学	5	2,900	2,900	☆—	800	817	—	4,000	3,800	200	760	该校现汉设置理科专业,以后可能设置一些工科专业。
12	北京师范大学	5	6,446	6,103	343	1,300	1,229	10,000	6,500	6,000	500	1,200	
13	华东师范大学	5	5,597	5,509	88	1,200	1,204	10,000	6,000	5,500	500	1,100	
14	中国人民大学	5	5,541	4,469	1,072	1,000	1,071	10,000	5,000	2,000	☆3,000	400	☆短训班、研究班等学生数不少于500人。
15	北京外国语学院	5	2,902	2,831	71	450	460	—	3,900	3,500	400	700	
16	清华大学	6	14,106	13,891	215	2,150	2,445	15,000	12,000	11,400	600	1,900	
17	天津大学	5	9,921	9,764	☆157	1,910	2,092	12,000	8,500	8,200	300	1,640	
18	大连工学院	5	7,846	7,621	☆225	1,800	1,788	12,000	7,500	7,200	300	1,440	
19	吉林工业大学	5	5,215	5,155	☆60	1,300	1,288	10,000	6,400	6,000	400	1,200	
20	上海交通大学	5	8,382	8,309	☆73	1,600	1,593	10,000	8,000	7,700	300	1,540	
21	华东化工学院	5	5,697	5,648	☆49	1,280	1,318	—	5,200	5,000	200	1,000	
22	南京工学院	5	6,502	6,426	☆76	1,500	1,346	12,000	6,300	6,000	300	1,200	
23	合肥工业大学	5	3,838	3,709	☆129(92)	1,130	1,097	10,000	6,000	5,700	300	1,140	
24	华中工学院	5	8,284	8,187	☆97	1,620	1,752	12,000	8,000	7,700	300	1,540	
25	华南工学院	5	4,990	4,919	☆71	1,450	1,452	10,000	6,000	5,800	200	1,160	
26	重庆大学	5	7,223	7,187	36(6)	1,400	1,956	12,000	7,500	7,200	300	1,440	
27	西安交通大学	5	8,200	8,119	☆81	1,450	1,626	12,000	8,000	7,700	300	1,540	
28	北京铁道学院	5	3,626	3,576	50	760	884	7,900	4,000	3,900	100	780	
29	唐山铁道学院	5	4,739	4,692	☆47	910	1,064	12,000	5,600	5,400	200	1,080	
30	北京邮电学院	5	4,662	4,609	53	810	1,753	8,000	5,200	☆5,000	200	1,000	☆这个数字系考虑到邮电科技大学并入的
31	北京化工学院	5	2,068	2,059	9	700	723	7,000	3,800	3,600	200	720	
32	北京矿业学院	5	5,526	5,365	161	1,000	1,124	7,000	6,300	☆6,000	300	1,200	☆这个数字系考虑到北京煤炭学院并入的
33	北京石油学院	5	5,721	5,658	63	1,200	1,268	6,000	4,300	4,000	300	800	
34	北京钢铁学院	5	6,177	5,995	182	1,700	1,604	10,000	6,500	6,200	300	1,240	
35	东北工学院	5	9,240	8,995	☆245(51)	1,780	1,760	10,000	8,000	7,700	300	1,540	
36	中南矿冶学院	5	6,675	6,674	☆1	1,760	1,897	10,000	7,000	6,700	300	1,340	
37	北京地质学院	5,4	6,483	6,392	91	1,200	1,213	9,000	6,400	6,000	400	1,200	
38	北京航空学院	5	6,483	6,330	153	1,320	1,567	12,000	7,200	7,000	200	1,400	
39	北京工业学院	5	6,419	6,080	339	1,410	1,375	12,000	7,200	7,000	200	1,400	
40	哈尔滨工业大学	5	9,437	9,274	☆163	1,800	1,756	15,000	8,800	8,500	300	1,700	

图 2-2 关于修订全国重点高等学校的发展规模综合表(部分)

资料来源于《中国教育年鉴》编辑部：《中国教育年鉴 1949—1981》，332 页，北京，中国大百科全书出版社，1984。

人(其中本科生为 6000 人，研究生及进修教师为 500 人)，本科生年最大招生规模调整为 1200 人，比 1960 年招生计划减少了 100 人。作为另一所重点大学的华东师范大学，1960 年招生计划为 1200 人，实际招生 1204 人，审定后学校招生最大规模为 6000 人(其中本科生为 5500 人，研究生及进修教师为 500 人)，本科生年最大招生规模为 1100 人，同样比 1960 年招生计划减少了 100 人。两所学校学制均为 5 年。总而言之，国家集中办一批重点高等学校，对我国高等教育发展具有重要意义，改变了高等院校规模盲目扩张的局面，有利于学校教学和科研水平的提高。

为了认真总结和吸取新中国各项事业发展的经验教训，巩固和落实调整的成果，中共中央号召全党大兴调查研究之风，制定具体的工作条例，以便教育事业的发展既能实事求是、尊重客观规律，又能有法可依、有章可循。1960 年 6 月 18 日，毛泽东亲自撰写了《十年总结》，指出："对于我国的社会主义革命和建设，我们已经有了 10 年的经验了，已经懂得不少东西了。但是我们对于社会主义时期的革命和建设，还有一个很大的盲目性，还有一个很大的未被认识的必然王国。我们还不深刻地认识它。我们要以第二个十年时间去调查它，去研究它，从其中找出它的固有的规律，以便利用这些规律为社会主义的革命和建设服务。"①根据

① 中共中央文献研究室：《建国以来重要文献选编》第十三册，421 页，北京，中央文献出版社，1996。

中共中央的指示，邓小平亲自领导，深入基层，认真调查总结开展社会主义建设正反两方面的经验教训，先后制定了《教育部直属高等学校暂行工作条例（草案）》《全日制中学暂行工作条例（草案）》和《全日制小学暂行工作条例（草案）》三个重要文件，对高等教育、中等教育、小学教育的全日制学校进行了全面调整。

《教育部直属高等学校暂行工作条例（草案）》（简称"高教六十条"），于 1961 年 9 月 15 日，经中央政治局常委讨论通过后正式发布，在教育部直属高校试行。"高教六十条"共分 10 章 60 条，明确了高等学校的基本任务和培养目标，指出"高等学校的基本任务，是贯彻执行教育为无产阶级政治服务、教育与生产劳动相结合的方针，培养为社会主义建设所需要的各种专门人才"。该文件还指出：高等学校必须以教学为主，努力提高教学质量；高等学校学生每年参加生产劳动的时间一般为一个月至一个半月；高等学校必须正确执行知识分子政策，必须正确区分政治问题、世界观问题、学术问题之间的界限，团结一切可以团结的知识分子，贯彻执行"百花齐放、百家争鸣"的方针。

为了部署全国高等学校和中等学校的调整工作，1961 年 7 月，教育部在北京召开全国高等学校及中等学校调整工作会议。会议决定，为了缩短教育战线，必须压缩城镇高等学校和中等学校的在校生数，采取"多出少进"的做法，使在校学生数量逐年下降。与此同时，办好重点学校，充实师资和提高师资水平，加强学校的领导力量，改善学校教学条件和生活条件，集中力量提高教育质量。12月，第二次高等学校及中等学校调整工作会议召开。会议认为教育事业与经济基础的关系已得到初步调整，指出在今后一段时间内，要进一步压缩教育事业的规模和精简教职工人数。1962年4月，全国教育工作会议决定从当时形势出发，照顾今后发展的需要，本着办少些、办好些和提倡人民举办各类教育事业的精神，提出了进一步调整教育事业的建议。这次会议还就精简学校教职工问题作出了指示，要求各级学校要精简教职工总计40万至50万人，其中中等以上各级学校精简34万人。6月22日，《国家计委、教育部关于1962年各级学校招生计划和执行招生计划时应注意问题的通知》发布，指出根据中央扩大工作会议精神和继续减少城镇人口与减少商品粮销量等要求，1962年各级学校招生计划指标"由国家计委报经中央批准，调整为：高等学校招生13万人，中等专业学校招生10.4万人（其中：中师招生3万人），普通高中招生36万人，全日制初中招生200万人，小学招生1,500万（其中：教育部门900万人）"[1]；指出分配高等学校和中等学校的招

————————————

[1] 《国家计委、教育部关于1962年各级学校招生计划和执行招生计划时应注意问题的通知》，见何东昌：《中华人民共和国重要教育文献1949~1975》，1104页，海口，海南出版社，1998。

生名额时，应本着照顾城市，主要是照顾大城市的原则，在保证质量的条件下，力求使城市特别是大城市的高小、初中和高中毕业生的升学比例基本上维持上一年的水平。在照顾城市的同时，对农村初中和县镇初中、高中的招生名额也应该注意适当安排。

1963年3月23日，中共中央批准试行《全日制中学暂行工作条例（草案）》（简称"中学五十条"）、《全日制小学暂行工作条例（草案）》（简称"小学四十条"），并专门就两个试行条例作了专门的指示，指出中小学教育是整个教育事业的基础，其教育质量的高低，不仅关系到能否把我们的后代培养成为有社会主义觉悟的有文化的劳动者，而且直接影响我国高等教育和科学研究的水平。因此，提高中小学的教育质量，是一项具有战略意义的任务，党和政府应该把这个问题摆在重要议事日程上。

我国中小学教育，在全国解放以后，有了史无前例的发展，成绩十分显著。1957年，毛泽东同志提出："我们的教育方针，应该使受教育者在德育、智育、体育几方面都得到发展，成为有社会主义觉悟的有文化的劳动者"，1958年，党中央进一步规定了教育为无产阶级的政治服务、教育与生产劳动相结合的方针，这就使我们的教育工作有了一个更明确的马克思列宁主义的方向，接着开展了蓬蓬勃勃的教育革命，进一步从根本上改变了我国学校教育的性质和面貌。但是，13年以来，在中小学教育的具体工作中，由于经验不足和思想认识上的片面性，也产生了一些缺点和错误。为了总结经验，发扬成绩，纠正缺点，继续前进，中央责成教育部拟订了《全日制小学暂行工作条例（草案）》和《全日制中学暂行工作条例（草案）》。①

这两个条例明确规定了中小学的基本要求，规定中小学的教育任务是为社会主义建设事业培养后备力量和为高一级学校培养合格新生；中小学应贯彻以教学为主的原则，必须根据教育部统一规定的教育计划、教学大纲和教科书进行教学，不得任意修改；中小学学生应该参加适当劳动，小学低年级（一、二、三年级）不设劳动课，四年级以上的学生每年劳动时间为半个月，每次劳动时间不能过长；强调教师的根本任务是把学生教好，保证教师的工作时间和休息时间。"中学五十条"和"小学四十条"的制定和在全国的试行取得了较好的效果，使教学秩序得到了很大程度的恢复，得到了广大师生和社会各界的广泛支持与好评。

到1963年年底，教育事业的调整工作基本告一段落。通

_____

① 《中共中央关于讨论试行全日制中小学工作条例草案和对当前中小学教育工作几个问题的指示》，见何东昌：《中华人民共和国重要教育文献1949～1975》，1149页，海口，海南出版社，1998。

过调整，高等学校和中小学校的规模、布局、专业、科类等方面有了较大变化，矫正了过多劳动教育冲击正常教学秩序的情况，教学质量有所恢复。但在调整过程中也出现了一些问题，如有些地方的农村小学公办转民办过多，致使学龄儿童入学率明显下降；有的地方裁并学校、精简人员过于依靠行政命令，方式简单、粗糙，缺乏细致深入的思想工作，伤害了一些人的感情，也造成了一部分人的实际生活困难。从全局来看，这次教育事业的调整，基本达到了预定的目标，使教育事业基本适应了经济的发展状况。在调整工作基本结束的时候，随着国民经济的全面好转，教育事业重新走上了稳定、健康的发展轨道。

五、建设有中国特色的社会主义教育体系

1976 年 10 月，中共中央采取果断措施，粉碎了"四人帮"，宣告了"文化大革命"的结束。在中共中央的领导下，教育领域重新明确了社会主义教育方针，冲破"两个凡是"的思想束缚，以批判"两个估计"为突破口，平反冤假错案，肯定知识分子价值，提高教师地位，恢复高考等，探索有中国特色的社会主义教育体系由此起步。

（一）教育领域的拨乱反正

遭到破坏的教育需要尽快恢复和发展。在邓小平的亲自督促和领导下，教育领域首先进行了拨乱反正，首先就是冲破"两个凡是"，批判"两个估计"，恢复党长期坚持的实事求是的路线，用准确的完整的毛泽东思想来指导党的工作。

"两个估计"是"四人帮"在"文化大革命"中否定教育的指导方针和行动纲领。"两个估计"是在 1971 年召开的全国教育工作会议上被提出的，是会议通过的《全国教育工作会议纪要》的中心论点。不批判"两个估计"就无法解除思想束缚，无法彻底清除"四人帮"影响，无法打开新的教育发展局面，而要深入批判"两个估计"，必须首先冲破"两个凡是"。1977 年 4 月 10 日，邓小平给党中央写信，提出"我们必须世世代代地用准确的完整的毛泽东思想来指导我们全党、全军和全国人民，把党和社会主义的事业，把国际共产主义运动的事业，胜利地推向前进"。5 月 24 日，尚未正式恢复工作的邓小平邀请王震、邓力群谈话，明确表示："'两个凡是'不行。"邓小平指出："把毛泽东同志在这个问题上讲的移到另外的问题上，在这个地点讲的移到另外的地点，在这个时间讲的移到另外的时间，在这个条件下讲的移到另外的条件下，这样做，不行嘛！""毛泽东思想是个思想体系"，不能把毛泽东思想庸俗化。①在谈话中邓小平对"两个凡是"的批判，认为"两个凡是"不符合马克思主义，提出用准确的完整的毛泽东思想来指导全党、全军和全国人民的重要思想，为人们挣脱"两个凡是"的束缚，就真理标准问题展开讨论做了舆论铺垫，为彻底纠正"文化大革命"的错误，实现拨乱反正，奠定了思想理论基础。

邓小平恢复工作后，主抓教育和科技工作。1977年8月4日至8日，邓小平邀请33位科学家、教育工作者举行科学和教育工作座谈会。在认真听取大家的意见后，8月8日，邓小平发表《关于科学和教育工作的几点意见》的讲话（简称"八八讲话"）。在讲话中，邓小平尖锐地批评了"两个估计"，再次强调"完整地准确地表达"毛泽东思想，对新中国成立后17年的教育工作进行了充分肯定：

对建国以后的十七年怎样估计，这是大家很关心的问题。这个问题在科研方面基本上得到了解答，大家不满意的是在教育方面。这是一个应当回答的问题。

我个人认为，毛泽东同志在文化大革命以前的大部分时间里，对科学研究工作、文化教育工作的一系列指示，基本精神是鼓励，是提倡，是估计到我们知识分子中的绝

① 《邓小平文选》第二卷，38、39页，北京，人民出版社，1994。

大多数是好的，是为社会主义服务或者愿意为社会主义服务的。在一九五七年以后讲过一些过头话，但在六十年代初期，他还是支持科学十四条、高等学校六十条这些的。我们要把毛泽东同志在教育方面的主导思想，在知识分子问题上的主导思想讲清楚。毛泽东思想是我们一切领域的指导思想，应当从总体方面完整地准确地表达出来。这是很重要的。对全国教育战线十七年的工作怎样估计？我看，主导方面是红线。应当肯定，十七年中，绝大多数知识分子，不管是科学工作者还是教育工作者，在毛泽东思想的光辉照耀下，在党的正确领导下，辛勤劳动，努力工作，取得了很大成绩。特别是教育工作者，他们的劳动更辛苦。现在差不多各条战线的骨干力量，大都是建国以后我们自己培养的，特别是前十几年培养出来的。如果对十七年不作这样的估计，就无法解释我们所取得的一切成就了。①

在"八八讲话"中，邓小平认定"我国的知识分子绝大多数是自觉自愿地为社会主义服务的。反对社会主义的是极少数，对社会主义不那么热心的也只是一小部分"，对应该怎样估计"知识分子的世界观改造"方面的问题予以回应。9月19日，在召开第二次全国高等学校招生工作会议期间，邓小平听取了刘西尧

① 《邓小平文选》第二卷，48～49页，北京，人民出版社，1994。

等教育部负责人的汇报，在谈话中第一次点名批判了 1971 年的《全国教育工作会议纪要》，再次对"两个估计"予以批评："'两个估计'是不符合实际的。怎么能把几百万、上千万知识分子一棍子打死呢？我们现在的人才，大部分还不是十七年培养出来的?"①邓小平的多次谈话，直接否定了"两个估计"，冲破了"两个凡是"，不仅为教育领域的拨乱反正提供了理论依据，而且为新时期的教育发展奠定了明确而坚定的思想基础，重新恢复了党实事求是的领导路线。

在邓小平多次谈话的推动下，1977 年 11 月 18 日，《人民日报》发表《教育战线的一场大论战——批判"四人帮"炮制的"两个估计"》的批判文章，强调否定"两个估计"的必要性。文章援引大量事实，说明新中国成立后的 17 年间，知识分子在社会主义建设中发挥了骨干作用，教育事业取得了巨大成就。随后，《北京日报》《文汇报》以及《红旗》杂志等刊发文章，从各个角度对"两个估计"进行批判，逐步解除了强加在广大知识分子和教育工作者思想上的束缚，为教育领域的拨乱反正开创了好的局面。

(二)恢复和发扬尊师重教传统

粉碎"四人帮"后，如何恢复和发扬尊师重教的社会文化传统，调动广大教师的积极性，意义重大。

---

① 《邓小平文选》第二卷，67 页，北京，人民出版社，1994。

邓小平在批判"两个估计"时，多次谈到要充分肯定知识分子在现代化建设中的价值，提高教师的社会地位。1977 年 5 月 24 日，邓小平在谈话中指出："一定要在党内造成一种空气：尊重知识，尊重人才。要反对不尊重知识分子的错误思想。不论脑力劳动，体力劳动，都是劳动。从事脑力劳动的人也是劳动者。……要重视知识，重视从事脑力劳动的人，要承认这些人是劳动者。"①在之后的"八八讲话"中，他明确指出"教育工作者，他们的劳动更辛苦"，要为知识分子恢复名誉，专门指出："就今天的现状来说，要特别注意调动教育工作者的积极性，要强调尊重教师。我国科学研究的希望，在于它的队伍有来源。科研是靠教育输送人才的，一定要把教育办好。我们要把从事教育工作的与从事科研工作的放到同等重要的地位，使他们受到同样的尊重，同样的重视。一个小学教师，把全部精力放到教育事业上，就是很可贵的。要当好一个小学教师，付出的劳动并不比一个大学教师少，因此小学教师同大学教师一样光荣。对于终身为教育事业服务的人，应当鼓励。"②同时他还指出，对待知识分子除了精神上的鼓励，还要改善他们的物质待遇。根据邓小平的谈话，1977 年 11 月 9 日，《光明日报》发表署名"辛广民"的《知识分子是党的依靠力量》，指出："按照唯物主义的观点，一个人的世

①　《邓小平文选》第二卷，41 页，北京，人民出版社，1994。
②　《邓小平文选》第二卷，49～50 页，北京，人民出版社，1994。

界观的形成，主要是由他在社会实践中的地位所决定的。知识的多少，并不是决定一个人世界观正确与否的先决条件。知识多并不是资产阶级世界观的标志，知识少也不是无产阶级世界观的特征。……但只要排除了偏见和迷信，在其他条件相同的情况下，一个人的知识越多，就越是有助于形成正确的世界观。"①1978年1月4日，《人民日报》发表社论《完整地准确地理解党的知识分子政策》。这些文章强调要充分信任知识分子，鼓励他们继续多学知识，为国家社会建设发挥更大的作用。

为了将"知识分子是党的依靠力量"落到实处，调动和提高教师钻研业务的积极性，教育部一方面扩大各高校教师国内外进修、交流的途径，为科研人员和教师更新知识结构、提高教育教学水平创造条件；另一方面加快恢复各类技术职称评聘制度。1978年3月7日，国务院批转教育部《关于高等学校恢复和提升职务问题的请示报告》，在国务院没有出台新的规章之前，仍执行1960年国务院颁布的《关于高等学校教师职务名称及其确定与提升办法的暂行规定》，恢复教授、副教授、讲师、助教四级职称，并规定可以越级提升教授的审批权限改为省、市、自治区批准，报教育部备案。② 4月22日，邓小平在全国教育工作会议上发表重要讲话，指出："一个学校能不能为社会主义

---

① 辛广民：《知识分子是党的依靠力量》，载《光明日报》，1978-11-09。
② 中央教育科学研究所：《中华人民共和国教育大事记 1949—1982》，512页，北京，教育科学出版社，1984。

建设培养合格的人才，培养德智体全面发展、有社会主义觉悟的有文化的劳动者，关键在教师。""二十多年来，我们已经建立了一支人民教师队伍。全国有教师九百万人。绝大多数教职员工热爱党热爱社会主义，勤勤恳恳地为社会主义教育事业服务，为民族、为国家、为无产阶级立了很大功劳。为人民服务的教育工作者是崇高的革命的劳动者。我们对广大教育工作者的辛勤努力表示慰问和敬意。特别是对广大的小学教育工作者，他们在更为艰苦的条件下，为培育革命后代不辞劳累，作出贡献，我们更要表示慰问和敬意。"他指出党和国家"要提高人民教师的政治地位和社会地位。不但学生应该尊重教师，整个社会都应该尊重教师"。[1] 这表明了党和政府已从根本上改变了把知识分子和教师(特别是高校教师)作为改造对象的"左"倾政策，充分肯定了知识分子在社会主义现代化事业中的价值，肯定了广大教育工作者的社会地位。在党和国家领导人的一系列论述，以及主流媒体的系列文章的大力倡导和推动下，广大知识分子和教师解除了思想包袱，在精神上受到了极大鼓舞，尊师重道的优良传统和社会风气也得以恢复和发扬。

(三)恢复高考

"文化大革命"期间，高等学校招生主要采取"群众推荐"方

---

[1] 《邓小平文选》第二卷，108～109页，北京，人民出版社，1994。

式招收工农兵学员。粉碎"四人帮"以后，百废待举，邓小平希望尽快恢复高等学校的正常招生工作，以便早出人才、多出人才，满足国家经济建设发展的需要。1977 年 5 月 24 日，他在谈话中指出："要经过严格考试，把最优秀的人集中在重点中学和大学。"[①]6 月 29 日至 7 月 15 日，教育部在太原召开全国高等学校招生工作座谈会，与会代表就教育部提交的《关于 1977 年高等学校招生工作的意见（讨论稿）》展开了激烈争论。这份高校招生"讨论稿"沿袭"左"倾路线，不敢提招收应届高中毕业生，不敢明确提出进行文化考试，依然坚持"政治审查""群众推荐"等做法。在遭到与会代表的尖锐批评后，由于"两个凡是"思想的影响，会后教育部递交给国务院的文稿中并未认真吸收代表意见，对"讨论稿"未做彻底修改。在邓小平的指示下，教育部撤回了给国务院的请示报告。8 月 8 日，邓小平在科学和教育工作座谈会上更明确地指出："今年就要下决心恢复从高中毕业生中直接招考学生，不要再搞群众推荐。从高中直接招生，我看可能是早出人才、早出成果的一个好办法。"[②]他将高等学校招收应届高中毕业生列为教育制度改革的重要问题之一。

为了落实"八八讲话"精神，8 月 13 日至 9 月 25 日，教育部召开第二次高等学校招生工作会议。会议前半段，一些教育主

① 《邓小平文选》第二卷，40 页，北京，人民出版社，1994。
② 《邓小平文选》第二卷，55 页，北京，人民出版社，1994。

管部门的负责人仍然顾虑重重，担心文化考试是"复旧"，是"排斥工农""智育第一"和"分数挂帅"，而要废除"群众推荐"，则担心是"不相信群众，不符合群众路线"等。从高中毕业生中直接招生，有人则担心与"七二一"指示①有冲突。会议再次陷入困顿。9月19日，邓小平听取了教育部主要领导的汇报，明确指出："现在教育工作者对你们教育部有议论，你们要心中有数。要敢于大胆讲话。我在八月八日科学和教育工作座谈会上的那篇讲话，是个大胆的讲话，当然也照顾了一点现实。"他回忆了1972年周恩来对于高考招生的建议：

　　一九七一年全教会时，周恩来同志处境很困难。一九七二年，他和一位美籍中国物理学家谈话时，讲要从应届高中毕业生中直接招收大学生。在当时的情况下，提出这个问题是很勇敢的。这是要教育部门转弯子，但是教育部门没有转过来。为什么要直接招生呢？道理很简单，就是不能中断学习的连续性。十八岁到二十岁正是学习的最好时期。过去我和外宾也讲过，中学毕业后劳动两年如何如何好。实践证明，劳动两年以后，原来学的东西丢掉了一半，浪费了时间。采取直接

① "七二一"指示指1968年7月21日毛泽东在《从上海机床厂看培养工程技术人员的道路（调查报告）》的《人民日报》编者按的清样中加写的一段话。

招生的办法，并不是不要劳动，劳动可以在中小学就注意。从青少年起教育他们热爱劳动有好处。到大学以后，重点是结合学习搞对口劳动。到农村劳动也可以搞一点，但不能太多。①

针对与会代表对"七二一"指示的简单理解，邓小平指出要正确、全面地去理解这个指示的精神。"七二一大学、共产主义劳动大学，各省自己去搞，办法由他们自己定，毕业生不属国家统一分配范围。但是清华大学、北京大学恐怕不能这样办，并不是所有大学都要走上海机床厂的道路。毛泽东同志一贯强调要提高科学文化水平，从来没有讲过大学不要保证教育质量，不要提高科学文化水平，不要出人才。"邓小平要求教育部争取主动，亲自对招生文件进行了修改，指出招生主要抓两条："第一是本人表现好，第二是择优录取。"②有了邓小平的指示，会议的后半段进行得很顺畅，会议通过了《关于一九七七年高等学校招生工作的意见》。10月5日，中共中央政治局专门讨论了高等学校招生问题，在废除"群众推荐"、进行文化考试、高中毕业生可以直接报考、实行德智体全面衡量、择优录取等问题上达成一致。12日，国务院批转《关于一九七七年高等学校招生

① 《邓小平文选》第二卷，67～68页，北京，人民出版社，1994。
② 《邓小平文选》第二卷，68、69页，北京，人民出版社，1994。

工作的意见》，正式恢复高考制度。

恢复高考制度是一件具有重大历史意义的举措，标志着教育事业开始了历史性转折，由为阶级斗争服务转向为建设现代化社会主义国家服务，标志着党和国家开始建设有中国特色的社会主义教育体系。

第三章 | 各级各类教育的改造、创设
与发展(上)

新中国成立后,在新民主主义和社会主
义教育方针的指导下,在教育部、高等教育
部和各级教育行政部门的统一部署下,各级
各类教育开始进行改造、创设与发展,基础
教育普及化程度不断提高,中等专业教育出
现了新局面,高等学校进行了院系和专业布
局的调整,师范教育、幼儿教育、特殊教育
和留学及外交教育等也呈现出百花齐放的繁
荣之势。这一发展过程积累了大量的有益经
验,也经历了由"左"倾思想而造成的低潮和
挫折。

一、基础教育

　　新中国成立后，党和政府将普及教育置于教育建设"重中之重"的战略位置。《共同纲领》明确提出："有计划有步骤地实行普及教育……以应革命工作和国家建设工作的广泛需要。"①1951 年召开的第一次全国初等教育与师范教育会议也提出："十年之内争取全国学龄儿童基本上全部入学，五年之内争取全国学龄儿童 80％入学。五年之内，东北、华北、华东、中南四个地区应争取 85％－90％的学龄儿童入学，西北和西南争取 65％－70％的学龄儿童入学。"②1956 年 1 月，教育部印发《十二年国民教育事业规划纲要（草稿）》，明确将"普及义务教育，使新生一代人人受到国民必须受的教育，成为社会主义社会全面发展的成员"作为国民教育工作的三大任务之一，要求七年内基本扫除文盲，七年内基本普及义务教育：在一般城镇和条件较好的农村普及完全小学教育，在条件较差的农村

---

　　①　《中国人民政治协商会议共同纲领》（节录），见何东昌：《中华人民共和国重要教育文献 1949～1975》，1 页，海口，海南出版社，1998。
　　②　钱俊瑞：《用革命办法办好人民教育——在第一次全国初等教育与师范教育会议上的总结报告》，见何东昌：《中华人民共和国重要教育文献 1949～1975》，114 页，海口，海南出版社，1998。

先普及初级小学教育，在直辖市、省会和主要工业城市基本普及初中教育。① 同年 9 月 15 日，中共中央在向第八次全国代表大会所作的政治报告中又提出："必须用极大的努力逐步扫除文盲，并且在财政力量许可的范围内，逐步地扩大小学教育，以求在 12 年内分区分期地普及小学义务教育。"②1957 年 11 月，中共中央文教小组又召开了省市文教听证会议，会议提出力争在第二个五年计划期间普及小学教育。为了实现这一目标，党领导全国人民进行了艰苦卓绝的奋斗。

1963 年 3 月 23 日，中共中央批准试行《全日制中学暂行工作条例（草案）》《全日制小学暂行工作条例（草案）》，并就两个试行条例作了专门的指示，指出中小学教育是整个教育事业的基础。这两个条例明确规定了中小学的基本要求，在全国试行取得了较好的效果，使教学秩序得到了很大程度的恢复，得到了广大师生和社会各界的广泛支持和好评。经过"文化大革命"的冲击，随着 1977 年高考恢复，我国的中小学教育也得到了恢复和发展。

---

① 《十二年国民教育事业规划纲要（草稿）》，见何东昌：《中华人民共和国重要教育文献 1949～1975》，551 页，海口，海南出版社，1998。

② 刘少奇：《中国共产党中央委员会向第八次全国代表大会的政治报告》（节录），见何东昌：《中华人民共和国重要教育文献 1949～1975》，689 页，海口，海南出版社，1998。

（一）接收、接管旧学校

新中国成立后，党和政府对旧学校实施了接收、接管。首先，原国统区的公立学校，随着国民党的垮台，已无经费来源和领导部门主管，很快被接管。其次，在 1951 年知识分子思想改造运动以后，我国妥善接收了原依靠外国津贴的初等学校 1500 多所及幼儿园、孤儿院、育婴堂、慈幼院等，收回了教育主权。最后是接管私立学校。1952 年 6 月，毛泽东批示："如果有可能，应全部接管私立中小学。"教育部决定全国私立中小学全部由政府接办，改为公立。当时，全国有"私立中等学校 1412 所，教职员工 3.4 万余人，学生 533,000 余人。私立中等学校学生数占全国中等学校学生总数 26% 强"；"私立小学 8925 所，教职工 55,000 余人，学生 160 余万人。私立小学学生数占全国小学生总数 3% 强"。[1] 这一工作计划于 1954 年完成，实际上持续到 1956 年才全部结束。对于接管后的私立中小学，按照中央的规定，各地均采取逐步整顿的方针，有关人事的安排与调动、组织编制的确定、教学设备的添置，一般都根据各校的具体情况予以逐步解决，不急于向公立学校看齐，以免造成工作被动。

---

[1] 《教育部关于接办私立中等学校和小学的计划》，见何东昌：《中华人民共和国重要教育文献 1949～1975》，181 页，海口，海南出版社，1998。

在私立学校的接管中，情况较为复杂的是农村私塾的改造。新中国成立前后，私塾在各城乡地区，尤其在农村地区还有不小的数目，部分地方的私塾数量甚至超过了公办小学，这也鲜明地体现了中国各地教育发展不均衡的状况。大部分私塾沿袭传统模式，主要采用"四书"和国民政府时期的教材，教学方法也比较陈旧，体罚现象严重，与新民主主义教育方针存在明显背离的情况。因此，私塾的改造工作逐渐被提上议事日程。从1950年开始，各地根据当地实际情况及解决儿童就学问题的程度改造私塾。全国各地私塾，在经过改造后大部分转为民办小学，少部分并入公办小学；1952年之后，随着全国私立中小学全部由政府接办，大部分私塾被改造为公办小学；大部分私塾教师也通过业务和政治学习，转为国家教师。截止到1952年年底，私塾在全国范围内几乎已经消失殆尽，新式小学成为农村小学教育的主体。

(二)中小学学制、课程、教学改革

1951年10月1日，《政务院关于改革学制的决定》正式颁布，其中规定："初等教育包括儿童的初等教育和青年、成人的初等教育。对儿童实施初等教育的学校为小学，应给儿童以全面的基础教育。对自幼失学的青年和成人实施初等教育的学校为工农速成初等学校、业余初等学校和识字学校（冬学、识

字班）。"①小学的修业年限定为五年，实行一贯制，取消初、高两级的分段制。入学年龄"以七足岁为标准"。学生毕业后，需经过考试升入中学或其他中等学校。"实施中等教育的学校为各种中等学校，即中学、工农速成中学、业余中学和中等专业学校。中学、工农速成中学和业余中学应给学生以全面的普通的文化知识教育；中等专业学校按照国家建设需要，实施各类的中等专业教育。"中学的修业年限定为六年，分初、高两级，修业年限各为三年，均得单独设立。教学内容采取一贯制的精神，同时照顾到分段的需要。②

在新中国成立之初，我国仍沿用"六三三"学制，小学六年，初中、高中各三年。小学又分初、高两级，分别为四年与两年。但这一制度妨碍了广大劳动人民的子女，特别是农民的子女受到完全的初等教育。为了推进新中国的人民教育事业，学制改革势在必行。从1950年秋季开始，教育部初等教育司在北京选定北京师范大学一附小、二附小等6所小学13个实验班570名学生，进行小学五年一贯制的课程改革试验工作。这一试验在苏联专家的参与下得到实施，取得了较大成功，"证明了五年一贯制小学在改进了教材、教法之后，确实可以达到旧制六年

---

① 《政务院关于改革学制的规定》，见何东昌：《中华人民共和国重要教育文献 1949～1975》，105 页，海口，海南出版社，1998。

② 《政务院关于改革学制的规定》，见何东昌：《中华人民共和国重要教育文献 1949～1975》，106 页，海口，海南出版社，1998。

的水平"①。由此，《政务院关于改革学制的决定》才宣布小学采取五年一贯制。

为配合五年一贯制的推行，1950 年 7 月，教育部制订了《小学课程暂行标准（草案）》，主要包括国语、算术、历史、地理、自然、音乐、图画、体育 8 科。8 月，中央人民政府颁发了《中学暂行教学计划（草案）》，由国家设置统一的必修课程，取消选修课程，规定初中三年、高中三年的总教学时数为 7200 学时。作为新中国历史上第一份教学计划，它对我国学校课程体系的确立起到了奠基作用。

1952 年 3 月 18 日，教育部颁发试行的《小学暂行规程（草案）》和《中学暂行规程（草案）》，对全国中小学的办学性质、办学方法、课程规划、管理办法等作出了明确的指示。《小学暂行规程（草案）》强调了小学教育的宗旨和性质：小学教育的宗旨是给儿童以全面的基础教育，使他们成为新民主主义社会热爱祖国和人民的、自觉的、积极的成员。小学实施智育、德育、体育、美育全面发展的教育。小学修业年限定为五年。小学讲授语文、算术、自然、历史、地理、体育、图画、音乐共 8 科；教学时间为每节课 45 分钟，每节课后休息时间以 10 分钟到 15 分钟为原则；以上课为教学的基本形式。教师应在教学方面

---

① 吴研因：《北京市小学实验五年一贯制两年来的初步经验》，载《人民教育》，1952(12)。

起主导作用，充分准备功课，掌握教材内容，通过一定的教学过程，有计划、有系统地进行教学，以完成教学计划，并根据儿童心理，注意提高儿童的学习兴趣，培养儿童独立思考的能力，使儿童在自觉、自动的基础上遵守纪律，不得实行体罚或变相的体罚。小学采用校长责任制；小学各班采用教师责任制，各设班主任一人，并酌设科任教师。① 中学修业年限为六年，分初、高两级，各修业三年。中学包括本国语文、数学、物理、化学、生物、地理、历史、中国革命常识、社会科学基础知识、《共同纲领》、时事政策、外国语、体育、音乐、美术、制图等科目，均为必修。中学以课堂教学为教学的基本形式。教师须根据教学计划、课程标准和学生身心发展的规律，充分掌握教材内容，运用正确的教学法，按照一定进度循序渐进地进行教学。中学采用校长责任制，设校长一人。② 从 1952 年起，国语课改称语文课，国语课退出历史舞台。

新中国成立初期的学制改革和课程、教学改革，适应了当时全国教育发展的需要，为新中国的教育工作奠定了良好基础。但小学阶段的五年一贯制，因为受到教材、设备、师资力量不足等现实条件的制约，不得不进行了调整。后来到 1953 年

① 《小学暂行规程（草案）》，见何东昌：《中华人民共和国重要教育文献1949～1975》，142～143 页，海口，海南出版社，1998。
② 《中学暂行规程（草案）》，见何东昌：《中华人民共和国重要教育文献1949～1975》，139～142 页，海口，海南出版社，1998。

11 月，《政务院关于整顿和改进小学教育的指示》发布，其中明确表示："关于小学五年一贯制，从执行情况看来，由于师资教材等条件准备不足，不宜继续推行。因此已从本学年起，一律暂行停止推行。小学学制仍沿用四二制，分初、高两级。初级修业期限四年，高级修业期限二年。"①

为了统一全国的基础教育课程体系，加强对基础教育的规范管理，1950 年 9 月，出版总署在全国出版工作会议上，正式提出了中小学教材必须全国统一供应的方针。据此，出版总署和教育部决定组建人民教育出版社。1950 年 12 月 1 日，人民教育出版社正式成立。这是全国统一的中小学教材的编辑、出版机构，专门出版教科书和一般教育用书。人民教育出版社根据教育部制定的各科课程标准重编和修订中小学课本，并于1951 年秋季陆续供应部分地区使用，由此建立了国家统一编辑、供应中小学教材的新制度。1955 年，人民教育出版社开始出版统编的新教科书，并于 1956 年秋季在全国逐步使用。这套教科书包括中小学课本 41 种共 97 册，教学参考书 23 种共69 册，是新中国第一套配有教学用书的统编通用教科书。

(三)社会主义改造时期的基础教育

从 1952 年开始，我国开展了轰轰烈烈的社会主义改造，社

① 《政务院关于整顿和改进小学教育的指示》，见何东昌：《中华人民共和国重要教育文献 1949～1975》，264 页，海口，海南出版社，1998。

会主义工业化获得了突飞猛进的发展。1953 年起，中共中央开始有计划地进行经济建设，开始实施发展国民经济的第一个五年计划，全国呈现出积极昂扬的发展态势。全国上下积极向好的发展态势一方面使得中小学教育发展有了更好的社会基础，全国各地师生展现出良好的精神风貌；另一方面也暴露出了发展过程中存在的一些问题。为此，1953 年 11 月，政务院发布了《政务院关于整顿和改进小学教育的指示》，对小学教育的发展方针做出了明确的规定：小学教育是整个教育建设的基础。它的任务是教育新后代，使之成为新中国的健全的公民。从当前教育建设的可能条件与人民群众文化要求的实际情况出发，今后几年内小学教育应在整顿巩固的基础上，有计划、有重点地发展。

由于国家开始逐步工业化，城市人口增加较快，而之前几年城市小学增加的比例一般较乡村为小。因此，在工矿区、城市，特别是在大城市，公立小学应进行适当发展。当时师资、校舍等一般都比较缺乏，各地根据当地具体情况，积极采取各种办法，如调整班级，充实学额，采用二部制，开办夜校，协助工矿企业、机关和团体办学，协助办好私立学校，允许群众和工商业家继续兴办学校，并用其他各种可行的办法，适当地解决初小毕业生升学和学龄儿童入学的问题。

在农村，为适当解决农民子女入学的问题，根据需要与自愿的原则，提倡兴办民办小学（包括完全小学），充分发挥群众自己办学的积极性。各地人民政府对此有足够的重视，加强指导，帮助解决师资、教材等问题。对乡村公立小学，除在学校较少的少数民族地区和老革命根据地应进行适当发展外，其他地区均以整顿、提高为主，一般不进行发展。[①] 1953年12月3日，《人民日报》发表社论《组织高小毕业生参加农业生产劳动》。1954年1月，教育部召开全国中学会议，指出要向中小学毕业生宣传"积极参加生产劳动的道理"。1954年5月29日，《人民日报》发表中央宣传部《关于高小和初中毕业生从事劳动生产的宣传提纲》，强调我国的教育和生产劳动不可分离，无论小学、中学，还是大学毕业生，都应该积极从事生产劳动，成为有政治觉悟、有文化教养的社会主义建设者，同时批判了那种觉得做工、种地"太脏""太累""太丢人"，搞农业最没出息等轻视体力劳动和体力劳动者的思想。可以说，"教育与生产劳动相结合"的教育方针在新中国成立后很快就落实到了中小学教育之中。

1955年2月10日，教育部颁布了《小学生守则》，共分20条，计600多字，分别从学习、生活、德育等方面对小学生

---

① 《政务院关于整顿和改进小学教育的指示》，见何东昌：《中华人民共和国重要教育文献1949～1975》，263页，海口，海南出版社，1998。

的日常行为进行了规范。例如，学习上要"按时到校，按时上课。不迟到，不早退，不随便缺课""上课的时候，认真做功课，用心听教师的讲解和同学的问答。不随便说话，不做别的事情"。生活上要"按时吃饭、休息、睡觉。常常游戏、运动、锻炼身体""对身体、饮食、服装、用品、床铺和住所，都保持清洁卫生。对公共场所也注意清洁卫生"。[①] 而相较于学习、生活方面，《小学生守则》中有关德育方面的行为规范占了一半以上，20 条中就有 11 条涉及，要求学生"准备为祖国服务，为人民服务""尊敬国旗。敬爱人民领袖""听从校长教师的教导。爱护本校本班的名誉"，而且要求学生"尊敬校长教师。上课下课都对教师行礼""和同学友爱团结，互相帮助""尊敬老人。对老人、小孩、病人、行动困难的人，让路、让坐"，还要求学生"不说谎，不骗人。不赌博。不私自拿别人的东西。不做对自己、对别人有害的事情""爱护公共财物。不弄坏弄脏桌椅、门窗、墙壁、地面或者别的东西"等。[②] 这非常鲜明地体现了社会主义教育要求德、智、体全面发展的特点。

1953 年，小学五年一贯制停止实施，转而实行"四二制"后，教育部开始了制定"四二制"小学各科教学大纲的工作。

---

① 《小学生守则》，见何东昌：《中华人民共和国重要教育文献 1949～1975》，416 页，海口，海南出版社，1998。
② 《小学生守则》，见何东昌：《中华人民共和国重要教育文献 1949～1975》，416 页，海口，海南出版社，1998。

1953年9月22日，教育部颁发了《小学"四二制"教学计划（草案）》，后经修订，于1954年2月15日颁发了《小学"四二制"教学计划（修订草案）》，规定小学课程设语文、算术、历史、地理、自然、体育、音乐、图画8科，并对各科的周课时做了规定，其中历史、地理、自然只在小学高级阶段讲授。[1] 1955年、1956年教育部发布相关通知，规定小学教学计划中增设"手工劳动"[2]，一至六年级每周1小时；课外活动的"劳动活动"改为"生产劳动"，并增加了四年级以上学生参加的"社会公益劳动"，通过这些活动使学生获得一些基本的生产知识，学会使用一些简单的生产工具，同时具有共产主义的劳动态度。[3]

1956年4月10日，教育部颁布了《关于指导小学生阅读少年儿童读物的指示》，要求加强对少年儿童读物的阅读指导，让学生养成爱读书、爱护书的优良习惯，而且在课堂教学中做到每两周划出一节课时间，指导三年级以上的学生阅读少年儿童读物。教育部和团中央也拟订了一份少年儿童读物书目。1952年12月，新中国第一家专业少儿出版社——少年儿童出版

---

① 《教育部关于颁发小学"四二制"教学计划（修订草案）的通知》，见何东昌：《中华人民共和国重要教育文献 1949～1975》，290页，海口，海南出版社，1998。

② 《教育部关于 1956－1957 学年度中、小学实施基本生产技术教育的通知》，见何东昌：《中华人民共和国重要教育文献 1949～1975》，662页，海口，海南出版社，1998。

③ 《教育部颁发关于小学课外活动的规定的通知》，见何东昌：《中华人民共和国重要教育文献 1949～1975》，510页，海口，海南出版社，1998。

社在上海成立。1956 年 6 月，团中央创办的中国少年儿童出版社在北京成立，这是新中国第二家专业少儿出版社，从此形成了"南有上少，北有中少"的少儿出版新局面，如《小兵张嘎》《上下五千年》等一大批优秀的少年儿童读物陆续出版，影响了几代中国儿童。

1954 年 4 月 8 日，政务院会议通过了《政务院关于改进和发展中学教育的指示》（以下简称《指示》），要求"在中学里巩固和加强工人阶级思想的领导地位，增强社会主义思想，彻底批判资产阶级思想和继续肃清封建的、买办的、法西斯主义的思想残余"。同时，"培养学生对祖国的热爱和献身于祖国社会主义建设事业的志愿，加强国家观念，树立个人利益服从国家利益的观念"。《指示》还要求，教师应当"适当地搜集、采用国家建设的实际材料来充实教学内容，并创造条件，制造教具，进行直观教学，使学生能作实验和参观，以巩固和练习运用所学知识。在教学中要注意克服理论脱离实际的教条主义和形式主义毛病"。《指示》特别提出："注意健康教育，增强学生的体质，这是全面发展教育不可分割的内容之一。当前学生健康状况不够好，应当引起全体教育工作者的足够重视。"①

1955 年 5 月 13 日，教育部颁布了《中学生守则》。《中学生

---

① 《政务院关于改进和发展中学教育的指示》，见何东昌：《中华人民共和国重要教育文献 1949～1975》，306 页，海口，海南出版社，1998。

守则》共 18 条，主要规定了中学生应当"努力学习，做到身体好、功课好、品行好，准备为祖国为人民服务"；在日常学习方面，"上课时要坐端正，专心听讲，不随便讲话，不做其他事情"。① 教育部特别对各中学作了指示："学生自觉纪律的培养，是要通过整个教育过程来进行的，全体教师都负有贯彻实施守则的责任。……中学生守则的实施，必须建筑在学生的自觉性和积极性的基础上。"②《中学生守则》对于规范中学生的行为，培养中学生的好品德，形成好风尚，起了积极的作用。

1952—1956 年的社会主义改造时期，基础教育有了显著的发展。据统计，1949—1956 年，小学校数由 36.68 万所增至 52.9 万所，在校学生由 2439.1 万人增至 6346.6 万人，学龄儿童的入学率在 1956 年达到 62.6%。同期，小学教师由 73.1 万人增至 164.3 万人。中学教育在整顿、巩固的基础上，获得了稳步发展。全国普通中学学校数从 1952 年的 4298 所，发展到 1957 年的 11096 所；在校学生从 1952 年的 249.01 万人增加到 1957 年的 628.13 万人；专任教师从 1952 年的 9.39 万人增加到 1957 年的 23.38 万人。③

----

① 《中学生守则》，见何东昌：《中华人民共和国重要教育文献 1949～1975》，460 页，海口，海南出版社，1998。

② 《教育部关于实施〈中学生守则〉的指示》，见何东昌：《中华人民共和国重要教育文献 1949～1975》，461 页，海口，海南出版社，1998。

③ 王伦信、曹彦杰、陈绵杰：《新中国中学教育改革研究》，131 页，上海，上海教育出版社，2008。

(四)基础教育领域的调整、巩固、充实、提高

自 1956 年到 1966 年"文化大革命"前夕，我国社会主义建设全面展开并开始独立探索社会主义发展道路。这一时期，教育领域也走上了全面建设和自主探索社会主义教育的发展道路，并且取得了一些成绩，但由于受到一些"左"的思潮的影响，基础教育的有序发展受到了干扰。

这一时期，全国各地开展了各式各样的学制改革试验。试验中小学十年一贯制的，有北京、河南。试验中小学九年一贯制的，有黑龙江。试验小学五年一贯制的，有河北、山西、辽宁、吉林、黑龙江、陕西、甘肃、青海、上海、江苏、安徽、江西、湖北、河南、贵州等。1960 年 4 月，陆定一在第二届全国人民代表大会第二次会议上作了《教学必须改革》的发言，指出中小学还有严重的少、慢、差、废现象，必须进行教学改革，预期将中小学年限缩短到十年左右，程度能够提高到大约相当于大学一年级。这一发言对当时的学制改革试验予以了有力推动。

与此同时，全国各地尝试了诸多课程与教学改革。1958 年 9 月起，辽宁省黑山县北关小学，在中国科学院心理学研究所工作组的帮助下，用"集中识字，集中练习"的方法，进行语文教学试验。他们只用了五周时间，就在小学一年级的学生中把教育部

发行的小学语文课本第一册共 233 个生字教完了；一个学期结束时学生就能达到二年级识字水平，并且能写短文、记日记。这一方法在数学教学中也得到了印证。这一结果在当时被《文汇报》和教育部推荐为全国学习的榜样。在教法改革中，江苏省松江县中山小学教师也做出了突出成绩，创造了"大量识字、大量阅读、提前写作"的经验，当时有"北有北关，南有中山"之称。

1958 年，为了贯彻新出台的"教育与生产劳动相结合"的社会主义教育方针，基础教育领域迅速做出调整。当时主要的做法包括：①把劳动列入小学教学计划，按照教学计划规定的时间组织学生参加一定的生产劳动。②建立校办工厂、农场或实验原地，为学生参加劳动和教学结合生产劳动提供基地。③适度纠偏。中共中央于 1958 年 12 月转发教育部党组《关于教育问题的几个建议》，规定了全日制学校教育与生产劳动的安排，要求小学一般每周劳动 4 小时，最多不超过 6 小时。

政府开始实施"两条腿走路"的办学方针和多样化的办学形式。1958 年 9 月 19 日，《中共中央、国务院关于教育工作的指示》明确提出了教育发展要"两条腿走路"的思想，要求"动员一切积极因素，既要有中央的积极性，又要有地方的积极性和厂矿、企业、农业合作社、学校和广大群众的积极性"①。同

---

① 《中共中央、国务院关于教育工作的指示》，见何东昌：《中华人民共和国重要教育文献 1949～1975》，859 页，海口，海南出版社，1998。

时，在小学阶段开办分散不正规的小学，如半日制小学、夜校、巡回制小学等。1958 年，刘少奇提出了两种教育制度的设想，开始大力提倡半工半读学校，以更好地普及基础教育、提升民众的文化素质。

初等教育收费制度和重点学校制度是当时初等教育强调效率优先的典型表现。1955 年颁布的《关于中小学杂费收支管理办法的几点意见的通知》标志着基础教育收费制度的确立。这一时期的初等教育发展强调效率优先，取得了突出的成就。小学入学率到 1965 年达到了 84.7%，比新中国刚成立时增加了 3.2 倍，实现了小学的基本普及；小学在校生达到 1.16 亿人，比新中国刚成立时增加了 4.8 倍；青壮年中的文盲、半文盲率从新中国刚成立时的 80% 下降到了 1964 年的 38.1%。然而需要指出的是，巨大的数量增长是以不断降低教育质量为代价的，只求数量不讲质量、盲目扩大教育规模的行为在"教育大跃进"和"文化大革命"中达到顶峰，一定程度上破坏了我国初等教育的良性发展。

1963 年 3 月 23 日，中共中央印发《全日制小学暂行工作条例（草案）》（以下简称《条例》），适用于全年有九个半月教学时间的全日制小学，分总则、教学工作、思想品德教育、生产劳动、生活保健、教师、行政工作、党的工作和其他组织工作，共40 条，故而又称"小学四十条"。《条例》规定，小学教育的任务是为社会主义建设事业培养劳动后备力量和为高一级学校培养合格的新生。小学的培养目标是：使学生具有爱祖国、爱人民、爱劳动、爱科学、爱护公共财物等品德，拥护社会主义，拥护共产党；使学生具有初步的阅读、写作和计算能力，具有初步的自然常识和社会常识，培养良好的学习习惯；使学生的身心得到正常的发展，具有健康的体质，培养良好的生活习惯和劳动习惯。教学和思想品德教育是实现小学培养目标的基本途径。《条例》明确规定：小学必须贯彻以教学为主的原则，不得任意修改教学计划、教学大纲和教科书；课堂教学是教学的基本形式，要努力改进教学方法，提高课堂教学质量；要培养学生养成勤学的习惯；必须对学生进行共产主义思想品德教育，教育学生热爱祖国、热爱社会主义、热爱共产党；要教育学生尊敬劳动人民、热爱劳动、热爱科学、爱护公共财物；主要通过班主任工作、周会和少年先锋队的活动进行；着重正面启发，积极诱导；要坚持早操和课间操，使学生养成锻炼身体的习惯；开展课外体育、文化娱乐活动，增进学生的身心健康。

《条例》还要求，小学要贯彻执行"教育与生产劳动相结合"的方针。小学生应当参加适当的生产劳动，培养劳动习惯。教师应当教好功课，爱护学生，以身作则，努力学习；教师之间应该紧密团结，要充分发挥老教师的业务专长，提倡老教师帮助青年教师提高业务能力；要采用民主的、耐心说服的方法，热心帮助教师的思想改造；要加强对教师业务进修的领导，帮助他们总结教学经验，进一步扩展知识领域，提高业务水平。《条例》还规定校长是学校的行政负责人，在当地党委和主管的教育行政部门的领导下，负责领导全校的工作，团结全体教职工完成教学计划；教导主任协助校长管理教学工作，事务主任或事务员协助校长管理行政事务工作。《条例》还明确规定，共产党的领导是办好学校的根本保证，要求各级党委必须加强对小学教育的领导，有计划地调派适合做学校工作的党员干部，充实学校的领导力量。[1]

1963 年 3 月 23 日，中共中央印发《全日制中学暂行工作条例（草案）》，其中规定：中学阶段的学习应当"使学生在小学教育的基础上，进一步掌握语文、数学、外国语等课程的基础知识和基本技能，并且具有一定的生产知识"；"全日制中学必须以教学为主，加强基础知识的教学和基本技能的训练，为学生毕业后就业和升学打好必要的文化基础"。该文件还指出，"为了更好地适应各类高等学校的需求，发展学生的志趣和才能，高中阶段在保证学好必修课程的基础上，可以根据学校的师资、设备等条件，酌设农业科学技术知识、制图、历史文选、逻辑等选修课程"[2]。小学和中学的两项工作条例的颁发试行，对于

---

① 《全日制小学暂行工作条例（草案）》，见何东昌：《中华人民共和国重要教育文献 1949～1975》，1152 页，海口，海南出版社，1998。

② 《全日制中学暂行工作条例（草案）》，见何东昌：《中华人民共和国重要教育文献 1949～1975》，1115～1156 页，海口，海南出版社，1998。

改善和加强中小学教育，促进我国基础教育事业健康发展起了积极作用，受到广大教育工作者的欢迎。

新中国成立后，全国各地陆续兴建了一批专门以儿童为主要对象的校外教育机构和场所。其中，一类是综合性的，如少年宫（家）、青少年宫、儿童中心等；另一类是专项性的，如少年科技馆（站）、儿童图书馆、儿童博物馆、青少年业余体校（艺校）等。20世纪50年代，我国学习苏联建立了一批少年宫（家）。1949年，大连市儿童文化馆成立；1950年2月，中国福利基金会将三个儿童福利站改成少年儿童文化站和少儿图书馆，同年10月4日正式开放；1952年10月，北京市少年之家建立并开放；1953年6月，中国福利会少年宫在上海开放。至1956年，全国共建成少年宫（家）137所。1957年4月，教育部和团中央制定了《关于少年宫和少年之家工作的几项规定》，指出少年宫和少年之家是少年儿童的校外教育机构。它的基本任务是配合学校对少年儿童进行共产主义教育，培养他们具有优良的道德品质；帮助他们巩固和增长课堂知识，丰富他们的文化生活；发展他们多方面的兴趣和才能，锻炼他们的技能和技巧。这一校外教育制度的建立，为广大儿童提供了充分的成长空间。

1966年开始的"文化大革命"，使得正常的教学一度中断，中小学教育也蒙受了比较大的损失。

1977年，恢复高考的消息正式公布后，高中教育逐渐恢复了生机。除了当时的高一、高二在校生外，1966 年到 1977 年的十二届学生中，有很多人选择回到高中，备战高考。经过两个月左右的紧张复习，他们在 1977 年 12 月迎来高考。高考使全国各地的高中重新呈现出欣欣向荣的面貌。1978 年秋，经过约一年的编辑工作，全日制十年制中小学各科教学大纲 15 册，小学、初中、高中各学科的第一册课本共 22 册和相应的教学参考书 16 册，同时在全国供应，从而结束了十多年来教材内容参差不齐、使用混乱的局面，规范了中小学教材的出版，对逐步恢复正常的教学秩序、提高教育质量起了重要作用。[①]

二、高等教育

新中国成立以后，我国在继承原有大学体系的同时，以解放区高校管理制度为基础，并借鉴苏联经验，对全国高校进行了深入的改造，取得了一定的成绩，使许多高校迎来了难得的历史发展机遇。当然，高等教育在进行一些"大跃进"式的自主探索的过程中，也遇到了诸多问题。但总体来说，高等教育得到了长足发展。

①　《教育部编写出部分全国通用中小学试用新教材》，载《人民日报》，1978-05-13。

（一）创设新型大学

1949 年 12 月，第一次全国教育工作会议召开，教育部部长马叙伦在开幕式中强调了"稳步前进"的方针。此次会议确定创办中国人民大学和哈尔滨工业大学。两所大学，一文一理，一所位于首都北京，一所位于当时工业发达的东北地区，明显带有为新中国创办和管理大学开辟道路、积累经验的性质。

1950 年 1 月 23 日，刘少奇修改并签发了中共中央关于中国人民大学本科招生的通知，规定其本科招生名额共 882 名。同年 2 月，原华北大学校长吴玉章任中国人民大学校长。学校实行党组领导下的校长负责制。1950 年 10 月 3 日，中国人民大学开学典礼在铁狮子胡同 10 号隆重举行。[①]

值得注意的是，中国人民大学自其创立之始，便展现了中国共产党治理下新中国大学的特点。这主要体现在：①贯彻新办学思想。中国人民大学"在招生方面，其招生政策表现了向广大的工农倾斜的特点，在招生对象中不仅有在校学生，而且有大量的革命干部与工人。此外，开设了预科、工农速成中学等课程，以便有效地培养工农学生"。1950 年 3 月 29 日，《人民日

---

① 中国人民大学校史研究丛书编委会：《中国人民大学纪事(1937—2007)》上卷，96～102 页，北京，中国人民大学出版社，2007。

报》刊登了《访中国人民大学》。文章指出，中国人民大学在校学生中，革命干部和先进工人占 1/2 以上，"是中国社会关系在政权改变后所发生的深刻变化之一"①。②落实新办学目标。"人大在诞生之后的办学是严格遵循着'教育为国家经济建设服务'这一目标来进行的，这集中体现在其专业设置上，人大主要专业都是围绕培养经济建设人才而设置的。其本科 8 个系主要为经济系、经济计划系、财政信用借贷系、贸易系、合作社系、工厂管理系等，此外，人大还设置了专门为经济建设培养人才的专修班。这与原有的以进行通识教育为办学目标的综合性大学有着很大的区别。"③引进新办学模式。"人大从筹备阶段开始就直接得到苏联专家的指导与帮助，在中国的高校中，中国人民大学是最早聘请苏联专家且聘请数量最多的学校：至 1950 年 4 月，到人大进行援助的苏联专家共有 36 人。"对苏联模式的借鉴体现在：在教学组织设置上，人大的学校组织机构的设置采用了苏联式的校（院）—系—教研室的三级模式；在教学方法上，人大吸收借鉴了苏联的很多经验，"习明纳尔"的教学方法是其中之一，"习明纳尔"即是在教员直接领导下有计划地、有重点地、有准备地进行关于课程内容的讨论与研究的一种教学方法。同时，人大还积极学习苏联的教学制度，借鉴苏联经验，加强

---

①　中国人民大学校史研究丛书编委会：《中国人民大学纪事（1937—2007）》上卷，97 页，北京，中国人民大学出版社，2007。

政治理论的教学，在本科的 142 门课程中，政治理论课占20％～25％。此外，人大还采用了由苏联专家带来的学年作业、专题作业、毕业论文的教学制度。④实施新管理体制。人大在创立之初，便建立了党组领导下的校长负责制，相较于同一时期大多数大学所实行的校（院）长负责制，这是非常鲜明的创新。"1950 年 2 月，经中央人民政府党委会转报中央组织部批准，由11 人组成中共中国人民大学委员会，受中央人民政府机关党委会领导。"1950 年 11 月，经党中央批准，中国人民大学成立党组，此后，人大工作中的一切重大问题都由党组讨论决定。党组领导下的校长负责制，一方面继承了革命时期的中共管理高校的传统，更重要的是保证了中共对高校的领导。①

1950 年，哈尔滨工业大学校长冯仲云和副校长高铁发电报给东北局，建议中央向苏联政府提出聘请苏联专家来哈工大工作的请求，把哈工大改建成一个学习苏联的五年制理工科大学，并为全国理工科大学培养师资。哈工大的意见得到了东北局、中央的高度重视。中央于 1950 年 6 月 7 日批准了哈工大的建议。1951 年 4 月，教育部按照中央人民政府副主席刘少奇的指示精神，出台了《关于哈尔滨工业大学改进计划的报告》，指示哈尔滨工业大学应仿效苏联工业大学的做法，培养重工业部门

---

① 刘颖：《建国初期中共新建高校的特点及其影响：以中国人民大学为中心的考察》，载《党史研究与教学》，2012(1)。此段中"人大"指中国人民大学。

的工程师和国内大学的理工科师资，以取代派大批学生去苏联留学；并每年抽调各大学理工学院讲师、助教和教授 150 名，入该校参加教学研究班，在苏联教授的帮助下深造，以提高国内大学的理工科师资水平。1952 年，哈工大学制改为五年，加强对学生的工程训练，使学生具备独立承担工程技术任务的能力，为毕业生授予工程师学位证书，使哈工大在 20 世纪 50 年代就以"工程师的摇篮"而知名。

（二）接管旧大学

新中国成立后，党和政府在建设以中国人民大学为代表的新型大学之外，重点工作为接管旧大学，这当中尤为棘手的是接管过去的教会大学。在这个过程中，北京辅仁大学的接管颇具象征意义。

1925 年由罗马教廷出资创办的辅仁大学在当时颇具影响力。1949 年，早在北平"解放后仅过 10 天，即 2 月 9 日，芮哥尼神父就早早与陈垣校长讨论'辅仁大学调整方案'"并"企图在构成大学管理基础的财权方面继续行使决定权"。圣言会也声称"辅仁大学不得教授任何违反天主教教义的教义"①。1949 年 4 月 28 日，中共中央华北局宣传部部长周扬召集辅仁大学的陈

---

① ［日］大塚丰：《现代中国高等教育的形成》，黄福涛译，20～23 页，北京，北京师范大学出版社，1998。

垣校长、张重一教授和柴德赓教授进行了会谈。次日，陈垣校长和张重一教授把会谈的情况向芮哥尼神父进行了说明，表明"唯物辩证法和马克思主义是革命的基本理论学说，必须在大学教授"①。

新中国成立以后，天主教会企图以减少补助经费的办法，迫使中国教职工服从其指挥，阻挠辅仁大学的办学和发展。后来，中央人民政府根据学校的请求按期支付了所需经费，以保证正常的教学秩序和3000余名师生的学习、工作不受损失。但天主教会方面又多次进行挑拨，制造混乱。1950年10月12日，政务院批准教育部接收辅仁大学自办，并提请任命陈垣为校长，主持校务。教育部部长马叙伦为此发表书面谈话，阐述了接办辅仁大学的原因与事实过程以及我国政府接办的原则、方针和办法。同时他还说明，此次接管辅仁大学，纯属教育主权问题，与宗教问题无关。"人民政府明令接收辅仁大学自办，是我国收回教育主权之开端。"②

1950年11月以后，抗美援朝运动日益高涨，中美关系恶化。1950年12月16日，美国首先冻结了在美中国资产并禁止向中国汇款。作为反制措施，中国政府于12月28日也冻结了

---

① [日]大塚丰：《现代中国高等教育的形成》，黄福涛译，24页，北京，北京师范大学出版社，1998。

② 苏渭昌、雷克啸、章炳良：《中国教育通史·中华人民共和国卷》下，164页，北京，北京师范大学出版社，2013。

在华美国资产。这给教会大学的运营带来了沉重打击。1950 年
12 月 29 日，政务院第 65 次政务会议通过了《关于处理接受美国
津贴的文化教育救济机关及宗教团体的方针的决定》，批准了郭
沫若副总理的相关报告。报告提出要肃清美帝国主义的影响，
维护中国人民文化教育宗教事业的自主权利。1951 年 1 月
14 日，政务院文化教育委员会发布了《接受外国津贴及外资文
化教育救济机关及宗教团登记条例》，对各地接受外国津贴及外
资经营的学校按当地规定期限进行登记。至 1951 年年底，除辅仁
大学已被接管外，其余 20 所教会大学的处理工作均告一段落。原
来学校经费绝大部分来自美国或其他国家津贴，在来源断绝后，
不具备改由中国人私人出资办学的 11 所学校，由政府接管，改为
公立。这 11 所学校是燕京大学、津沽大学、协和医学院、铭贤学
院、金陵大学、金陵女子文理学院、协和大学、华南女子文理学
院、华中大学、华文图书馆专科学校、华西协和大学。对于原来
学校经费一部分来自外国津贴，大部分来自学费收入和靠中国人
私人筹集的 9 所私立学校，中国籍董事及学校行政负责人愿意改
由中国人自己办学，维持私立，政府予以补贴。这 9 所学校是沪
江大学、东吴大学、圣约翰大学、之江大学、齐鲁大学、岭南大
学、求精商学院、震旦大学、震旦女子文理学院。①

---

① 苏渭昌、雷克啸、章炳良：《中国教育通史·中华人民共和国卷》下，
164～165 页，北京，北京师范大学出版社，2013。

总的来看，在新中国成立初期，对学校实行"维持原有学校，逐步加以必要的与可能的改良"的总方针是正确的。这一方针较快恢复了正常的教育教学秩序，培养了人才，团结了一大批知识分子，使其打消了顾虑，安心教学与研究；又使得党和政府逐渐掌握了对教育的主导权，收回了教育主权，并且在指导思想上树立起了马克思主义、毛泽东思想的核心地位。

(三)调整高等学校院系和布局

1950 年 5 月 30 日至 6 月 9 日，第一次全国高等教育会议召开。大会讨论通过了关于我国高等学校管理的相关政策法规，其中包括《关于高等学校领导关系的决定》《关于高等学校课程改革的决定》《高等学校暂行规程》《专科学校暂行规程》《私立高等学校管理暂行办法》等，建立起了比较规范的高校管理制度，为高校的下一步改革和发展指明了道路，对我国高校的发展意义重大。《高等学校暂行规程》规定："高等学校包括大学及专门学院两类。为适应国家建设的急需得设立专科学校，其规程另定之。""大学及专门学院的设立与停办，由中央人民政府教育部(以下简称中央教育部)报请中央人民政府政务院(以下简称政务院)决定之。"①与此同时，也正是在这次会议

---

① 《中国教育年鉴》编辑部：《中国教育年鉴 1949—1981》，777 页，北京，中国大百科全书出版社，1984。

上，进行全国范围的、有计划的、统一的院系调整作为高等教育改革的一项重大工作被明确提了出来。"院系调整"第一次出现在政府的文件中。本次会议提出发展高等教育的三项基本方针：①高等教育必须为国家建设，尤其是经济建设服务；②高等教育为工人农民开放；③高等教育必须向计划经济过渡。院系调整的目标将由"抽象""广博"的模式转变成为"具体""专业"的模式，一切以经济建设为中心。"在这次会议上，周总理代表中央对院系调整表达了基本立场：'我们对于文化教育的改革，应该根据《共同纲领》有计划有步骤地进行。毛主席告诉我们要谨慎。教育改革不能漫无计划，兴之所至乱搞一气，要区别轻重缓急，分阶段有步骤地进行，在有些问题上要善于等待。'这一立场同时可以反映在本次会议中通过的《私立高等学校暂行管理办法》中。""大致维持现状"作为基本内核，其实也表明了中央对于新中国成立初期的院系调整是十分小心谨慎的。[1] 事实上，早在 1949 年 10 月新中国成立以前，"解放较早的东北地区就决定对本地区的高等教育机构进行调整，通过合并'伪满'时代的教育或研究机构等方式，设立了沈阳工学院、哈尔滨工业大学、东北大学、大连大学和东北行政学院等 14 所高等院校"[2]。从

---

[1]　张烨：《重读五十年代的院系调整——基于教育政策借鉴理论的视角》，载《华东师范大学学报(教育科学版)》，2007(2)。

[2]　[日]大塚丰：《现代中国高等教育的形成》，黄福涛译，86～87 页，北京，北京师范大学出版社，1998。

1949 年下半年开始，各地高校开始了一些小规模的院系调整。例如，华北地区撤销清华大学人类学系，将北京大学教育系、南开大学哲学系并入北京师范大学；将清华大学法律系并入北京大学；撤销南开大学政治系，改编进南开大学政法学院的财经学院。在华东地区，同济大学文学院、法学院并入复旦大学；福建音乐专科学校并入中央音乐学院上海分院。在中南地区，4 所学校合并成立湖南大学，5 所学校合并成立南昌大学。① 但这些调整都仅仅局限在一些科系中间，而且多数都只是继承了民国时期学科调整的余绪。例如，北京大学的教育系在校内便一直缺乏足够的影响力。

1951 年，教育部制定了《全国工学院调整方案》，并召开了全国工学院院长会议。"截至 1951 年 10 月，全国共有高等工学院 42 所，大学设有工程系科的 6 所，工业专科学校 17 所，这些学校共有 42 种系和 14 种专科与专修科。学生总共 1.2 万多人。工科院校存在以下问题：在地区分布上很不合理；师资设备分散，使用极不经济；系科庞杂，教学不切实际，培养人才不够专精；学生数量更远不能适应国家当时工业建设的迫切需要。为了适应经济建设的需要，必须作有计划的

---

① 高田钦：《"文革"时期我国高校组织及制度变迁》，23 页，南京，南京大学出版社，2015。

适当的调整。"①由此我国开始了 1951 年全国工学院的调整。

工学院调整的工作主要包括：①1952 年全国工学院本科生及专修科与专科学校学生共招 29500 名，当时如不经调整，只能招 15000 名。②以华北、华东、中南地区的工学院为重点进行适当的调整。③南北三个工学院暂不变动，但须实行重点分工。西南工业专科学校航空工程专科并入北京工业学院。④同一地区的工学院实行分工，如交通大学、同济大学的各系已有具体分工的方案。⑤为了加强对思想政治工作的领导，各院试行政治辅导员制度，设立专人担任各级政治辅导员，主持政治学习及思想改造工作。1951 年 10 月 30 日，教育部部长在政务院第 113 次会议上作了关于全国工学院调整方案的报告，并经同次会议批准，在全国实施。

1952 年 5 月，教育部制定了《1952 年全国高等学校院系调整计划（草案）》，准备在全国范围内有计划、有步骤地进行院系调整。当时高等教育在结构上存在的问题包括：①在地区布局上，高等学校多数集中在沿海和近海的大城市。②在学校类型上，不能满足我国社会主义建设对工程、师范、医药、农林等科系的需求。③在学科上偏重文法而轻理工。

---

①　苏渭昌、雷克啸、章炳良：《中国教育通史·中华人民共和国卷》下，75 页，北京，北京师范大学出版社，2013。

表 3-1　全国高等学校调整设置方案一览表(1952 年)

区别	类别	学校名称	调整设置方案	备注
华北区	综合大学	北京大学	由原北京大学、清华大学、燕京大学三校文学院、理学院系科，南京大学、武汉大学和中山大学的哲学系，北京师范大学与辅仁大学外文系的一部分及北京大学、清华大学、燕京大学、辅仁大学四校经济系理论部分合并组成	附设工农速成中学
		南开大学	由原南开大学、津沽大学两校文学院、理学院系科及天津大学理学院合并组成。南开大学、津沽大学两校原有的财经学院合并，暂附设在南开大学	附设工农速成中学
	高等工业学校	清华大学	由原清华大学、北京大学两校工学院及燕京大学工科各系科，察哈尔工业大学水利系，天津大学采矿系二年级、石油钻探组、石油炼制系及北京铁道学院材料鉴定专修科合并组成，为多科性高等工业学校	附设工农速成中学
		天津大学	由原天津大学、南开大学、津沽大学三校工学院系科，北京铁道学院建筑系和清华大学、北京大学、燕京大学三校化工系的一部分及唐山铁道学院化工系合并组成，为多科性高等工业学校	附设工农速成中学
		北京地质学院	由原北京大学、清华大学、天津大学、唐山铁道学院四校地质系科合并组成	新设

续表

区别	类别	学校名称	调整设置方案	备注
华北区	高等工业学校	北京钢铁工业学院	由北京工业学院、唐山铁道学院、山西大学工学院、西北工学院等校冶金系科及北京工业学院采矿、钢铁机械和天津大学采矿系金属组等系科合并成立	新设
		北京航空工业学院	由北京工业学院航空系、清华大学航空学院、四川大学航空系合并组成	新设
		中国矿业学院	原中国矿业学院及清华大学、天津大学、唐山铁道学院三校采矿系采煤组与唐山铁道学院洗煤组并入	
		北京铁道学院	由原北京铁道学院、唐山铁道学院、哈尔滨铁道学院三校运输、管理、财经等系科合并组成	
		唐山铁道学院	由原唐山铁道学院、北京铁道学院、哈尔滨铁道学院三校机械、重机、土木等系科合并组成	
		山西大学工学院	由原山西大学工学院独立改设	改设
	高等师范学校	北京师范大学	由原北京师范大学和辅仁大学各系科合并组成（辅仁大学财经系、政治系及北京师范大学和辅仁大学两校外文系的一部分除外）	附设工农速成中学
		天津师范学院	由原津沽大学师范学院、天津市教师学院合并成立	新设

续表

区别	类别	学校名称	调整设置方案	备注
华北区	高等师范学校	山西大学	由原山西大学师范学院、理学院合并改为高等师范学校，校名不变，附设师范专科	
		北京体育学院		新设
	高等农业学校	北京机械化农业学院	由北京农业大学农业机械系、北京机耕学校及农业专科学校合并成立	新设
		北京林学院	由北京农业大学、河北农学院、平原农学院三校森林系合并成立	新设
		内蒙古畜牧兽医学院	由河北农学院、平原农学院两校畜牧兽医系合并成立	新设（设归绥）
	高等财经学校	中央财经学院	由原北京大学、清华大学、燕京大学、辅仁大学四校经济系财经部分与中央财政学院各系科合并成立	新设
	高等政法学校	北京政法学院	由原北京大学、清华大学、燕京大学三校政治系、法律系及辅仁大学社会学系民政组合并成立	新设
华东区	综合大学	复旦大学	由原复旦大学、沪江大学、圣约翰大学、震旦大学四校文学院（复旦大学德文组除外），上海学院文科、浙江大学人类学系、上海市戏剧专科学校戏剧文学科，复旦大学、交通大学、同济大学、浙江大学、沪江大学、大同大学六校理学院，以及复旦大学、南京大学、金陵大学、安徽大学、震旦大学、上海学院六校经济系合并组成	附设工农速成中学

续表

区别	类别	学校名称	调整设置方案	备注
华东区	综合大学	南京大学	由原南京大学、金陵大学两校文学院（南京大学哲学系除外）、理学院各系科及中山大学、齐鲁大学天文系等合并组成	附设工农速成中学
		山东大学	由原山东大学文学院、理学院及齐鲁大学文学院各系科和山东大学海洋研究所、山东大学农学院水产系、厦门大学海洋系理化部分合并组成，原山东大学医学院暂附设在山东大学	
	高等工业学校	交通大学	由原交通大学、同济大学、大同大学、震旦大学、武汉交通学院、沪江大学等校机械、电机、造船等系科，以及上海市立工业专科学校动力、电力、造船三科与中华工商专科学校、华东交通专科学校二年制机械科合并组成	附设工农速成中学与工农预备班
		同济大学	由原同济大学、交通大学、圣约翰大学、大同大学、震旦大学、上海市立工业专科学校、中华工商专科学校、华东交通专科学校土木系科，同济大学测量系，以及南京大学、圣约翰大学、之江大学三校建筑系与上海市立工业专科学校市政、结构二科合并组成	附设工农速成中学

续表

区别	类别	学校名称	调整设置方案	备注
华东区	高等工业学校	浙江大学	由原浙江大学、之江大学两校工学院系科(浙江大学土木系水利组与之江大学建筑系除外)合并组成，为多科性高等工业学校	
		南京工学院	由原南京大学、金陵大学、江南大学三校土木、机械、电机、化工、食品工业等系科及浙江大学农化系、农产制造组与南宁大学食品工业系、制糖科合并组成	
		华东航空学院	由原南京大学、交通大学、浙江大学三校航空系合并成立	新设（设南京）
		华东水利学院	由原交通大学、同济大学、南京大学、浙江大学四校水利系及华东水利专科学校合并成立	新设
		华东化工学院	由原交通大学、大同大学、震旦大学、东吴大学、江南大学五校化工系合并成立	新设（设上海）
		华东纺织工学院	由原华东纺织工学院各系科，以及南通学院纺织系、染化系与中南纺织专科学校纺织科合并组成	
		山东工学院	由原山东工学院与山东大学工学院机械、电机、化工等系科合并组成	附设工农速成中学
		山东大学工学院	由原山东大学工学院与山东工学院土木、纺织等系科合并组成	

续表

区别	类别	学校名称	调整设置方案	备注
华东区	高等师范学校	华东师范大学	由原华东师范大学系科、圣约翰大学理学院各系，以及大同大学、沪江大学、圣约翰大学、震旦大学四校教育系与浙江大学地理系合并组成	附设工农速成中学
		华东体育学院	由原华东师范大学、南京大学、金陵大学三校体育系科合并成立	新设
		南京师范学院	由原南京大学师范学院系科、金陵大学师范系科、震旦大学托儿专修科合并组成	附设工农速成中学
		浙江师范学院	由原浙江大学、之江大学两校教育系、中文系、外文系及浙江大学师范专科、俄文专修科合并组成	
		山东师范学院	由原山东师范学院与齐鲁大学物理、化学、生物三系部分合并组成	
		苏南师范学院	由原苏南文化教育学院各系科、东吴大学文理系科、江南大学数理系合并组成	附设工农速成中学
		苏北师范专科学校	由原附设在扬州中学、私立通州师范学校、苏北师资训练学校三部分的师范专修班合并组成	附设工农速成中学
	高等农业学校	南京农学院	由原南京大学、金陵大学两校农学院各系科(两校森林系科及园艺系和南京大学食品工业系与金陵大学植物系除外)，以及浙江大学、厦门大学、福州大学三校农经系与浙江大学畜牧兽医系、农化系土壤组合并组成	

区别	类别	学校名称	调整设置方案	备注
华东区	高等农业学校	华东林学院	由原南京大学、金陵大学与浙江大学三校农学院森林系科合并成立	新设
		苏北农学院	由原南通学院农科、江南大学农艺系与苏南文化教育学院农业教育系合并成立	新设（设南通）
		山东农学院	由原山东农学院、山东大学农学院各系科(山东大学农学院水产系及山东农学院农化系除外)与南京大学、金陵大学两校园艺系部分合并组成	
		福建农学院	由原厦门大学、福州大学两校农学院各系科（两校农经系除外）合并组成	
		浙江农学院	由原浙江大学农学院农艺、园艺、植病、蚕桑四系与南京大学、金陵大学两校园艺系部分合并组成	
		上海水产学院	由原上海水产专科学校改设	
	高等医科学校	上海医学院	原上海医学院、浙江大学理学院药学系并入	
		上海第二医学院	由原圣约翰大学医学院、震旦大学医学院与同德医学院合并成立	新设
		南京医学院	由原南京大学医学院独立改称	
		山东医学院	由原山东医学院与齐鲁大学医学院合并组成	
		浙江医学院	由原浙江医学院与浙江大学医学院合并组成	

续表

区别	类别	学校名称	调整设置方案	备注
华东区	高等医科学校	苏北医学院	由原南通学院医科独立改设	
		安徽医学院	由原东南医学院改名而成	
		华东药学院	由原齐鲁大学理学院药学系、华东药学专科学校及东吴大学药学专修科合并成立	新设（设南京）
	高等财经学校	上海财经经济学院	由原上海财政经济学院、浙江财政经济学院、复旦大学、沪江大学、大同大学三校财政经济学院各系科，以及圣约翰大学、东吴大学、东吴法学院、上海学院、江南大学、中华工商专科学校、立信会计专科学校与上海商业专科学校等校财经系科合并组成	设院本部和夜校部
		山东财经学院	由原山东会计专科学校各系科与齐鲁大学经济系合并成立	新设
	高等政法学校	华东政法学院	由原复旦大学、南京大学、安徽大学、震旦大学、上海学院、东吴法学院六校法律系与复旦大学、南京大学、沪江大学、圣约翰大学四校政治系合并成立	新设，设院本部和夜校部（设上海）
	高等艺术学校	中央音乐学院华东分院	由原中央音乐学院上海分院、金陵大学音乐系并入	
		中央戏剧学院华东分院	由原上海市戏剧专科学校各科、山东大学艺术系戏剧组及苏南文化教育学院电化教育专修科合并组成	

续表

区别	类别	学校名称	调整设置方案	备注
华东区	高等艺术学校	华东艺术专科学校	由原山东大学艺术系音乐、美术二组，上海美术专科学校绘画科、工商美术科、艺术教育科、音乐科及苏州美术专科学校动画科与绘画科部分合并成立	新设（设上海）
	其他	安徽大学	由原安徽大学文学院、理学院各系科及皖南师范专修科、皖北师范专修科两校合并组成高等师范学校，校名不变；原安徽大学农学院本年暂不独立，仍附设在安徽大学。复旦大学茶叶专修科及南京大学、金陵大学两校农学院蚕桑师资设备并入安徽大学农学院	附设工农速成中学
		厦门大学	原厦门大学、福州大学财经学院各系科并入	
		福州大学	原福州大学、福建师范学院并入	
东北区	综合大学	东北人民大学	由原东北人民大学改设，新增设中国语文、历史、俄文、数学、物理、化学、经济、法律等系	附设工农预备班
	高等工业学校	东北工学院	由原东北工学院、大连工学院、哈尔滨工业大学三校采矿、冶金等系科合并组成	
		东北地质学院	由原东北地质专科学校、东北工学院地质系与山东大学地矿系合并成立	新设（设长春）
		大连工学院	由原大连工学院、东北工学院、哈尔滨工业大学三校化工系科合并组成	

续表

区别	类别	学校名称	调整设置方案	备注
东北区	高等工业学校	哈尔滨工业大学	由原哈尔滨工业大学、东北工学院、大连工学院三校机械、电机、土木等系科合并组成	
		哈尔滨铁道学院	由原哈尔滨铁道学院、北京铁道学院、唐山铁道学院三校电信、信号等系科合并组成	
	高等医科学校	东北药学院	由原东北医科大学药学院独立改称	设沈阳
	高等农业学校	沈阳农学院	由原复旦大学农学院移设，东北水利专修科并入	新设
		东北林学院	由原东北农学院森林系与黑龙江省农业专科学校森林科合并成立	新设（设哈尔滨）
	高等财经学校	东北财经学院	由原东北财政专门学校、东北银行专门学校、东北计划统计学院及东北人民大学财政信贷、会计统计两系合并成立	新设（设沈阳）
		东北合作专科学校	原东北合作专门学校及东北人民大学、东北商业专门学校两校合作系并入	
		东北商业专科学校	原东北商业专门学校、东北人民大学贸易系并入	
中南区	综合大学	中山大学	由原中山大学、岭南大学、华南联合大学三校文、理、政法、财经各院系及广东法商学院合并组成，设文理各系，暂附设财经学院	

续表

区别	类别	学校名称	调整设置方案	备注
中南区	综合大学	武汉大学	原武汉大学、华中大学经济系并入，附设水利学院；由武汉大学、南昌大学、湖南大学、广西大学水利系科及河南大学水利系部分、广西大学农田水利专修科合并组成	
	高等工业学校	中南矿冶学院	由武汉大学、湖南大学、广西大学三校矿冶系及南昌大学采矿系、中山大学地质系合并成立	新设（设长沙）
		华南工学院	由原中山大学、岭南大学、华南联合大学三校工学院系科合并组成，武汉交通学院桥梁专修科及广东工专并入	
	高等师范学校	华中大学	由原华中大学与湖北省教育学院合并组成，广西大学生物系并入	
		华南师范学院	由原华南师范学院、岭南大学教育系并入	
		河南大学	由原河南大学改为师范学院性质，河南师范专科学校并入，校名不变	
	高等医科学校	华南医学院	由原中山大学与岭南大学两校医学院合并组成	
		河南医学院	由原河南大学医学院独立改称	
	高等农业学校	华中农学院	由原武汉大学农学院与湖北农学院合并组成	
		华南农学院	由原中山大学与岭南大学两校农学院合并组成	

续表

区别	类别	学校名称	调整设置方案	备注
中南区	高等农业学校	河南农学院	由原河南大学农学院独立改称	
		广西农学院	由原广西大学农学院独立改称	
		江西农学院	由原南昌大学农学院、江西兽医专科学校及江西农业专科学校合并组成	
西南区	高等工业学校	重庆工学院	由原重庆大学工学院地质、采矿、冶金、电机、机械等系，贵州大学机械、电机、地质三系，四川大学地质组，石油专科学校，以及西南工业专科学校、川南工业专科学校、西昌技艺专科学校三校机械科、电机科合并组成	
		重庆土木建筑学院	由原重庆大学、贵州大学、川北大学三校土木系，重庆大学建筑系，西南工业专科学校、川南工业专科学校、西昌技艺专科学校三校土木科，以及西南工业专科学校、成都艺术专科学校两校建筑科合并成立	新设
		四川化工学院	由原重庆大学、四川大学、川北大学三校化工系，川南工业专科学校、西南工业专科学校、西昌技艺专科学校、乐山技艺专科学校四校化工科，西南农学院、四川大学农学院两校农产制造系及乐山技艺专科学校造纸科合并成立	新设（设泸州）
		重庆纺织专科学校	由原乐山技艺专科学校纺织染科与成都职业学校合并成立	新设

续表

区别	类别	学校名称	调整设置方案	备注
西南区	高等农业学校	四川农学院	由四川大学农学院独立改称	
		云南农学院	由云南大学农学院独立改称	
		贵州农学院	由贵州大学农学院改称，川北大学农科并入	
		西南农学院	原西南农学院、乐山技艺专科学校蚕桑科并入	
西北区		西北俄文专科学校	由西北大学、兰州大学两校俄文系科合并成立	新设（设西安）
		西北畜牧兽医学院	由原西北畜牧兽医学院与西北农学院畜牧、兽医两系合并组成	
		新疆八一农学院		新设（设迪化）

说明：①以上系各地区主要调整部分，个别系科的调整未列入；②华西大学、川北大学调整方案未定。

资料来源：根据《全国高等学校院系调整情况》整理，1952-Y-53-0005，藏于中华人民共和国教育部档案处。

由表 3-1 可知，1952 年中共中央分华北、华东、东北、中南、西南、西北六大区域进行院系调整，调整共涉及院校 101 所，其中华东区以 44 所为最多，华北区以 20 所紧随其后，后面依次为中南区 14 所、东北区 12 所、西南区 8 所、西北区 3 所。这些院校中，增设的有 28 所（华北区与华东区各 9 所、东北区 4 所、西南区 3 所、西北区 2 所、中南区 1 所）。从类别看，增设的大多为专门高等院校，比如财经、政法、冶金、地质、农学等。这些经过调整的院校，共有 17 所附设工农速成中学或工农预备班，将"教育为工农服务""教育为生产建设服务"
的教育方针落实到高校院系调整中。在院系调整前，全国原有
211 所高等学校，调整后为 201 所（包括综合大学及普通大学
21 所、工业院校 43 所、高等师范院校 33 所、农林院校 28 所、
医药卫生院校 32 所、财经院校 13 所、政法学院 3 所，其他为
艺术、体育和少数民族高等学校等 28 所）。截至 1952 年年底，
全国高等学校四分之三进行了院系调整和设置专业的工作。经
过 1952 年的院系调整，私立高等学校已全部改为公立，大多数
院校按照苏联经验改组了系科和设置了专业，办学性质和任务
均较前明确，专门学校得到发展，综合性大学也得到初步的巩
固和加强。但同时存在一些从主观愿望出发而引发的问题，没
有顾及师资和设备的条件。有些院校独立得过早，摊子摆得过
多；不少院校专业设置得不够恰当，存在一定程度上的盲目
现象。

　　值得注意的是，在 1952 年高等学校院系调整中，教育
部对各高等教育机构的调整与改革，明确提出了一项"大学
行政组织取消院一级，以系为教学行政单位"①的原则。也就
是说，自从 1929 年《大学组织法》最早规定具备三所学院的
高等教育机构称为大学而其他为独立学院即单科大学以来，
这次院系调整改变了综合大学中"大学—学院—系"的基本组

---

① 苏渭昌：《五十年代的院系调整》，载《高等教育学报》，1989(4)。

织结构。[①] 在 1952 年 7 月召开的全国农学院院长会议上，"系"的性质再一次得到明确。教育部部长马叙伦指出，"高等学校中以系为管理单位，以专业为教学的主要机构"，在专业之下设置新的教学组织机构——教学研究指导组。这一借鉴自苏联大学的组织管理形式很快在中国落地生根，使得大学的管理和教育组织规模缩小，更有利于集中管理。

在完成这一轮院系调整后，国内高等学校的地区分布问题并未得到合理解决，学校过分集中在沿海或近海的大城市。北京、天津、上海等 17 个城市拥有高等学校 97 所，占高等学校总数的较大比例；在校生 169920 人，占高等学校在校生总数的 61.9%。大城市中的大学明显在规模上占据了优势。但是，"无论从社会主义建设的长远目标着眼，或是从国防观点着眼，高等学校的设置分布都不宜过分集中。学校的发展规模，一般不宜过大。高等工业学校应该逐步地和工业基地相结合"[②]。因此，从 1956 年到 1957 年，我国开展了带有战略转移性质的院系调整。

这次调整的结果是：全校或大部分系科、专业内迁的，有华东航空学院、交通大学等；以两所以上学校的同类专业迁至

---

① ［日］大塚丰：《现代中国高等教育的形成》，黄福涛译，99 页，北京，北京师范大学出版社，1998。

② 苏渭昌、雷克啸、章炳良：《中国教育通史·中华人民共和国卷》下，79 页，北京，北京师范大学出版社，2013。

内地为基础，新建或扩建的学校，有成都电讯工程学院、西安建筑工程学院、西安动力学院、重庆医学院、长春汽车拖拉机学院、武汉测绘学院、成都地质学院等；由有关学校抽调力量扶植的，有兰州大学、内蒙古大学等；由有关部分负责建立新校的，有内蒙古医学院、新疆医学院等；由于支援内地而撤销的学校，有青岛工学院、苏南工业专科学校等；由内地学校分离出来独立建校的，有四川农学院等。

经过这一次调整，内地高等学校数量变为 115 所。西安市作为新兴的工业基地，其高等学校数量从 1951 年的 8 所，增加到 1957 年的 22 所。1955 年至 1957 年，原在上海的交通大学将大部分专业及教师、学生迁往西安，作为交通大学西安部分；小部分留在上海并与上海造船学院合并，作为交通大学上海部分。1959 年，经国务院批准，交通大学西安部分改称西安交通大学，上海部分改成上海交通大学，两所高校各自独立。与此同时，为了适应我国科技发展和国防建设的需要，清华大学、北京大学等校设立了原子能、电子计算机、半导体、自动控制、无线电电子学等 10 种新技术专业。

从总体来看，20 世纪 50 年代的三次院系调整之后，中国的大学体系迎来了巨大的变化。

第一，综合性大学分化改建为单科性院校和文理综合大学。1949 年之前，我国高校多为综合性大学，新中国成立初期则

"以俄为师"，大力发展适应计划经济体制的单科性院校，尤其是重点建设工科院校。1952 年院系调整中，工学院、农林学院、师范学院、医学院等从综合性大学中分离出去，成为专业化的单科性院校，或是与同类学院合并。"五大母校"（南京大学、浙江大学、厦门大学、武汉大学、中山大学）除浙江大学保留工科成为多科性高等工业院校之外，其他四所院校均调整为文理综合大学。同时依据工业化的发展需求，我国新设了钢铁、地质、土木、水利、电机、机械、航空工程等工业专门学院。经此次大规模的调整，全国的综合性大学缩减至 1953 年的 14 所，工科、农林、医药、师范院校数量则上升至 129 所。人文社会学科因无法满足国民经济建设的需求，被大幅削减。一些综合性大学保留文理学科，成为文理综合大学。院系调整到 1953 年年底基本结束，1954 年只进行了小规模的个别调整。将综合性大学分化调整为以工科院校为主的单科性院校，为国民经济的恢复和建设培养了大量专门的工业科技人才，也为 1953 年开始的"一五"计划培养了有针对性的人才，满足了计划经济的需要。这当中，工科院校迎来了比较快速的发展，其数量从新中国成立前的 18 所增加到了 48 所。

第二，私立大学转为公立大学。1949 年，我国各大城市公私立学校在校生中，私立学校在校生人数比例高达38%，上海、广州私立学校的在校生人数甚至比公立学校在校生人数还多。

1949年我国高校共有205所，其中，由中国人自主创办的私立大学61所，教会大学21所。新中国成立后，私立大学日渐显露出一些亟待解决的问题，如办学经费来源各异，办学质量参差不齐，部分学校拥有较高的办学成效却缺少资金支撑等。尤其重要的是，一些私立大学还不能完全接受党的领导。因此，私立大学的改造势在必行。1950年8月，教育部出台了《私立高等学校管理暂行办法》，对私立大学的办学方针、办学体制、教学内容、权利归属等问题做出具体规定，要求私立大学向教育部上报学校概况，重新申请立案审查。私立大学或将系科纷纷并入其他院校，或直接更名后改为公立院校。比如，金陵大学文理学院各系并入南京大学同类系科，其他系科和金陵女子文理学院合并为公立金陵大学；岭南大学医学院与中山大学医学院合并为华南医学院。私立大学向公立大学转变的工作从1949年一直持续到1953年，从一开始的保持、维护，到后来的部分接管、改造，再到最后的完全接管、归为公办，其中既有财产权和行政权等权利归属主体的转变和院校名称的改变，还有校内人、财、物的移交。私立大学在制度、物质资源上全面解体。党在这方面做的工作总体是稳步推进的，取得了较好的成效，并且逐渐取得了对高校的全面领导权。

第三，调整高校布局，内迁教育资源。1952年开始的院系调整并未解决高校地域分布不合理的问题。1955年，华东地区高校数量高达 55 所，华北地区为 41 所，分别占全国高校总数的 28.4%、21.1%，两个地区集中了全国近一半的高等教育资源。高校地域分布不均衡、不合理，直接影响了国民经济建设的协调发展和平稳运行。1955 年，高等教育部发布了《关于沿海城市高等学校 1955 年基本建设任务处理方案的报告》，出台了《1955—1957 年高等工业学校院系、专业调整、新建及迁校方案（草案）》，要求高校避免过分集中，应均衡分布师资、院系、专业等教育资源，合理规划建校规模，并将上海、天津、浙江、广东等沿海地区的高校整体或系科迁往西安、兰州、太原等中西部地区。如交通大学的大部分专业和师生迁往西安，后成立了西安交通大学，加强了陕西的高等教育力量。同时，沿海地区实力雄厚高校的部分师资、教学设备也被调入中西部地区高校。1955 年开始的沿海大城市高校内迁工程，是一次高校战略性转移，扭转了高校地区分布不均衡的局面，推进了内地优势资源的合理利用，也极大地推动了中西部地区的工业化建设。[①]

可以说，院系调整借鉴了苏联的诸多大学建设方式，但从其本质上而言，依旧是党根据我国具体形势而进行的高等教育领域的改革尝试，并且获得了良好的成效。

---

① 祁占勇、杜越：《新中国 70 年高等院校的调整变革》，载《高等教育研究》，2019(12)。

(四)高等教育的充实、调整

1958—1960 年，持续三年的"大跃进"运动，对教育战线也产生了影响。教育战线掀起了"教育大革命"的浪潮，特别是高等教育领域提出的"十五年普及高等教育"的口号，掀起了大办高等教育的热潮。这场"教育大革命"运动取得了一些成绩，但也造成了严重损失。

1958 年 3 月 1 日，教育部和高等教育部合并，杨秀峰任部长。6 月 10 日，中共中央成立了直属于政治局和书记处的文教小组，陆定一任组长。

为了提高地方在高等教育发展中的主动性，在"教育大革命"初期，中共中央开始考虑将大部分高等学校下放到地方管理。1958 年 3 月，《中共中央关于高等学校和中等技术学校下放问题的意见》发布，将大部分高等学校的管理权下放到地方。该文件决定："除了少数综合大学、某些专业学院和某些中等技术学校仍由中央教育部或者中央有关部门直接领导以外，其他的高等学校和中等技术学校都可以下放，归各省、市、自治区领导。中等技术学校(包括技工学校)可以比高等学校更多地下放，地方性较大的学校(例如农学院、医学院、师范学院等)可以比统一性较大的学校(例如综合大学、工业学院等)等更多地下放。"①这极大地

---

① 《中共中央关于高等学校和中等技术学校下放问题的意见》，见何东昌：《中华人民共和国重要教育文献 1949～1975》，812 页，海口，海南出版社，1998。

调动了各地举办高等教育的积极性和主动性。这是新中国成立以来，地方第一次成为发展高等教育的主导力量。

在当时，想要继续以正规普通高等学校为主体实现高等教育的跨越式发展，基本上是不可能的。因此，中共中央借鉴了革命根据地时期"群众办学"的经验，对高等教育的办学体制和模式进行了大刀阔斧的改革。1958年5月30日，刘少奇在中共中央政治局扩大会议上提出要在我国建立两种教育制度和两种劳动制度。刘少奇作为当时党和国家的主要领导人之一，提出两种教育制度和两种劳动制度，大力推崇多样化办学和鼓励地方办学无疑对当时的办学体制改革起到了重要的推动作用。[1]

1958年9月19日发布的《中共中央、国务院关于教育工作的指示》以中央文件的形式正式提出了多样化办学的教育体制，即在国家统一的教育目的下，实行"六个并举"，举办"三类主要学校"。"六个并举"指的是，国家办学与厂矿、企业、农业合作社办学并举，普通教育与职业（技术）教育并举，成人教育与儿童教育并举，全日制学校与半工半读、业余学校并举，学校教育与自学（包括函授学校、广播学校）并举，免费的教育与不免费的教育并举。"三类主要学校"包括全日制学校、半工半读学校以及各种形式的业余学校。在这一体制下，各地掀起了兴办

<hr />

[1] 李均：《中国高等教育政策史（1949—2009）》，85页，广州，广东高等教育出版社，2014。

高等学校的高潮。"当时新建高等学校的模式大致有四种：一是原有高校办分校或分出部分专业系科独立建校；二是依托科研所、工厂、农场办半工半读专科学校；三是中等专业学校改办专科学校；四是许多专区和县办起的学制长短不一，招生对象各异的'红专大学'。"①

"教育大革命"所提出的"十五年普及高等教育"的目标在今天看来当然有不符合国情的因素，因此是一个不可能完成的任务，但这个过程中的一些成绩仍是不容抹杀的，它集中体现在以下几点。

第一，单一高等教育体制的突破，极大地调动了地方办学的积极性。据统计，1957 年高等学校数为 229 所，在校生为441181 人，教职工为 155281 人，1960 年这三个数据分别为1289 所、961623 人、333550 人，其增幅非常明显。高等教育区域分布的改善非常明显，绝大部分的省、自治区、直辖市，甚至一些专区都建立了工科、农林、医科、师范四类高校，地方高等教育体系形成雏形。教育部部长杨秀峰 1959 年在《人民教育》上撰文表示："通过 1958 年教育事业大跃进，全国绝大多数地区，基本上做到了人民公社队队有幼儿园、小学，社社有初中、县县有高中，专区有中等专业学校和专科学校，省、市

---

① 李均：《中国高等教育政策史（1949—2009）》，85 页，广州，广东高等教育出版社，2014。

和自治区有各类高等学校。"①

第二，探索了高等教育向农村发展的宝贵经验。过去的乡村教育运动始终没能实现高等教育的突破。而毛泽东非常重视在农村地区建立高等学校的问题。1958年8月1日，在中国人民解放军建军31周年纪念日这一天，设在南昌的共产主义劳动大学总校和井冈山、庐山等30所分校同时举行开学典礼。其目的是"发展生产，建设山区，建设社会主义新农村，满足广大工农子弟的学习要求，适应农村技术革命和文化革命的需要"。共产主义劳动大学入学门槛低，不收学杂费，毕业发学历文凭并分配工作，受到省内外广大工农群众的欢迎。当时有一首顺口溜："共大好比一枝花，花开迎向工农家，工农子弟上大学，学好本领建国家。"他们纷纷报考共产主义劳动大学，学习文化知识和生产技术。开学当年，共产主义劳动大学总校、分校报到学员突破1万人，不仅有江西省内各地青年，还有相当一部分来自上海、江苏、安徽、福建、湖南、湖北、河南、四川、广东、广西等地的学员，工农及其子女比例占在校学生总数的92.7%。作为培养社会主义新人的新鲜事物，共产主义劳动大学迅速发展壮大。至1959年年底，不到一年半时间，共产主义劳动大学除总校外，分校发展到88所，学员共5.5万余人。它以办学方针之新、创办时间之短、发展之迅速、规模之大，

---

① 杨秀峰：《我国教育事业的大革命和大发展》，载《人民教育》，1959(11)。

一时产生了重大影响。共产主义劳动大学的办学成就，得到了毛泽东、周恩来、朱德等党和国家领导人的充分肯定与高度赞赏。专业上，农村需要什么，共产主义劳动大学就开办什么，在招生和分配制度上开辟了人才通向农村的渠道，即所谓"社来社去"。

1960 年，李富春根据中央上海会议和北戴河会议精神，在研究 1961 年国民经济控制数字时，提出应以"调整、巩固、提高"为方针。8 月底，在国家计委向国务院汇报工作时，周恩来提出在"提高"的前面加上"充实"二字，从而形成了"调整、巩固、充实、提高"的八字方针。教育系统也认真贯彻八字方针，注重检查和批评文教战线上的共产风、浮夸风、强制命令风、干部特殊化风和瞎指挥风。教育部根据中央批示的精神，从 1962 年开始，大幅度地裁并了高等学校，特别是专科学校，保留下来的高等学校逐步缩小了规模。经过调整和精简，到 1963 年，高等学校由 1960 年的 1289 所调整裁并为 407 所，在校学生由 96 万人压缩为 75 万人。[①]

1963 年 10 月 14 日，教育部发出通知，组织高等学校文科学生参加农村社会主义教育运动。据不完全统计，截至 1965 年年底，全国共有 395 所高等学校的 22 万多名师生参加了社会主

---

① 苏渭昌、雷克啸、章炳良：《中国教育通史·中华人民共和国卷》下，172 页，北京，北京师范大学出版社，2013。

义教育运动，尽管其主观意愿是好的，但却严重干扰了正常的教育教学工作。

随后，"文化大革命"开始，高等学校在"文化大革命"中受到冲击，教学秩序遭到破坏，教育科学事业出现了停滞不前的现象。

（五）高等学校恢复招生考试

1977年2月22日，《人民日报》发表文章《党的知识分子政策不容践踏》，表明党关于知识分子的政策有所转暖。1977年9月，教育部在北京召开全国高等学校招生工作会议，决定恢复已经停止了十年之久的全国高等学校招生考试，以统一考试、择优录取的方式选拔人才上大学。这是具有转折意义的全国高等学校招生工作会议决定。恢复高考的招生对象是工人、农民、上山下乡和回乡知识青年、复员军人、干部和应届高中毕业生。1977年10月21日，我国各大媒体公布了恢复高考的消息，这使大批青年人看到了希望。1977年的冬天，570万名考生走进了高考考场。当年全国大专院校录取新生27.3万人；1978年，610万人报考，录取40.2万人。1977级学生1978年春季入学，1978级学生秋季入学，两次招生仅相隔半年，使众多学子重新燃起了掌握自己人生的激情。

1977级、1978级大学生日后多成为国家的栋梁，这主要是因为1977级、1978级大学生中的大多数人经历了在农村或工厂、军队的长时间锻炼，社会阅历丰富，有比较成熟的思维；由于时间紧张，他们主要通过自学掌握基础知识，进而通过了高考；入学后，他们普遍自觉、刻苦、勤奋，想把失去的时间都弥补回来。这种学习精神使他们很快脱颖而出。

1978年4月22日，邓小平同志在全国教育工作会议上发表讲话，肯定了新中国成立17年来教育战线的成就，正确评价了知识分子的地位与作用，倡导"尊重知识，尊重人才"，这对整个教育事业的"拨乱反正"起到了巨大作用。中国教育逐渐从"文化大革命"中恢复过来，广大知识分子受到了热切鼓舞，教育形势有了很大转变。

三、职业（技术）教育

新中国成立后，旧中国遗留的职业教育资源十分有限，与新中国即将展开的大规模的社会主义建设对教育和人才的需求极不匹配。新中国成立后，我国学习苏联办学经验，改革旧的职业教育，创办新的中等专业（技术）学校与技工学校，培养国家经济建设急需的专业技术人才，形成了以中等专业教育和技工教育为主体，农业中学、职业中学与短期培训等相结合的职业教育制度。在中共中央的指示下，以工人为中心的扫盲教育迅速发展，陆续开展了职工初、中等文化教育，职工技术培训与政治学习步入正轨，业余高等教育也逐渐起步，职工初、中、高等教育体系初步形成。

（一）技工学校的发展

新中国成立伊始，百业待兴，恢复被战争严重破坏的国民经济、建立完善的国民经济体系成为新中国成立后的重要任务。经济恢复与国家建设对一线技术工人提出了迫切需求，但当时技工学校数量极少且办学条件较为落后。面对国民经济恢复对大批技术工人的需要与解决旧社会遗留的 400 万名失业工人的安置问题的需要，已有技工学校显然不能满足新中国对技术工人培养的迫切需求，技工教育在现实困境中应时而生。

最初的技工教育是促进失业工人劳动再就业的一种方式。新中国成立初期，旧中国遗留的城镇失业问题极为严重，庞大的待就业人口对国家经济建设与社会稳定带来了极大考验。为解决这一问题，中共中央于 1950 年 4 月发出《关于救济失业工人的指示》，政务院于 6 月发布《关于救济失业工人的指示》，并批准通过《救济失业工人暂行办法》，确定"以工代赈为主，同时采取生产自救、转业训练、帮助回乡生产及发放救济金等办法"[1]，通过给予失业工人适当的教育、对失业人员进行统一登记、设立失业工人救济委员会等措施实施救济工作，帮助待就业人员解决

---

① 《救济失业工人暂行办法》，载《人民日报》，1950-06-19。

生活来源问题，促进失业人员再就业。

表 3-2　全国城镇失业人数与失业率(1949—1957 年)

年份	1949	1950	1951	1952	1953	1954	1955	1956	1957
失业人数/万人	474.2	437.6	400.6	376.6	332.7	320.8	315.4	212.9	200.4
失业率/%	23.6	—	—	13.2	10.8	10.5	10.1	6.6	5.9

资料来源于国家统计局社会统计司：《中国劳动工资统计资料 1949—1985》，109 页，北京，中国统计出版社，1987。

　　如表 3-2 所示，新中国成立时全国城镇待就业人口有 470 多万，解决失业问题刻不容缓。各级政府悉心安置如此庞大的待就业人口，给予失业人员政策上的扶持和经济上的援助。随着国家工农业生产的恢复，国家对工人的需求逐步增加，失业问题获得根本性好转。从 1949 年开始，各地政府陆续举办了多种类型的技工培训机构，加强失业人员的转业训练，进行政治训练、文化教育与技术培训。转业训练机构的设立，为新中国技工学校的建立奠定了一定基础，部分技工学校就是在当时转业训练班的基础上成立的。据统计，1949 年全国技工学校仅有 3 所①，在校生为0.27 万人。1950 年 12 月，毛泽东视察哈尔滨车辆厂时赞扬说：

---

　　① 根据《中国教育年鉴 1949—1981》（中国大百科全书出版社）、《中国教育大事典 1949—1990》下（浙江教育出版社）：1949 年技工学校数量为 3 所。对于3 所技工学校，主要有两种说法。一是甘肃省机械制造学校、大连铁路工厂青年技术学校、铁道部哈尔滨车辆技工学校，见王义智、李大卫、董刚，等：《中外职业技术教育》；杨建才：《中国职业教育历史》；闻友信、杨金梅：《职业教育史》等。二是"东北地区的长春、大连、哈尔滨三市各创建一所技工学校"，见刘英杰：《中国教育大事典 1949—1990》下；曹晔，等：《当代中国中等职业教育》。

"工厂办技工学校培养技术工人是一个好办法。"①1951年6月，周恩来视察大连铁路工厂时，途经青年技术学校，参观并询问了学校情况，也对工厂办学表示了赞扬。② 全国各省、市在当时极为艰苦的条件下，继承和发扬革命时期的艰苦创业精神，依托技工培训机构改建或新建了一批技工学校。到1952年年底，全国技工学校从新中国成立时的3所变为22所，在校生从0.27万人变为1.50万人，技工教育得到初步发展。③

真正意义上的技工学校大发展，开始于1953年。从1953年起，我国开始执行国民经济建设的第一个五年计划，着重发展重工业，发展交通运输业、轻工业、农业、商业，培养建设人才，集中力量建设苏联援助的156个重点项目。《中华人民共和国发展国民经济的第一个五年计划（1953—1957）》中明确指出："工人技术学校是培养熟练工人的主要方式之一"④，五年内将通过重工业部、燃料工业各部、机械工业各部等13个部门的工人技术学校、企业中的工人技术训练班以及采用师傅

① 中国铁道学会教育委员会：《中国铁路教育史（1949—2000）》，318页，成都，西南交通大学出版社，2007。

② 大连市史志办公室：《大连市志·劳动志》，406页，大连，大连出版社，1999。

③ 刘英杰：《中国教育大事典1949—1990》下，1783页，杭州，浙江教育出版社，1993。

④ 《中华人民共和国发展国民经济的第一个五年计划（1953—1957）》，见国务院法制办公室：《中华人民共和国法规汇编1953—1955》第二卷，533页，北京，中国法制出版社，2014。

带徒弟等方式培养熟练工 92 万多人。社会主义建设各项事业的开展对各类一线技术工人与管理人员的需求猛增，对技术工人的数量与质量提出了进一步要求。在中共中央的领导下，劳动部积极研究培养技术工人的工作，聘请苏联专家来华指导，学习苏联技工学校办学经验，加快改办与兴办技工学校。

1953 年 1 月，劳动部向中共中央报送了《关于 1952 年工作总结及 1953 年工作要点的报告》。其中，1953 年主要工作就包括注意研究培养技术工人，做好有计划地合理调配技术工人的准备工作，培养技术工人被列入 1953 年工作议程。[①] 1954 年 6 月，陈云就第一个五年计划编制情况向中共中央汇报时讲："就目前来说，技术力量不足的状况，也不是依靠增加投资就可以改变的。还有教授不足，在校学生不足等问题。补救的办法，是靠工厂多办技术学校和训练班，培养技工。"[②]1955 年 7 月，李富春在第一届全国人民代表大会第二次会议上作报告时讲："科学技术人材的缺乏，显然是我们前进中的一个巨大的困难。我们在第一个五年计划和第二个五年计划中必须完成的重大政治任务之一，就是培养大量的忠实于祖国、忠实于社会主义事业的具有现代科学知识的工程技术人员，培养熟练工人，以及

---

①　《中华人民共和国日史》编委会：《中华人民共和国日史（1953 年）》，26 页，成都，四川人民出版社，2003。

②　中共中央文献研究室：《建国以来重要文献选编》第五册，298 页，北京，中央文献出版社，2011。

各方面的专门人材。"①可见，技术工人的缺乏一直受到中共中央的高度重视，技工学校已逐渐成为国民经济发展强有力的后备力量，担负起培养一线技术人才的重要使命。

1953年5月，劳动就业委员会、内务部、劳动部召开劳动就业座谈会，明确提出："劳动部门应根据生产发展的需要，培养技术工人，不应在技工训练方面单纯安置失业人员劳动就业。"②这意味着技工教育要逐渐由安置失业工人向培养新型一线技术工人转变。全国各级劳动部门积极整顿、充实与提高原有技工训练班，大力发展以培养技术工人为目标的技工学校。为加强对技工学校的统一管理，1953年政务院决定由劳动部门对全国技工学校实行综合管理。劳动部门陆续颁布了一系列规章政策，推进技工教育的各项工作。为有计划地培养技术工人，保证国家经济建设的需要，1954年4月25日，经中央财政经济委员会批准，劳动部制定并颁发试行《劳动部关于技工学校暂行办法草案》，明确规定：

第二条　技工学校按产业管理部门分别设置，各产业

---

① 李富春：《关于发展国民经济的第一个五年计划的报告》，见国务院法制办公室：《中华人民共和国法规汇编1953—1955》第二卷，566～567页，北京，中国法制出版社，2014。

② 中央教育科学研究所：《中华人民共和国教育大事记1949—1982》，78页，北京，教育科学出版社，1984。

管理部门应根据各该部门对于技工的需要设立技工学校，并按照国家批准的技工培养计划，培养其所需工种的技工。当所设技工学校有剩余力量时，应接受其他部门委托培养的任务。

第三条　技工学校以培养四、五级技工为主。学习期限一般规定为二年。各产业管理部根据实际需要、设备条件与培养工种、技术等级的不同，得适当地予以增减。但培养目标不得低于三级技工；年限不得少于一年半。

第四条　技工学校的学生，应招收具有高小毕业以上或相当于高小文化程度及身体健康、政治纯洁、年满十六周岁至二十三周岁的青年，经考试合格并填写志愿书后方可入学。

第五条　技工学校由各产业主管部领导，并受劳动行政部门的业务指导。在目前时期，各该部亦得根据具体情况，分别委托所属专业局（公司）或厂矿直接领导。①

《劳动部关于技工学校暂行办法草案》规定了技工学校的招生、教学、实习等方面的细则。例如，规定学生既要学习技术理论、政治、文化等课程，又要进行技术实习；明确技工学校

————————

① 《劳动部关于技工学校暂行办法草案》，见劳动部政策法规司、吉林省劳动厅：《中华人民共和国劳动政策法规全书》第一卷，1110页，长春，吉林科学技术出版社，1990。

要培养理论与技术兼备的技术工人。这份文件成为当时各产业主管部门制定细则和技工学校办学的重要依据。

1955年4月，劳动部和工业、交通运输部等在北京召开第一次全国技工学校校长会议，总结几年来技工教育的工作成就，讨论技工学校工作中存在的问题。会议通过了《关于提高技工学校教学工作质量的决议》，提出要"积极贯彻以生产实习教学为主的方针""提高理论课的授课质量和加强教学研究工作""加强政治思想教育和群众文化活动工作""经常地检查教学质量""有计划地提高现有师资水平和培养新师资"。[①] 9月15日，国务院转发劳动部《关于目前技工学校工作的报告》和《第一次全国技工学校校长会议关于提高教学工作质量的决议》。该年年底，劳动部成立了技工学校教学方法研究室，并于1956年9月颁发《技工学校教学方法研究组工作规划》。全国技工学校陆续设立了教学方法研究组进行集体教学研究工作，部分省市还设立了地区性教学方法研究室。

1956年2月1日，劳动部颁发试行《技工学校标准章程（草案）》和《技工学校编制标准定额暂行规定（草案）》。9月，中共中央转发劳动部党组《关于加强省、市党委对技工学校领导的建议》，指出："办好技工学校是满足国家工业建设对技术工人需

---

① 《国务院转发劳动部〈关于目前技工学校工作的报告〉和〈第一次全国技工学校校长会议关于提高教学工作质量的决议〉的通知》，见辽宁省劳动局：《劳动力管理文件选编》，638～643页，内部文件，1979。

要的一项非常重要的工作。各地技工学校的目前状况必须迅速加以改善。"①11月20日，《人民日报》发表社论《对技工学校要抓紧领导》，强调"办好工人技术学校，培养大批熟练的技术工人，满足国家建设的需要，是一项新的重要的工作"②，明确各部门要提高对技工学校重要性的认识，及时发现问题，防止盲目冒进的做法和计划，将工人技术学校办好、领导好。仅1956年，技工学校从上一年的78所迅速增加至212所，在校生达11.09万人，是新中国成立后技工学校发展的鼎盛时期。③这一时期，技工学校为我国培养了大量一线技术工人，有效地缓解了生产建设过程中技术工人短缺的问题。

随着社会主义三大改造的完成，社会主义制度在我国基本确立，国家建设进入了新的历史时期，全国人民建设社会主义的热情空前高涨。1957年下半年，反右派斗争扩大化，技工学校的教学秩序受到干扰，出现了一定波动。1958年5月，中共八大二次会议召开，制定了"鼓足干劲，力争上游，多快好省地建设社会主义"的总路线。会后，全国各条战线掀起了"大跃进"，教育领域也受到了影响。1958年3月，劳动部召开全国技

---

① 中央教育科学研究所：《中华人民共和国教育大事记 1949—1982》，181页，北京，教育科学出版社，1984。

② 《对技工学校要抓紧领导》，载《人民日报》，1956-11-20。

③ 刘英杰：《中国教育大事典 1949—1990》下，1783页，杭州，浙江教育出版社，1993。

工学校工作会议，指出："由于工农业生产特别是工业生产的大跃进，国家对于新工人的数量和质量都提出了更高的要求。因此，技工学校的工作不能满足于现状，应该更加奋发跃进。"①6 月 20 日，劳动部发出《关于 1958 年度技工学校招生问题的通知》，提出："1957 年由于工矿企业有多余人员，技工学校大都没有招收学员，今天随着工业'大跃进'，对技术工人的需要大大增加，为了适应工业发展的要求，各技工学校均应充分发挥培训潜力，招满学员。"②7 月 8 日，中共中央批转《劳动部党组关于技工学校下放问题的请示报告》，明确提出："为了加强对技工学校的领导，便于由地方统筹规划培养后备技工，和充分发挥技工学校的培训能力与生产潜力，中央各部办的技工学校，应该尽量下放给省、市、自治区管理"，明确下放的原则，并指出"校数只应增加，不应减少"。③ 中央与地方所属的技工学校，都获得了较大的办学自主权，招收学生数量明显增加，刺激着技工学校的发展。

　　1958 年 5 月 30 日，刘少奇在中共中央政治局扩大会议上提出了两种教育制度和两种劳动制度的设想与主张。半工半读的

---

① 曹晔，等：《当代中国中等职业教育》，50 页，天津，南开大学出版社，2016。

② 纪秩尚、郭齐家、余博：《中华人民共和国职业教育法实务全书》，88 页，北京，北京广播学院出版社，1996。

③ 《劳动部党组关于技工学校下放问题的请示报告》，见何东昌：《中华人民共和国重要教育文献 1949～1975》，844 页，海口，海南出版社，1998。

教育制度与劳动制度，既能缓解企业技术工人紧缺的问题，又能给予技术工人及时的技能培训，符合当时多快好省地培养工人阶级和劳动人民的知识分子的路线与需求。这一主张提出后，全国迅速掀起了创办半工半读工人技术学校的热潮。1959 年 4 月 6 日至 15 日，劳动部在上海召开全国技工学校工作会议，研究提高技工学校教学质量以更多更好地培训技术工人的问题。会议确定今后技工学校的发展方针是："在一九五八年大发展的基础上加以整顿、巩固和提高，再在这个基础上，根据国家建设的需要，积极地有计划地发展。"[①] 会议研究讨论了技工学校的学制、生产劳动和技术教育时间安排以及改进教学工作、加强思想政治工作及领导管理等问题。到 1960 年年底，全国技工学校达到 2179 所，在校生接近 52 万人。[②] 技工学校发展突飞猛进，为国民经济各部门输送了大量人才，有力地支援了社会主义生产建设事业，但不可避免地存在着部分学校教学水平低、教学质量不高、师资较为缺乏等问题。

由于"大跃进"与人民公社化运动中严重的"左"的错误，加之自然灾害等的影响，国家建设和经济发展出现了若干问题，引起了中共中央的关注。1961 年 1 月，中共八届九中全会决定

[①]　中央教育科学研究所：《中华人民共和国教育大事记 1949—1982》，243 页，北京，教育科学出版社，1984。

[②]　刘英杰：《中国教育大事典 1949—1990》下，1783 页，杭州，浙江教育出版社，1993。

对国民经济实行"调整、巩固、充实、提高"的方针，技工学校开始压缩办学数量和规模。5月15日，为进一步改进技工学校工作，劳动部发出《关于颁发技工学校通则等三个文件的通知》，三个文件分别为《技工学校通则》《关于技工学校学生的学习、劳动、休息时间的暂行规定》《技工学校人员编制标准（草案）》，废除了1956年颁发试行的《技工学校标准章程（草案）》和《技工学校编制标准定额暂行规定（草案）》。其中，《技工学校通则》明确"技工学校是培养具有社会主义觉悟、中级技术水平和中等文化程度的技术工人的学校"，"贯彻执行教育为无产阶级的政治服务、教育与生产劳动结合的方针，实行半工半读"，规定了技工学校的招生标准、学制区分、学校规模等事宜。[①]《关于技工学校学生的学习、劳动、休息时间的暂行规定》对技工学校学生的文化和技术理论学习、生产实习劳动、睡眠时间等方面进行了详细安排。《技工学校人员编制标准（草案）》规定了学校规模与教职工、学生以及与实习工工作人员的比例，技工学校管理标准进一步细化。

1963年以后，随着国民经济逐渐好转，技工学校重新获得发展。1963年7月10日，《中央宣传部关于调整初级中学和加强农业、工业技术教育的初步意见（草稿）》发布，提出："有必

---

① 《劳动部关于颁发技工学校通则等三个文件的通知》，见辽宁省劳动局：《劳动力管理文件选编》，649页，内部文件，1979。

要对现有的普通中学，主要是初级中学进行调整，并且对普通中学加强农业、工业技术教育。同时，按照过去的传统办学经验，继续发展中专和技工学校、职业学校。"①1964年4月，国务院决定："为了进一步贯彻普通教育与职业教育并举的方针，大力发展职业教育，加强职业教育工作的领导管理和统筹安排，决定将技工学校的综合管理工作由劳动部划归教育部主管，劳动部予以协助。"②教育部门主管技工教育工作由此开始。到1965年，技工学校增至400所，在校生为18.34万人。③技工学校、职业学校、全日制中等专业学校都有所调整，半工半读技术学校得到很大程度的发展。据不完全统计，全国城市有半工半读学校4000余所，学生80万人。④这一时期，技工学校根据国家政治、经济形势的变化不断调整，大力发展全日制技工学校，积极探索半工半读等办学形式，培养国家建设所需要的技术工人，技工教育再次恢复生机，这一成就值得充分肯定。

　　从1966年下半年开始，技工学校教学秩序受到干扰，教学

　　①　《中央宣传部关于征求对有关职业、技术教育问题的两个文件（草稿）的意见的通知》，见何东昌：《中华人民共和国重要教育文献1949～1975》，1187页，海口，海南出版社，1998。

　　②　《教育部关于接管好技工学校综合管理工作的通知》，见何东昌：《中华人民共和国重要教育文献1949～1975》，1271页，海口，海南出版社，1998。

　　③　刘英杰：《中国教育大事典1949—1990》下，1783页，杭州，浙江教育出版社，1993。

　　④　曹晔，等：《当代中国中等职业教育》，55页，天津，南开大学出版社，2016。

质量严重下降，部分学校仍坚持在困境中维持教学活动和日常运转，把握一切可能的机会对学生开展教育教学。20世纪70年代初期，部分技工学校恢复招生。1973年7月3日，国务院批转国家计委、国务院科教组《关于中等专业学校、技工学校办学几个问题的意见》，同意中等专业学校与技工学校开始招生，技工学校缓慢恢复。"文化大革命"结束后，国家重新整顿教育事业。1978年2月，教育部、国家劳动总局发出通知："经国务院批准，全国技工学校的综合管理工作，由教育部划归国家劳动总局主管，教育部协助。"①很长一段时间内，技工学校的综合管理工作都由劳动部门负责。

(二)职工大学的成立

中华人民共和国的成立，开创了劳动人民当家作主的新纪元，工人阶级成为国家的领导阶级，工农大众获得了接受文化教育的机会，职工教育成为国家的重要工作。新中国成立后，需要大批具备一定文化水平、技术的劳动者进行经济恢复与社会主义建设。然而，当时大部分职工文化水平并不高，且文盲比例较高，劳动者的文化水平成为制约工农业生产和经济发展的重要因素。新中国成立后的职工教育，以识字教育为主。在

---

① 中央教育科学研究所：《中华人民共和国教育大事记1949—1982》，509页，北京，教育科学出版社，1984。

不断发展中，工人扫盲教育取得了一定成绩，业余初、中等学校不断增多，业余高等教育逐步发展。

新中国成立初期，为满足培养干部的需要，业余高等教育就已经出现了。1949 年 12 月，教育部在关于中国人民大学的实施计划里就有设立夜校的决定，当时规定"本科第一期共招收1400 人，专修班第一期招收 3000 人（内夜校 1000 人），分批在1950 年内招收满额"①。次年 9 月，中国人民大学夜大学和夜校开学上课。据统计，当时在夜大学学习的有 600 余人，在夜校学习的有 700 余人。夜大学的学员主要是"教员和科长以上并有一定理论水平的干部"，夜校的学员主要是"一般干部"。② 从夜校毕业后，学员经考核合格可升入夜大学。当时的马克思列宁主义夜大学与夜校是基于新中国成立后大量管理干部与建设人才对政治理论学习的迫切需求而设的，以在职干部的业余教育为主。中国人民大学成为当时最早开设夜大学与夜校的高等院校之一。

1952 年 9 月 5 日，政务院批准《教育部 1952 年工作计划要点》，提出"在大中城市试办夜大学、业余中学、函授学校及其他补习学校，以提高在职干部的理论、文化和业务水平"③，夜

---

① 《教育部关于中国人民大学实施计划的决定》，见何东昌：《中华人民共和国重要教育文献 1949～1975》，4 页，海口，海南出版社，1998。

② 中国人民大学校史研究丛书编委会：《中国人民大学纪事（1937—2007）》上卷，101 页，北京，中国人民大学出版社，2007。

③ 《教育部 1952 年工作计划要点》，见何东昌：《中华人民共和国重要教育文献 1949～1975》，166 页，海口，海南出版社，1998。

大学和函授教育成为业余高等教育的重要内容。此后，我国高等学校、大型厂矿积极试办夜大学、函授部，以期在较短时间内将党政机关、业务部门、厂矿企业及部队的在职工农干部培养成社会主义建设事业中各部门、各系统和各行业的领导干部与业务骨干。

1955年2月22日至3月7日，高等教育部、教育部、中华全国总工会联合召开全国工农速成中学教育会议和全国职工业余文化教育会议，讨论今后工农速成中学教育与职工业余文化教育的方针和任务，要求"采用多种多样的方式，大量地培养工农知识分子和提高职工文化水平"，提出要"认真办好职工业余中学和高小，把一定数量的干部和工人提高到高小、初中或高中毕业程度，为学习初等、中等技术打下基础，并输送一部分政治上进步有培养前途的人升入工农速成中学、中等技术学校和高等学校或夜大学继续深造"。① 5月19日至6月10日，全国文化教育工作会议在北京举行，会议决定工农速成中学停止招生，指出"用函授或举办夜大学等办法吸收工矿干部、技术人员和熟练工人进行在职学习，是一项极重要的培养干部的方法"，决定"大量举办正规的从小学到大学的业余工农学校。必须在师资、时间、经费和领导四个方面，给以充分

————————

① 中央教育科学研究所：《中华人民共和国教育大事记 1949—1982》，124 页，北京，教育科学出版社，1984。

的保证"。① 会前，《人民日报》曾于 5 月 15 日发表社论《举办业余高等教育》，提出要学习苏联先进经验，创办与发展高等学校附设的函授部、夜大学和厂矿附设的夜大学，提高在职干部水平，强调"今后三年内的工作方针，应是整顿巩固现有的函授部和夜大学，适当地发展高等工科、师范、财经等科和重点试办高等农科函授教育及夜大学，注意积累经验，为今后大量发展业余高等教育创造条件"②。同年 7 月 30 日，第一届全国人民代表大会第二次会议通过《中华人民共和国发展国民经济的第一个五年计划（1953—1957）》，明确提出"应该积极地和有系统地举办业余高等学校、夜大学和函授学校，吸收在职干部、技术人员和熟练工人入校学习"③，提到要组织工人利用业余时间学习文化与技术，学习推广苏联先进技术与工人职员的先进经验，提高工人群众的技术水平。

为贯彻落实全国文化教育工作会议的精神，1955 年 12 月 19 日至 28 日，高等教育部、教育部、中华全国总工会联合召开全国职工业余教育会议。高等教育部部长杨秀峰作了《大力开展从小学到大学的正规的职工业余教育，努力提高职工文化水平

①　中央教育科学研究所：《中华人民共和国教育大事记 1949—1982》，130、131 页，北京，教育科学出版社，1984。

②　《举办业余高等教育》，载《人民日报》，1955-05-15。

③　《中华人民共和国发展国民经济的第一个五年计划（1953—1957）》，见国务院法制办公室：《中华人民共和国法规汇编 1953—1955》第二卷，532 页，北京，中国法制出版社，2014。

和培养国家建设人才》的报告。教育部部长张奚若、中华全国总工会主席赖若愚分别讲话。会议明确了职工业余教育的两大任务，一是"普遍地提高职工群众的文化技术水平"，二是"培养科学技术人才和管理干部"。会议决定对识字教育和业余小学采取"大量发展、注意质量"的工作方针，对中等以上业余学校采取"积极发展、力求正规、提高质量"的方针，提出"各级业余学校的学制、课程、培养目标和入学条件，一般应与同级正规日校基本上相同，但修业年限要适当延长，课程、内容要适当精简。为保证教学工作正常进行，除兼课教师外，还必须配备一定数量的专职教师"。会议对职工业余学校的每周最低限度的上课与学习时数进行了规定，其中"高中、中等技术学校、高等学校至少十二小时；高等学校函授生十六至二十小时"[①]。本次会议后，各级党委不断重视加强对业余教育的领导工作，各省、市业务部门积极推动职工业余教育事业，高等学校、厂矿企业充分考虑职工学习需求与办学实际，发挥办学积极性，职工业余教育事业逐步朝规范化方向发展。

　　为使得更多在职干部与企业工人、农民等先进生产者和劳动者接受知识文化教育，充分发挥高等学校创办函授教育与夜大学的办学优势，1956年5月31日，高等教育部发出通知，决

---

　　① 中央教育科学研究所：《中华人民共和国教育大事记 1949—1982》，149 页，北京，教育科学出版社，1984。

定从 1956 年秋季起，在复旦大学、东北人民大学、北京大学、中国人民大学、厦门大学开办函授专业，招收"具有高中毕业文化程度的国家机关、研究部门、生产部门的工作人员和中等学校师资"，厦门大学"以招收南洋各地华侨中学教师为主"，规定了教学计划、教学大纲、教科书、学习方法指导书、教学人员及工作量等具体事宜。[①]

表 3-3　1956 年综合大学函授专业设置及招生任务

学校名称	专业设置	招生任务数	学习年限
复旦大学	数学	90 人	六年
东北人民大学	物理	90 人	六年
北京大学	动物学	75 人	六年
	植物学	75 人	六年
	图书馆学	140 人	四年
中国人民大学	法律学	200 人	五年
厦门大学	数学	60 人	按学校意见确定
	物理	30 人	
	化学	30 人	

资料来源于《中华人民共和国高等教育部关于综合大学开办函授教育的通知》，见中华人民共和国国家教育委员会高教三司：《普通高等学校函授夜大学文件资料汇编》，100～102 页，内部资料，1988。

　　如表 3-3 所示，综合大学函授教育初办时有数学、物理、

[①] 《中华人民共和国高等教育部关于综合大学开办函授教育的通知》，见中华人民共和国国家教育委员会高教三司：《普通高等学校函授夜大学文件资料汇编》，101 页，内部资料，1988。

动物学、植物学和图书馆学等专业，学习年限较普通高等教育专业的时间长，一般以五至六年的时间达到综合大学相同专业三年或四年的学习标准，教学大纲、教学计划等根据学生实际情况也有所调整。从 1956 年起，在北京凡是具备条件的普通高等学校都设立了函授部（班），开办了夜大学，其他地区的普通高等学校也积极试办。大部分函授教育与夜大学主要面向在职干部、学校教师和专业技术人员开办，如北京矿业学院为厂矿企业在职人员开设了矿山开采、矿山机电、煤田地质勘探等高等函授专业，而北京工业学院则主要设立火炮、雷达、发动机等专业开展业余高等教育。函授教育和夜大学教育逐步得到广泛开展。

1956 年 9 月 15 日至 27 日，中国共产党第八次全国代表大会在北京召开。刘少奇在会上提出："我们必须经过学校教育和在职干部的业余教育，大量培养新的知识分子，特别是从劳动阶级出身的知识分子。"[1]周恩来提出："培养建设人才还必须发展业余教育，从职工中吸收有条件深造的人员参加夜校或者函授学校学习，逐步地培养他们成为高级和中级的专门人才。"[2]党中

---

① 刘少奇：《中国共产党中央委员会向第八次全国代表大会的政治报告》（节录），见何东昌：《中华人民共和国重要教育文献 1949～1975》，689 页，海口，海南出版社，1998。

② 周恩来：《关于发展国民经济的第二个五年计划的建议的报告》（节录），见何东昌：《中华人民共和国重要教育文献 1949～1975》，697 页，海口，海南出版社，1998。

央高度重视文化教育事业在社会主义建设事业中的重要地位，进一步要求逐步扫除企业中的职工文盲，加快普及小学义务教育，坚持开展职工文化补习教育与技术教育。业余高等教育有了相当大的发展，夜大学及高等学校附设夜校部、函授部数量猛增。

1958 年，全国掀起了"大跃进"，教育战线也开始"大跃进"。

1958 年 5 月 30 日，刘少奇在中央政治局扩大会议上正式提出关于实行两种教育制度和两种劳动制度的主张。同年 9 月，中共中央、国务院明确"全国将有三类主要的学校：第一类是全日制的学校，第二类是半工半读的学校，第三类是各种形式的业余学习的学校"[1]，明确要通过大力发展业余文化技术学校与半工半读学校来普及教育，提高工农业技术水平与人民的政治觉悟和文化水平。这一时期，全国办起了职工大学、职工业余大学、红专大学、工人大学等职工业余学校，党政机关、厂矿企业与事业单位都掀起了举办业余高等学校的热潮。但部分地区盲目跟风办学，出现了过于强调办学数量、建设过快过多等问题。到 1958 年年底，全国业余高等学校（包括独立夜校、高等学校附设的夜校部、函授部，包括业余高等师范）增至 383 所，在校学生达到 15 万人。[2] 职工大学、业余大学的创立，培

---

[1] 《中共中央、国务院关于教育工作的指示》，见何东昌：《中华人民共和国重要教育文献 1949～1975》，860 页，海口，海南出版社，1998。

[2] 中华人民共和国教育部：《三十年全国教育统计资料 1949—1978》，203 页，自刊，1979。

养了一批专门人才，为我国职工业余高等教育的探索积累了宝贵经验，取得了一定成就。

1959年初至1960年，国务院第二办公室、中华全国总工会等在北京、哈尔滨、天津召开了三次全国职工教育工作会议。1959年3月3日至12日，国务院第二办公室在北京召开了全国工矿企业职工教育工作会议。会议在总结1958年工作的基础上，讨论了当前工矿企业职工教育的方针、发展规划与领导等几个重要问题。林枫将会议结论向中央作了报告，提出"各地区、各产业系统和有条件的工矿企业，应该逐步建立起比较完整的职工教育体系"，在体系中"各级教育应该互相衔接，各种不同形式的学校也要尽可能地互相衔接"。① 4月20日，《人民日报》发表社论《办好工矿企业的职工教育》。11月9日至28日，中共中央文教小组召开省、市委文教书记会议，讨论了教育事业的长远发展规划、理论工作和文教系统的"反右倾"运动等问题，强调教育事业要兼顾办好重点学校（重点的高等、中等、初等学校，重点的全日制、半日制、业余学校）与抓好普及教育（包括扫盲，普及小学、初中、业余中等专业学校、业余高等学校）。12月23日，国务院副总理陆定一就职工教育问题在给《工人日报》编辑部的信中指出："社会主义的厂矿企业同资本主

---

① 《中共中央批转林枫同志关于当前工矿企业职工教育中几个问题的报告》，见何东昌：《中华人民共和国重要教育文献1949～1975》，892页，海口，海南出版社，1998。

义的厂矿企业根本不同之点，在于社会主义的厂矿企业不仅要负责生产产品，而且要负责'生产'新的人"①，要求厂矿企业、学校和科学研究机关都要成为生产劳动、学习与科学研究相结合的基地。

国务院副总理聂荣臻在 1959 年 12 月全国科学技术计划会议和在 1960 年 1 月上海召开的科学技术工作会议上讲话时指出："发展科学技术的重要措施之一，是大力培养科学技术队伍"，为此，"高等学校的科学研究工作要大力开展，要招收研究生，不断提高科学技术水平"。"一切有条件的研究所、厂矿都要办大学，办中等技术学校，并且大力发展业余教育，办短期讲习班、训练班。"②1960 年 1 月 6 日至 18 日，中华全国总工会、教育部、共青团中央、全国妇联在哈尔滨联合召开全国职工教育黑龙江现场会议。会议交流了各地办职工教育的经验，讨论了 1960 年职工教育的工作计划与到 1962 年、1967 年的发展规划。林枫在会上再次提出要大力发展业余高等学校，建立从初等到高等的业余教育体系。1 月 16 日，中共中央、国务院发出通知，决定成立业余教育委员会，作为国务院指导全国业余教育工作的机关。6 月 1 日至 11 日，全国教育和文化、卫生、

---

① 中央教育科学研究所：《中华人民共和国教育大事记 1949—1982》，261 页，北京，教育科学出版社，1984。

② 中央教育科学研究所：《中华人民共和国教育大事记 1949—1982》，262 页，北京，教育科学出版社，1984。

体育、新闻方面社会主义建设先进单位和先进工作者代表大会在北京召开。林枫在大会上作报告时指出生产部门和厂矿企业也应当大办教育事业，按照各部门的特点，建立自己的教育体系，培养本部门所需的人材；要发挥中央和地方的工业、农林、水利等业务部门和厂矿企业的积极性与办学优势，发展各项文化教育事业。7月20日至29日，教育部、中华全国总工会在天津联合召开全国业余教育会议，研究了业余教育工作的任务与工作计划，交流了工作经验。会议提出"下半年业余教育的工作任务是继续贯彻'巩固起来，坚持下去，提高质量，继续发展'的方针"，"要大办业余教育，使之由低级到高级，由不完备到完备，逐步成网、成系统"。① 8月3日，《人民日报》发表社论《当前业余教育的重要任务》，提出："我们的长远目标，就是要多快好省地培养又红又专的技术人才，要在工农中普及高等教育，把我国的工农培养成为既有高度的共产主义觉悟，又有现代的文化科学知识，既能从事体力劳动，又能从事脑力劳动的劳动者，为逐步消灭体力劳动与脑力劳动的差别，逐步向共产主义过渡创造必要的条件。"②

为提高在职职工的文化科学与技术水平，普及职工业余高等教育，自1960年1月起，北京市教育局、北京电视台与北京

---

① 中央教育科学研究所：《中华人民共和国教育大事记1949—1982》，279页，北京，教育科学出版社，1984。

② 《当前业余教育的重要任务》，载《人民日报》，1960-08-03。

大学、北京师范大学、北京师范学院等单位开始筹办北京电视大学，面向高中毕业或同等学力的在职职工进行招生，设数学系、物理系、化学系和预科，于该年 3 月 8 日开学，第一期招收本科和预科学员共 6000 余名。这既是我国第一所电视大学，也是一所面向职工的业余大学。上海、沈阳、长春等城市也陆续成立了电视大学与业余广播大学。1960 年 10 月，上海市创办了业余工业大学，设电机电气、无线电电子技术、化学纤维、纺织工程等专业，招收具有生产经验的技术工人，边学习边劳动。据不完全统计，到 1961 年年底，全国有 277 所高等学校设立了函授部或夜校。其中，函授部有 194 个，夜校有 153 所，函授部和夜校共有学员 26.6 万人。[①] 部分中等师范学校和技术学校也设置了函授部与夜校。1962 年下半年，业余高等教育进一步发展，除厂矿企业职工、学校教师和机关干部外，还广泛吸收城乡未升学就业的知识青年参加学习。

　　1963 年 1 月 19 日，《教育部关于加强全日制高等学校和中等专业学校函授、夜校教育工作的通知（草案）》发布，明确要继续发展函授和夜校教育，对高等和中等专业函授、夜校教育的设置审批、专业安排、课程设置、人员编制以及教材、经费、领导等工作进行了规定。12 月 25 日至次年 1 月 8 日，中华全国

---

　　① 《教育部关于加强全日制高等学校和中等专业学校函授、夜校教育工作的通知（草案）》，见何东昌：《中华人民共和国重要教育文献 1949～1975》，1141 页，海口，海南出版社，1998。

总工会与教育部共同召开全国职工业余教育工作会议，回顾了几年来的职工业余教育工作，确定了 1964 年与 1965 年的工作要"更好地贯彻执行党的教育方针，坚持'结合生产、统一安排、因材施教、灵活多样'的原则，继续做好调整、巩固、充实、提高的工作，在巩固的基础上积极发展"，确定了包括"办好业余中专和业余大学"等具体任务。①

1964 年 4 月 18 日，《教育部、全国总工会关于职工业余高等学校工作的暂行规定（草案）》发布，对职工业余高等学校的任务与培养目标、办学条件、报请审批程序、专业设置原则、教学工作各项标准、师资配备等重点问题进行了规定，其中职工业余高等学校的任务是"根据生产发展的需要，着重提高现职中级技术人员的水平，有计划地培养技术后备力量，适当满足一般职工的学习要求"；培养目标是"在主要基础理论、专业知识和基本技能方面，接近或者达到全日制高等学校本科或专科毕业生的水平，完成专业人才的基本训练"。② 在教育部和各省、市人民政府的指导下，各地区业余高等教育招生入学、日常教学等各项制度不断完善，业余高等教育质量有了明显的

---

① 《中共中央转发全国总工会党组、教育部临时党组关于全国职工业余教育工作会议的报告》，见何东昌：《中华人民共和国重要教育文献 1949～1975》，1266 页，海口，海南出版社，1998。

② 《教育部、全国总工会关于职工业余高等学校工作的暂行规定（草案）》，见何东昌：《中华人民共和国重要教育文献 1949～1975》，1272 页，海口，海南出版社，1998。

提高。

1965 年 11 月 18 日至 27 日，高等教育部在江苏南京召开高等函授教育会议。会议就高等业余教育的形势、方针、任务、教学改革、教师队伍等问题进行了讨论，指出要积极在农村发展函授教育，利用函授、夜大学、广播电视大学等形式，构建我国的业余教育网。蒋南翔指出："今后高等业余、函授教育，应当按照需要与可能，采取积极发展、逐步提高的方针。"① 会后，各地开始大力发展面向农村的高等函授教育。

表 3-4　业余高等学校基本情况（1949—1965 年）

年份	校部数/所				学生数/人
	合计	独立设置的业余高等学校	高等学校附设		
			夜校部	函授部	
1949	1	1	—	—	124
1950	2	2	—	—	434
1951	3	3	—	—	1620
1952	7	5	2	—	4135
1953	27	23	2	2	9738
1954	37	32	3	2	13202
1955	49	33	9	7	15946
1956	156	83	34	39	63834
1957	186	92	36	58	75917

① 《蒋南翔同志在高等函授教育会议上的讲话（摘要）》，见中华人民共和国国家教育委员会高教三司：《普通高等学校函授夜大学文件资料汇编》，44 页，时间不详。

续表

年份	校部数/所				学生数/人
	合计	独立设置的业余高等学校	高等学校附设		
			夜校部	函授部	
1958	383	265	57	61	150000
1959	869	715	72	82	300000
1962	1125	877	126	122	404478
1963	1165	943	103	119	418385
1964	1061	850	91	120	434652
1965	964	758	83	123	412616

资料来源于中华人民共和国教育部：《三十年全国教育统计资料 1949—1978 年》，203 页，自刊，1979。

如表 3-4 所示，从 1949 年到"文化大革命"开始前，我国业余高等学校数量始终稳定增长，独立的夜大学、高等院校附设的夜校部与函授部等各类业余教育齐头并进，有力地提升了我国劳动者和在职干部的文化水平，业余高等教育取得了较好的成绩。

(三)中等专业教育的发展

新中国成立前夕，在中国共产党的领导下，政府陆续接管旧的公、私立学校，收回教育主权，加强对职业学校的整顿，学习苏联教育经验，创办中等专业学校、技工学校、农业中学等以培养专业干部与技术人员，探索建立符合我国实际的中等专业教育体系。

《共同纲领》明确提出新中国的文化教育是民族的、科学的、大众的文化教育，还提出要注重技术教育。1949 年 12 月，教育部召开第一次全国教育工作会议，确定教育工作的方针是"普及与提高的正确结合"，指出"中等学校在今后若干年内，应该着重向中等技术学校发展，以培养大批中级建设干部"。① 会议再次明确了新中国教育的性质，确定了发展的方针和步骤，为接下来的教育发展指明了方向。

1951 年 3 月，教育部召开第一次全国中等教育会议，确定了对中等技术学校"应采取整顿和积极发展的方针"②。4 月 5 日，《人民日报》发表社论《应该重视和办好中等教育》。为整顿和发展中等技术教育事业，6 月 12 日至 22 日，教育部召开第一次全国中等技术教育会议。马叙伦在致开幕词时指出"现在全国共有中等技术学校 500 多所，学生约 11 万人，远远赶不上建设部门的需要"③，提出要对现有的中等技术学校加以整顿改造，积极创办新的中等技术学校。会议确定将"调整、整顿和有条件地发展"作为当前中等技术教育的基本方针。学制分初级与中级两种，以发展中级为主，当前要多办初级与短训班。分类

①　中央教育科学研究所：《中华人民共和国教育大事记 1949—1982》，8 页，北京，教育科学出版社，1984。

②　张树军：《图文共和国年轮 1949—1959》，93 页，石家庄，河北人民出版社，2009。

③　张树军：《图文共和国年轮 1949—1959》，112 页，石家庄，河北人民出版社，2009。

分科上逐步走向专门化、单一化，又要注意培养综合性人才。会议还确定各类各级中等技术学校改归业务部门直接领导，并决定在中央、大行政区、省或直辖市分别成立中等技术教育委员会。会议修订通过了《关于整顿和发展中等技术教育的指示》《中等技术学校暂行实施办法》《关于加强领导私立技术补习教育的指示》《各级中等技术教育委员会暂行组织条例》等草案。

　　1951 年 8 月 10 日，周恩来在政务院第 97 次政务会议上讨论《政务院关于改革学制的决定》时指出"我们学制中的工农速成学校、中等技术学校和各级各类补习学校，在资本主义国家的学制中是没有的"①，表明中等技术学校、速成中学与补习学校是基于我国现实需求而设的，以满足当时国防、经济等方面建设的需要。10 月 1 日，《政务院关于改革学制的决定》正式颁布，这是新中国成立后第一个规定学制系统的文件，将实施中等教育的学校划分为中学、工农速成中学、业余中学和中等专业学校，而中等专业学校包括三类：技术学校（工业、农业、交通、运输等）；师范学校；医药及其他中等专业学校（贸易、银行、合作、艺术等）。技术学校主要针对工农业与交通运输等行业培养中、高级技术人才，中等专业学校面向医学、贸易、银行、

---

① 《周恩来教育文选》，29 页，北京，教育科学出版社，1984。

艺术等领域培养专业工作者。① 中等师范教育包含在中等专业教育的范畴中，但由于中师教育的特殊性与本部分主要讨论职业（技术）教育，故中专（中技）教育不涉及中师内容。《政务院关于改革学制的决定》的颁布，确定了各级各类教育在学制系统中的地位，初步构建了新中国相互衔接的学制体系。

早在 1951 年 3 月，全国中等教育会议就确定了对中等技术学校采取"整顿和积极发展"的方针。到 1952 年 3 月，《政务院关于整顿和发展中等技术教育的指示》（以下简称《指示》）正式发布，以解决当时中等技术教育培养目标不明确、专业设置较宽泛等问题，明确：①现阶段整顿和发展中等技术教育，须由各级人民政府有关业务部门以及各主要工矿企业和农场，在各级人民政府教育部门的指导协助和统一计划下，分工合作进行。除发展正规技术学校外，要举办技术训练班、业余技术补习班等，培养大量技术干部。②要根据业务部门的具体需要，逐步地、适当地实现专业化与单一化，学用一致，使培养的人才适合业务部门的需要。③应在统一的方针下，由各级人民政府教育部门与业务部门分工领导。中央、大行政区及省、市人民政府教育部门与同级有关业务部门指定人员分别组成各级中等技术教育委员会。④有计划地吸收有相当文化程度的产业工人、

---

① 《政务院关于改革学制的决定》，见何东昌：《中华人民共和国重要教育文献 1949～1975》，105～107 页，海口，海南出版社，1998。

参加革命多年的干部和农民劳动模范入学，培养他们成为生产建设的技术干部，并对教材、经费与毕业生分配等事宜进行了规定。①

该《指示》指出，以上对于《政务院关于改革学制的决定》中的医药及其他中等专业学校（贸易、银行、合作、艺术等）同样适用，实际上将 1951 年学制中除师范学校以外的技术学校、医药及其他中等专业学校都划为"中等职业教育"，但当时并没有采用"职业教育"的提法，而以"技术教育"与苏联的"专业教育"替代。一般情况下，"中技"和"中专"同义，但不包括中师，也不包括技工学校。《指示》发出后，政务院、教育部、高等教育部陆续发布了《中等技术学校暂行实施办法》《关于加强领导私立技术补习教育的指示》《各级中等技术教育委员会暂行组织条例》《关于中等专业学校毕业生分配工作的指示》等文件，对中等技术学校招生、办学、教学等若干方面进行了规定，逐步建立起中等专业教育制度。

新中国成立初期，我国实行"一边倒"的外交政策，以苏联为师。20 世纪 50 年代，特别是"一五"计划实施期间，我国全面学习苏联模式，开展工农业建设，建立起各级各类教育制度，教育事业获得迅速发展。职业技术教育事业中，我国引进苏联

① 《政务院关于整顿和发展中等技术教育的指示》，见何东昌：《中华人民共和国重要教育文献 1949～1975》，146～147 页，海口，海南出版社，1998。

中专教育模式，学习苏联中等专业教育经验，体现在：①在学制上借鉴苏联模式，确定中专教育在学校系统中的地位。1951年10月，政务院发布新的学制，将实施中等教育的学校分为中学、工农速成中学、业余中学、中等专业学校。我国学校系统中第一次出现了"中等专业学校"。②突出以专业为中心，在分类、分科上实行专业化、单一化办学。业务部门制订专业计划以集中统一为原则，学校之间"适当分工，所设专业力求集中单一"，同一所学校应"以性质相近为基本原则"。① 按专业以统一的培养规格与专业标准，并制定统一的教学大纲、教学计划培养人才。③聘请苏联专家来华，指导中等专业教育建设。从1949年开始，我国开始聘请苏联教育专家来华指导。1951年3月，苏联教育专家大拉巴金成为教育部第一位专职顾问，后有阿尔辛杰夫、福民、顾思明、戈林娜等担任专职顾问。中专教育领域，高等教育部聘任顾思明、克拉斯诺杰姆斯基担任顾问。部分苏联专家到业务部门、高等院校、中专学校指导工作或任教，协助拟订教育制度，参与会议，培训师资，协助学校教学与实习等。在苏联专家的协助下，我国在较短时间内拟订了教学计划、教学大纲、学校章程、考试办法等基础性文件，设置了校务委员会、学科委员会、教研组等机构。④移植苏联专业与教学模式，编译苏联教科

---

① 《高等教育部关于中等技术学校（中等专业学校）设置专业的原则的通知》，见何东昌：《中华人民共和国重要教育文献 1949～1975》，217页，海口，海南出版社，1998。

书。1953 年，高等教育部以苏联专业为标准制定了《中等专业学校专业一览表》，并于 1955 年参照苏联高等教育部新的专业设置重新调整。教学上借鉴苏联，推行五环节教学、三段式教学，生产实习、毕业设计等环节也有所参照。高等教育部还组织翻译了苏联中专教育的普通课、技术课、专业课教材。仅 1954 年高等教育出版社同其他专业出版社就出版苏联高等学校及中等专业学校教材 455 种①，其中中等专业学校教材有 130 种。

　　1954 年 6 月 7 日至 17 日，高等教育部召开全国中等专业教育行政会议，讨论中等专业教育的教学改革等问题。高等教育部副部长曾昭抡指出："今后我们中等专业教育工作的方针是：大力整顿发展中等专业教育，努力学习苏联先进经验，积极推行教学改革，提高教学质量。"②会议确定："中等专业教育要大力整顿并有计划的发展，进一步明确领导关系，加强领导，努力学习苏联先进经验，积极改进教学，提高教学质量。各类中等专业学校由中央各业务部门实行集中统一的领导，以克服由于多头、多层领导造成的无人负责的混乱现象。"③9 月 26 日，

----

　　① 《中华人民共和国高等教育部 1954 年的工作总结和 1955 年的工作要点》，见上海市高等教育局研究室，等：《中华人民共和国建国以来高等教育重要文献选编》上，187 页，时间不详。

　　② 《关于整顿、改革中等专业教育的总结及今后工作的基本任务——曾昭抡在全国中等专业教育行政会议上的报告》，见何东昌：《中华人民共和国重要教育文献 1949~1975》，341 页，海口，海南出版社，1998。

　　③ 中央教育科学研究所：《中华人民共和国教育大事记 1949—1982》，105~106 页，北京，教育科学出版社，1984。

政务院发布《关于改进中等专业教育的决定》，对各类中等专业学校的学习年限、教学工作、领导关系等进行了调整与改进。教育部门陆续颁发了《中等学校章程》《中等专业学校科学委员会工作规程》《中等技术学校课程设计规程》《中等专业学校毕业设计和毕业设计答辩规程》等办法与规定，涉及课程、考试、实习等若干方面，为中等专业学校的教育教学提供了依据。

　　1956 年 5 月 14 日至 22 日，高等教育部召开全国中等专业教育工作会议。会议讨论了《中等专业教育十二年发展规划（草案）》、领导关系和教学改革等问题。会议提出，12 年内各类高等专业人才与各类中等专业人才培养的比例，工业为 1∶2.5∼1∶3，农业为 1∶4∼1∶5。会议还提出："中等专业学校的领导关系应根据'谁用干部谁办校'的原则，按照中央事业和地方事业的划分，分别由中央业务部门或省、市人民委员会直接领导。"[1]1956 年下半年，中央冶金、电力、纺织等部门召开系统内中等专业学校教育行政会议，总结了近年来各项工作，部署了未来几年的发展规划。截至 1956 年年底，全国中等专业学校为 755 所，在校生达到 53.85 万人[2]，为新中国培养了一批为社会主义建设服务的技术人才和专业干部。

----

　　①　中央教育科学研究所：《中华人民共和国教育大事记 1949—1982》，165∼166 页，北京，教育科学出版社，1984。
　　②　刘英杰：《中国教育大事典 1949—1990》下，1690 页，杭州，浙江教育出版社，1993。

1956年9月，中国共产党第八次全国代表大会召开，刘少奇在会上指出："第二个五年计划要求高等学校学生增加1倍左右，中等专业学校、高级中学和初级中学的学生也有相应的增加。"①周恩来指出："从国家建设的要求来看，我们在高等学校和中等专业学校所培养的人才，在数量上，尤其是在质量上和门类上，还难以满足需要。因此，在第二个五年计划期间，应该进一步发展高等教育和中等专业教育，并且根据'掌握重点、照顾其他'及需要和可能结合的方针，进行全面规划。"②会议制定了全面建设社会主义的正确路线，对接下来建设中国社会主义道路具有重要意义。

1958年2月，第一届全国人民代表大会第五次会议决定，高等教育部和教育部合并为教育部，杨秀峰为教育部部长。后教育部召开了部务会议，设中等专业教育司。1958年5月，中共八大二次会议召开，确定了"鼓足干劲，力争上游，多快好省地建设社会主义"的总路线。在"教育大跃进"高潮中，教育领导管理权下放，中等专业教育迅猛发展。这一时期，中央下放教育事业管理权，提倡多样化办学，加之群众办学热情高涨，使

---

① 刘少奇：《中国共产党中央委员会向第八次全国代表大会的政治报告》（节录），见何东昌：《中华人民共和国重要教育文献1949～1975》，689页，海口，海南出版社，1998。

② 周恩来：《关于发展国民经济的第二个五年计划的建议的报告》（节录），见何东昌：《中华人民共和国重要教育文献1949～1975》，697页，海口，海南出版社，1998。

得中等专业学校的数量持续猛增，但出现了过于强调数量、重视生产忽视教学等问题，使教学质量出现了一定下降。到1960年年底，全国中等专业学校发展到4261所，在校生达到137.74万人①，学校数与在校生数达到新中国成立后中等专业教育发展的顶峰。

当时在广大农村地区，为解决急需知识青年参与生产与高小毕业生不能升学的现实矛盾，农业中学作为一种新型的职业学校得以出现。1958年2月，中央宣传部部长陆定一向江苏省委发出了试办农业中学的倡议。3月，江苏省海安县双楼乡和邗江县施桥乡创办了三所农业中学，招收高小毕业生入学。3月17—19日，中共江苏省委在南京召开民办农业中学座谈会，推广两乡办学经验。陆定一在会上指出："动员群众的力量，办各种职业中学，特别是农业中学，使不能进普通初中的小学毕业生都能升学，这是一个好办法。"②座谈会结束后，江苏、浙江等地区创办了大量农业中学，农业中学在全国迅猛发展。

1959年到1961年，由于"大跃进"与人民公社化运动的"左"倾错误及自然灾害等的影响，新中国面临成立以来最严重的经济困难。1961年1月，中共八届九中全会在北京召开，

---

①　刘英杰：《中国教育大事典1949—1990》下，1690页，杭州，浙江教育出版社，1993。

②　《创办农业中学 培养新式农民》，载《人民日报》，1958-03-19。

制定了对国民经济实行"调整、巩固、充实、提高"的方针。北京地区的高等学校与中等专业学校采取"定、缩、并、放、迁、停"等方式进行调整，中等专业学校由原来的 130 所调整为 80 所。① 7 月和 12 月，教育部分别召开了两次全国高等学校和中等学校调整工作会议，确定在现有学校中保留高等学校 774 所，中等专业学校 1670 所，其余学校均裁并。② 1962 年 4 月 21 日至 5 月中旬，教育部召开了全国教育会议，研究进一步调整教育事业和精简学校教职工的问题，决定大量裁并 1958 年以后新设立的条件很差的中等专业学校，以及少数布局不够合理和设置重复的中等专业学校。保留下来的中等专业学校，5 年内实行内部招生。③ 5 月 25 日，中共中央批转《教育部党组关于进一步调整教育事业和精减学校教职工的报告》。到 1962 年年底，中等专业学校调整为 956 所，在校生为 35.27 万人④，大量中等专业学校被调整、撤销与合并。

随着国家对国民经济的调整，经济形势得到好转，教育事

① 《教育部关于北京地区高等学校及中等专业学校调整工作的报告》，见何东昌：《中华人民共和国重要教育文献 1949～1975》，1033～1035 页，海口，海南出版社，1998。

② 中央教育科学研究所：《中华人民共和国教育大事记 1949—1982》，301 页，北京，教育科学出版社，1984。

③ 中央教育科学研究所：《中华人民共和国教育大事记 1949—1982》，306 页，北京，教育科学出版社，1984。

④ 刘英杰：《中国教育大事典 1949—1990》下，1690 页，杭州，浙江教育出版社，1993。

业也逐渐恢复。从 1963 年开始，中等专业学校开始面向本地区招生。3 月，中共中央发出通知，指出中小学教育事业要采取多种形式，主要是"国家办学与集体或者个人办学并举，普通教育与职业教育、技术教育并举"①，提出在城市可根据需要举办各类中小学校、职业学校、补习学校。5 月，教育部、劳动部联合召开城市职业教育座谈会，总结了新中国成立以来职业教育的办学经验，交流了当前各城市职业学校工作的经验，确定了要贯彻普通教育与职业教育并举的方针。7 月，《中央宣传部关于调整初级中学和加强农业、工业技术教育的初步意见（草案）》发布，提出"在中小学教育事业中，必须全面合理地安排普通教育与技术、职业教育的关系"②，要继续发展中等专业学校与技工学校，创办职业学校，并在普通学校中增设职业班。10 月，周恩来在召集教育部及有关部、委、团中央、全国学联负责人讨论中小学教育和职业教育问题时指出"中小学教育和职业教育十分重要"，提出"要办好中小学教育和职业教育，就要有一个规划。可以先搞一个七年的，算一个大账，再

---

① 《中共中央关于讨论试行全日制中小学工作条例草案和对当前中小学教育工作几个问题的指示》，见何东昌：《中华人民共和国重要教育文献 1949～1975》，1150 页，海口，海南出版社，1998。
② 《中央宣传部关于征求对有关职业、技术教育问题的两个文件（草稿）的意见的通知》，见何东昌：《中华人民共和国重要教育文献 1949～1975》，1187 页，海口，海南出版社，1998。

下去深入调查研究"，"大中城市要逐年发展一批职业学校"。① 次年 1 月，中共中央、国务院转发了教育部《关于中小学教育和职业教育七年(1964—1970)规划要点(初步草案)》。教育部还颁发了关于中等专业学校教学计划、专业设置与调整等方面的文件，试验中等专业学校新的招生计划，大力发展半工半读教育，各类职业教育重新获得发展。

"教育大革命"期间，农业中学曾兴盛一时，但很快随着三年经济调整而偃旗息鼓。国民经济形势好转后，停办的农业中学与技术学校相继恢复。1964 年前后，两种教育制度在城市、农村地区大力推行，半工半读教育主要在城市、厂矿的市民、工人中实行。在农村地区，半农半读成为热潮。1964 年 12 月，周恩来在第三届全国人民代表大会第一次会议上作《政府工作报告》，指出："近几年，我们根据教育为无产阶级政治服务、教育与生产劳动相结合的方针，改进了教学工作，提高了教育工作的质量。各地试办了一些半工半读、半农半读的新型学校，提高了工人与贫下中农子女的入学率。"② 会议明确了要继续大力发展这种新型学校，农业中学作为半农半读的重要形式在全国范围内恢复生机。如表 3-5 所示。

---

① 周恩来：《重视中小学教育和职业教育》，见何东昌：《中华人民共和国重要教育文献 1949～1975》，1221 页，海口，海南出版社，1998。

② 《在第三届全国人民代表大会第一次会议上周恩来总理作政府工作报告》，载《人民日报》，1964-12-31。

表 3-5　全国各省区市农业中学统计表（1964 年）

地区	学校数/所	招生数/人	在校学生数/人	毕业生数/人
北京	4	145	263	5
河北	408	21036	29677	1426
山西	958	42500	45300	—
内蒙古	243	9307	14883	886
辽宁	1538	78088	113399	4295
吉林	570	37932	60792	5441
黑龙江	776	32583	50374	1953
上海	229	10990	16494	956
江苏	955	38423	55500	3641
浙江	488	15129	17637	471
安徽	773	27462	31067	446
江西	145	6117	8442	576
福建	289	12274	17891	950
山东	1078	46558	55535	772
广东	1012	53662	71626	2062
广西	289	24197	35318	594
湖北	203	12319	13410	110
湖南	682	35346	43679	810
河南	781	42793	53623	1255
四川	864	65485	73479	—
云南	178	5554	8483	—
贵州	11	2800	3583	—
陕西	203	14438	22350	765
甘肃	1	44	44	—
新疆	60	2000	2480	—

续表

地区	学校数/所	招生数/人	在校学生数/人	毕业生数/人
宁夏	33	1542	1804	—
总计	12771	643724	847133	27420

资料来源于教育部半工半读办公室：《农业中学材料（1）》，1965-C-123.000，藏于中华人民共和国教育部档案处。

由表 3-5 可知，截至 1964 年年底，全国已有 12771 所农业中学，当年招生 643724 人，占总在校人数的 75.99%，由此可见 1964 年的农业中学发展得非常迅速。1965 年 3 月 26 日至 4 月 23 日，教育部在北京召开了第一次全国农村半农半读教育会议，与会代表对半农半读教育制度给出了极高评价，指出要扩大试办农业中学，发展半农半读中等技术学校。7 月 14 日，中共中央批转了教育部党组关于这次会议的报告，并发出了《中共中央关于半农半读教育工作的指示》，指出要进一步在农村地区办好半农半读教育。10 月 25 日至 11 月 23 日，教育部在北京召开了全国城市半工半读教育会议。会议期间，中共中央政治局召开了扩大会议，听取半工半读教育会议汇报并进行了讨论，指出今后必须坚持"五年试验，十年推广"的方针，坚定方向，积极进行试办，计划在第三个五年计划期间，通过举办"城来社去"的半工半读学校，组织城市青年上山下乡。据统计，截至 1965 年年底，"全国当时有半工（农）半读学校 4000 多所，学生达 80 多万；农业中学和其他职业中学发展到了 61600 所，在校学生 443.3 万人"①，半工（农）半读教育迅速在全国铺开。

1975 年，邓小平主持工作。该年 9 月 26 日，国务院召开会议，邓小平论述了"教育也要整顿"的问题，指出："我们有个危机，可能发生在教育部门，把整个现代化水平拖住了"②，还提到了对教师地位的关注等。9 月后，教育部部长周荣鑫贯彻邓小平"教育也要整顿"的意见，在教育战线展开整顿工作，后在"反击右倾翻案风"等影响下被迫中断。到 1976 年，中等专业学校、技工学校都有所恢复，但办学规模依旧较小，缺乏专业教材和教学计划，教师队伍仍未恢复。1977 年 10 月，国务院调整和加强教育部组织机构。调整后，教育部设中等专业教育司，加强对中等专业教育的管理工作。中等专业学校陆续恢复招生。

四、师范教育

新中国成立后，面对国内各级各类学校师资数量不足与质量不高的问题，党和政府对师范教育予以高度重视。在党的指

---

① 朱永新：《嬗变与建构：中国当代教育思想史》，119 页，北京，人民教育出版社，2004。

② 当代中国研究所：《中华人民共和国史稿 1966—1976》第三卷，266 页，北京，当代中国出版社、人民出版社，2012。

导与支持下，师范教育进入了发展的新阶段。这一阶段，党学习苏联师范教育经验，建构了职前培养和在职培训并列的师范教育制度。独立的师范教育体系保障了师范教育的有序发展；教师进修制度为在职教师创设了多种继续学习与提升渠道；师范教育人民助学金制度更为广大师范学子提供了坚实的经济保障。

（一）独立师范教育体系的建构

新中国成立后，为尽快恢复因战争而遭到破坏的师范教育，弥补师资缺口，培养人民教师，在党的领导下，我国建立了以三级师范教育（本科师范—专科师范—中等师范）为特点的独立师资培养体系，奠定了新中国师范教育的制度基础。

1. 三级师范教育体系的形成

在 1949 年 12 月召开的第一次全国教育工作会议上，党和政府对师范教育单独展开讨论，提出"改进北京师范大学和各地区大学中的师范学院或教育系""改进各地师范教育""加强教员轮训和在职学习"①等任务，突出了师范教育在整个教育事业中的独特地位，更体现了党对师范教育的重视。1950 年 1 月和 5 月，教育部分别颁布《关于改革北京师范大学的决定》和《北京

---

① 《钱俊瑞副部长在第一次全国教育工作会议上的总结报告要点》，见何东昌：《中华人民共和国重要教育文献 1949～1975》，8 页，海口，海南出版社，1998。

师范大学暂行规程》，对北京师范大学的任务、教学原则、教学和行政组织形式等做出了明确规定。两份关于北京师范大学的文件不仅对北京师范大学的发展具有重要实际意义，而且基本上为当时高等师范院校的改革和建设确定了框架，首次建构了高等师范院校的基本办学模式，也为中等师范教育的改革提供了依据。这两份文件的颁布是新中国师范教育形成独立体系的开端，但是此时我国还尚未形成完善的、制度化的、独立的师资培养体系。

1951年8月10日，政务院第97次政务会议通过《政务院关于改革学制的决定》，将师范教育划分为中等师范教育和高等师范教育两级：师范学校、幼儿师范学校和初级师范学校属于中等师范教育，归入中等专业学校，与普通中学分列，分别培养初等教育师资和幼儿园教养员；师范大学、师范学院和师范专科学校属于高等师范教育，归入与工矿、农林、医药并列的专门学校，承担培养中等教育师资的任务。新学制的颁布确定了新中国教育的基本格局，为师范教育的发展划定了基本的框架，正式将师范教育机构从学制体系中独立出来。

同年8月27日到9月11日，教育部在北京召开第一次全国初等教育与师范教育会议。会议进一步肯定了新学制对师范教育分级设置的规划，并提出了各级师范院校"政府主办，独立设置"的调整和建设原则。

高等师范院校(师范大学、师范学院、师范专科学校):

甲、每一大行政区至少建立一健全的师范学院，由大行政区教育部(或文教部)直接领导，以培养高级中等学校师资为主要任务。各省和大城市原则上应设立一所健全的师范专科学校，由省(或市)教育厅、局直接领导，以培养初级中等学校师资为任务；如有条件，亦得设立师范学院。

乙、现有师范学院，应加整顿和巩固；没有文理科方面各系科的，应逐渐添设，并充实其设备。

丙、现在大学中的师范学院(或教育学院)应以逐渐独立设置为原则，并增设文理方面的系科。

丁、根据需要与条件，得以个别大学的文理学院为基础，成立独立的师范学院。

戊、明确规定师范学院教育系的任务为培养师范学校的教育学、心理学与逻辑学等课目的教师。大学文学院中的教育系应逐渐归并于师范学院。现有各种专门教育系，如语文教育系、社会教育系等等应明确规定其具体任务，加以调整或归并。

己、将有条件的学校，改设一所至两所幼儿师范专科学校。

中等师范学校（师范学校、幼儿师范学校、初级师范学校）：

> 甲、争取各省每一专署区及省辖市设立师范学校一所，条件不够时，可设初级师范学校。较大的县争取设初级师范学校一所，较小的县应联合设立初级师范学校或师范学校一所。
>
> 乙、目前各地以设立初级师范学校为主；如有条件，应使初级师范有计划地转变为师范学校。
>
> 丙、争取在师范学校或初级师范学校内附设幼儿师范班。
>
> 丁、为解决招生困难，各地得选择一定的师范学校附设预备班性质的初中班。[1]

这些原则的提出与实施加强了党对师范教育的领导与管理，改变了我国师范教育依附性强、师范学校管理混乱与设置不合理等制约师范教育发展的困局，为师范教育创造了独立的发展空间。第一次全国初等教育与师范教育会议明确了新中国师范教育的工作方针，建构了师范教育独立设置的师资培养体系，确立了我国由各级师范教育机构专门培养各级教育师资的基本方略，奠定了师范教育制度的基础。

---

[1]　钱俊瑞：《用革命办法办好人民教育——在第一次全国初等教育与师范教育会议上的总结报告》，见何东昌：《中华人民共和国重要教育文献 1949～1975》，115 页，海口，海南出版社，1998。

　　1952年5月，教育部制定了《1952年全国高等学校院系调整计划（草案）》，指出："高等学校的调整重点，是整顿与加强综合大学，发展专门学院，首先是工业学院与师范学院。"①自此，党和政府开始正式对高等院校进行有步骤、有计划、大规模的调整改革。师范教育作为调整的重点受到中共中央和教育行政部门的关注。

　　1952年7月16日，教育部根据《政务院关于改革学制的决定》以及第一次全国初等教育与师范教育会议的讨论结果，正式颁布试行了《关于高等师范学校的规定（草案）》《师范学校暂行规程（草案）》和《关于大量短期培养初等及中等教育师资的决定》。它们分别确定了新中国各级各类师范学校的方针、任务、学制和教学计划等内容，使各级各类师范学校的创办有了专门的、独立的规章制度可循。这些文件的颁布进一步巩固和完善了师资培养的独立体系，标志着新中国成立初期师范教育制度的正式建立。

　　《关于高等师范学校的规定（草案）》将高等师范学校分为两类：一类是师范学院或师范大学，修业年限为四年，培养高级中学与同等程度的中等学校师资；另一类是师范专科学校，修业年限为两年，培养初级中学与同等程度的中等学校师资。②《师范学

---

　　①　苏渭昌、雷克啸、章炳良：《中国教育通史·中华人民共和国卷》下，78页，北京，北京师范大学出版社，2013。

　　②　《关于高等师范学校的规定（草案）》，见何东昌：《中华人民共和国重要教育文献1949～1975》，156页，海口，海南出版社，1998。

校暂行规程（草案）》规定师范学校的修业年限为三年，包括师范
学校、幼儿师范学校和初级师范学校（修业年限为三至四年），
培养初等教育和幼儿教育师资。[①] 上述文件的颁布与施行正式
确定了我国师范院校分级设立的制度。表3-6为经过调整后正
式确立的三级师范教育体系。

表3-6　三级师范教育体系

培养层次	设置与领导	学校类别	修业年限	培养目标	招生对象	附设
本科师范	大行政区教育部、省(市)教育厅(局)	师范大学、师范学院	四年	高级中学及同等程度的中等学校师资	高级中学及师范学校(须服务期满)毕业生或具有同等学力者	中学、师范学校、小学、幼儿园
						研究部、夜校、训练班、函授部
专科师范	省(市)教育厅(局)	师范专科学校	两年	初级中学及同等程度的中等学校师资	高级中学及师范学校(须服务期满)毕业生或具有同等学力者	初级中学、小学、幼儿园

---

① 《师范学校暂行规程（草案）》，见何东昌：《中华人民共和国重要教育文献
1949～1975》，157页，海口，海南出版社，1998。

续表

培养层次	设置与领导	学校类别	修业年限	培养目标	招生对象	附设
中等师范	省、市、县人民政府	师范学校、幼儿师范学校	三年	小学、幼儿园教师	初级中学毕业生或具有同等学力者	附属小学、幼儿园
						函授部
		初级师范学校	三至四年	初级小学教师	25岁以下的小学毕业生或具有同等学力者	幼儿师范科

注：表格内容根据《关于高等师范学校的规定(草案)》《师范学校暂行规程(草案)》整理。参见何东昌：《中华人民共和国重要教育文献 1949～1975》，156～157页，海口，海南出版社，1998。

1953年，随着院系调整的完成，我国的高等师范院校均改为独立设置，我国正式建立了本科师范（师范大学、师范学院）—专科师范（师范专科学校）—中等师范（师范学校、幼儿师范学校、初级师范学校）的三级师范教育体系。大行政区或省设立本科师范院校，培养所辖区域内的高中教师；省、直辖市设立师范专科学校，培养省域内的初中教师；专署区或省辖市设立师范学校或初级师范学校，培养小学或幼儿园教师。新中国建立的三级师范教育体系呈现出"独立性、区域性和层级性"[①]的特点，是新中国师资培养系统化、层次化和专业化的开

—————————

① 胡艳：《规制与解放：百年来中国中小学教师专业化进程研究》，183页，北京，北京师范大学出版社，2020。

端，从此我国师范教育在党的领导下走上了有中国特色的制度化道路。

2. 独立设置的高等师范教育

新中国刚成立时，全国独立设置的高等师范院校仅有 12 所，在校生为 12039 人；另有附设于大学的师范学院 3 所，在校生为 4363 人。[①] 经过两年的恢复与发展，到 1951 年，全国 29 所高等师范学校中，实际上独立设置的高等师范学校有 17 所，附属于大学的师范学院占 12 所。而在独立的 17 所高等师范学校中，文理系科办得比较健全、设备较好的不过三五所。设在各大学的师范学院，师资、设备大都依靠其他学院，内容一般是空虚的。另外，设在大学文学院中的教育系共 32 个，内容多不切实际、空洞芜杂。[②] 可见，新中国成立后我国高等师范院校不仅数量少、质量不高，且系统混乱、分布不均。因此，建立独立、完善的教育体系成为发展高等师范教育的关键。

(1)院系调整中的高等师范教育

针对上述问题，20 世纪 50 年代初，全国高等师范学校根据中共中央学习苏联的精神开始全面改革旧的高等师范教育，模

---

① 刘捷、谢维和：《栅栏内外——中国高等师范教育百年省思》，118 页，北京，北京师范大学出版社，2002。

② 韦悫：《巩固和发展新中国的初等教育和师范教育——在第一次全国初等教育与师范教育会议上的报告》，见何东昌：《中华人民共和国重要教育文献 1949～1975》，111 页，海口，海南出版社，1998。

仿苏联高等师范教育的办学模式开展教学改革和院系调整，建立独立的高等师范学校。1952 年下半年，教育部根据 1951 年 8 月第一次全国初等教育与师范教育会议确定的高等师范学校"政府主办，独立设置"的调整原则开始对全国的高等师范学校进行院系调整。经过院系调整，辅仁大学的主体并入北京师范大学；圣约翰大学理学院各系，大同大学、沪江大学、圣约翰大学、震旦大学四校教育系与浙江大学地理系并入华东师范大学；南京大学师范学院系科、金陵大学师范系科、震旦大学托儿专修科合并组成南京师范学院；岭南大学教育系并入华南师范学院①；私立武昌中华大学的化学、国文两系，广西大学的生物系以及湖北省教育学院并入华中师范学院；重庆大学的教育系，重庆艺术专科学校的美工系、音乐系，川东教育学院（前身为私立乡村教育学院）的教育行政系、语文系文艺组、生物化学系，四川大学的教育系、教育科，华西大学的保育系保育组和昆明师范学院的史地组并入西南师范学院。② 1953 年，除完成 1952 年未完成的院系调整工作外，教育部根据中等学校对师资的要求情况，遵循"重点稳进"的原则，发布了《关于高等师范学校教育、英语、体育、政治等系科的调整设置的决定》，对有

---

① 金长泽、张贵新：《师范教育史》，33、34 页，海口，海南出版社，2002。

② 刘英杰：《中国教育大事典 1949—1990》上，816 页，杭州，浙江教育出版社，1993。

关院校的部分系科做了调整，调整围绕"充实与发展政治系科、收缩教育系科和英语系的办学规模、调出高等师范学校的体育系科"进行。

到 1953 年，在贯彻"整顿巩固、重点发展、提高质量、稳步前进"的文教总方针中，高等师范学校完成了院系调整。除延边师范学院和新疆民族学院师范部以外，全国共有独立设置的高等师范学校 31 所，其中师范大学 3 所、师范学院 23 所、师范专科学校 5 所。[①] 与 1949 年的 12 所相比，增长了近 1.6 倍，高等师范学校在校生共 39958 人，是 1949 年的 3.32 倍。

表 3-7　1953 年高等院校的招生情况

类别	工科	师范	卫生	理科	文科	农林	艺术	财经	政法	体育
学生数/人	34100	20200	7700	5500	4400	4000	800	2300	1200	800
百分比/%	42.10	24.94	9.5	6.79	5.43	4.93	0.99	2.84	1.49	0.99

资料来源于《中国教育年鉴》编辑部：《中国教育年鉴 1949—1981》，258 页，北京，中国大百科全书出版社，1984。

从表 3-7 中 1953 年高等院校的招生情况看，院系调整完成后，高等师范院校的招生人数已跃居各类高等院校招生人数的第二名，占总招生人数的近四分之一，体现了党和政府对高等师范教育的支持与重视。院系调整使高等师范院校的分布更趋

---

① 《关于全国高等师范教育的基本情况和今后方针、任务的报告——张奚若部长在全国高等师范教育会议上的报告》，见何东昌：《中华人民共和国重要教育文献 1949～1975》，247 页，海口，海南出版社，1998。

合理，人力物力的配置与使用更加集中，教育方针与培养目标更为明确，高等师范教育得到了进一步发展。

(2)明确高等师范教育的方针与任务

1949—1978 年，党逐步调整与确定了高等师范教育的方针与任务，明确了新中国高等师范教育的社会主义性质。在1949—1952 年的国民经济恢复期，党领导国家教育行政部门制定了统一的、具有新民主主义性质的高等师范教育方针，逐步确立了社会主义师范大学的培养目标。1949 年 12 月，教育部召开的第一次全国教育工作会议将师范教育列为重要议题，讨论了改进北京师范大学和各地师范学校的意见。随后，根据会议精神，1950 年 1 月 17 日，教育部第 5 次部务会议通过了《关于改革北京师范大学的决定》，对北京师范大学的任务与方针[①]做了初步规定。同年 5 月，教育部正式颁发了新中国成立后的第一个有关高等师范教育的法令性文件——《北京师范大学暂行规程》，明确指出了北京师范大学的任务，构建了新中国高等师范教育的基本模型。这是党运用马列主义与毛泽东思想指导高等师范教育建设与发展的重要举措，不仅为北京师范大学的办学

---

① 《关于改革北京师范大学的决定》规定："北京师范大学的任务，主要是培养新中国中等学校的师资，其次是培养与训练教育行政干部和社会教育干部。这些教员与干部应该能够掌握马列主义、毛泽东思想的基本内容和进步的教育科学与技术，以及有关的专门知识，并具有为人民服务的专业精神。这就是今后北京师范大学的办学方针。"因其内容与《北京师范大学暂行规程》基本一致，故未在正文提出。

指明了方向，更对全国高等师范学校的恢复与改造起到了引领作用。1952 年 7 月，教育部颁布试行《关于高等师范学校的规定(草案)》，对高等师范学校的办学目标、方针和任务正式做了统一规定："高等师范学校的任务，是根据新民主主义教育方针，以理论与实际一致的方法，培养具有马克思列宁主义和马克思列宁主义与中国革命实际相结合的毛泽东思想的基础、高级文化与科学水平和教育的专门知识与技能、全心全意为人民教育事业服务的中等学校师资。"①《关于高等师范学校的规定(草案)》是新中国成立后第一份对全国高等师范学校的方针、任务做出统一规定的文件，明确了新中国高等师范教育新民主主义的性质，强调以马克思列宁主义、毛泽东思想为指导突出了师资培养的政治性标准，这是新中国成立后中国高等师范教育的一大特色。

社会主义过渡时期，在统一的教育方针和逐步独立设置政策的影响下，新中国高等师范教育在党的领导下获得快速发展，提出了"为中等教育服务""面向中学"的发展任务。这一阶段，面对迅速发展的中等教育，高等师范仍面临与中等教育不相适应、在数量和质量上无法满足中等学校师资需要等问题。为了解决这些问题，教育部于 1953 年 9—10 月召开了全国高等师范

---

① 《关于高等师范学校的规定(草案)》，见何东昌：《中华人民共和国重要教育文献 1949~1975》，156 页，海口，海南出版社，1998。

教育会议，研讨了高等师范教育的方针、任务、教学改革和教学计划等问题。11月，《政务院关于改进和发展高等师范教育的指示》发布，指出："今后高等师范教育工作应该采取在整顿巩固现有高等师范教育的基础上，根据需要与可能，有计划地、有准备地予以大力发展的方针。""整顿巩固，提高质量"是当时发展师范教育的关键，为此政务院强调，师范教育的发展主要是扩充现有学校，其次才是有准备地建立新校，"不顾到国家建设的需要，不积极发挥潜力，不努力创造条件、克服困难、以力求发展的保守思想是不对的；单从主观愿望出发，不考虑可能条件，单纯追求数量而忽视质量，盲目冒进的做法也是不对的"。[①] 为进一步完成高等师范教育的培养任务，满足中等教育对师资的需求，1956年3月，教育部召开了第二次全国高等师范教育会议。会议制定了高等师范教育未来发展规划需依据的改革原则，如"高等师范教育是为中等教育服务的""要发展高等师范教育必须依靠地方的力量""各地区现有高等师范学校还须扩大和发展，各地区还须为建立新校作好准备"[②]等，为高等师范教育的改革提供指导。依循改革原则，会议指出高等师范教

---

① 《政务院关于改进和发展高等师范教育的指示》，见何东昌：《中华人民共和国重要教育文献 1949~1975》，265页，海口，海南出版社，1998。

② 《教育部关于第二次全国高等师范教育会议情况简要报告》，见何东昌：《中华人民共和国重要教育文献 1949~1975》，608~609页，海口，海南出版社，1998。

育必须充分满足中等师范学校对师资的需要，克服在数量、质量上与中等学校需求不相适应的严峻问题，其发展规划必须根据和适应中等学校发展的规划。由于中等教育是地方事业，高等师范教育的发展也需依靠地方力量，各省、区、市要根据自力更生的原则担负起培养本地中学师资的任务，逐步做到中等学校师资由地方自给自足。这些原则与措施体现了党和政府对中等教育情况的清晰认识以及对高等师范教育任务与方针的明确把握。

1958—1960 年，受"大跃进"影响，高等师范教育平稳有序的发展状态被打破。1961 年 10 月，教育部在北京召开了全国师范教育会议，针对 1958 年以来高等师范教育盲目发展导致的师资水平下降、各级师范培养目标界限模糊等问题，再次明确了高等师范教育的任务——师范大学、师范学院培养中等学校师资，师范专科学校培养初中师资，并提出了具体的培养目标。在政治思想方面，除了应按一般高等师范学校对学生的思想政治要求进行教育以外，还必须特别加强共产主义道德品质和思想修养的教育，培养学生热爱社会主义教育事业，并且能以自己的模范行为作学生的表率。在业务方面，必须扎扎实实地打好文化科学的基础，学好基本理论、基础知识，受到切实的教育基本技能的训练。师范大学和师范学院的学生，必须尽可能了解本专业范围内科学的新发展，具有初步的科学研究的能力和指导中学生科技活动的能力。还要理解马克思主义的教育理论和党的教育方针政策，了解中学教育和中学教材，能够掌握一般教育原则和教学方法，并具有对中学生进行教育、组织活动的初步能力。在体育方面，要具有健全的体魄，良好的生活习惯和卫生习惯。[①]

这次会议总结了新中国成立以来，特别是1958年以后师范教育的经验教训，明确了高等师范教育的办学方向和培养目标，使高等师范教育的发展回归正轨。但是不久之后"文化大革命"的发动使高等师范教育受到了很大影响，许多院校被迫停办、撤销、合并，此前确定的关于高等师范教育发展的方针未能得到继续贯彻执行。

表3-8　1949—1966年全国高等师范教育基本情况

年份	学校数/所	在校生数/人	招生数/人	毕业生数/人	专任教师数/人
1949	12	12039	3442	1890	—
1950	12	13312	3371	624	—
1951	30	18225	6836	1206	—
1952	33	31551	18145	3077	—
1953	33	39958	20243	9650	5641
1954	39	53112	24374	10551	7649

---

① 《教育部党组关于全国师范教育会议的报告》，见何东昌：《中华人民共和国重要教育文献 1949～1975》，1080 页，海口，海南出版社，1998。

续表

年份	学校数/所	在校生数/人	招生数/人	毕业生数/人	专任教师数/人
1955	42	60657	21413	12133	8117
1956	55	98821	57274	17243	12961
1957	58	114795	33065	15948	15009
1958	171	157278	72034	31595	—
1959	175	192285	75927	22352	—
1960	227	204498	77710	52636	—
1961	163	186841	37409	46918	—
1962	110	137561	20041	53832	—
1963	61	114296	22136	44452	20164
1964	59	97462	22849	38958	19284
1965	59	94268	25329	28966	18237
1966	—	72003		22265	

数据来源于刘英杰：《中国教育大事典 1949—1990》上，800 页，杭州，浙江教育出版社，1993。

从表 3-8 中的数据可以看出，1949—1952 年，我国高等师范教育尚在恢复阶段，学校数和在校生数均缓慢增长，难以满足中等教育对师资的需求。自 1953 年院系调整完成到 1957 年，是师范教育有力发展的阶段，学校数、在校生数和专任教师数均稳步增长，毕业生数也基本呈现平稳增长的趋势，符合"为中等教育服务"的培养目标。但是 1958—1960 年，受"大跃进"的影响，高等师范教育急剧膨胀，1960 年的学校数由 1957 年的

58 所激增至 227 所，是 1957 年的近 4 倍，招生数也增长了约 2.35 倍。1961 年经党和政府的调整与控制，高等师范教育的发展速度逐渐减慢。

伴随着师资培养独立体系的建构，高等师范教育的方针和任务逐步确立，新中国高等师范教育的基本框架得以奠定，为高等师范院校课程设置、教学计划的改革与调整提供了指导。党领导下的高等师范教育，其方针与任务具有鲜明的新民主主义和社会主义性质，充分体现了高等师范教育为人民服务、为人民教育事业培养师资的中国特色。

（3）进行课程与教学改革

在教育方针与任务的指引下，重视思想政治教育与全面学习苏联是新中国建立初期党领导下的高等师范教育的一大特色，具体体现在党和政府对高等师范学校课程设置与教学计划的调整中。

新中国成立初期，全国高等师范学校以毛泽东思想改革旧教育和学习苏联的指示为方针，开始进行课程与教学的改革。1949—1953 年，高等师范学校教学改革主要完成了废除反动课程、添设革命政治课、改变某些学科的内容和教学方法、对教师进行思想改造等工作。1950 年 1 月，教育部通过了《关于改革北京师范大学的决定》，依据教育方针规定政治课为全校共同必修科，约占全部课程的 20%；文化与业务课程"应贯彻革命的思想与政治教育，并进行适量的和必要的课外活动，使学生在实际生活中得到锻炼"①。为提高教师的政治和业务水平，《关于改革北京师范大学的决定》还规定北京师范大学全体教师应建立马克思列宁主义、毛泽东思想的学习与研究的组织，以提高教师的思想政治素养和业务水平。5月，教育部发布了《北京师范大学暂行规程》，明确规定："为肃清封建的买办的法西斯主义的思想残余，发展为人民服务的思想，树立科学唯物主义的世界观，规定政治课为本科各系的共同必修课，约占全部课程的15％，其科目为：(1)辩证唯物论与历史唯物论(包括社会发展简史)；(2)新民主主义论(包括近代中国革命史)；(3)政治经济学；(4)文教政策与法令。"②

1952年，教育部委托北京师范大学，根据1951年苏联师范学院教学计划草拟了《师范学院教学计划(草案)》并发布试行。这份教学计划草案以我国当时中等教育的现实情况与需要为根据，学习苏联教学计划中高度的科学性、计划性，对高等师范学校各系科的课程做了较为合理的安排。思想政治科目和教育科学科目是师范学院各系科的基本课程。思想政治课程具体包括马克思列宁主义基础(包括辩证唯物论与历史唯物论)、新民

---

① 《〈改革中的北京师大〉及关于我校改进研究工作的有关材料》，北京师范大学档案馆，档案号：校长办公室，1950-7。

② 《北京师范大学暂行规程》，见何东昌：《中华人民共和国重要教育文献1949~1975》，14页，海口，海南出版社，1998。

主主义论（包括毛泽东其他的著作及中国革命史）和政治经济学。在必修课程中思想政治课程仍占有较大比重。

上述三份文件中，虽然思想政治课占全部课程的比重逐渐降低，但是内容更加细化，种类更加丰富，课时安排与课程体系也更趋于完备。这些文件的颁布，缓解了高等师范教育系科设置无据可依的困境，使高等师范教育的培养计划和教育教学改革有了较为明确的方向。

除加强对师生的思想政治教育外，新中国成立后各高等师范学校还掀起了学习苏联先进教育理论和教育经验的热潮。绝大部分教师都学习过苏联高等师范学校的教学计划，且教学活动开始广泛采用苏联的教学大纲和教材，部分学校采用苏联教材授课的课程甚至在50％以上。面向中学、密切结合中学教育实际已成为各高等师范学校共同努力的方向。

自1953年开始，全国的高等师范学校在党的领导下开始了更为系统的教学改革。1953年9月召开的全国高等师范教育会议明确提出："高等师范学校教学改革整个过程和最终目的，是要使半殖民地、半封建性质的、深受欧美日本资产阶级反动思想毒害的、脱离中等教育实际的、完全不能适应新中国教育建设需要的旧的高等师范教育，彻底转变为由工人阶级思想领导的、完全适合正在逐步过渡到社会主义社会的国家教育建设需要的新型高等师范教育。""高等师范学校的教学改革就是以马克思主义的立场、观点和方法逐步把旧的教学内容、教学组织和教学方法改革为新的教学内容、教学组织和教学方法。这种改革应以认真系统地从本质上去学习苏联先进教育理论和经验并密切结合中国实际为方针。"①所以，"加强学校思想、政治领导，纠正混乱思想"依旧是教学改革过程中必须适当解决的主要问题之一。对此，会议指出必须重视对学生加强思想政治教育、专业思想教育、学习纪律教育。不仅师生均要重视系统的马克思列宁主义的理论学习，还要把教师组织起来，建立教学研究组和教研室，使大家共同从事教学研究，发挥教学上的集体性和互助性。师资问题是办好和发展高等师范教育的关键，故各高等师范学校应认真执行团结和改造知识分子的政策，"加强现有教师系统的政治理论学习的领导，切实贯彻中国共产党中央宣传部关于高等学校政治理论学习的指示，系统地学习政治理论，逐步改变其立场、观点和方法"②，使新中国的每个教师都成为马克思主义者，用马列主义和毛泽东思想武装起自己的头脑。

与新中国成立后的教学改革相比，1953 年开始的教学改革

---

① 《关于高等师范学校教学改革的报告提纲——柳湜副部长在全国高等师范教育会议上的报告》（节录），见何东昌：《中华人民共和国重要教育文献 1949～1975》，251 页，海口，海南出版社，1998。

② 《关于全国高等师范教育的基本情况和今后方针、任务的报告——张奚若部长在全国高等师范教育会议上的报告》，见何东昌：《中华人民共和国重要教育文献 1949～1975》，249 页，海口，海南出版社，1998。

在具体方针和目标的指导下更加系统，是思想体系、培养目标、教学计划、教学方法、教学组织等各方面及各方面间有机联系的整体性改革。在党的领导下，这一时期的教学改革不仅进一步加强了对师生的思想政治教育，尤其强调对教师的思想政治学习与改造，同时向苏联的学习也由浅入深，结合中等教育需要与高等师范教育的实际情况，从本质上对苏联的教育理论和经验展开了学习。正如教育部副部长柳湜在此次会议上所言："整个改革过程，无论在哪一个环节都将贯串着新旧的斗争，即工人阶级思想和资产阶级思想的斗争。这一过程又是教师们通过在实践中逐步地系统地学习马克思列宁主义，提高政治、思想、科学水平，逐步体会、掌握苏联先进科学成就及先进教育经验和中国实际相结合的过程。"[1]教师的思想政治水平提高后才能更好地贯彻和落实教学改革，引领学生展开思想政治学习。此外，这一时期各高等师范学校还建立了思想政治工作机构，如学校党委、各级院系的党组织以及政治辅导处等，并在各系科设政治辅导员，负责学生的思想政治工作。这一时期全国各高等师范学校师生在党的领导下积极建立师生学习组织，开设政治经济学、马克思列宁主义基础、辩证唯物主义与历史唯物主义等课程以贯彻教学改革。思想政治课程的落实形式也多种

---

[1] 《关于高等师范学校教学改革的报告提纲——柳湜副部长在全国高等师范教育会议上的报告》（节录），见何东昌：《中华人民共和国重要教育文献 1949～1975》，251～252 页，海口，海南出版社，1998。

多样，以浙江师范学院为例，这一时期浙江师范学院积极举办长征故事报告会、抗日战争回忆晚会、抗日战争图片展览会等，积极开展公益劳动、文艺汇演、时事政策测验，并组建"黄继光锻炼小组""邱少云锻炼小组"等学先进小组。总之，丰富的思想政治课程学习方式大大激发了师生的学习热情。

在"大跃进"的影响下，高等师范学校在 1958—1960 年开展了"教育大革命"，教学秩序遭到破坏，教学质量下降。外加"面向中学"口号的提出，使得高等师范学校的文化科学水平一度降低。针对此情况，1960—1961 年，教育界围绕高等师范教育"师范性"与"学术性"两个办学方向进行了讨论。

1960 年 4 月，全国师范教育改革座谈会在河南新乡召开，初步总结了高等师范学校"教育大革命"的经验教训。针对当时"课程设置门类过多，主次不分，教育课程所占的比重过大，文化科学知识学得过少""各级师范学校的文化科学水平都低于同级学校的水平，课程内容有不少部分是陈腐、落后、繁琐、脱离政治、脱离生产、脱离实际的，很少反映或没有反映现代科学技术的新成就""没有以毛泽东教育思想、党的教育方针作为指导，脱离政治。同时严重的存在着教条主义，脱离我国实际，内容重复繁琐比文化科学课程更为严重"①等问题，会议提出高

① 《师范教育改革座谈会关于师范教育教学改革的初步意见（草稿）》（节录），见何东昌：《中华人民共和国重要教育文献 1949~1975》，982~983 页，海口，海南出版社，1998。

等师范学校要大力开展科学研究工作，既要进行尖端科学和基础理论的研究，更要积极地参加技术革新和技术革命运动；要有计划地开展学术思想批判，在毛泽东思想的指导下，批判资产阶级的学术思想和现代修正主义，发展马克思列宁主义的学术思想，改革各门课程的内容和建立新的学说思想体系；要减少教育课程，彻底改革教育课程的内容，主要讲授毛泽东教育思想、党的教育方针、中国先进的教育经验，对资产阶级教育学和心理学进行彻底批判，发展共产主义教育理论；适当增加劳动，联系农工以加强师生的思想改造；减少课程教学时数，培养学生独立思考和独立工作的能力。

这次会议对此前高等师范教育发展中产生的问题形成了客观明确的认识，将加强师生思想政治教育作为高等师范学校教学改革的重点，相比之前突出了生产劳动教育和文化科学研究而削弱了教育课程并减少了课程教学时数，这一改革在一定程度上有利于提高高等师范教育的学术性。部分与会者认为"师范大学要面向中学"的培养目标降低了高等师范的学术水平，提出高等师范教育应"相当于综合大学水平"①的口号。后来甚至有人进一步提出应改变高等师范教育的师范性、停办师范教育的主张。这些主张否定了师范教育的师范性，具有很强的片面性，

①　顾明远：《中国教育路在何方：顾明远教育漫谈》，108页，北京，人民教育出版社，2016。

对高等师范教育的发展造成了消极影响。

1961 年 10 月 25 日至 11 月 12 日，教育部在北京召开全国师范教育会议，进一步总结了师范教育工作的经验教训，明确了师范院校的师范性，指出师范院校是培养师资的主要阵地，其任务是培养合乎要求的教师。会后，全国各高等师范学校认真贯彻会议精神，积极进行教学改革，加强了教育实习和对基础理论、基础知识的教学。

3. 独立师资培养体系下的中等师范教育

独立的中等师范教育为初等教育和幼儿教育提供了稳定的师资。新中国成立后，党率先对国民党统治时期遗留下来的中等师范教育进行了接管和改造，一方面取消了国民党设置的反动的政治课程和训育制度，另一方面积极设法解决办学经费、校舍、师资等各项实际问题，为中等师范教育在新中国的继续发展奠定了良好的基础。为贯彻和落实"教育向工农开门"的方针，建设为人民服务的中等师范教育，党对中等师范教育的方针、任务和培养目标做了社会主义性质的统一规定，根据初等教育的需求不断调整、巩固师范学校的数量和布局，更对学生的思想教育和师德教育予以高度重视，形成了独立体系下具有社会主义特色的中等师范教育。

(1)社会主义性质的方针、任务和培养目标

新中国成立后，我国中等师范教育的方针尚不明确。

1951 年 3 月，第一次全国中等教育会议确定了"整顿巩固，适当发展"的中等教育总方针。同年 8 月，教育部部长马叙伦在第一次全国初等教育与师范教育会议的开幕词中首次提出中等师范学校的任务是"培养小学和幼儿园的师资和部分的工农业余学校的师资"，并要求中等师范学校所培养的新师资"必须是用马克思列宁主义、毛泽东思想武装起来的、熟悉业务的、全心全意为人民教育事业服务的人民教师"①。随着新学制的颁布施行和师范教育制度的逐步建立，中等师范教育的培养任务也进一步明确。1952 年 7 月，教育部颁布《师范学校暂行规程（草案）》，首次从法律层面对师范学校的任务做出了明确规定："师范学校的任务，是根据新民主主义教育方针，以理论与实际一致的方法，培养具有马克思列宁主义和马克思列宁主义与中国革命实际相结合的毛泽东思想的初步基础，中等文化水平和教育专业的知识、技能，全心全意为人民教育事业服务的初等教育和幼儿教育的师资。"②这一规定为各师范学校培养社会主义人民教师确立了方向与标准。

1956 年，在国民经济恢复与社会主义改造完成的背景下，

---

① 《马叙伦部长在第一次全国初等教育与师范教育会议上的开幕词》，见何东昌：《中华人民共和国重要教育文献 1949～1975》，109 页，海口，海南出版社，1998。

② 《师范学校暂行规程（草案）》，见何东昌：《中华人民共和国重要教育文献 1949～1975》，157 页，海口，海南出版社，1998。

党根据国家和人民群众对中等师范教育的新需求，对师范学校的任务和培养目标做了调整与修改，规定"师范学校的任务是培养具有社会主义的政治觉悟、辩证唯物主义的世界观、共产主义的道德、中等文化水平与教育专业知识技能、身体健康、全心全意为社会主义教育事业服务的初等教育和幼儿教育师资"①。与 1952 年的相比，此次培养目标对政治要求做了较大调整，将具有马克思列宁主义和毛泽东思想的初步基础提高并具体化为"具有社会主义的政治觉悟、辩证唯物主义的世界观、共产主义的道德"。1958 年 3 月，教育部召开第四次全国教育行政会议，要求"积极发展和改进各级师范学校，培养又红又专的工人阶级自己的教师队伍"②。据此，1960 年 5 月，教育部召开的师范教育改革座谈会印发的《关于改革中等师范教育的初步意见（草稿）》提出："中师的培养目标是使学生具有共产主义觉悟，基本上形成共产主义世界观和为人师表的共产主义道德品质，相当于同级学校的文化科学水平；具有一定教育理论和独立完成教育、教学工作的能力；身体健壮的，全心全意为人民教育事业服务的，又红又专的一至八年级教师。"③这一培养目标与

① 刘英杰：《中国教育大事典 1949—1990》上，975 页，杭州，浙江教育出版社，1993。

② 刘英杰：《中国教育大事典 1949—1990》上，975 页，杭州，浙江教育出版社，1993。

③ 刘英杰：《中国教育大事典 1949—1990》上，975 页，杭州，浙江教育出版社，1993。

之前相比，对教育理论和教学能力提出了更明确的要求，突出了师范教育的"师范性"。1961年11月，全国师范教育工作会议对1958年前后师范教育发展的经验教训进行了深刻总结，并在此基础上印发了《三年制中等师范学校教学计划草案（征求意见稿）》，对中等师范学校的任务和培养目标做了具体规定。这份文件经各地试行、讨论与修改后于1963年8月由教育部正式印发。《三年制中等师范学校教学计划草案（征求意见稿）》规定：

师范学校招收年满16岁至25岁的初中毕业生，修业3年，培养为合格的小学教师。具体要求是：

（一）使学生具有爱国主义和国际主义精神，具有共产主义道德品质，拥护共产党的领导，拥护社会主义；初步树立工人阶级的阶级观点、劳动观点、群众观点、辩证唯物主义观点；愿意为人民服务，热爱人民教育事业，热爱儿童，在思想行为上成为小学生的表率。

（二）使学生具有相当于高级中学的文化水平，理解党的教育方针政策，具有教育科学的基础知识和从事小学教育工作的能力。

（三）使学生具有健康的体质，养成良好的生活习惯。[①]

---

① 《三年制中等师范学校教学计划草案（征求意见稿）》（节录），见何东昌：《中华人民共和国重要教育文献 1949～1975》，1208页，海口，海南出版社，1998。

从 1951 年第一次全国初等教育与师范教育会议首次提出中等师范学校的任务和培养目标，到 1963 年《三年制中等师范学校教学计划草案（征求意见稿）》对培养目标做出具体规定，中等师范学校的培养目标经历了逐渐具体化的过程，尤其是 1960 年后对学生教育理论和教学能力的进一步强调，体现了党对师范教育"师范性"的肯定与重视。值得注意的是，培养目标不断调整的过程也是党对师范生政治、思想、道德要求不断提高与明确的过程，不仅体现了党对未来人民教师师德的重视，更反映了新中国师范教育的社会主义性质和为人民教育事业服务的宗旨。

在"文化大革命"中，中等师范教育遭遇严重挫折。1978 年 4—5 月全国教育工作会议召开期间，教育部邀请师范教育方面的代表进行座谈，讨论了如何办好师范教育的问题。根据讨论意见，教育部于当年 10 月发出了《关于加强和发展师范教育的意见》，明确指出大力发展和办好师范教育，建设一支又红又专的教师队伍，是发展教育事业、提高教育质量的基本要求和百年大计，并要求各地一定要办好中等师范教育。在党的支持与引导下，中等师范教育走上了快速发展的道路。

(2)中等师范学校的设置与调整

新中国成立初期，中等师范学校的设置和发展缺乏整体性规划。由 1951 年第一次全国初等教育与师范教育会议提供的资料可知，从数量上看，1951 年全国共有师范学校 603 所，其中相当于高级中学的师范学校占 30%，相当于初级中学的初级师范学校占 70%。从分布上看，600 多所师范学校中，位于老解放区的较多，位于新解放区的较少；华北、东北、西北等地的初级师范学校较多，华东、中南、西南等地的中级师范学校较多。① 对此，党提出师范学校的分布与设置应按全国各地具体情况进行调整，以"政府主办，独立设置"为原则，尽快提升师资的数量与质量。1952 年 7 月，教育部颁发的《师范学校暂行规程（草案）》首次对师范学校的设置与领导提出了具体要求："师范学校除师范学院附设者外，均由省、市、县人民政府设立。""私人或私人团体不得设立师范学校或任何师资训练机关。"②全国各地的师范学校均为公立，其设立、变更、停办须由地方政府决定并转教育部备案。

随着初中毕业生的逐年增加，继续创办招收高小毕业生的初级师范学校已逐渐不符合实际需要。学校设置或班级设置也存在一定程度的混乱现象，给行政领导与教学工作带来许多困难。从 1953 年开始，党依据"整顿巩固、重点发展、提高质量、稳步前进"的文教总方针开始对初级师范学校做必要的调整，要

① 韦悫：《巩固和发展新中国的初等教育和师范教育——在第一次全国初等教育与师范教育会议上的报告》，见何东昌：《中华人民共和国重要教育文献1949～1975》，111 页，海口，海南出版社，1998。

② 《师范学校暂行规程（草案）》，见何东昌：《中华人民共和国重要教育文献1949～1975》，157 页，海口，海南出版社，1998。

求初级师范一般不再招收高小毕业生，改招高小程度的小学教师。次年 6 月，《教育部关于师范学校今后设置发展与调整工作的指示》颁布，指出中等师范教育工作的方针应是："根据小学教育的发展计划与可能条件，有计划地发展师范学校；根据各地具体情况，将现有初级师范学校逐渐转变为师范学校或改变为轮训小学教师的场所，以逐步达到提高小学教育质量的目的。"①此后，收缩初级师范学校办学数量和规模，有计划地发展师范学校，成为社会主义改造阶段中等师范教育工作的重点。

　　1956 年，教育部颁发了《师范学校规程》及《关于试行师范学校规程的指示》，强调了师范学校合理设置和由各级教育行政机关统一领导的重要性："师范学校是直接培养小学师资的中等专业学校，校数的多少与质量的好坏，分布的疏密，与服务区的大小，密切关系着整个省、自治区、市的小学教育，师范学校的设置规划，服务学区的规定，招生和毕业生工作的分配，要适合小学的分布和发展，都应由省、自治区、市教育厅、局统一计划、掌握，因此师范学校必须由省、自治区、市教育厅、局统一领导。"②文件的发布与试行为中等师范学校的设置及布局指引了方向，"适合小学的分布与发展"有利于中等师范教育

---

① 《教育部关于师范学校今后设置发展与调整工作的指示》，见何东昌：《中华人民共和国重要教育文献 1949～1975》，344 页，海口，海南出版社，1998。
② 《师范学校规程》，见何东昌：《中华人民共和国重要教育文献 1949～1975》，593 页，海口，海南出版社，1998。

更好地实现其培养初等教育师资的任务，为此后中等师范教育的建设奠定了基本格局。

(3)重视对学生的思想教育和师德教育

由于师范教育具有培养未来人民教师的特殊性，尤其是中等师范学校承担着为小学培养教师的任务，且师范学校毕业生面对的教育对象是世界观、人生观、价值观尚未形成的儿童，因此，党对中等师范学校学生的思想教育和师德教育尤其重视。对学生的思想教育和师德教育的重视不仅体现在不断调整的培养目标中，更体现在课程设置、教学原则和教学计划等诸多方面。

教育部于1952年7月颁发的《师范学校暂行规程（草案）》在教导原则中就提出教师应"通过各科教学和各项活动，培养学生科学的世界观、革命的人生观及为人民教师的专业思想"[1]。政治课为初级师范学校和师范学校在校生的必修课，分为社会科学基本常识、《共同纲领》、时事政策三类。1957年3月，教育部召开第三次全国教育行政会议，强调了思想政治教育在中等师范教育中的重要性："思想政治教育是学校教育的灵魂"，"师范学校必须加强学生的思想政治教育，并且应当重视政治课的设置"，此外还要"通过各种课外活动，通过班主任的工作，学

---

[1] 《师范学校暂行规程（草案）》，见何东昌：《中华人民共和国重要教育文献1949~1975》，159页，海口，海南出版社，1998。

生团、会的工作，从各方面加强政治思想教育"，为展开思想道德教育提供了多种途径。[①] 1960 年 5 月，教育部在《师范教育改革座谈会关于师范教育教学改革的初步意见（草稿）》中提出"大力加强政治思想教育，使学生结合实际斗争认真学习马克思列宁主义、毛泽东著作，提高其共产主义觉悟和道德品质，树立工人阶级的世界观，并能真正为人师表，这对培养祖国的新生一代具有特别重要意义"[②]。此项要求强调了提高中师学生思想政治教育对新中国教育事业的作用。随后，1962 年，《教育部党组关于全国师范教育会议的报告》对各级师范学校学生的思想政治教育提出了具体要求，"除了应按照大中学校对学生的思想政治要求进行教育以外，还必须特别加强共产主义道德品质和思想修养的教育，培养师范生热爱社会主义教育事业，并且能以自己的模范行为作学生的表率"[③]，并将之视为新的合格师资的重要条件。

党通过确立培养目标，开设政治课程，组织学生会、学生社团以及各种课外活动，将思想教育和师德教育融入对中师在

[①]　刘英杰：《中国教育大事典 1949—1990》上，977 页，杭州，浙江教育出版社，1993。

[②]　《师范教育改革座谈会关于师范教育教学改革的初步意见（草稿）》，见何东昌：《中华人民共和国重要教育文献 1949～1975》，983 页，海口，海南出版社，1998。

[③]　《教育部党组关于全国师范教育会议的报告》，见何东昌：《中华人民共和国重要教育文献 1949～1975》，1080 页，海口，海南出版社，1998。

校生的培养过程，足见党对思想道德教育的重视。自 1949 年新中国成立至 1966 年，党对学生的思想道德教育均是遵循以上要求和方式实施的。在党的领导下，重视思想道德教育的培养方式为我国培养了一大批德才兼备的骨干教师，并日益发展成为我国师范教育的特色。

总而言之，独立师资培养体系的建构过程，是党逐步加强对师范教育的领导与管理的过程。在独立的师范教育体系中，师范教育改变了过去常附设于大学内师范学院或其他系科的状态，具备了独立发展的空间。更重要的是，党对师范教育领导与管理的路径更为通畅。党通过对各级教育行政部门的领导以及在各师范院校设立党支部的方式对各级各类师范学校进行领导与管理，不仅充分保护了师范教育的特性，提高了师范教育的地位，保障了师范教育的顺利有序发展，更为新中国发展建设社会主义性质的师范教育奠定了制度基础。

（二）在职教师进修制度的恢复与发展

在职教师进修制度是党为应对新中国教育事业除旧布新、师资匮乏的现实情况，结合已有经验并充分调动各类教育资源而提出的一项制度。20 世纪五六十年代是在职教师进修制度恢复并逐步发展的阶段。这一时期党不仅指导各地教育行政部门开办教师进修学院和函授教育等进修组织，更在总结办学经验的基础上加强对各级各类进修组织的领导与管理，明确其目标和任务，拟订其学制和教学计划，强调其提升教师政治水平、帮助教师进行思想改造的职责。这些努力使各教师进修组织的功能得到了有效发挥，不仅缓解了当时中小学教育的师资之急，更为以后在职教师进修积累了丰富经验。

1. 在职教师进修制度的恢复

早在新中国成立前夕，《共同纲领》就提出要"加强劳动者的业余教育和在职干部教育"①。新中国成立后，为扩大师资队伍，提高师资水平，党开始有计划地选派部分高校教师到一些院校进行学习。1950年4月，全国各高等学校选拔教师78人到华北人民革命大学学习政治；9月，选拔理工学院讲师、助教140人到哈尔滨工业大学学习俄文；10月，选派财经、文教、农业各学院教师等75人，到中国人民大学、北京师范大学和北京农业大学中有苏联专家指导的各系科教学研究室学习。② 以上高校教师的进修学习活动不仅提高了教师的思想政治水平和业务能力，同时也是教育界全面学习苏联的开路先锋。

党和政府对中小学教师的在职进修也尤其关注。为解决广大工农子女的上学问题，党领导各地教育行政部门大办中小学，

---

① 《中国人民政治协商会议共同纲领》（节录），见何东昌：《中华人民共和国重要教育文献 1949～1975》，1 页，海口，海南出版社，1998。

② 中央教育科学研究所：《中华人民共和国教育大事记 1949—1982》，16 页，北京，教育科学出版社，1984。

因而急需大量师资。当时我国主要吸收和动员城乡知识分子、文教干部、有知识的家庭妇女以及年龄较大的高校毕业生担任中学和小学的教师，虽然在一定程度上扩大了教师队伍，但是也导致中小学教师大多业务水平低，不合规教师所占比例大，且不同程度地存在着一些旧思想等问题，因此开展教师培训迫在眉睫。中小学教师培训着重强调对原有在职教师进行思想改造，同时开展业务学习。

新中国成立初期，全国各地积极组织中小学教师参加"三反""五反"和土地改革等一系列运动。各级学校教师也积极参加寒暑假教师学习会、教师轮训班以及业余学习组织，学习《共同纲领》、新民主主义论、社会发展史以及政治经济学等，并一度出现了政治学习高潮，仅1950年全国就有超过50万名中小学教师参加了各种政治学习活动。[①] 此外，各地还积极组织教师开展业余学习以研究教学、改进业务、学习科学文化知识。

1951年8—9月，第一次全国初等教育与师范教育会议在北京召开。面对师资短缺的紧迫情况，会议制定了"为培养百万人民教师而奋斗"的目标，明确提出"为了适应大量和急迫的需要，今后三五年内培养师资的工作应以短期训练为重点"[②]，要求短

① 中央教育科学研究所：《中华人民共和国教育大事记 1949—1982》，32页，北京，教育科学出版社，1984。

② 钱俊瑞：《用革命办法办好人民教育——在第一次全国初等教育与师范教育会议上的总结报告》，见何东昌：《中华人民共和国重要教育文献 1949～1975》，115页，海口，海南出版社，1998。

期训练师资的方式应多种多样，最主要的是由各级教育行政部门或各级师范学校举办短期训练班，修业年限原则上不超过一年。加强对教师的思想政治教育和改造也是短期训练的重要任务。会议着重强调了各级各类短期训练班应着重马列主义和毛泽东思想的政治思想教育，对于失业的知识分子尤应着重进行思想改造，以使新中国的每个教师都成为坚定的马克思主义者。这次会议的内容是新中国成立以来党和政府首次从国家层面对在职教师培训提出明确要求，为中小学在职教师进修制度的形成奠定了基础。此后我国中小学在职教师进修开始走上中央指导、地方主办的正规道路。

1949—1951 年，河北、河南、黑龙江、天津等省（市）的一些县（区）已经陆续开始举办教师短期培训班和教师进修学校。例如，1951 年 4 月，天津市教育局就率先创办了教师业余学院（后更名为天津教师学院）；6 月，河北省沙河县人民政府创办了沙河县小学教师业余补习学校，以提升在职教师的政治文化水平与业务能力。1951 年 5 月，中华职业教育社与中国教育工会联合成立了业余函授师范学校。次年 10 月，学校改名为北京函授师范学校。该校是新中国较早建立的由教育部直接领导的函授师范学校之一。这些学校的办学尝试为建立和完善在职教师进修制度提供了丰富经验。

2. 在职教师进修制度的发展

在党的重视与引导下，20 世纪五六十年代，我国在职教师进修事业发展迅速，并逐渐形成了一套完整的制度。这套制度大体包括以下四类进修组织：其一为由各级教育行政单位筹办的教育学院和教师进修学校，通过以课堂教学为主的形式对脱产教师进行培训；其二为函授教育，由高等师范学院和师范学校举办，教学以书面传授、定期布置学习任务和辅导为主；其三为小学教师轮训班，通过短期训练以快速提高小学教师的政治和文化水平；其四为建立教学研究室，组织和指导中小学在职教师进行教材教法研究以及交流教学经验。其中，前两者是在职教师进修制度中最主要的两项。

(1)教育学院和教师进修学校

早在 1950 年，哈尔滨和天津就首先建立了教师进修学院，承担培训不及师范专科毕业程度的中学教师的任务。[1] 1952 年9 月，《教育部关于中小学教师进修问题的通报》发布，指出"加强中小学教师的在职学习的领导，建立系统的教师进修制度，是目前广大教师最迫切的要求，同时亦为提高现有教师的政治、文化、业务水平，保证中小学教育质量的基本方法"[2]，正式提出由各大行政区、省以及省市教育厅、局直接筹办教师进修学校、教师业余学校，或委托师范学校、师范学院举

---

① 刘英杰：《中国教育大事典 1949—1990》上，1062 页，杭州，浙江教育出版社，1993。

② 《教育部关于中小学教师进修问题的通报》，见何东昌：《中华人民共和国重要教育文献 1949～1975》，168 页，海口，海南出版社，1998。

办函授学校的建议，希望通过一到两年的进修提高中小学教师的政治和文化水平，使他们达到相应标准。文件中加强党对各级进修学校的领导，提高教师的马列主义、毛泽东思想教育和教育科学水平等要求显示了教师进修制度的社会主义性质。这一文件颁布后，全国各地开始在党和政府的指引与支持下积极筹建各级各类教育学院和教师进修学校以培养师资。

1953年，"调整巩固、重点发展、提高质量、稳步前进"的文教总方针确定后，我国建立系统的教师进修制度的需求更加迫切。7月28日，《教育部、财政部关于1953年中等学校及小学教师在职业余学习的几件事项的通知》发布，对中小学教师进修的任务和形式提出了具体要求。针对中学教师，要求"对于不及专科毕业程度的教师提高其文化科学水平，使能胜任教学工作"，形式上一般采取进修学院的组织形式。"教师进修学院一般应设在教师比较集中的大、中城市，得单独设立或附设于师范学院。这种在职学习应规定一定的年限，按照一定的教学计划，有系统地正规地进行。"对于小学教师，则采取创办正规的业余进修学校和举办轮训班的形式进行培训。此文件还在总结培训经验的基础上提出了调整小学教师进修组织的办法："业余进修，对于已经成立有成效的并为教师所拥护的教师进修组织，应继续办好；对一些条件不够，效果不大，为教师不满的形式主义的教师进修组织，应加以收缩。"①这份文件在 1952 年《教育部关于中小学教师进修问题的通报》的基础上厘清了中小学教师进修组织的任务、布局、办学形式等，完善了教师进修制度，使以后教师进修学校的建立与发展有了更为明确的指导。可以看出，1952—1953 年，虽然师资紧缺的问题仍在持续，但是党和政府的统一领导与管理并未放任教师进修组织盲目发展，而是针对实际情况及时调整，在充分调动教育资源的同时保证了进修的质量。

1954 年 4 月，《政务院关于改进和发展中学教育的指示》发布，要求"今后各级教育行政领导机关应把在职教师的学习切实领导起来，列为工作任务之一"。"关于学习的组织形式，凡各地行之有效的，如教师进修学院、函授学校、教学研究会、定期报告等方式，均应结合当地情况，予以推广。"②这份文件重点强调了对进修教师的政治教育，要求培训时应注意引导教师继续深入进行思想政治改造，批判资产阶级思想，提高社会主义觉悟，特别要引导教师正确认识体力劳动和智力劳动的关系，纠正部分教师轻视体力劳动和轻视体力劳动者的错误思想，体

① 《教育部、财政部关于 1953 年中等学校及小学教师在职业余学习的几件事项的通知》，见何东昌：《中华人民共和国重要教育文献 1949～1975》，226 页，海口，海南出版社，1998。
② 《政务院关于改进和发展中学教育的指示》，见何东昌：《中华人民共和国重要教育文献 1949～1975》，306 页，海口，海南出版社，1998。

现了党对教师思想政治教育的重视。9 月，教育部根据《政务院关于改进和发展中学教育的指示》的精神发布了《关于改进中学教师进修学院工作的几点意见的通知》，进一步明确了中学教师进修学院的主要任务："招收实际程度不及师专毕业程度的初中教师，系统地提高其专业科学知识水平，使之在三年内基本上达到师专程度，胜任教学工作。""对于不能进行系统学习的高中以下程度的教师，可设补习班组织他们补习，以提高到高中程度，补习时间，宜以一年为限。"①此外，此文件首次提出了进修学院数学科与语文科的教学计划，对于提高中学教师进修学院教学质量具有重要意义。在党的有力引导与各地教育行政部门的积极支持下，1954 年全国中学教师进修学院总数达 24 所，在校学员有 5900 余人。各地试办小学教师进修学校和函授学校达 72 所。据不完全统计，参加进修的小学教师达 18.3 万人。②

1955 年 7 月，《教育部关于加强小学在职教师业余文化补习的指示》发布，指出："提高小学在职教师的文化水平，必须根据'业余进修'的特点，按一定的教学计划，进行系统的学习。"③业余进修主要有三种机构：小学教师业余进修学校，主

---

① 《关于改进中学教师进修学院工作的几点意见的通知》，见何东昌：《中华人民共和国重要教育文献 1949～1975》，372 页，海口，海南出版社，1998。

② 刘英杰：《中国教育大事典 1949—1990》上，1063、1066 页，杭州，浙江教育出版社，1993。

③ 《教育部关于加强小学在职教师业余文化补习的指示》，见何东昌：《中华人民共和国重要教育文献 1949～1975》，486 页，海口，海南出版社，1998。

要设在城市，以课堂教学的方式组织；函授师范学校，主要设在农村和小城镇，以书面传授、定期布置任务和辅导学习的方式组织；业余文化自学小组。小学教师业余进修学校和函授师范学校分别设置初级部和高级部，针对不同文化水平的小学教师开展培训。这是此文件的创新之处，有效提升了在职教师进修的质量和效率。11月，《教育部关于加强中等学校在职教师业余进修的指示》发布，再次强调提高中等学校在职教师的政治水平和专业知识水平是提高中等学校教育质量的前提，明确指出"中等学校教师业余进修主要通过教师进修学院和函授的形式进行"①，提出教师进修学院一般设在大中城市，设立或附设在高等师范学校，根据需要分科设置专修班，修业年限暂定三年；高等师范函授教育主要由高等师范学校开展，招生对象主要以中小城市、镇以及农村中等学校教师为主，分科设各种专修班，修业年限也暂定三年。与《教育部、财政部关于1953年中等学校及小学教师在职业余学习的几件事项的通知》相比，教育部1955年发布的两份文件在总结之前中小学教师业余进修经验的基础上，对教师进修学院和函授两大进修方式的布局、任务、学制、招生对象、教学组织形式等做了更为清晰、具体的规定，为此后中小学教师业余进修提供了明确方向和具体办法，具有

---

① 《教育部关于加强中等学校在职教师业余进修的指示》，见何东昌：《中华人民共和国重要教育文献1949~1975》，537页，海口，海南出版社，1998。

重要指导意义。

（2）函授教育

函授教育主要依托师范学校建立，面向中小城市、镇以及农村中等学校教师，一般采用书面传授、定期布置任务和辅导学习的方式进行，为因交通不便或师资急缺而难以选派教师脱产学习地区的教师提供了便利条件。1955 年，《教育部关于加强小学在职教师业余文化补习的指示》就明确提出了函授师范学校的办理规程；1957 年，教育部颁发《关于函授师范学校（师范学校函授部）、业余师范学校若干问题的规定（草案）》，明确了函授师范学校（师范学校函授部）、业余师范学校的教育任务、修业年限和领导关系等，为函授教育的开办提供了依据，促进了函授教育的有序发展。

各级师范学校在教师函授教育中发挥了重要作用，它们为在职教师的函授教育提供了大量师资和教学资源等专业支持。例如，1953 年东北师范大学成立函授部，为师范专科程度以下的在职教师提供系统的高师专业课程。1955 年，教育部指示北京师范大学成立函授部，举办高师本科的函授教育，招收河北省、北京市高师本科程度以下的中学在职教师，使其系统学习高师本科专业的课程。1956 年以后，教育部及各省、自治区、直辖市所属的高等师范学校相继成立函授部，主要招收农村及小城镇未达高师本科或专科毕业程度的中学在职教师系统学习相关学科和专业的课程。随着教育技术的发展和教学手段的更新，60年代我国还出现了广播、电视师范学校一类的新型教育形式。函授教育与时俱进，利用广播、电视等新型教育媒介对在职教师进行培训，大大提升了教学质量和教师的学习体验。

函授教育是党充分考虑新中国成立后各地教育发展水平不一、教育落后地区居多、交通不便以及师资匮乏等实际情况而提出的教师进修方式。1949—1978年，大量中小学教师通过函授教育提升了自身的政治、文化知识和教学水平，成为新中国中小学教育事业发展的骨干力量。

在职教师进修制度为已经步入教学岗位的教师提供了继续学习和提升能力的有效渠道，作为与正规师范教育体系并列的一轨，丰富了我国师范教育的内涵，在新中国教师教育的发展历程中发挥了重要作用。

(三)师范教育人民助学金制度的确立

新中国成立初期，各级各类师范学校并未形成统一的助学金办法和标准。为响应党"教育向工农开门"的号召，一些学校开始尝试为学生提供人民助学金。北京师范大学在北平和平解放后，已为在校生发放人民助学金——"学生给予人民助学金(每人每月小米80斤)"①，以减轻在校生的经济负担。

1951年5月，教育部颁布《北京师范大学暂行规程》，规定：

---

① 《汤璪真校长关于解放后教务工作总结报告及其代职期间本校大事记和北平师大改制经过情形》，北京师范大学档案馆，档案号：校长办公室，1949-12。

"本校学生学习积极，学业成绩优良，而经济确属困难，无力自给或不能全部自给者，得申请人民助学金。""本校毕业生由中央人民政府统一分配工作。"①其中虽未提及所有师范生均能享受人民助学金待遇，但已经为在校生提供了申请人民助学金的机会。毕业生由自谋职业改为由国家分配更安定了学生的学习情绪。这一文件的颁行为新中国成立后师范教育人民助学金制度的建立奠定了基础。由于《北京师范大学暂行规程》在当时对于其他高等师范院校同样具有指导和规范意义，以上规定的提出从制度上缓解了贫困学生的经济困难，改变了当时高等师范学校学生毕业即失业的境况，提高了广大知识青年和工农子弟投身师范教育的积极性。

1951 年 8—9 月，第一次全国初等教育与师范教育会议在北京召开，教育部副部长韦悫在题为《巩固和发展新中国的初等教育和师范教育》的报告中提出"安定学习情绪，注意培养学生专业精神"和"安定学生学习情绪，注意培养其专业思想"是各级师范教育共同亟待解决的问题。解决办法除加强学生的思想教育和政治教育外，同时也应适当提高学生的物质待遇，解决学生的困难，实行分等的公费制。②这一建议为师范教育人民助学

---

① 《北京师范大学暂行规程》，见何东昌：《中华人民共和国重要教育文献1949～1975》，15 页，海口，海南出版社，1998。

② 韦悫：《巩固和发展新中国的初等教育和师范教育——在第一次全国初等教育与师范教育会议上的报告》，见何东昌：《中华人民共和国重要教育文献1949～1975》，112 页，海口，海南出版社，1998。

金制度的提出奠定了基础。

1952年7月8日，政务院发出了《关于调整全国高等学校及中等学校学生人民助学金的通知》，决定自1952年9月起，在免除学费的前提下，全国高等学校、中等学校及工农初等学校学生一律实行人民助学金制度。此后，高等学校和中等学校的公费制改为人民助学金制度。7月16日，教育部依据第一次全国初等教育与师范教育会议的精神颁布试行了《关于高等师范学校的规定（草案）》和《师范学校暂行规程（草案）》，从国家层面正式对师范学校在校生助学金待遇做了明确规定："高等师范学校学生，一律享受人民助学金，其标准另定之。""高等师范学校毕业生，由人民政府教育部门分配工作。"①"师范学校学生一律享受人民助学金，其标准另定之。""师范学校毕业生，分别由省、市或市、县教育行政机关负责分配工作。"②与之相应，师范生也需承担年数不等的服务教育工作。两份文件以法律的形式保障师范生享受人民助学金的待遇，进一步完善了我国的师范教育人民助学金制度。自此，高等师范院校的学生由部分享受人民助学金转变为全部享受人民助学金，人民助学金覆盖了各级各类师范学校的学生。随后，在7月23日，教育部发布了《关于调整

---

① 《师范学校暂行规程（草案）》，见何东昌：《中华人民共和国重要教育文献1949~1975》，157页，海口，海南出版社，1998。

② 《关于高等师范学校的规定（草案）》，见何东昌：《中华人民共和国重要教育文献1949~1975》，159页，海口，海南出版社，1998。

全国各级各类学校教职员工工资及学生人民助学金标准的通知》，对各级学校人民助学金的范围及标准做出了统一规定：高校学生全部可以享受人民助学金，而高校学生中师范院校的学生享受人民助学金金额最高。这份文件的颁布标志着学生免费上大学并可以享受人民助学金的资助政策正式确立。根据文件的规定，各级各类学校在校生享受人民助学金的标准如表 3-9 所示。

表 3-9　各级各类学校在校生人民助学金标准

学校类别	享受面（占总人数比例）	每人每月标准
初级中学	20%	8.5 元
高级中学	30%	9.5 元
初级中等专业学校	100%	9 元
中等专业学校（含师范）	100%	10 元
高等学校（不含师范院校）	100%	12 元
高等师范院校（本科）	100%	14 元
高等师范专科学校	100%	16 元
干部升入高等学校	100%	32 元
工农速成中学	100%	30 元
工农速成初等学校	100%	30 元

资料来源于《中国教育年鉴》编辑部：《中国教育年鉴 1949—1981》，99 页，北京，中国大百科全书出版社，1984。

从表 3-9 中的数据可知，各级师范学校在校生已全面享受人民助学金，且高等师范学校本、专科在校生在各类高等院校中享受人民助学金的金额最高，充分显示了党对师范教育的重视与支持。

国家颁布的文件为各级各类师范学校发放人民助学金划定了

基本标准，但各师范院校也有一定的发挥空间。各师范院校可针对特殊情况，在保证国家规定的基本金额外，额外发放助学金给有需要的学生，以减轻他们的生活负担。《北京师范大学校史（1949—1976）》记载了1952年之后北京师范大学在校生享受人民助学金的情况："全国高等学校自1952年起由部分公费改为全体发放人民助学金制度，北京师大当时除全部供给伙食费（10元）外，凡普通本科学生，一律发给每人每月2元的生活零用费。一般少数民族学生、无经济来源之归国华侨学生、军烈属子女学生一律发给每人每月4元的生活零用费。调干离职学生一律发给每人每月17元。除一般学生外，上列各类学生每年发给两次服装费计36元。"区别发放助学金的方式进一步保障了助学金可以物尽其用。

　　1955年2月，高等教育部、教育部联合发出《关于制发1955年高等学校一般人民助学金分地区标准的通知》，根据全国各地不同的生活费用水平和物价情况，将高等学校一般本科、专科学生人民助学金的标准分为10个类区，做了具体规定（见表3-10）。

表3-10　全国各地高等学校一般本科、专科学生人民助学金标准（1955年）

单位：千元（旧币）

地区	高等学校一般本科、专修科学生	高等师范学校一般本科生	高等师范学校一般专修科学生	高校（包括高师）院校体育系科学生另赠款额
四川（重庆除外）	90	110	130	45

续表

地区	高等学校一般本科、专修科学生	高等师范学校一般本科生	高等师范学校一般专修科学生	高校(包括高师)院校体育系科学生另赠款额
重庆	95	115	135	48
贵州	100	120	140	50
江西、湖南、安徽、西康、广西（南宁除外）	110	130	150	55
江苏、浙江、湖北、山东(青岛除外)、河南(郑州除外)、南宁	115	135	155	58
上海、青岛、郑州、山西、河北、福建(厦门除外)、云南	120	140	160	60
北京、天津、厦门	125	145	165	63
内蒙古、吉林、黑龙江、广东（海南岛除外）	130	150	170	65
热河、辽宁、陕西、海南岛	135	155	175	68
甘肃、青海	170	190	210	85

注：表列款额系每生每月标准。

数据来源于《中国教育年鉴》编辑部：《中国教育年鉴1949—1981》，100页，北京，中国大百科全书出版社，1984。

从表3-10中的数据可知，各地高等院校中，师范院校学生享受的人民助学金依旧是最高的。为更加合理地使用人民助学金，1955 年 8 月，高等教育部制定颁发了《全国高等学校（不包括高等师范学校）一般学生人民助学金实施办法》，决定从 1955 年 10 月起，全国高等学校（高等师范学校除外）学生人民助学金由普惠性的全体发给缩改为部分发给，享受人民助学金的条件为"一般学生在学习期间内，因家庭经济困难无力负担伙食费、学习费用的一部分或全部时，均可向学校申请一般学生人民助学金的补助"①。而高等师范学校的学生则依旧全部享受人民助学金待遇，体现了党和国家对师范教育人民助学金制度的支持以及对师范教育的重视。

这一办法出台后，高等师范院校也对学生享受人民助学金的规定做了适当调整。例如，北京师范大学自 1955 年 10 月起，便把普遍发给学生生活零用费用改为经济困难的学生个别申请生活补助费的办法，并将学生的伙食补助费由 10 元提高到 12.5 元。这种调整办法更好地发挥了人民助学金的资助作用，对保证完成培养教师任务、培养工农子弟从事教育事业起了一定的物质保障作用。

表 3-11　北京师范大学学生伙食费变动情况（1952—1956 年）

时期	1952 年 11 月	1954 年 2 月	1954 年 3 月	1955 年 4 月	1955 年 10 月	1956 年 6 月
大灶伙食标准	10.50 元	11.00 元	10.50 元	11.00 元	12.00 元	12.50 元

① 《中国教育年鉴》编辑部：《中国教育年鉴 1949—1981》，100 页，北京，中国大百科全书出版社，1984。

续表

时期	1952年11月	1954年2月	1954年3月	1955年4月	1955年10月	1956年6月
清真灶伙食标准			10.50元	11.00元	12.00元	12.50元
胃病灶伙食标准			10.50元	11.00元	12.00元	12.50元
营养灶伙食标准				14.00元	15.00元	15.00元

资料来源于北京师范大学教务处：《学校人民助学金实施办法及工作总结》，1957-31，北京师范大学档案馆藏。

人民助学金为大部分工农出身的学生提供了较好的伙食保障。人民助学金制度自1952年统一设置与实施后，其制度体系在1966年之前没有大的变化。

1957年7月5日，《中华人民共和国教育部复有关高师人民助学金的几个问题》一文规定："一般学生人民助学金的预算标准，除普遍发给学生伙食费外，所余部分由学校统一掌握作为解决贫困学生伙食以外的日常用品和生活用品补助以及临时困难补助之用，不得平均分配交由学生处理，切实解决学生实际困难用，如有结余一律上缴。"[1]1959年，国家规定全日制高等院校学生享受人民助学金的比例缩减为80%，标准为每人每月15元，而高等师范院校的学生仍全部享受人民助学金待遇。1963年8月，国务院批转了教育部《关于调整中等专业学校学生人民助学金问题的报告》，将发放范围调整为各校学生总数

[1] 宋嗣廉、韩力学：《中国师范教育通览》中卷，242页，长春，东北师范大学出版社，1998。

的 60%～80%。中等师范学校仍全部发给助学金。以上制度均使得新中国确立起的师范教育人民助学金制度得以维持，甚至与其他教育相比，师范教育人民助学金制度在一定程度上还得到了强化。

总体来说，新中国成立初期，师范教育在中国共产党的领导下实现了巨大的改造和突出的发展。虽然受政治、经济以及自身基础薄弱等因素的影响，师范教育在发展过程中不可避免地经历了曲折与坎坷，但是这一阶段师范教育的发展成果仍是显著且值得肯定的。1949—1978 年，在党的领导下，独立的师范教育体系得以建构，在职教师进修制度获得恢复与发展，师范教育人民助学金制度不断完善，此三者是我国师范教育发展的有力保障。这一时期各级各类师范院校的毕业生作为新中国第一批接受过专业训练的教师走向各级各类教育岗位，致力于新中国的教育事业，成为我国教育领域的骨干力量，为新中国各项事业人才的培养和储备做出了突出贡献。

五、幼儿教育

新中国成立后，党加强了对幼儿教育事业的领导与管理，明确了幼儿教育的任务和全面发展的教育方针；结合实际情况，积极学习苏联先进的幼儿教育理念，为新中国幼儿教育事业的发展奠定了理论与经验基础；逐步完善了幼儿教育师资培养体系，为幼儿教育事业培养专业师资；并大力兴办厂矿、机关、街道幼儿教育机构，在实践中积累了丰富的办好社会主义幼儿教育事业的经验。

（一）幼儿教育事业的发展

1949年10月，中央人民政府教育部成立，在初等教育司内设置幼儿教育处，这是我国政府首次建立专门管理幼儿教育的行政机构。同时，全国各省（区、市）的教育厅、局也纷纷在党的领导下设幼教科、组或设专人主管幼儿教育，幼儿教育自此有了专管机构。1952年11月，高等教育部成立，教育部机构相应调整，幼儿教育处由原来的司属处调整为部的一个直属单位。① 从此，幼儿教育事业在教育部的直接领导下迅速发展。1952年3月，教育部颁发《幼儿园暂行规程（草案）》，明确规定了各地幼儿园的管理部门："市、县所办幼儿园的设立、变更、停办，由市、县人民政府教育行政部门决定。""群众所办幼儿园，分别由区、乡、镇、街人民代表会议决议，报请市、县人民政府教育行政部门备案。""机关、团体、学校、公营企业所办

---

① 史慧中：《中华人民共和国幼儿教育50年大事记（一）：社会主义改造时期的幼儿教育》上，载《幼儿教育》，1999(10)。

幼儿园的设立、变更、停办，由该设立者报请上级核准，并报告所在市、县人民政府教育行政部门备案。""私立和私人团体所办幼儿园的设立、变更、停办，依照私立学校管理暂行办法办理。"①该文件明确了幼儿园以市、县教育行政部门管理为主的原则。

1951 年，《政务院关于改革学制的决定》颁布，将幼儿教育正式纳入学制体系，规定："实施幼儿教育的组织为幼儿园。幼儿园收三足岁到七足岁的幼儿，使他们的身心在入小学前获得健全的发育。"②新学制的颁布与实施统一了新中国幼儿教育机构的名称、招收幼儿的年龄范围，明确了幼儿园的培养任务。随后，教育部召开了第一次全国初等教育与师范教育会议，首次提出新中国幼儿教育的任务："新中国的幼儿教育的任务应该根据新民主主义的教育方针，教养幼儿，使他们的身心在入小学前获得健全的发育；同时减轻母亲对幼儿的负担，以便母亲自由参加政治的、经济的、文化的和社会的生活。"③1954 年7 月 27 日，教育部再次明确指出"幼儿教育是负着教育幼儿和解

---

① 《幼儿园暂行规程草案》，见何东昌：《中华人民共和国重要教育文献 1949~1975》，145 页，海口，海南出版社，1998。

② 《政务院关于改革学制的决定》，见何东昌：《中华人民共和国重要教育文献 1949~1975》，105 页，海口，海南出版社，1998。

③ 韦悫：《巩固和发展新中国的初等教育和师范教育——在第一次全国初等教育与师范教育会议上的报告》，见何东昌：《中华人民共和国重要教育文献 1949~1975》，110 页，海口，海南出版社，1998。

放妇女劳动力的任务的"①，进一步明确了党领导下新中国幼儿教育的双重任务：一方面在于保障幼儿身心的健康、全面发展，使幼儿能够在入小学前适应集体生活；另一方面在于解放妇女劳动力，将妇女从照顾家庭和教养幼儿中解放出来，帮助她们参加生产和工作。幼儿教育的双重任务体现了新中国幼儿教育的社会主义性质。此后，新中国的幼儿教育事业走上了有组织、有计划、有步骤的发展道路。

1952 年 3 月，教育部颁发的《幼儿园暂行规程（草案）》还明确规定幼儿园要对幼儿进行初步的全面发展的教养工作。

一、培养幼儿基本的卫生习惯，注意其营养，锻炼其体格，保证幼儿身体的正常发育和健康。

二、培养幼儿正确运用感官和语言的基本能力，增进其对于环境的认识，以发展幼儿的智力。

三、培养幼儿爱国思想、国民公德和诚实、勇敢、团结、友爱、守纪律、有礼貌等优良品质和习惯。

四、培养幼儿爱美的观念和兴趣，增进其想象力和创造力。②

---

① 《教育部关于幼儿教育工作中的两个问题给西北教育局的批复》，见何东昌：《中华人民共和国重要教育文献 1949～1975》，355 页，海口，海南出版社，1998。

② 《幼儿园暂行规程草案》，见何东昌：《中华人民共和国重要教育文献 1949～1975》，144 页，海口，海南出版社，1998。

《幼儿园暂行规程（草案）》还规定了幼儿园的教养原则和教养活动项目。幼儿园的教养原则包括：①使幼儿全面发展。②使教养内容和幼儿生活实际相结合。③使幼儿有独立活动完成简单任务的机会。④使幼儿习惯于集体生活。⑤使必修作业、选修作业及户外活动配合进行。⑥使幼儿家庭教育和幼儿园教育密切配合。六项原则中，"使幼儿全面发展"为首要原则，其余原则均围绕全面发展设置。幼儿园的教养活动项目包括体育、语言、认识环境、图画手工、音乐、计算六项，也是围绕全面发展开展的。

1952年7月，教育部根据各地需要，印发了《幼儿园暂行教学纲要（草案）》。这一文件围绕使幼儿获得全面发展的教养原则，阐述了不同年龄段幼儿的年龄特点和教育要点，并对幼儿教育的教学目标、教材大纲、教学要点和设备要点做了规定。《幼儿园暂行教学纲要（草案）》使幼儿园的教育教学活动有了更加明确的目的、计划和学科教学思想，同时也为幼儿教育学科课程提供了实践模式，是新中国成立后幼儿教育发展史上的一大进步。

为进一步指导幼儿园贯彻落实全面发展的幼儿教育方针，1956年11月，教育部颁发了《关于幼儿园幼儿的作息制度和各项活动的规定》，提出："幼儿园为了贯彻全面发展的幼儿教育方针，必须确定幼儿作息制度，正确地组织幼儿各种活动，并严格执行。"①这一规定依据幼儿身心发展的科学规律制定，其中详细地阐释了幼儿作息制度、幼儿教育活动、幼儿体育锻炼的具体内容与时间等的要求，意在将德育、智育、体育、美育具体地落实到幼儿园开设的各项活动中，对当时幼儿园的教养活动具有很大的指导意义，使幼儿得到了更科学的教养。

考虑到部分父母无暇照顾幼儿，党领导各地政府建立了一批寄宿制幼儿园以保障幼儿的健康成长。表 3-12 为当时寄宿制幼儿园作息时间表。

表 3-12　寄宿制幼儿园作息时间表

项目	小班	中班	大班
起床	7：00	7：00	7：00
早操		7：15	7：15
如厕盥洗	7：20	7：25	7：25
早操	8：00	8：00	8：00
作业（一）	9：00	9：00	9：00
作业（二）		9：30	9：35
散步、户外游戏	9：15	9：45	9：55
午餐	12：00	12：00	12：00
午睡	12：30	12：30	12：30
起床	下午 3：00	下午 2：30	下午 2：30
午点	下午 3：40	下午 3：00	下午 3：00
散步、户外游戏	下午 4：00	下午 3：20	下午 3：20

①　中国学前教育研究会：《中华人民共和国幼儿教育重要文献汇编》，106 页，北京，北京师范大学出版社，1999。

续表

项目	小班	中班	大班
晚餐	晚上 6：30	晚上 6：30	晚上 6：30
室外活动	晚上 7：00	晚上 7：00	晚上 7：00
盥洗	晚上 7：30	晚上 8：00	晚上 8：00
睡眠	晚上 8：00	晚上 8：30	晚上 8：30

资料来源于《中国教育年鉴》编辑部：《中国教育年鉴 1949—1981》，116～117 页，北京，中国大百科全书出版社，1984。引用时有改动。

可以看出，表中各项活动以及作息时间已充分考虑到幼儿的发展特点和成长规律。

（二）借鉴苏联幼儿教育经验

新中国成立后，针对我国幼儿教育经验薄弱、缺乏理论指导的情况，党提出应积极借鉴苏联幼儿教育的先进经验，采取多种途径向苏联学习，以更好地进行幼儿教育改革，发展我国的幼儿教育事业。

20 世纪 50 年代初，为更好地向苏联学习幼儿教育经验，教育部先后聘请苏联幼儿教育专家戈林娜和马努伊连科担任教育部幼儿教育顾问。在担任顾问的同时，两位苏联专家还在北京师范大学学前教育专业系统讲授学前教育学、学前教育史、儿童心理学以及幼师教学法等课程，组织专题讲座指导婴幼园工作，并定期为学前教育教研组各学科小组的教师做轮流辅导。苏联专家的一系列指导活动为我国带来了丰富的幼儿教育理论和实践经验。

　　除聘请苏联专家做顾问和讲学外，我国还大量引入、翻译苏联的幼儿教育思想和教育著作，以丰富我国的幼儿教育理论与经验。1953 年，苏罗金娜的《学前教育学》在我国翻译出版。随后，我国引进并陆续翻译了查包洛塞兹的《幼儿心理学》、沙巴也娃的《教育史》、维特鲁金娜的《幼儿园音乐教学法》和萨古林娜的《幼儿园绘画泥工教学法》以及有关幼儿卫生学、语言和认识环境、游戏、体育锻炼等几十种图书。这些图书成为我国当时各级师范学校学前教育专业的主要教学参考书，对我国幼儿教育界的影响颇大。1954 年，人民教育出版社翻译出版了一批关于苏联教育的书籍，在幼儿教育方面出版了《幼儿园的语言课程》《幼儿园的创造性游戏》《幼儿园主任手册》《教育子女的艺术》等图书。这些图书为广大家长和幼儿教育工作者提供了丰富的理论与实践指导，推动了新中国幼儿教育科学化的发展。

　　20 世纪 50 年代，我国幼儿教育的理论与思想主要是在引进、学习甚至是照搬苏联教育思想的基础上建立和发展起来的。凯洛夫的教育思想对我国幼儿教育的影响最为深远持久。他撰写的《教育学》被认为是适合于高等师范教育的教材，也是全国幼儿教育工作者的重要学习参考书。其教育思想依据马克思、恩格斯、列宁、斯大林的相关教育思想，强调教育的阶级性和历史性，主张教育为政治服务，教师在教学过程中起主导的决定作用，以及有目的、有计划、有组织地实施全面发展的幼儿教育，具有强烈的苏联特色。除凯洛夫外，乌申斯基、马卡连柯、维果茨基等苏联教育家的学说与思想也被广泛引进我国，在对中国幼儿教育思想体系的建立、对中国幼儿教育理论的建设、对中国幼儿园以及高等师范学前教育专业的教材建设等很多方面都做出了积极贡献。

为了将苏联的幼儿教育理论与中国的幼儿教育实践更好地结合起来，教育部还聘任马努伊连科为指导，委托北京师范大学学前教育教研室具体承担，北京市教育局参与协作，编写我们自己的《幼儿园教育工作指南》。该书于1954年开始编写，经过理论工作者与实践工作者的密切合作，在马努伊连科的具体指导和参与下于1956年完成初稿，随后由教育部发至全国使用，征求意见。《幼儿园教育工作指南》吸收了苏联的幼儿教育理论，并在一定程度上结合了我国的幼儿教育实际情况，在当时是一部具有新思想、新体系和实际使用价值的幼儿园教育指南，是新中国第一部幼儿园教育指导用书，是我国结合本国实际学习苏联幼儿教育理论和实践的成果。

新中国成立初期，党通过积极借鉴苏联的幼儿教育经验，使我国幼儿教育事业取得了很大进步，基本上形成了独立的幼儿教育理论体系，积累了丰富的幼儿教育经验，为我国独立发展幼儿教育奠定了基础。

（三）形成幼儿教育师资培养体系

为保障新中国幼儿的健康成长与全面发展，党对幼儿教育的师资培养予以充分重视。新中国幼儿教育师资的培养主要通过正规师范教育和在职幼儿教师短期训练两种途径展开。正规师范教育包括培养幼儿师范学校专业课师资和幼儿教育干部的高等师范教育，以及培养幼儿园教师的中等师范教育。此外，党和国家教育行政部门还通过多种渠道、采用多种形式开展短期师资培训以提高在职幼儿园教师的专业水平。在党的指导与支持和各地教育行政部门的大力配合下，我国幼儿教育师资培养体系逐步建立。

1949年，中央人民政府接管北平后，华北高等教育委员会和教育部对北平师范大学（现北京师范大学）的研究机构和系科设置的名称做了部分改动。6月27日，华北高等教育委员会令北平师范大学家政系改为保育系，此时保育系仍隶属于教育学院。设置保育系的最初目的是为托儿所培养师资：一方面便于妇女有时间参加劳动，摆脱家庭负担；另一方面可以更好地教养幼儿形成良好生活习惯和思想品德。在此目的的指导下，保育系开设了教育学、保育工作概论、儿童疾病护理、儿童工作方法、幼儿师范教育、特殊儿童教育等专业课程，并聘请苏联专家指导教育教学，学习当时苏联先进的幼儿保育经验，以培养幼儿师范的师资、托儿所工作的领导干部以及儿童福利行政干部三种人才。1950年1月17日，教育部颁发了《关于改革北京师范大学的决定》，其中第五条规定："师大原有院系，不能适应该校今后任务的完成，因此原有院制应予取消，各系应予调整。"随后，北京师范大学取消院制，设置了包括教育系、保育系在内的14个系科，教育系与保育系分别承担不同的人才培养任务。这一时期保育系开设的课程有教育学、儿童生理、儿童心理、保育方法、营养学、幼儿师范教育、儿童工作方法等。同年，保育系学前教育研究室招收研究生20人，他们成为新中国成立后北京师范大学招收的第一批研究生。1952年3月1日，保育系并入教育系。

在1952年院系调整期间，教育部将分散在各校的保育、儿童福利、家政、教育等系科加以合并，集中布局。在党的领导下，教育部对国内高校的有关专业进行了整合：1952年，金陵大学、岭南大学、复旦大学的儿童福利组、托儿专修班与南京大学师范学院学前教育系合并，组成南京师范学院学前教育系。北京大学的教育系、辅仁大学的家政系与北京师范大学的学前教育专业合并，组成北京师范大学教育系学前教育专业。1953年，华西大学保育系与西南师范学院保育系合并，组成西南师范学院教育系学前教育专业；西北师范学院家政系改为甘肃师范大学教育系学前教育专业；长春的东北师范大学和武汉的华中师范学院教育系增设学前教育专业。高等师范院校院系调整完成后，我国五大行政区域的高等师范院校均设立了本科层次的学前教育专业，建立了幼儿师范师资培养基地。这五所高等师范院校分别是北京师范大学、南京师范学院、西南师范学院、西北师范学院和东北师范大学。当时，全国幼儿师范学校专业课教师和幼儿教育干部基本上由以上五所学校的学前教育专业培养。

除在本科层次培养幼儿教育人才外，各高等师范院校和师范专科学校还开设专修科、进修班以及采取代培教师等多种形式，大力培养与培训高层次的师范学校专业课教师与幼儿教育干部。这些人学成后成为新中国幼儿教育战线的第一代领导骨干与业务骨干，为我国幼儿教育的起步与发展发挥了奠基作用。

在建设高等师范学前教育专业的同时，全国各省（区、市）也开始设立幼儿师范学校，大力培养幼儿园教师以满足人民对幼儿教育的需求。新中国成立初期，我国的师范教育体系还不完善，也没有建立专门培养幼儿园师资的幼儿师范学校。1951年，教育部召开的第一次全国初等教育与师范教育会议提出，要争取在师范学校或初级师范学校内附设幼儿师范班，为新中国的幼儿教育机构培养专业教师。《政务院关于改革学制的决定》规定，培养幼儿园师资的师范学校称为幼儿师范学校，师范学校和初级师范学校均得附设幼儿师范科，这是我国首次把独立的公立幼儿师范教育列入学制系统。

1952 年 7 月，教育部颁布《师范学校暂行规程（草案）》，指出师范学校的培养目标为小学教师和幼儿园教师双层目标，并正式规定："培养幼儿园师资的师范学校称幼儿师范学校。师范学校得附设幼儿师范科。"[①]幼儿师范学校与师范学校同级，学制三年，招收初级中学毕业生或具有同等学力者。在幼儿师资特别缺乏的地区，初级师范学校亦得附设幼儿师范科，学制三至四年，招收年龄较长的高小毕业生或具有同等学力者。《师范学校暂行规程（草案）》还制订了幼儿师范学校的教学计划，如表 3-13 所示。

表 3-13 　教育部颁布的幼儿师范学校教学计划(1952 年)

单位：时数

		第一学年		第二学年		第三学年		三学年总计
		上学期	下学期	上学期	下学期	上学期	下学期	
语文及语音教学法	语文	7	7	7	7	6	6	696
	语言教学法					1	1	32
数学及计算教学法	代数	2	2	2	2			144
	几何	3	3					108
	三角			2	2			72
	计算教学法					1	1	32
物理		4	4	2	2			216
化学				2	2	3	3	168
达尔文理论基础		2	2					72
地理		2	2	2	2			144
历史		2	2	2	2	2	2	208

---

① 《师范学校暂行规程（草案）》，见何东昌：《中华人民共和国重要教育文献 1949～1975》，157 页，海口，海南出版社，1998。

续表

		第一学年		第二学年		第三学年		三学年总计
		上学期	下学期	上学期	下学期	上学期	下学期	
政治	社会科学基本知识	2	2	2	2			144
	共同纲领					2	1	50
	时事政策	1	1	1	1	1	1	104
幼儿心理				2	2			72
幼儿教育				2	2	2	2	136
幼儿卫生及生活管理						3	3	96
认识环境教学法						2	2	64
体育及教学法	体育	2	2	2	2	1	1	176
	体育教学法					1	2	46
音乐及教学法	音乐	3	3	2	2	2	2	244
	音乐教学法					1	1	32
美工及美工教学法	美工	3	3	2	2	1	1	212
	美工教学法					1	1	32
参观实习				1	1	2	2	100
每周教学时数		33	33	33	33	32	32	
每学期上课总时数		594	594	594	594	576	448	3400

　　资料来源于《师范学校暂行规程（草案）》，见何东昌：《中华人民共和国重要教育文献 1949～1975》，158 页，海口，海南出版社，1998。

　　表 3-13 是新中国第一个独立的幼儿师范学校教学计划。幼儿师范学校教学计划的颁布与实施使新中国的幼儿师范学校更加有计划、有目的、有组织地培养幼儿园师资。1953 年 7 月，教育部对此教学计划进行修订，规定幼儿师范学校所有的课程

为必修课，课程分通识类课程和教育类课程：语文、数学、物理等课程为通识课程，幼儿心理、幼儿教育、参观实习等为教育类课程。

1954年6月8日，《教育部关于师范学校今后设置发展与调整工作的指示》颁布，要求："在工矿区、大城市，应有计划有重点地举办幼儿师范学校；一般地区则可根据需要，选择条件较好的师范学校附设幼儿师范班，均招收初中毕业生。"[①]该文件还提出举办教师轮训班，以培养更多的幼儿园师资，提高幼儿园教养员的文化与业务水平。1955年，教育部又决定由地方教育行政部门设立幼儿师范学校，负责培养幼儿教育师资，由此，中级和初级幼儿师范学校陆续增设。截至1960年，全国的幼儿师范学校从1952年的2所增至89所，在校生由2100人增加至69278人。[②] 天津幼儿师范学校、上海幼儿师范学校、济南幼儿师范学校、杭州幼儿师范学校等都是在这一时期建立起来的，这批幼儿师范学校后来均发展为全国重点幼儿师范学校和培养幼儿教师的基地。

1956年6月30日，为进一步扩大小学教育和幼儿教育的师资队伍，《教育部关于大力培养小学教师和幼儿园教养员的指

---

① 《教育部关于师范学校今后设置发展与调整工作的指示》，见何东昌：《中华人民共和国重要教育文献1949～1975》，344页，海口，海南出版社，1998。

② 《中国教育年鉴》编辑部：《中国教育年鉴1949—1981》，999页，北京，中国大百科全书出版社，1984。

示》（以下简称《指示》）发布。该《指示》指出，全国各地教育行政部门要大力培养小学教师和幼儿园教养员，提出："今后必须在'又多、又快、又好、又省'的方针下，及时地完成培养小学教师和幼儿园教养员的任务。一方面要依靠正规办法，大力发展师范学校和初级师范学校，并且举办师范速成班培养出比较合格的师资；另一方面，还可以采取一些非正规的短期训练的措施，以补足当地师资的缺额。""幼儿师范学校，必须作适当发展……为了满足幼儿园对教养员的大量需要，各地应更多地举办初级幼儿师范学校，作为过渡办法，以培养较为合乎规格的教养员。"①该《指示》还指出，幼儿师范学校在之后若干年内的主要任务应是培养教养员的骨干力量。

除在高等师范院校开设学前教育专业为幼儿师范教育培养师资、兴办中等幼儿师范学校以培养合格的幼儿教育工作者外，为应对新中国幼儿教育师资匮乏的问题，党还指导各级师范院校开设短期师资培训班，培训在职幼儿教育工作者。

1954年6月，《教育部关于举办小学教师轮训班的指示》印发，指出："轮训小学教师（包括幼儿教养员）是一项相当长期的任务，应有计划地逐步进行。"该文件还规定："小学教师轮训班的主要任务是将实际文化程度已在高小毕业以上，但又不足初

---

① 《教育部关于大力培养小学教师和幼儿园教养员的指示》，见何东昌：《中华人民共和国重要教育文献 1949～1975》，647 页，海口，海南出版社，1998。

级师范毕业程度的小学教师（包括幼儿教养员），给以一定期限的训练，使在主要学科方面能够达到初级师范毕业的水平。""小学教师轮训班以由初级师范学校改办或附设于初级师范学校为原则，必要时得附设于师范学校。"①这一文件的发布为在职幼儿教师的培训组织、培训目标和轮训班的办学方式提供了具体指导。1956年2月，《教育部、卫生部、内务部关于托儿所幼儿园几个问题的联合通知》发布，指出："对在职幼儿园园长和教养员的培养与提高，则应采取在职学习、轮训、夜校、函授、业务讲座、幼儿教育研究会及相互观摩等方式进行并及时总结经验，加以推广。"②1956年6月30日，《教育部关于大力培养小学教师和幼儿园教养员的指示》发布，指出各地教育行政部门可通过开办正规的幼儿师范学校和非正规的短期培训班培训在职幼儿教师，也可在师范学校内附设幼儿师范班或初级幼儿师范班，也可举办短期幼儿师范班，以培养幼儿园师资，提高幼儿园师资的专业水平。《教育部关于大力培养小学教师和幼儿园教养员的指示》颁布后得到各地的积极响应，各高校的学前教育专业、各地幼儿师范学校以及教育行政部门相继对在职幼儿教

---

① 《教育部关于举办小学教师轮训班的指示》，见何东昌：《中华人民共和国重要教育文献 1949～1975》，345～346 页，海口，海南出版社，1998。

② 《教育部、卫生部、内务部关于托儿所幼儿园几个问题的联合通知》，见何东昌：《中华人民共和国重要教育文献 1949～1975》，579 页，海口，海南出版社，1998。

育干部和教师实行多层次、多种形式的培训，如幼儿教育干部培训、幼儿园园长培训、幼儿教师培训，以及脱产培训、不脱产培训等。此外，各培训组织还通过组织教研室、专题讲座、经验交流、现场观摩等各种形式提高在职干部和教师的业务水平。

在党和政府的引导与支持下，我国从现实条件和实际需要出发，通过一系列文件逐步建立了正规师范教育与非正规短期培训相结合的幼儿师资培养体系。兴办幼儿师范学校，开办短期培训班，广泛吸收中小学毕业生学习幼儿教育，一方面为新中国幼儿教育事业培养了大量师资，另一方面也为中小学毕业生提供了更多继续学习的机会。在这样的努力下，我国为幼儿教育战线培养了一批热爱幼儿教育事业、兼具理论知识与实践经验的幼儿教育工作者，他们成为新中国幼儿教育事业发展的中坚力量。

(四)兴办幼儿教育机构

新中国成立初期，我国一方面对旧的幼儿教育机构进行了接收与改造；另一方面逐步兴办了不同层次、多种类型的幼儿教育机构，向工农子女打开幼儿教育的大门。

新中国成立后，面对旧中国遗留下来的各类幼儿教育机构，党对其进行了接收和改造。针对外国在我国开办的幼儿教育机构，教育部、内务部、妇联等部门合作，共同领导了外国在华设立的幼儿园、孤儿院、育婴堂、慈幼院等"慈善机构"的接收工作，将200余所外国在华开办的"慈善机构"收归国有，收回了儿童教育和幼儿社会福利事业的主权。针对我国原有的、私立的幼稚园，党采取的是保护维持、加强领导、逐步改造的方针。在党的领导下，各地教育部门陆续接管了公立幼稚园，并将一批私立幼稚园改为公立。南京陈鹤琴创办的鼓楼幼稚园、重庆刘文兰主办的景德幼稚园等都在这一时期由私立改为公立。到1954年，新中国的私立幼儿教育机构全部收为公办。

新中国成立后不久，根据《共同纲领》和第一次全国教育工作会议的精神，党对幼儿园长期沿袭的、与"教育向工农开门"相悖的制度进行了一系列改革，主要措施有如下方面：①废除幼稚园的招生考试制度，经报名登记和核实情况即可，父母双方因工作家中无人照顾的幼儿得以优先录取；②日常在园时间从过去的半天予以延长，以利劳动妇女正常工作，并取消寒暑假制度；③家庭经济困难的劳动人民子女保教费用可以减收或免收；④支持在工人住宅区设立幼儿园。①

为满足人民群众对幼儿教育日益提高的需求，1951年《政

---

① 史慧中：《中华人民共和国幼儿教育50年大事记（一）：社会主义改造时期的幼儿教育》上，载《幼儿教育》，1999(10)。

务院关于改革学制的决定》对幼儿园的发展布局做出了初步规定："幼儿园应在有条件的城市中首先设立，然后逐步推广。"[①]随后召开的第一次全国初等教育与师范教育会议上，党和国家进一步将幼儿园发展的重点明确化、具体化："首先应该放在工业地区企业部门，其次是机关、学校及郊区农村（先取得经验以发展农忙幼儿园），主要解决工农劳动妇女对孩子的教养问题；鼓励私人办幼儿园并加强领导，作到公私兼顾办园。另外，必须重视依靠群众团体来推动和开展幼儿教育，教育行政部门要加强对幼儿教育的领导。"[②]根据这一方针，在党的领导和多方力量的推动下，我国幼儿园的数量和质量均稳步提升。城镇的工厂企业部门、中央及省市机关、各级各类师范学校、各街道和乡村的生产合作社在"教育向工农开门"方针的指引和"一切为了孩子"口号的鼓舞下积极办学，不仅使更多工农子弟受到了良好的幼儿教育，更为家长尤其是母亲参加生产劳动、全身心投入社会主义建设提供了保障。

新中国的人口众多、经济落后，外加 20 世纪 50 年代初期国家鼓励生育，提倡"英雄母亲"，同时又有越来越多的妇女走出家庭参加生产劳动与社会生活，从而使社会对幼儿托管与教

---

① 《政务院关于改革学制的决定》，见何东昌：《中华人民共和国重要教育文献 1949～1975》，105 页，海口，海南出版社，1998。

② 唐淑、钟昭华：《中国学前教育史》，300 页，北京，人民教育出版社，2000。

育的需求日益强烈，需要上幼儿园的适龄儿童与日俱增。而当时我国的国民经济发展水平无法完全承担幼儿教育事业的发展，为此，党提出并采取"两条腿走路"的方针，即公办幼儿园与民办幼儿园并举，依靠群众，动员社会各方面的力量，采用多种形式创办幼儿园，扩大幼儿园的规模，以逐步满足广大人民群众的需要。1953年6月，教育部召开第二次全国教育工作会议，指出："幼儿教育机构也要从实际出发，在整顿巩固的基础上有计划有重点地发展。"1954年7月27日，教育部就幼儿教育工作中的方针和领导关系指出："幼儿园的办理，仍可采用多种多样的办法，不必强调统一，但应以发展整日制为方向。"[1]1956年2月，《教育部、卫生部、内务部关于托儿所幼儿园几个问题的联合通知》指出："随着国家经济建设和文化建设的日益发展，今后将有更多的妇女参加生产劳动和社会工作。为了帮助母亲们解决照顾和教育自己孩子的问题，托儿所和幼儿园必须有相应的增加。"[2]该文件还提出应当按照"全面规划、加强领导"和"又快、又多、又好、又省"的方针，同时根据需要与可能的条件积极发展托儿所、幼儿园。以上文件显示了党对依靠群众举办各种类型的托儿所的指导与支持。在"两条腿走路"方针的指

---

[1]　《教育部关于幼儿教育工作中的两个问题给西北教育局的批复》，见何东昌：《中华人民共和国重要教育文献1949～1975》，355页，海口，海南出版社，1998。

[2]　中国学前教育研究会：《中华人民共和国幼儿教育重要文献汇编》，76页，北京，北京师范大学出版社，1999。

引下，我国幼儿园迅速发展。截至 1956 年，与 1950 年相比，我国幼儿园的数量从 1799 所增加至 18534 所，在园幼儿从 14 万人增加至 108.1 万人。[①] 幼儿教育事业的迅速发展成为"幼儿教育向工农开门"的有力保障。

20 世纪 50 年代初，党和政府采取的"两条腿走路"方针，调动了社会各方面的资源，发挥了社会各方面的力量，不仅在很大程度上满足了人民群众对幼儿教育的需求，更有力地促进了我国幼儿教育事业的发展。

总体来看，新中国成立以来，我国幼儿教育事业发展的成就远大于失误。在中国共产党的领导下，我国动员起社会各界力量创办幼儿园，发展幼儿教育事业，使幼儿教育真正实现"向工农开门"，工农子女成为幼儿园最普遍的教育对象。在新中国成立后的 29 年中，我国广大幼儿教育工作者怀着对新中国幼儿教育事业的忠诚以及对培养下一代的热忱之心坚守在幼儿教育的岗位上，在艰苦困难的环境下做出了巨大的贡献。他们的努力为新中国幼儿教育事业重新焕发生机奠定了基础，更是新中国幼儿教育事业发展的强大动力。

---

① 《中国教育年鉴》编辑部：《中国教育年鉴 1949—1981》，1031 页，北京，中国大百科全书出版社，1984。

六、特殊教育

新中国成立前，特殊教育在教育事业中基本没有得到重视，全国仅有盲校、聋哑学校、盲聋哑学校 42 所，其中大部分为教会或私人所办，盲、聋哑学生 2000 余人。[1] 新中国成立后，随着社会秩序的稳定和经济的逐渐恢复，在党的领导下，人民政府采取了一系列措施对特殊教育进行逐步恢复、改造和建设，将特殊教育正式纳入整个国民教育体系，从学制层面确立了特殊教育的地位。特殊学校的改造与兴建为残障者提供了更多的受教育机会，特殊教育实践的改进更是促进特殊教育走上了制度化和规范化的道路。

（一）确立特殊教育的地位

新中国成立后，党和政府为保障残障人士也能够平等地接受教育，在建设普通教育的同时也十分关注特殊教育，颁布了一系列方针政策以确立特殊教育的地位：一方面正式将特殊教育纳入整个学制系统，确立特殊教育在教育系统中的独立地位；

---

① 《中国教育年鉴》编辑部：《中国教育年鉴 1949—1981》，385 页，北京，中国大百科全书出版社，1984。

另一方面加强了对特殊教育的领导与管理，保障特殊教育的建设与发展。

　　1951 年 10 月，《政务院关于改革学制的决定》明确指出："各级人民政府应设立聋哑、盲目等特种学校，对生理上有缺陷的儿童、青少年和成人，施以教育。"[①]特殊教育首次被正式纳入学制系统。将特殊教育纳入学制系统对我国的特殊教育而言是一次史无前例的变革，意味着特殊教育真正进入国民教育体系，打破了人们长久以来将特殊教育归类于慈善事业的固有观念。与民国时期特殊教育游离于学制体系边缘的窘况相比，这一文件的颁布更标志着特殊教育在教育系统中独立地位的确立。此外，《政务院关于改革学制的决定》指明了我国特殊教育事业发展的新方向，扭转了特殊教育无序发展的局面，为我国以后特殊教育政策和法律法规的制定奠定了基调，是我国特殊教育转型的开端。

　　为保证特殊教育的有序发展，巩固特殊教育的独立地位，党和政府在新学制的基础上还加强了对特殊教育的领导与管理，初步构建了特殊教育制度。一方面，党领导教育行政部门设立特殊教育管理机构，明确特殊教育的管理与领导。1953 年，教育部设立盲聋哑教育处（后更名为特殊教育处），作为国家主管

---

　　①　《政务院关于改革学制的决定》，见何东昌：《中华人民共和国重要教育文献 1949～1975》，107 页，海口，海南出版社，1998。

特殊教育的职能部门，直属教育部领导，主要负责以下工作：掌握盲聋哑教育的工作方针政策，拟定有关的法规并组织贯彻实施；检查聋哑学校的教学与行政工作；制订教学计划、教学大纲；组织教材的编辑、审定、出版、供应工作，培训师资及组织在职教师进修等。作为全国特殊教育的最高管理机构，聋哑教育处的建立推动了特殊教育的建设与发展，标志着特殊教育在管理方式上的根本变革。1954 年，在处理接收美资津贴的盲聋哑学校时，政务院通知规定："原归民政部门领导之盲哑学校，如系独立设置且为正规学校性质者，交教育部门接办；原附属在生产教养院内或以救济为主的盲哑学校或班，仍由民政部门负责。"[1]这进一步确定了盲聋哑学校的特殊教育性质，明确了盲聋哑学校的领导管理部门。1959 年，因调整机构，盲聋哑教育处改为科，属小学司领导，后来又与民族教育、学前教育合并成立综合处。

另一方面，党还领导教育行政部门确立了新中国特殊教育的发展方针与培养任务。1953 年 7 月，根据我国当时的国情与盲哑教育情况，参照苏联盲哑学校的办法，《教育部关于盲哑学校方针、课程、学制、编制等问题给西安市文教局的复函》中提出了新中国最早的盲哑学校方针："目前盲哑学校教育的方针，

---

① 《中国教育年鉴》编辑部：《中国教育年鉴 1949—1981》，385 页，北京，中国大百科全书出版社，1984。

应该是整顿巩固、改进教学、创造经验、提高质量。"教育部还将"盲哑小学除实施普通小学智育、体育、德育、美育的基础教育外，在有条件的地方还需要给予盲哑儿童职业技能的训练"①作为盲哑学校初步的培养任务。

1957 年 4 月 25 日，《教育部关于办好盲童学校、聋哑学校的几点指示》发布，指出了盲、聋哑教育应贯彻"整顿巩固、逐步发展、改革教学、提高质量"的工作方针，承担传授科学文化知识、训练职业劳动技能、培育共产主义道德品质的培养任务。② 值得注意的是，这份文件建议今后应分别设置聋儿童学校和聋哑儿童学校，各招收后天致聋而保有语言的儿童和微聋的儿童，以及由于听力障碍而没有掌握口头语言的儿童。盲聋哑分开办学的意见对于我国特殊教育的发展极具创新意义。自我国特殊教育产生以来，盲聋哑合校是一种常态办学方式，将学校进行分类设置反映了党对特殊教育对象差异化的理解，是党科学指导特殊教育发展的体现。

党根据我国特殊教育的现实情况、发展特点和已有经验初步构建了我国特殊教育的制度，确立了其独立地位。特殊教育

---

① 《教育部关于盲哑学校方针、课程、学制、编制等问题给西安市文教局的复函》，见何东昌：《中华人民共和国重要教育文献 1949～1975》，224 页，海口，海南出版社，1998。

② 《教育部关于办好盲童学校、聋哑学校的几点指示》，见何东昌：《中华人民共和国重要教育文献 1949～1975》，755 页，海口，海南出版社，1998。

在党的指导下迈出重要一步。

(二)改造与新建特殊学校

新中国成立后，党领导国家各行政部门通过一系列举措加强了对特殊学校的建设与管理，一方面接收、改造旧中国遗留的特殊教育机构，另一方面积极开办新的特殊学校，为残障者打开教育的大门。

1. 接管、改造旧的特殊学校

面对旧中国遗留下来的特殊教育机构，中国共产党采取了接管、改造的处理办法。1949 年 12 月，党和政府在第一次全国教育工作会议上提出："对中国人办的私立学校，一般采取保护维持，加强领导，逐步改造的方针。"[①]根据这一方针，各地政府部门对由国人创办的私立特殊教育机构实行保护维持的政策，并给以经济补助，使其得以继续办学。如 1949 年，上海市教育局接管了上海特殊儿童辅导院；1951 年，私立北京聋哑学校由人民政府接管，并更名为北京市第二聋哑学校。

对于外国教会或私人创办的特殊教育机构，新中国成立初期，中国共产党暂时允许这些特殊学校在遵守《共同纲领》和政府法令的前提下继续办学。抗美援朝战争开始后，党决定进

---

① 《钱俊瑞副部长在第一次全国教育工作会议上的总结报告要点》，见何东昌：《中华人民共和国重要教育文献 1949～1975》，9 页，海口，海南出版社，1998。

一步接办外国在华创办的特殊教育学校，令全国各地的教育部门或其他政府部门负责接管独立设置、办学正规的特殊教育学校，全国各地民政部门负责接管接受外国津贴的盲聋哑教养单位，将其改造为公办社会福利单位。如1951年，武汉市救济分会接管了美籍瑞典传教士艾瑞英创办的武昌瞽目女校及瑞英聋哑学校；1952年9月，武汉市教育局接管了武昌瞽目女校，并将其改名为武昌瞽目学校（1956年改名为武汉市盲童学校）。

1954年，教育部为加强对盲聋哑学校的领导，改善办学条件，扩大招生规模，先后通知各地相关部门接办私立盲聋哑学校。各地政府根据政务院相关文件精神，将盲聋哑学校与救济福利院分开，确定了盲聋哑学校的教育事业性质。至1957年，全国私立的盲聋哑学校全部改为公办，学校原有的教职工均继续任职。从此，我国确立了特殊学校的办学主体是政府，特殊学校的公立性质得以明确。

2. 建设新的特殊学校

在接管、改造旧有特殊学校的同时，党和政府根据群众需求和国家经济实力，积极建设新的盲聋哑学校，并尝试特殊教育办学方式的多样化，稳步推进特殊教育事业的发展。

新中国成立后，我国的特殊教育基本沿袭过去的设置方式，即面向盲、聋哑两类儿童设置相应的盲童学校和聋哑学校；而身患其他残疾的儿童，如有智力障碍或心理障碍者，则几乎没有相应的特殊学校为他们提供专门的教育。为改善这一情况，1958 年，北京市依托北京市第二聋哑学校开办特殊儿童班，招收了 14 名智力障碍儿童；1963 年，特殊儿童班又开设一个班，共有学生 23 名。这是新中国成立后地方教育行政部门首次举办除盲聋哑教育以外的特殊教育。特殊儿童班规模虽小，但是其开办对于新中国特殊教育事业的发展而言是一次可贵的尝试，为我国之后发展多样化的特殊教育积累了宝贵经验。

与其他形式的特殊教育尚处于起步阶段相比，盲聋哑学校的发展相对成熟。20 世纪 50 年代，我国的盲聋哑学校稳步发展。图 3-1 为新中国成立后（1949—1965 年）聋哑学校发展情况曲线图。

截至 1957 年，我国的聋哑学校由新中国成立初的 42 所发展到 66 所，在校学生由 2000 余人发展至 7538 人。可以看出，1958 年是聋哑学校发展的关键点，从这一年开始，聋哑学校进入快速发展的阶段，数量激增。到 1960 年，我国已有聋哑学校 476 所，在校生 26701 人。但是由于"大跃进"式的发展，聋哑学校数量脱离实际的激增，导致学校在校舍、教具、师资、经费方面难以得到保障，办学质量有所下降。20 世纪 60 年代初，在中共中央"调整、巩固、充实、提高"方针的指导下，我国对盲聋哑学校进行了调整，盲聋哑教育重新回归正轨。

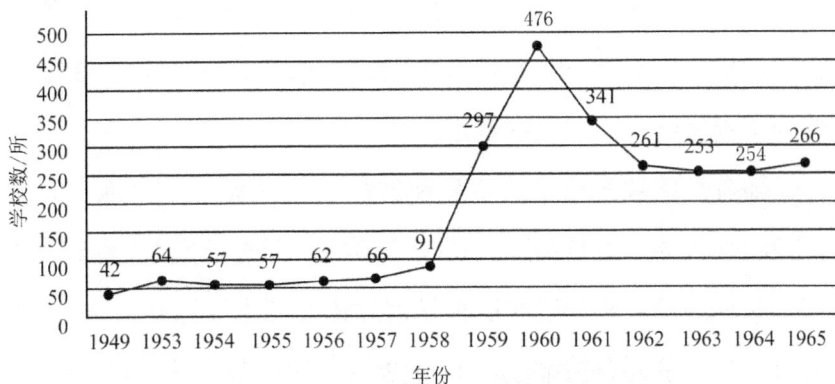

图 3-1　新中国成立后聋哑学校发展情况曲线图（1949—1965 年）

资料来源于《中国教育年鉴》编辑部：《中国教育年鉴 1949—1981》，1035 页，北京，中国大百科全书出版社，1984。

（三）改进特殊教育教学实践

新中国成立初期，我国特殊教育处于恢复、改造与探索阶段，学制不统一、办学不规范、教学水平不高等问题引起党的重视。在党的领导与特殊教育工作者的共同努力下，新中国的特殊教育踏上了发展与改革的道路。

1. 确定盲聋哑学校学制

20 世纪 50 年代初，我国各盲童学校和聋哑学校基本沿用普通小学学习年限加预备班的制度。1953 年 7 月，《教育部关于盲哑学校方针、课程、学制、编制等问题给西安市文教局的复函》规定，盲校可在普通小学的六年之外加半年预备班，让学生学习盲字，熟悉学校环境，掌握日常生活的知识；聋哑学校可用

1～2 年的预备阶段让学生学习看口、发音、识字、手势、日常
会话和生活知识等。① 这是新中国成立后我国首次对盲聋哑学
校的学制做统一、明确的规定。

随着特殊教育经验的积累和教学水平的提升，党逐步取消
盲聋哑学校的预备班制度。1955 年 9 月，教育部发布《关于取消
盲童学校的预备班制度并试教新编的语文课本的通知》，决定取
消盲童学校的预备班制度。自此之后，我国的盲童学校一律实
行与普通小学相同的学制。1956 年 6 月，教育部结合我国聋哑
教育的实际情况，发布《关于聋哑学校使用手势教学的班级的学
制和教学计划问题的指示》，明确规定取消聋哑学校的预备班制
度，并将学制延长为十年。② 取消预备班制度的改革是我国特
殊教育发展历程上的一大进步。1957 年 4 月，《教育部关于办好
盲童学校、聋哑学校的几点指示》再次调整了盲童学校的学制：
"现有盲童学校的修业年限，暂规定在六年内学完普通小学的基
本课程。修完普通小学的基本课程后，有些学生可以投考盲人
中学，其余学生应继续进行大约两年时间的职业劳动训练，以
培养他们掌握一定的生产技能和技巧，为将来参加劳动生产准

① 《教育部关于盲哑学校方针、课程、学制、编制等问题给西安市文教局的
复函》，见何东昌：《中华人民共和国重要教育文献 1949～1975》，224 页，海口，
海南出版社，1998。
② 《中国教育年鉴》编辑部：《中国教育年鉴 1949—1981》，387 页，北京，
中国大百科全书出版社，1984。

备条件。"①聋哑学校的学制则继续沿用 1956 年的规定。此外，该文件还对小学水平的盲聋哑学校提出要求，对小学毕业后的中学教育、职业训练等做出规定，进一步完善了我国特殊教育的学制。1959 年 2 月，《中国聋哑人福利会关于聋人工作天津现场会议的报告》提出有条件的地区可以继续试办聋哑幼儿园（班）和聋哑中学等建议，将聋哑教育对象的范围扩大到聋哑幼儿，并为聋校毕业生提供深造机会，促进了盲聋哑教育的完善与发展。以上盲童学校、聋哑学校学制不断调整与演变的过程是我国特殊教育学制逐步趋于完善的体现，这一时期的种种尝试对我国以后特殊教育学制的发展产生了深远影响。

2. 制订盲聋哑学校教学计划

新中国成立初期，盲聋哑学校缺乏统一、科学的教学计划，仅是根据盲聋哑儿童的特点在普通小学教学计划的基础上进行增减。因此，制订盲聋哑学校教学计划成为 20 世纪五六十年代党发展特殊教育事业的重要任务。关于盲童学校的教学计划，1955 年 9 月 21 日，教育部安排上海市盲童学校试行《盲童学校教学计划（草案）》，以有重点地进行教学改革。《盲童学校教学计划（草案）》是教育部依据盲童教育的方针和任务，参考苏联盲童教育的经验，在小学教学计划的基础上做了若干更改而制订

---

① 《教育部关于办好盲童学校、聋哑学校的几点指示》，见何东昌：《中华人民共和国重要教育文献 1949～1975》，755 页，海口，海南出版社，1998。

的，为盲校教学活动提供了科学的指导和明确的规定。教育部
在这份教学计划草案中强调了手工劳动科"为以后进行比较专门
的生产技能训练打下基础""养成他们照顾自己独立生活能力和
克服困难的意志力"①的重要意义，反映了 20 世纪 50 年代党在
社会主义建设背景下对学习者进行生产技能训练的普遍要求，
更渗透着党对培养盲童独立生活、自力更生能力的重视。
1962 年，教育部又组织编制了《全日制六年制盲童学校教学计
划(草稿)》，以进一步完善盲童学校的教学计划。表 3-14 为全
日制六年制盲童学校教学计划表。

表 3-14　全日制六年制盲童学校教学计划表(1962 年)

单位：时数

学科	一	二	三	四	五	六	授课总时数
周会	1	1	1	1	1	1	228
语文	12	12	11	11	9	9	2432
算数	6	6	7	6	6	6	1406
历史						2	76
地理					2		76
自然					2	2	152
常识	1	1	2	2			228
体育	3	3	2	2	2	2	532

---

① 《教育部关于在上海盲童学校试行盲童学校教学计划（草案）的指示》，见
何东昌：《中华人民共和国重要教育文献 1949～1975》，523 页，海口，海南出版
社，1998。

续表

学科	一	二	三	四	五	六	授课总时数
音乐	2	2	2	2	2	2	456
手工	3	3	3	2	2	2	570
生活指导	2	2	2				
劳动				3	3	3	
自习	6	6	6	8	8	8	
总计	36	36	36	37	37	37	
集体社会活动	每周 3 小时						
校外参观活动	全学年一周左右						

资料来源于顾定倩、朴永馨、刘艳红：《中国特殊教育史资料选》下卷，1613 页，北京，北京师范大学出版社，2010。

表 3-14 的教学计划规定了盲童学校开设的各门课程，其设计既保证了学生可以受到比较完整的、配套普通小学的文化基础知识教育，也考虑到了盲童的特殊性，适当降低或提高了部分课程的要求。由于种种原因，《全日制六年制盲童学校教学计划（草稿）》并未正式颁发，但仍是我国当时盲童学校教学的纲领性文件。

关于聋哑学校的教学计划。党和政府针对聋哑儿童的特点，对低年级聋哑儿童的教育予以特别关注。1954 年，教育部召开了改编聋哑学校低年级语文教材小型座谈会，讨论了聋哑学校低年级的教学计划问题，强调了培养聋哑儿童视话能力的重要性，确立了推行口语教学是聋哑学校教育教学改革的方向。1957 年，教育部发布《聋哑学校口语教学班级教学计划（草案)》，提出聋哑学校的教学任务为："对聋哑儿童实施普通教育和职业劳动教育，使他们成为社会主义国家的积极的自觉的建设者和保卫者。"[1]在教学任务的指引下，教育部依据此前两年来口语教学试验的初步工作经验，吸收其他国家的先进经验，对聋哑学校各学科的教学活动安排做了详细说明。1962年，教育部拟订《全日制十年制聋哑学校教学计划（草稿）》，要求全日制聋哑学校必须以教学为主，在课程的具体安排上，既要学好文化科学基础知识，又要加强思想政治教育和生产技能训练。《全日制十年制聋哑学校教学计划（草稿）》虽然也未正式颁布，但仍是当时聋哑学校教学的纲领性文件和重要依据。

3. 特殊教育沟通手段的规范与教学

盲字和手语是盲聋哑残障者进行有效沟通的主要手段，更是实施盲聋哑教育首要解决的问题，规范与加强盲字和手语教学成为新中国成立后党发展特殊教育的重要任务。

在盲字的规范与教学改革方面，新中国成立后，党在发展特殊教育的同时，着力创造一种由中国人设计的、符合中国国情与文化、便于盲人使用的新盲字，盲字的统一化工作全面展开。1952年，黄乃调整了过去的点字字母符号，提出了一种以

---

[1] 《教育部关于〈聋哑学校口语教学班级教学计划（草案)〉的通知》，见何东昌：《中华人民共和国重要教育文献 1949~1975》，748 页，海口，海南出版社，1998。

注音字母为基础、采用分词方法拼写普通话的《新盲字方案》，受到盲人的欢迎，新盲字教学开始在各盲校传播。到1954年，我国各盲校已普遍采用新盲字进行教学。1954年下半年，教育部的沈晓初在北京盲校新生班开展试验，在两个月内教授完自编字母课本，使盲童具有了初步摸读和听写的技能，并在剩余的两个半月时间内完成了语文第一册的教学。党根据这一经验，令教育部盲聋哑教育处编了字母课本，于当年（1954年）在上海市盲童学校两班新生中试教，多数学生取得了较好的成绩。采用这一教学方法，不仅可以取消盲童学校的预备班，更可以使盲童学校的语文教学因没有了汉字教学的困难而比普通小学前进一步。新盲字和字母课本在盲校教学中的广泛使用不仅提高了盲校的教学质量，更有利于盲人间的沟通与交流，促进了盲童教育的发展。

在手语的规范与教学改革方面，20世纪50年代，我国聋哑教育确立了口语为教学改革的方向。1954年8月，教育部召开的改编聋哑学校低年级语文教材小型座谈会认为，口语法是当时聋哑教育最进步、最科学的方法，在聋哑幼儿园也用口语法来进行教学有利于聋哑儿童接受国家规定的义务教育，更好地参加劳动生产。为此，该会议明确提出口语教学是我国聋哑教育实行改革的重要任务之一。这一改革方向对我国聋哑教育事业的发展产生了很大影响，它明确了发展聋哑儿童的有声语言是实施全面发展教育的主要步骤。1954年10月，教育部通知北京、上海、哈尔滨三地的教育局转告所属的四所聋哑学校为重点试验口语教学的学校，并于1956年8月召开聋哑学校口语教学试验工作汇报会。会议再次强调口语教学是聋哑学校教学改革的中心任务；聋哑儿童只有掌握语言，才能更好地发展思维能力，进而更便于学习科学文化知识。但是在口语教学的实践中，一些手势语同时也在使用，且使用更为普遍。由于手势语只是对形象的模拟，缺乏概括性，无法表达抽象的概念，且各地的手势语极不统一，大大影响了聋哑人士彼此之间的沟通与交流。1958年7月，在党的指导下，各相关部门开始对聋人的手语沟通进行改革。在此期间，聋人手语改革委员会对手语规范化进行研究，收集全国各地聋人的手势语，参考全国聋人一般通用的手势，编制了《聋人手语草图》，在聋人中试行。1959年，教育部、内务部发布《汉语手指字母方案》，该方案经过四年的试行于1963年正式公布。汉语手指字母这套特殊的语文工具能够帮助聋哑学生识记、辨认语言，提高了他们看话的能力，加快了其识字进度，还改善了手势语的表达方法，使手势语的表达更加精确和丰富。此外，汉语手指字母更在成年聋哑人扫盲和文化学习中发挥了重要作用。20世纪60年代之后，全国统一的手语方案基本形成。此后，通用手语开始成为聋哑人参与社会生产和生活的有效沟通手段。

确定盲聋哑学校学制，制订盲聋哑学校教学计划，规范盲聋哑人士的沟通手段，是党改进特殊教育教学实践的不断尝试。特殊教育教学水平的提高、教学方法的丰富为残障者提供了更多接受教育、学习知识的机会，对特殊教育的实施与发展具有重要意义。

总体而言，新中国成立后，特殊教育被正式纳入学制系统，成为新中国教育事业的重要组成部分，这在中国特殊教育发展史上具有划时代的意义。在中国共产党的领导和特殊教育工作者的共同努力下，从宏观层面看，我国加强了对特殊教育事业的管理，明确了特殊教育发展的任务，在改造旧有特殊学校的同时大力兴办各类新式特殊学校，切实做到了特殊教育向广大残障者开门，为他们提供了接受教育、改变命运的机会。从微观层面看，为推动特殊教育的发展，党领导国家各相关部门根据特殊教育发展的实际情况确定并不断调整特殊学校的学制，制订教学计划以规范和改进教学，规范盲聋哑群体的沟通手段，加强盲字和手语教学，为特殊学校的教学和盲聋哑群体的沟通提供了便利条件。以上种种努力和成就都是我国特殊教育走向规范化、科学化的脚印，为我国此后特殊教育的发展打下了坚实的基础。

七、留学及外交教育

　　1949 年 10 月 2 日，新中国成立后的第二天，苏联外交部副部长葛罗米柯照会中国外交部部长周恩来，表示苏联政府决定建立苏中两国的外交关系，并互派大使。同日，葛罗米柯代表苏联政府宣布断绝与广州的外交关系，并决定自广州召回其外交代表。据夏衍日记，1949 年 10 月 3 日，"下午至怀仁堂续开和平大会。朱总司令宣布苏联承认我中央政府，全场沸腾"[①]。随后，东欧各人民民主国家相继电贺新中国成立，并表示愿意建立相互外交关系，中国政府分别复电表示同意。新中国已成为加强以苏联为首的世界和平民主阵营的重要因素，并在成立后很长一段时间都执行了"一边倒"的外交政策。中央决定大规模向苏联和东欧社会主义国家派遣留学生，成立了由聂荣臻、李富春、陆定一主持的留学生派遣工作领导小组，制定方针、计划和组织实施，以便与经济建设计划相协调。新中国的留学教育事业由此全面展开。

---

　　①　沈宁、沈旦华：《岁月如水流去：夏衍日记》，87 页，北京，中华书局，2016。

（一）派出留学生

从总体来说，新中国成立初期，以美国为首的西方国家对我国实行封锁政策。在此背景下我国实行的是"一边倒"的外交方针，即倒向社会主义阵营。

新中国的留苏教育以"4821"留学生为先声。所谓"4821"留学生，是指 1948 年 4 月由中共中央批准、东北局选送的 21 名留苏学生。这 21 名留学生均为党内干部子女和烈士后代，如叶挺烈士长子叶正大、李硕勋烈士之子李鹏、邹韬奋之子邹家华等。他们在哈尔滨学习数月俄语后，于 1948 年 9 月赴苏联留学。这批留学生一开始被苏联安置在伊万诺沃国际儿童院，几经波折才在 1949 年到莫斯科大学学习。新中国成立时，加上以前赴苏留学的学生，当时在苏联的中国留学生共有 40 余人。当时据任弼时的意见，这批学生中大多数选择了理、工、农、医为专业，而较少学习政治。这反映了当时国家急需建设人才的现实，也成为 1949 年以后中国留苏教育的基本指导思想。[①] 1950 年 2 月 18 日，毛泽东访问苏联期间，专门接见了这批留学生，希望大家努力学习，艰苦奋斗，锻炼好身体。周恩来总理题字："艰苦奋斗，努力学习。"[②]

[①]　李喜所：《中国留学通史·新中国卷》，71～75 页，广州，广东教育出版社，2010。

[②]　赵峰、苗丹国、魏祖钰，等：《新中国六十年留学大事概览 1949—2009》，5 页，北京，现代出版社，2010。

1950 年 9 月，中国和波兰、捷克斯洛伐克、匈牙利、保加利亚和罗马尼亚五国达成了互派留学生的协议，向东欧五国派遣了 35 名留学生。这次派遣的留学生规模不是很大，除了派往波兰的学生中有 5 人学习煤矿技术，派往捷克斯洛伐克的学生中有 5 人学习军工技术外，其余主要学习留学国家的"语言、历史、政治和经济"①。这次尝试为 1951 年之后的大规模派遣留苏学生打下了良好的基础。

1951 年 1 月，中共中央决定实施"向苏联大规模派遣工科留学生"的政策，并于同年 8 月向苏联派遣了 375 名留学人员。向苏联学习科学技术和教育经验成为新中国成立初期最直接、最便捷、最有效的人才培养途径。1951 年最终实际派出留学生 380 名，其中留学苏联学生 375 名，留学蒙古学生 5 名。在留苏的 375 名学生中，大学生有 239 名，占 63.7%；研究生有 136 名，占 36.3%。从派出部门统计，卫生部 30 人，地质部 4 人，宣传部（出版总署）2 人，轻工业部 9 人，政法系统 12 人，科学院系统 7 人，外交部 16 人，铁道部 24 人，交通部 15 人，水利部 48 人，燃料工业部 50 人，教育部 77 人，一机部 25 人，重工业部 56 人。从留学专业看，理科 35 人，工科 261 人，农科 9 人，医科 28 人，文教 10 人，政法 21 人，财经 11 人。从男

---

① 赵峰、苗丹国、魏祖钰，等：《新中国六十年留学大事概览 1949—2009》，5 页，北京，现代出版社，2010。

女比例看，男生 313 人，占留苏学生总数的 83.5％；女生 62 人，占留苏学生总数的 16.5％。留苏学生分布在莫斯科、列宁格勒、喀山、基辅、萨拉托夫和诺沃契尔卡斯克 6 个城市。①

　　这一次留苏派遣明确了派遣的基本方针和原则，是为社会主义经济建设服务，具有很强的目的性和针对性。1951 年派出的 375 名留苏学生中，工科留学生 261 名，比例高达 70％；如果加上理科留学生，比例则接近 80％。他们中的一些人日后在各自的工作岗位和研究领域中做出了卓越的贡献。例如，改革开放后首批当选中国科学院院士（学部委员）的冯康（1951—1953 年在苏联斯捷克洛夫数学研究所工作，1980 年当选中国科学院学部委员）、张宗祜（1951—1955 年在苏联莫斯科地质勘探学院读研究生，1980 年当选中国科学院学部委员）、中国科学院化学研究所前所长胡亚东院士等。这次派遣也体现了兼顾眼前利益与长远利益相结合的原则。当时国家规定选派留学生应该主要向和生产建设有关的工业、农业和技术高级学校多派，如冶金、采矿、电气、地质、建筑、水利、农业、铁路、交通、河运等，但同时在师范、俄语、经济、政治、文学艺术、外交和法律等方面也酌量进行派遣。卫生、文教、政法和财经系统的首批留苏学生中的一些人日后成为相关领域的领导者、开拓

---

① 周尚文、李鹏：《一种新的留学模式的开端——新中国首批（1951 年）派遣留苏学生的历史考察》，载《历史教学问题》，2007(6)。

者，例如，原卫生部部长钱信忠（第一批留苏学生出国领队）、中国政法大学原校长江华（首批赴苏 12 名法律留学生之一，就读于莫斯科大学法律系）、中国社会科学院法学研究所前所长王叔文（首批赴苏 12 名法律留学生之一，就读于莫斯科大学法律系）、中国社会科学院经济研究所前所长刘国光（首批赴苏财经类研究生之一，就读于莫斯科经济学院）等。

首次派遣的留苏学生主要分为两类：第一类是大学生，第二类是研究生（占到 36.2%）。这些人事实上已经大学毕业，在研究机构从事工作，或者就职于各部委。其中尤以医学研究生最为明显，其成员"都是革命战争时期和新中国成立后的卫生干部"[1]。中国科学院选派的留苏学生也大多已经具备比较好的科学素养，如选送到苏联科学院物理研究所学习理论物理的黄祖洽已经在 1950 年从清华大学物理系研究生毕业，到苏联主要是进修。[2] 在留学生群体中，大学生侧重于基础理论的学习；研究生侧重于理论和实践的进一步钻研，往往针对性很强；实习生则偏重于对实际技术的掌握和使用；进修教师则着眼于培养高校师资力量。这样的派遣往往兼顾了不同的需求。

党和政府高度重视第一批留苏学子。1951 年 10 月 9 日，教

---

[1] 涂通今：《追忆留苏岁月》，载《纵横》，2000(7)。

[2] 李喜所：《中国留学通史·新中国卷》，77 页，广州，广东教育出版社，2010。

育部专门发文至外交部和财政部，通知中明确指出："……留学大学生每人每月膳费宿费书籍文具费零用费等共计595卢布（以上四项包干发给留学生个人），学费33卢布，特别费22卢布（以上两项由大使馆统一掌握），以上合计每人每月供给标准650卢布；研究生每人每月供给标准900卢布；大行政区部长级干部再加100卢布。"当时苏联政府要求中国政府按每人每月2000～4000卢布支付苏联在华专家待遇。1950年2月12日，周恩来在和苏联驻华大使罗申的会晤中向苏方强调：对于中华人民共和国来说，每个专家的费用（每人每月2000～4000卢布）相当于每月10000至18000斤小米，而中央人民政府主席和副主席们每月只有3400斤小米，部长们只有2800斤小米。如果试做一个简单的计算，2000～4000卢布相当于10000～18000斤小米，那么即使待遇最低的留苏大学生一个月的生活费就接近3000斤小米，研究生则超过了4000斤。这个数字足以说明当时留苏学生的生活标准已经超过了新中国的部长们，甚至超过了国家领导人。[1]据当时的留学生回忆，第一批中国留学生的装备很好："一人发了两套西服、两套中山装（都是纯毛料，当时没有化纤），还有几件衬衫、两双皮鞋、一双球鞋、一个大皮箱。"[2]这些细节均显示了新中国对这批留学生的重视程度。

① 周尚文、李鹏：《一种新的留学模式的开端——新中国首批（1951年）派遣留苏学生的历史考察》，载《历史教学问题》，2007(6)。
② 胡亚东：《我早年的留学生活》，载《科学时报》，2006-07-03。

　　这一批留学生中的绝大多数都以严格的标准要求自己，苦学俄语及专业知识，力争回国后报效祖国。如由北京师范大学选派的到当时国立莫斯科列宁师范学院留学的顾明远，先下功夫苦学俄语："每天要背100多个单词，一个星期要把看图识字上的上千个单词都记熟。"而后认真学习各门课程："政治理论课有6个学年的课程：两年联共党史、两年政治经济学、两年哲学""教育专业课程有4门，即教育学、心理学、教材教法、教育史"。同时，"从一年级开始老师就带着同学到中小学去见习，去听老师的课，然后与老师一起讲评"①。据顾明远回忆，当时正值"中苏关系最好的年代。苏联百姓对中国留学生特别友好，特别是我们刚到苏联的1951年，我国志愿军把美国军队打回'三八'线。苏联老百姓把我们留学生当英雄看待，处处给我们最优惠的待遇，例如购买电影票可以免排长队"②。这批留学生也成为中苏友好的重要使者。

　　当然，由于这是我国第一次大规模派出留学生，难免存在一些准备不足的方面。当时大多数留学生的语言不过关，增加了学习中的困难，严重影响了留学效果。留学生中绝大多数人俄语水平很差，原先不懂俄文者达95%。③由于准备工作仓促，

①　顾明远：《顾明远口述史》，18页，北京，北京师范大学出版社，2018。

②　顾明远：《顾明远口述史》，30页，北京，北京师范大学出版社，2018。

③　李滔：《中华留学教育史录——1949年以后》，102页，北京，高等教育出版社，2000。

国内留学培训教育没有跟上，留苏学生到达苏联之后，一时间显得无所适从。据胡亚东回忆，在开往苏联的火车上大家开始学俄文，很多人甚至需要从俄文字母的识读开始。① 苏联方面对此也有很大意见。为此，苏方不得不先进行必要的外语培训和补课，影响了正常的教学计划。大多数留学生对苏联历史、地理、文化、民俗民情缺乏了解，特别是出国初期阶段，因为饮食起居和生活习惯上的差异而产生了很多困难。1952 年之前，中国驻苏联（大）使馆没有专门的管理留学生的机构，留学生在生活学习方面遇到了不少困难。但国家对首批留苏学生选派及管理过程中出现的问题进行认真的总结和研究，使后来选派留苏学生的工作很快走上了正轨。

1951 年 10 月 3 日，林伯渠致信刘少奇和周恩来：一是鉴于首批赴苏留学生中很多人不懂俄语，建议以后须要先在国内进行俄语教育 6 个月或者更多时间；二是应在大使馆添设管理留学生的人员，以专责成。周恩来批示："筹备俄语预备教育的工作。"②

1952 年 3 月，北京俄文专修学校成立留苏预备部，定名为北京俄文专修学校第二部。第一期留苏预备生 180 人，经过 11 个月的培训于 1953 年 8 月出国。1955 年 6 月，经高等教育

---

① 胡亚东：《我早年的留学生活》，载《科学时报》，2006-07-03。
② 赵峰、苗丹国、魏祖钰，等：《新中国六十年留学大事概览 1949—2009》，8 页，北京，现代出版社，2010。

部呈请国务院批准，北京俄文专修学校改为北京俄语学院。1955年7月，中国人民大学俄文系并入北京俄语学院。1956年8月，北京大学波兰语、捷克语班调整到北京俄语学院，成立波捷语系。1959年2月，北京俄语学院并入北京外国语学院。留苏教育也推动了我国外语教育的发展。

据统计，1950年至1965年，国家公派出国留学共派出10698人，回国8013人，其中向苏联派出留学生8414人。这其中产生了多位党和国家领导人、200多位院士、200多位省部级干部、100多位军队将领、诸多学科带头人和专家，为中国的现代化建设事业奠定了坚实的人才基础。江泽民、李鹏、钱其琛、周光召、宋健等都是这一阶段留苏学生中的优秀代表。1966年，受"文化大革命"影响，国家公派出国留学工作全面停滞，直至1972年下半年才逐渐恢复。1960年上半年，中苏之间的关系越发紧张。7月16日，苏共中央全会正式宣布召回在中国的近1400名苏联专家，单方面废除343个专家合同和257个科技合同。撤回专家、废除合约对中国国民经济造成了严重的影响，中苏关系也陷入破裂的边缘。

1950年，首批赴东欧社会主义国家的中国留学生派出后，新中国陆续与社会主义阵营各国家签订文化合作协定、留学专项协定，中国留学生的足迹开始遍布东欧各社会主义国家。1954年，我国派赴民主德国、波兰、捷克斯洛伐克、匈牙利、保加利亚、罗马尼亚、阿尔巴尼亚及朝鲜、蒙古等国的留学生共计 140 多人，均是从全国各地选拔出来的优秀高中毕业生、工农速成中学毕业生和部分大学一年级学生及教师，以培养工业交通技术人才和高等学校师资以及科学研究人才为主，同时照顾到其他方面的需要。1955 年，我国派赴各人民民主国家和印度等国的留学生共 150 多人。1956 年，我国共派出 36 名留学生赴保加利亚学习。1961 年，教育部抽调 40 名留学生到社会主义国家和西方国家、亚非拉国家学习语言、文学与历史。据不完全统计，1950 年至 1966 年我国向东欧社会主义国家派出留学生 1465 人。[①] 这些留学东欧各国的中国学子发扬勤奋刻苦精神，攻克了语言、专业等学习领域里的难关，取得了骄人成绩。其中涌现出很多政治、文化、艺术等领域的杰出人才，如留学捷克斯洛伐克的全国人民代表大会常委会原副委员长李铁映同志、留学波兰的音乐家傅聪等。广大中国留学生也肩负起了促进中外文化交流的使命。在罗马尼亚，一份名为《今日罗马尼亚》的中文画报于 1957 年在布加勒斯特创刊，每月出版一期。这份画刊是个图文并茂的综合性刊物，向中国读者介绍罗马尼亚人民建设社会主义的成就和生活情况，中国留罗学生对其出版发行颇有贡献。

---

① 刘振宇：《建国初期选派留学生赴东欧学习的历史考察》，载《滁州学院学报》，2012(4)。

东欧各国也为中国留学生提供了周到的帮助。例如，在罗马尼亚，"为了让中国留学生更快地学好罗马尼亚语言，学校特别给每位中国留学生安排一名罗马尼亚学生同住，创造一个讲罗马尼亚语的氛围，方便中国留学生的口语训练"。留学生们也曾几次应邀到当时罗马尼亚工人党最高领袖格奥尔基·乔治乌-德治的家做客。①

1960年9月13日至21日，科技部党组、教育部党组和外交部党组联合召开了第二次全国留学生工作会议。此次会议召开的目的是适应反修正主义斗争以及各国共产党和工人党代表会议声明发表后的国际政治新形势。会议对今后派遣留学生的方针和留学生管理工作进行了部署，确定了今后派遣留学生的方针和留学生管理的一些新规定。

值得注意的是，因为这一时期审核变得严格，出现了虽然有派出名额，但因选拔不出合格人员而失去名额的情况。如1964年，西南师范学院获得了一个留学苏联的名额。"该校根据教学需要、国外专长和对方接受的可能性，紧密结合师资培养规划，采取上下提名、院系结合的方式，在理科的数学、物理学、化学、生物学和文科的汉语言文学、政治教育等专业中摸底，推荐17名。审查过程中，除了查阅现存档案材料外，还

---

① 王凡：《新中国首批公派留学生在东欧求学的日子》，载《党史博览》，2011(3)。

派专人到省内外 17 个市县进行各方面的调查，可谓'查无不细，查无不严'。经排查，12 人政治条件不合格，另外 5 人业务不合格。经此，这一年的留苏派遣工作就在西南师范学院结束了，没有完成出国留学的选拔任务。"[1]

1966 年，"文化大革命"开始，教育部、外交部停止了留苏学生的选拔派遣工作。

从总体上看，从新中国成立以后一直到改革开放前，我国的留学政策明显地倒向社会主义阵营国家。在这一阶段，我国出国留学的派遣方式单一，仅限国家公派的方式；留学人员选派严格按照国家计划，各基层单位以及个人缺乏自主权；选派资格重视政治审查；派往国家主要是苏联和东欧社会主义国家，1950—1966 年我国先后向 29 个国家派出留学人员 10678 人，其中前往苏联的留学生达到 8213 人，占派出人员总数的 76.9%；留学人员归国的比例较高。1966 年"文化大革命"开始后，我国留学教育工作陷入了一个短暂的停滞期。直至 1972 年，我国才开始恢复向国外派遣留学人员。1972 年至 1978 年年底，我国向 32 个国家派出留学人员 1548 人，其中学习和研究外国语言的 1451 人，占 93.7%；学习和研究自然科学的 97 人，占 6.3%。[2]

---

[1]　淳于淼泠、潘丽霞：《重庆留学史研究：以留学人物·留学政策为中心(1898—1966)》，235 页，北京，中国社会科学出版社，2014。

[2]　刘宝存、彭婵娟：《新中国成立 70 年以来我国出国留学教育的回顾与前瞻》，载《西北工业大学学报(社会科学版)》，2019(3)。

（二）接收留学生

新中国成立伊始，来华留学就是国家战略的重要组成部分。第二次世界大战后，国际局势已经逐步发生变化，以美国为首的资本主义阵营和以苏联为代表的社会主义阵营形成对抗之势。美国等资本主义国家对新中国采取了政治孤立、军事敌视的政策。为了迅速打开外交局面，到 1949 年年底，新中国相继与社会主义阵营的苏联、保加利亚、罗马尼亚、捷克斯洛伐克、匈牙利、朝鲜、波兰、蒙古、阿尔巴尼亚建立外交关系。

1950 年 1 月，波兰代办毕罗奇在致中国外交部的公函中，明确向新中国表达了中波双方交换留学生的想法。这是迄今见到的最早向中方提出派遣留学生来华学习的正式文件。同年 4 月，捷克驻华大使转达捷克教育部建议，提出"在 1950 年秋季开始的一学年度，要派 100 名中国学生前来捷克，50 名就读于布拉格，50 名就读于贝尔诺。捷克教育部供给中国学生 50 个奖学金名额。……另设立研究中捷两国历史及语文之交换留学生奖学金名额各 10 个。[①]

---

① 李鹏：《新中国来华留学教育的发端：缘起、进程与意义》，载《华东师范大学学报（教育科学版）》，2016(3)。引文中"捷克"为捷克斯洛伐克的简称。

1950年5月，政务院文化教育委员会分党组在送呈毛泽东、刘少奇、朱德、周恩来、陈云的请示报告中，汇报了东欧诸国先后向新中国表达要互派留学生的情况及相应的考虑。1950年6月25日，周恩来亲自主持会议，研究波兰和捷克斯洛伐克提出的交换留学生的建议，并责成当时的政务院文化教育委员会、外交部、教育部组成专门小组，拟订计划与有关国家商谈交换留学生事宜。根据周恩来的指示，中国政府除了同意与波兰和捷克斯洛伐克分别交换留学生外，还主动向罗马尼亚、匈牙利、保加利亚等国政府提出交换留学生的建议，得到这些国家的积极回应并很快达成协议。

1950年7月，政务院文化教育委员会制订的交换留学生计划指出，对东欧来华留学生，先由外交部组织半年至一年的汉语训练班进行语言训练，训练完毕后分送各大学听课。同年8月3日，中罗在北京签订外交备忘录，达成了互派留学生的初步协议。备忘录规定："希望罗马尼亚派往中国的留学生，基本条件和中方留罗学生对等，学习期限增加一年以入清华大学特设语文班学习汉语。中方提供罗马尼亚来华留学生学习期间全部学费、书籍、住宿、饭费、医药费，发给中国衣服，及有组织的旅游费。第一年特设西菜餐厅，此外发给每人每月零用钱相当于二百斤小米。"[1]相关双边教育文化交流协议的签订，从

---

① 李鹏：《新中国来华留学教育的发端：缘起、进程与意义》，载《华东师范大学学报（教育科学版）》，2016(3)。

制度上保证了东欧交换留学生来华留学的顺利开展。

为了接待东欧来华留学生，中方还专门成立了东欧来华留学生工作组。工作组由教育部组织每月定期召开会议一次。当时规定，教育部主要负责东欧来华教育的领导、督促、检查和外联工作，具体包括：每学期开始前，负责批准清华大学东欧交换生教学计划；定期检查教学计划及管理制度的执行；按期将东欧交换生的成绩单送有关使馆；定期征求有关部门及交换生的意见。清华大学具体承担交换生的教育、管理工作。团中央和全国学联配合教育部负责加强对交换生的思想指导工作。外交部主要负责与有关国家使馆保持沟通联络，同时对交换生的接待、食宿、参观访问和医疗保障都做出了具体的规定和安排。

1950 年 8 月 31 日，政务院文化教育委员会正式向教育部下达了接收上述 5 国留学生的任务。1950 年 12 月，罗马尼亚 5 名留学生率先抵达北京。1950 年至 1951 年，在周恩来总理特别关怀下，受教育部委托而开办的清华大学东欧交换生中国语文专修班，先后分 8 批，接收了罗马尼亚、波兰、匈牙利、捷克斯洛伐克、保加利亚东欧五国的 33 名留学生，其中捷克斯洛伐克 8 人，罗马尼亚 5 人，匈牙利 5 人，波兰 10 人，保加利亚 5 人。1952 年 9 月，随着院系调整工作的展开，清华大学东欧交换生中国语文专修班成建制并入北京大学，更名为外国留学生中国语文专修班。这一年，我国还接收了两批共 89 名朝鲜学生到北京大学实习。

为举办东欧交换生中国语文专修班，清华大学进行了积极的筹备工作，将专修班作为一个系来进行建设和管理。时任清华大学教务长、校务委员会副主席，物理学家周培源被政务院任命为班主任。由政务院任命一个班的班主任在新中国的教育史上绝无仅有，体现了党对来华留学教育事业的重视。周培源先后聘请多名教育界知名人士负责该班的工作。拥有在美国教授外国人汉语经验、担任过赵元任先生助手的邓懿负责专修班的教学工作。后来语言学家吕叔湘被调来担任外籍学生管理委员会主席，负责管理留学生的汉语教学工作。[①] 当时的初步设想是留学生先集中在专修班进行两年左右的中文学习，结业后进入中国高校进行选课学习。进入高校选课的留学生编制仍然保留在专修班。当时的汉语教材基于赵元任在美国使用的《国语入门》，由邓懿等人进行改编。汉字标音采用了威妥玛式拼音法。为了规范管理和教学，完成国家交给的重要任务，专修班制定了《清华大学东欧交换生中国语文专修班暂行规程》和《清华大学东欧交换生中国语文专修班两年教学计划（草案）》，经教育部批准后正式施行。根据《清华大学东欧交换生中国语文专修班

---

① 陈强、孙奕、王静，等：《新中国第一批"洋学生"——清华大学东欧交换生中国语文专修班始末》，载《神州学人》，2015(7)。

暂行规程》的规定，专修班的宗旨是"培养东欧交换留学生掌握中国语文的一般能力，并使其对中国政治文化及其他方面获得初步认识"；人班条件是学生"须具有高中毕业以上文化水平，并以通晓俄文或英文为宜"；学习年限"暂定两年。第一年以基本语文训练为主，辅以时事学习；第二年继续语文学习，并增加文化科目"。①

1951年6月，教育部批准了《清华大学东欧交换生中国语文专修班两年教学计划（草案）》。该计划规定专修班的教学任务为：①培养外籍学生掌握中国语文的一般能力，包括听、说、读、写。②使对中国政治文化及其他方面获得初步认识。第一年的教学目标是以打稳语文基础为中心工作，使学生能掌握1500字左右的常用字及一定数量的常用词，能以相当正确与流利的文字表情达意。第二年的教学目标是巩固并提高已有的语文能力。系统与扼要地介绍中国文化，使学生对我国情况获得初步的认识。② 由于种种原因，我国对于第一批来华留学生的学习管理还存在一些不足。东欧各个国家留学生的年龄、经历和学习要求不尽统一，部分留学生有急于转入专业学习的情绪，给统一进行教学活动带来较大困难。

---

① 李滔：《中华留学教育史录——1949年以后》，290页，北京，高等教育出版社，2000。

② 程裕祯：《新中国对外汉语教学发展史》，8页，北京，北京大学出版社，2005。

1952 年 7 月，经过一年半左右的学习培训，东欧首批来华留学生克服重重困难，共有 22 人顺利从清华大学东欧留学生中国语文专修班结业，其中罗马尼亚 5 人，匈牙利 4 人，保加利亚 5 人，波兰 6 人，捷克斯洛伐克 2 人。这些留学生在中文学习方面取得了很大的进步。根据中外双方的协商，这些东欧来华留学生从专修班结业后，分别转入北京大学、中国人民大学等高校继续从事相关专业的学习。他们中间走出了一批掌握汉语、熟悉中国社会和文化、对华友好的高级人才，如罗马尼亚前任驻华大使罗明、罗马尼亚中国历史研究专家萨安娜、波兰前驻华大使董博若、匈牙利中国友好协会前会长戴伯纳、匈牙利罗兰大学教授尤山度、波兰科学院教授施乐文、华沙大学教授石端等。

通过接收外国留学生来华学习，新中国政府逐步制定并完善了外国留学生的教育和管理制度，为进一步开展留学生来华教育奠定了坚实的基础。例如，为了帮助留学生尽快熟悉中文，让中国学生和东欧留学生共住一间宿舍，实际效果非常好。针对读本、口语、写字及写作等各种练习，采用多种方法帮助留学生克服困难，比如采用个别教授法，同时还加强学生自己的学习组织，发扬互助精神，也取得了较好的效果。对于专修班结业后在北京大学中文、历史、哲学三系选课的留学生，学校为每人配备一位导师，由专修班助教担任他们的辅导员。留学生每周都和导师交流一次，并且助教在导师讲课后还会帮留学生复习。同时专修班还邀请各方面的专家顾问和留学生每月谈话一次。除了日常的学习之外，中国政府还组织东欧留学生到工厂、农村或名胜古迹等参观游览，组织他们实地考察了解新中国的经济政策和社会变迁。这些举措极大地增进了外国留学生对新中国的了解，也加快了他们学习中文的进度。"1951 年夏初，专修班组织全体学生参观卢沟桥，请当地的干部同志介绍当年日本发动侵华战争，中国军民奋勇抗战的历史。波兰学生克莱曼作为学生代表用德语发言，傅惟慈翻译，介绍二战期间德国纳粹入侵波兰，欧洲人民反抗法西斯侵略的历史。这次参观融入了共同反抗法西斯侵略和统治的历史教育，引发了学生的共鸣。"①

接收东欧留学生还为新中国对外汉语教学的发展奠定了坚实的基础。1953 年 7 月，专修班教员周祖谟发表了《教非汉族学生学习汉语的一些问题》，这是新中国对外汉语教学的第一篇论文。1954 年，高等教育部学生司专门对北京大学的留学生工作进行了检查，对专修班的教学工作评价道："外国留学生中国语文专修班的工作，已经走上了轨道，在语文教学方面，积累了一些教学经验，建立了一定的教学制度、教学组织

---

① 陈强、孙奕、王静，等：《新中国第一批"洋学生"——清华大学东欧交换生中国语文专修班始末》，载《神州学人》，2015(7)。

和教学方法，并编写了语法教材……这不能不说是一项较大的成绩。"①1954年，邓懿主编的《汉语教科书》俄语注释本由时代出版社出版，从此新中国有了第一部正式出版的供外国人使用的汉语教材。该教材积极贯彻国家的语文政策，推广汉语拼音和汉语普通话，尤其是语法部分的编写，奠定了对外汉语教学语法体系的基础，对后来中国对外汉语教材的编写产生了深刻影响。

随着国际形势的发展变化，招生范围进一步扩大到亚洲、非洲与中国建立外交关系的国家。1963年8月，第一次全国外国留学生工作会议召开，制定了《外国留学生工作试行条例》，这是我国留学生管理工作走向成熟的标志。会议明确了接收外国留学生工作要为中国政治与外交工作大局服务，确定了接收外国留学生工作为各国文化交流及增进中国与世界各国的了解和友谊服务的方针，以及"精选少收、分别对待"的方针。②1956年以后，随着面向外国留学生的政府奖学金数量的增加，来华留学生人数和生源国数量持续增加，来自第三世界的亚非拉国家的留学生人数显著增加，并有少数来自资本主义国家的留学生。从1950年到1965年，中国共接收来自68个国家的

①　程裕祯：《新中国对外汉语教学发展史》，11～12页，北京，北京大学出版社，2005。

②　北京市高等教育局：《北京高等教育年鉴（1991年）》，334页，北京，北京工业大学出版社，1992。

7239名来华留学生，分布在全国17个城市的94所学校中。其中，来自社会主义国家的留学生有6571人，约占全部来华留学生的90.8%；来自其他亚非拉国家的留学生有533人，约占7.3%；来自西欧、北美及日本的留学生有135人，约占1.9%。[①] 广大留学生展现了良好的风貌，积极学习，也对中国人民、中国文化产生了深厚的感情。

来华留学生一半以上都在北京高校学习，但其他一些地方也接收了部分留学生。从1950—1966年，广东地区接收来华留学生的院校主要有中山大学、华南工学院、华南农学院等高等院校，以及广东仲恺农业学校、广东省广州林业学校等中等技术院校。1960年，在广东省毕业的越南来华留学生共有57人。在这57人中，高等院校毕业的有中山大学1人、中山医学院1人、华南农学院15人、广东林学院3人；中等技术学院毕业的有广东仲恺农业学校19人、广东省广州林业学校18人。总体来说，1965年之前广东各学校接收留学生较少，主要表现为：华南工学院接收留学生20名，华南农学院接收留学生45名，中山医学院接收留学生28名。数量最多的是1966年，广东全省共接收越南留学生224名。其中，中山大学接收64名，华南工学院接收75名，华南农学院接收66名，中南林学院接收19名。除高等学校外，部分中等技术院校也接收了多批

---

① 蒙梓：《新中国来华留学教育历程》，载《神州学人》，2019(Z1)。

留学生。1957 年，广东仲恺农业学校和广东省广州林业学校分别接收教育部分配的越南留学生 17 名和 10 名。这些技术院校在重视课本知识传授的同时，更加强调学生实践能力的锻炼，在培养中等技术人才方面发挥着积极的作用。"文化大革命"之后，中国的来华留学教育陷入低谷，来华留学生陆续暂停或终止学习，1966 年广州的这批越南留学生也于当年年底休学回国。①

在来华留学生的生活待遇方面，广东省针对当时省内外国留学生、实习生的人数及具体情况，要求各学校按照统一标准供应食用物品。②

为了进一步加强来华留学生的中文教育，1953 年 9 月，桂林中国语文专修班成立，由中共中央联络部、高等教育部直接领导。1954 年 1 月，高等教育部通知该专修班改名为中国语文专修学校，调广西大学党支部书记陈亮任副校长。学校的任务是使越南学生在一年内掌握中国语文的基础知识，提高阅读中文和会话的能力，然后按越南政府的计划，转入中国高等学校或中等专业学校学习。学校所需经费全由高等教育部拨给。1953 年，在校学生 257 人。1954 年 6 月，接收第二期学生

　　① 魏强、付羿慧、董海军：《1949—1966 年来华留学教育探析——以广东为中心》，载《广东党史与文献研究》，2020(4)。

　　② 《转发"关于外国留学生、实习生所需副食品、布、日用品供应办法和标准的规定"的通知》，广东省档案馆，档案号：300-1-233。转引自魏强、付羿慧、董海军：《1949—1966 年来华留学教育探析——以广东为中心》，载《广东党史与文献研究》，2020(4)。

100 人。1955 年秋季，继续接收越南学生 133 人，教员增至 39 人。1956 年，在校学生 354 人。1957 年 9 月，奉高等教育部指示停办，撤销该校建制。

1962 年，北京成立外国留学生高等预备学校，由当时的北京大学外国留学生中国语文专修班、北京外国语学院外国留学生办公室和留苏预备部三个单位组建而成。学校于 1965 年更名为北京语言学院。该预备学校的成立，对加强和改善留学生的管理工作和中国语言文化教育工作发挥了重要作用，标志着新中国的留学生教育进入了一个新阶段。这些语文专修学校的设立，为早期来华留学生提供了重要的汉语学习平台，对完成教学任务、提高教育质量起到重要作用。

受"文化大革命"影响，来华留学工作不得不停顿。

1973 年，中国开始恢复接收留学生，但仅接收了 43 个国家和地区的 416 名来华留学生。[1] 来华留学生的规模很小。据统计，1973 年至 1977 年，中国累计接收留学生仅 2063 人。由于中法两国早在 1964 年 1 月 27 日就发表联合公报，决定建立外交关系，中法关系一直良好，"法国是唯一的资本主义国家在名额方面最接近于社会主义国家的"[2]。1973 年，白乐桑、贝罗贝

---

① 李滔：《中华留学教育史录——1949 年以后》，811～816 页，北京，高等教育出版社，2000。

② 孔寒冰：《"黑脚"的汉语之路：法国汉语总督学白乐桑口述》，26 页，北京，北京大学出版社，2015。

等人成为法国第一批公派来华留学生。他们先在北京语言学院学习，而后进入北京大学学习。他们既熟悉了汉语，也对中国社会有了丰富的认识。据一位当时的法国留学生回忆："在北大读书的时候，我去了两次农村，也去了两次工厂。我们很喜欢做这件事。到农村去，对我们来说是一个很好的机会，能近距离地同中国的老百姓接触。"[1]还有法国留学生对中国社会的方方面面产生了有趣的认识。

1950年至1978年，中国累计接收培养了12800名来华留学生，几乎全部由中国政府提供奖学金。虽然当时我国接收留学生的规模、国别和数量十分有限，但是这些留学生毕业后，很多人日后成为驻华大使、汉语言专家、历史学教授、新闻机构驻华首席记者等，为推动他们各自的国家和中国开展友好交流与合作做了大量工作。比如，这些人中有巴勒斯坦前驻华大使穆斯塔法·萨法日尼、阿尔巴尼亚前驻华大使塔希尔·埃莱兹、冰岛前驻华全权公使鲍德松、马耳他前驻华大使克俚福、法国汉语总督学白乐桑、北京歌德学院前院长阿克曼等。[2]

这一时期的来华留学教育，不仅仅是一项培养学生的工作，更是中国承担国际责任以及彰显国家形象的生动体现。1954年

---

① 孔寒冰：《执着的汉语史学家：法国著名汉语语法学家阿兰·贝罗贝教授口述》，20页，北京，北京大学出版社，2018。

② 王牧华、涂毅：《新中国来华留学教育发展的成就及展望》，载《教育史研究》，2020(3)。

11 月，《高等教育部关于来华留学生工作的几项规定与说明》要求"各校本着高度的国际主义精神……妥善地安排留学生的学习和生活"，并指出"我们有责任为兄弟国家培养合乎规格的专门人才"。[①] 1963 年 8 月，《蒋南翔同志关于外国留学生工作的报告》明确指出，接收和培养留学生是我国应尽的不容推诿的一项国际主义义务。[②] 因此，这一阶段的来华留学教育侧重于政治和外交目的，即履行国际主义义务，为友好国家培养人才，以提升中国作为社会主义国家的影响力。

(三)外交人才的培养与专门学校的发展

早在新中国成立前夕，党中央就对国际形势进行了准确研判。毛泽东用"另起炉灶""打扫干净屋子再请客""一边倒"等形象的说法，阐明了新中国的外交方针。新中国成立后，面对西方国家的孤立和遏制，我们国家的主要外交任务是维护国家的独立主权、领土完整，争取国际社会的承认、理解与支持。

1949 年 10 月 1 日，毛泽东在中南海勤政殿主持召开了中央人民政府委员会第一次会议，任命周恩来为政务院总理兼外交部部长。在当天的开国大典上，毛泽东以中华人民共和国中央

---

① 李滔：《中华留学教育史录——1949 年以后》，301～302 页，北京，高等教育出版社，2000。

② 李滔：《中华留学教育史录——1949 年以后》，328 页，北京，高等教育出版社，2000。

人民政府主席身份，向全世界庄严宣告："本政府为代表中华人民共和国全国人民的唯一合法政府。凡愿遵守平等、互利及互相尊重领土主权等项原则的任何外国政府，本政府均愿与之建立外交关系。"①开国大典之后，周恩来立即签发了第一份外交公函，送达各国原驻华机构外交代表，其中包括苏联原驻北平总领事齐赫文斯基。此公函要求他们将毛泽东关于新中国成立的公告转告本国政府。10月2日，苏联副外长葛罗米柯致函周恩来，告知苏联政府承认新中国并决定与中国建交，于是苏联成为世界上第一个承认新中国并与新中国建交的国家。10月5日，中方宣布王稼祥为新中国驻苏大使。苏中建交后，同属社会主义阵营的保加利亚、波兰、罗马尼亚、匈牙利、捷克斯洛伐克、民主德国、阿尔巴尼亚、朝鲜、蒙古等国迅速与中国建交；印度、缅甸等周边国家，北欧的瑞典、瑞士等非社会主义国家也在1950年承认新中国并与新中国建交。

随着新中国外交事业的稳步前进，我国对外交人才的需求也出现了前所未有的增长。在新中国外交事业起步之际，因为外交人才匮乏，我们选派了一批"将军大使"，由一批军队高级将领，承担新中国首批驻外大（公）使工作。他们秉承光荣的革命传统，充分发挥自身优势，圆满完成了任务。进入20世纪

---

①　中共中央文献研究室：《建国以来重要文献选编》第一册，21页，北京，中央文献出版社，1992。

50 年代后，随着一批外语类院校的创办以及外交部自身组织体系的完善，我国外交人才的正规培养渠道逐渐得到建立和完善，一批受过专门训练、具备较高素养的新中国外交官开始登上世界舞台。

1. "将军大使"

早在 1947 年，根据中共中央的指示，中共中央外事组在山西成立，由叶剑英兼任主任，王炳南任副主任。新中国成立后，这批外事组工作人员大多进入了外交部，承担了新中国成立初期外交部的核心工作。1949 年，随着社会主义阵营各国同新中国建交的有关事宜陆续办妥，向建交国派驻大使的工作就迫在眉睫了。然而当时，我们国家的外交人才相当匮乏。为了解决这一燃眉之急，中央决定，选派一批军队高级将领担任新中国首批驻外大（公）使工作，他们被尊称为"将军大使"。这当中包括：耿飚（某兵团副司令员兼参谋长）任驻瑞典大使，兼任驻丹麦、芬兰、挪威三国公使；王幼平（某兵团政治部代主任）任驻罗马尼亚大使；谭希林（某军区副司令员）任驻捷克斯洛伐克大使；彭明治（某兵团副司令员、某警备司令部司令员）任驻波兰大使；黄镇（某研究室主任）任驻匈牙利大使；倪志亮（某军区军政大学副校长）任驻朝鲜大使；曹祥仁（某工程学校校长）任驻保加利亚大使；袁仲贤（某警备区司令员兼政委）任驻印度大使；姬鹏飞（某兵团副政委兼政治部主任）任驻民主德国外交使团长；

韩念龙（某警备区副政委）任驻巴基斯坦大使；冯铉（某联络局局长）任驻瑞士大使。1955 年至 1972 年，我国又先后有 9 位将军出任驻外大使。

在当时外交人才匮乏的情况下，这批将军有丰富的革命斗争经验，容易赢得驻在国的敬仰与尊重；同时，他们政治觉悟高，立场坚定，纪律性强，能够更好地贯彻中央的指示。为了让这批将军尽快适应角色的转变，周恩来专门为他们举办了时间不长却质量很高的培训班。周恩来常常亲自讲课，并组织他们在幕后观摩毛泽东接受外国驻华大使递交国书。培训班请了国内专家，如北京大学教授张奚若、王铁崖，中国人民大学教授何思敬，东吴大学（现苏州大学）法学院教授张志让，以及外交部内的专家周鲠生、梅汝璈等，宣讲国际法、外交史、国际法庭、联合国宪章、外交文书、外交特权与豁免等。请苏联、匈牙利、波兰、罗马尼亚等国的驻华大使介绍他们国家的政治经济状况及外交工作体会等。还请有丰富社会活动经验的外交部办公厅副主任阎宝航，教他们外交活动中的注意事项、外国礼仪、西餐礼仪等。周恩来又请邓颖超出面，告诉"将军大使"的妻子们，怎样当好革命夫人。请优秀女外交官胡济邦给夫人们讲课，让她们学习礼仪、衣着、化妆等涉外所必需的知识。

大使培训班从 1949 年 11 月开办，到 1950 年 7 月结束。随后，"将军大使"们领命后匆忙到驻在国赴任。可以说，这样高水平的培训班是空前绝后的。而"将军大使"与他们的夫人，以对党的忠贞不渝和对祖国的无私奉献精神，很快完成了从将军到大使、从"妻子"到"夫人"的初步转变。新中国的外交教育迎来了一个良好的开局。

2. 新中国外交教育的起步

中华人民共和国中央人民政府成立后，在顺应形势变化建立外交关系、选派大使的同时，也逐步建立起了自己的外交官培养制度。在 1951 年 8 月向中央人民政府所作的外交工作报告中，周恩来明确提出了选拔外交干部的四条标准，即"站稳立场、掌握政策、熟悉业务、严守纪律"①。这四条标准和要求后来被称为"十六字方针"，逐渐内化到中国外交制度之中。政治表现、立场观点、作风以及学习态度等成为外交人员选拔的重要考量因素。这种外交官选拔体制确保了外交人员政治上的可靠性。

外交部刚成立时，在办公厅下设人事处，负责人事管理。1952 年，人事处独立为人事司，负责外交部及所属机构工作人员的任免、升降、迁调、考绩、统计、教育等事项。人事司的成立，标志着外交官的管理有了专门机构负责，使外交教育开始走上制度化、规范化的轨道。外交部在 1955 年制订了《培养

---

① 王逸舟、谭秀英：《中国外交六十年(1949—2009)》，91 页，北京，中国社会科学出版社，2009。

外教干部十二年规划》，1958 年制订了以通用语言为主的以提高质量、增加数量、补齐语种为中心任务的十年规划，初步健全了外交系统的人才培养机制。① 1962 年 1 月 2 日，外交部又成立了教育司，以协助外交部领导、管理外交学院和北京外国语学院，与人事司和有关单位共同负责部内和驻外使领馆的专、兼职翻译干部的培养、管理和调配，同时负责部内干部和驻外干部的外文与文化教育。教育司的成立，标志着外交部有了专门负责干部培训、教育的机构。人事司的独立与教育司的成立，为外交官职业化培养提供了坚强的保障。1964 年，外交部设立政治部，人事司和教育司先后并入，外交人员的招录、晋升和教育培训工作主要由政治部负责。外交人才的培养工作，主要由国内多所高等院校负责。除了院校培训之外，外交干部的管理制度与轮训制度也不断完善。

1950 年年初，外交部决定把中国人民大学、北京外国语学校和北京大学东方语言系作为职业外交官培训基地。北京外国语学校始终秉持为外交事业服务的学习准则，"为给 1952 年 10 月在北京召开的亚洲及太平洋地区和平会议提供西班牙语翻译和工作人员，外交部从学校法文组抽调学生 15 名突击学习西

---

① 王逸舟、谭秀英：《中国外交六十年(1949—2009)》，92 页，北京，中国社会科学出版社，2009。

班牙语，为大会服务"①。15 名学生不辱使命，圆满完成了任务。1953 年夏季，北京外国语学校首次参加全国统一招生，学制由三年改为四年。第一届四年制新生主要是从京津沪等大城市招收的高中毕业生。"外事专业属绝密专业，学校招生按国防军工院校政治标准，提前到中学选拔推荐。这一届共招新生94 人。学生从该学年起全部实行助学金制。"②1955 年，北京外国语学校迁至新校区，同时改名为北京外国语学院。1955 年8 月，学校行政关系改隶高等教育部领导。1959 年，北京外国语学院与北京俄语学院合并，称北京外国语学院，成为新中国外交官和翻译人才的主要培训基地。

1949 年 10 月，北京俄文专修学校成立。该校由当时的中共中央俄文编译局负责筹建，充分地适应了新中国成立后"一边倒"的外交方针，培养了大批俄语翻译与外交人才。校长师哲长期兼任毛泽东、周恩来、刘少奇、朱德等同志的俄语翻译。1955 年 7 月，学校改称北京俄语学院；1959 年，合并到北京外国语学院之中。北京俄文专修学校曾办有留苏预备部，派往苏联学习人员先在此集中学习一年俄语。

国际关系学院，始建于 1949 年，前身是中央外事干部学

① 《北京外国语大学图史》编撰委员会：《北京外国语大学图史 1941—2014》，44 页，北京，外语教学与研究出版社，2016。

② 《北京外国语大学图史》编撰委员会：《北京外国语大学图史 1941—2014》，45 页，北京，外语教学与研究出版社，2016。

校，曾为新中国培养了第一批"将军大使"。1955年正式招收本科生，其任务主要是轮训外交部和其他涉外部门的干部，培养国际关系方面的师资、初级研究人员和记者、编辑等人员。1961年扩建为外交学院分院。1964年被列为全国重点高校。1965年正式定名为国际关系学院。

1955年，外交学院成立，隶属外交部，主要用来培训中低层外交官。1953年10月，外交部党组讨论通过了有关筹建外交学院的事宜。1954年，日内瓦会议后，中央作出决定，加强外交工作和国际活动，并大力培养干部，筹建外交学院。1954年9月1日，外交部党组将"筹备建立外交学院问题讨论后的意见"上报周恩来，由周恩来亲自上报中央。经党中央批准，我国正式决定在中国人民大学外交系的基础上创建外交学院。1958年，学校曾改名为国际关系学院，1961年复名为外交学院。1961年至1969年，陈毅曾兼任院长。

1964年，周恩来在出访亚非时，深感国内外语外事人才匮乏，遂提议新建一所外语学院。由此，在新华社外文干部学校的基础上，由中国对外文化联络委员会创建了一所新型外语院校，即北京第二外国语学院。该校主要培养外语干部和外事干部。

1949年11月，中共中央华东局和上海市委，在陈毅的倡议下，决定在上海创办一所培养俄语人才的高等学校，以弥补外语、外交领域人才的不足，并委托翻译家姜椿芳负责筹建工作。

华东人民革命大学附设上海俄文学校，于 1949 年 12 月宣告成立，这是新中国成立伊始兴办的第一所高等外语学校。1950 年 1 月，学校迎来了 389 名第一期学员。2 月，学校在上海宝山路前暨南大学的礼堂里举行了隆重的开学典礼。上海俄文学校发展迅速，1950 年增设了英文班，1951 年又成立了东语系。学校从云南、广西一带招来一批归国的华侨子弟，开设了印尼语班、缅甸语班、越南语班。1956 年，经国务院批准，学校更名为上海外国语学院，学制改为四年，增设了英语专业、法语专业、德语专业。上海外国语学院也受到了"文化大革命"的冲击。随着国家外交工作逐渐打开局面和对外交往有所扩大，我国对高层次外语人才的需求显得十分突出和紧迫。1970 年，学校开办试点班，共招收学员 32 名，设英语、德语两个语种。随后，根据教育部的指示，学校于 1972 年 5 月正式恢复招生，招收了 536 名工农兵学员。从 1973 年起，学校又增设了阿尔巴尼亚语专业。由此，学校克服重重困难，开始了教学秩序的重建和教学工作的恢复。

这些院校深耕在外交阵地，为我国培养了一大批优秀的外交人才。如 1959 年从北京外国语学院法语系毕业的吴建民，曾为毛泽东、周恩来、陈毅等同志担任翻译，之后担任中国驻法国大使，始终坚持将"和平与发展"的时代主题讲给全世界的朋友听，极好地树立了中国的大国形象。

第四章 | 各级各类教育的改造、创设
与发展(下)

新中国成立后,在新民主主义教育方针
和社会主义教育方针的指导下,在汲取老解
放区教育经验和办学传统的基础上,干部教
育、统战教育、公检法教育、民族教育和工
妇团少教育迎来大的发展,开创了独具特色
的党领导下的教育发展新局面。

一、干部教育

在党的干部教育中,各级党校始终扮演
着核心角色。在党中央的领导下,从解放战

争后期到新中国建设初期，党校教育得到了较快发展，并具备了一定的规模。各大解放区都办有规模较大的党校，如中共中央西北局党校、中共中央华北局党校、中共中央东北局党校、中共中央华东局党校，以及新中国成立前夕创办的中共中央西南局党校。当时，各中央分局，各省、地、市都办有党校，部分县也创办了党校。各地、各级党校的创办为共产党员的教育奠定了坚实的组织基础。

(一)党校教育的正规化

在新中国成立初期，全国党校已有一定基础，在几个大区均有设立，但分布尚不均衡。这一时期，党校的机构设置比较精简，一般在校长的领导下，设组教、总务两个科和一个秘书室，各班设一名班主任。学校党组织设总支委员会。新中国成立前后，各级党校在异常艰苦的条件下，仍坚守岗位，取得了很大的成绩。这些党校与当时的革命大学一道，培养了几十万名干部，有力地支援了新中国各项革命和建设事业。

为进一步加强党校教育工作，1951年5月，中国共产党第一次全国宣传工作会议提出：党校的工作，必须在目前的大规模整党教育工作中努力加以整顿，应当在1951年和1952年两年内把省市级以上的党校都建立起来，然后再建立地委的党校。

已有的党校必须迅速地解决教员和教材问题。① 这一时期，省级党校陆续建立了起来。

新中国成立前后所建立的省市委党校，其前身大多属于训练班，没有固定的培训任务和培训对象，学习时间因具体培训内容和对象的不同而有所差异，机构设置也较为简单。如中共北京市委党校，从 1949 年 3 月到 1950 年共举办过五期训练班，1950 年 11 月改为党校。重庆、川东、川西、贵州等地，尽管建立起了党校，但其训练班的性质并未改变。

新中国成立后，各级党校如何从简单的训练班性质转型为正规化的教育组织，已经成为一个不容回避的问题。1950 年 11 月，华北局党校召开了华北地区党校工作会议，专门研究如何使党校走向正规化的问题。1951 年 4 月，东北局党校召开了第一次党校工作会议，着重研究党校应和一般学校与专业训练班相区别的问题和党委加强对党校领导的问题。1951 年 7 月，东北局又召开了东北地区第二次党校工作会议，讨论并解决了省市级党校的训练分工、教育内容、教育方法、教育期限等问题，特别对整党期间进行共产主义与共产党的教育问题进行了充分讨论。辽东党校、哈尔滨党校、黑龙江党校、松江党校等，在会议上还报告了较为成功的教学经验。黑龙江党校在报

---

① 中央宣传部办公厅：《党的宣传工作会议概况和文献（1951—1992 年）》，23 页，北京，中共中央党校出版社，1994。

告中提到，他们利用党校来了解本地区工作情况和干部思想状况，以促进本地区的工作。1951年7月，中央宣传部对华北局和东北局召开的党校工作会议做出了充分肯定。在这一时期，一些党校也借鉴苏联的经验，成立了专门的讲师团，进行巡回讲课。当时东北、中南等地都广泛设立了讲师团。东北局在1951年冬天，把东北局党校高级班毕业生41人组建为专职的讲师团，集中在沈阳、鞍山等地进行授课。中南局组织了一个包括各级机关学校的主要负责同志和教授的50余人的讲师团。

(二)马列学院的独立设置

中共中央党校的前身是1933年3月创办于中央革命根据地瑞金的马克思共产主义学校，1935年随中国工农红军长征到达陕北后改称为中共中央党校，1937年迁入延安。1943年3月至1947年3月，毛泽东亲任中共中央党校校长。1947年，中共中央党校撤离延安。1948年，中共中央决定创办党中央的干部学校，名为马列学院，刘少奇兼任院长。北平和平解放后，马列学院即迁往北平。1951年7月12日，刘少奇在马列学院第一班毕业生的讲话中提出，"马列学院以后要正规化，不能再搞游击。学习时间最好是两年"，"以后要规定每门课学多少小时，怎样分配"，"初级、中级的党校，也要一步一步地正规点，办下去，将来党内的马列主义理论修养才能达到一定的水准"。① 这是领导人较早明确提出马列学院正规化的问题。

《杨献珍、侯维煜向毛泽东主席、中央的报告》（以下简称《报告》）提出：马列学院第一部的教学任务，专司培养高级学校、党校的马列主义师资干部。第二部的教学任务，专司培养具有独立工作能力的党的各项实际工作的领导干部。一般招收地委书记、大厂矿书记以上的领导干部及相当于上述等级的党的其他实际工作的领导干部。其文化程度具有初中毕业或相当于初中毕业以上的程度。对于马列学院的教学方针，该《报告》规定"学习理论、提高认识、联系实际、改造思想"是第一、二部共同的教学方针，要让学生能够运用理论解决中国革命的实际问题。这一教学方针，日后成为全国党校的教学方针。关于学院的组织机构和制度建设，《报告》规定以院务会议为组织形式，实行在院长领导下由一定的负责干部参加的一种集体领导的制度，召开教学研究会议，加强教学工作的计划性，建立严格的责任制度和奖惩制度。这一《报告》是基于马列学院开办四年多以来的经验总结，也是在广泛调研的基础上形成的，"标志着党校教育开始走向规范化、正规化的道路"②。

1953 年 10 月，中共中央召开了新中国成立后第二次全国组

---

① 《刘少奇论教育》，103 页，北京，教育科学出版社，1998。

② 赵理文：《中国共产党党校教育史》，126 页，北京，中共中央党校出版社，2014。

织工作会议。该会议指出除了需要大力培养技术人才之外，还必须在党内进行普遍的政治教育，发动党员干部学习马克思列宁主义理论和毛泽东的著作，学习苏联社会主义建设的经验和苏联共产党建设的经验。为此，"党校的工作必须大大加强，并应逐步走向正规化。现有的马列学院和各中央局、分局、省(市)委所办党校均应扩大训练规模，改善教学条件，提高教学质量，更好地分工担负起训练区委书记以上干部的任务；地委、县委均应认真办好党训班，市委及较大的厂矿党委凡条件可能者均应普遍开办业余党校或夜党校，以便轮训一般区、乡干部和厂矿企业工人党员干部"①。

1953 年，中共中央提出了马列学院正规化的要求。至 1955 年 8 月马列学院改名为中共中央直属高级党校前，凯丰、李卓然、杨献珍先后担任马列学院院长。1954 年 8 月，华北局党校并入马列学院，作为马列学院的第三部——中级部。

马列学院在这一阶段中逐渐完善组织机构，建立健全各项规章制度，在学制、课程、科研、党务、组织与行政等方面均形成了一套比较科学、完整的体系，马列学院的正规化得到了落实。在教学方面，第一部和第二部各司其职，分头并进，实现了教学工作有的放矢。在教学内容上，各班均以中国

---

① 中共中央文献研究室：《建国以来重要文献选编》第四册，458 页，北京，中央文献出版社，2011。

近代史、世界近代史、马列主义基础、中共党史为必修课，在系统学习基本理论的基础上，按各班不同的要求，有系统地、有中心地、有重点地、理论联系实际地组织教学。在教学方法上，各门课程均贯彻了理论联系实际的原则，要求充分发挥学院潜在的思想能力和政治经验。在中心课程和关键议题上，学校要求教师给予学生比较充分的时间，使之集中精力，深入钻研，反复思考。学校还要求教师组织有计划、有中心的专题讨论和安排系统的作业，如写心得、写论文、做思想总结等。为了加强理论联系实践的力度，马列学院发挥自身的办学优势，邀请中共中央领导、有关部门负责人及各学科专家到校作报告，如请薄一波讲工业问题，请姚依林讲工商业问题，请李维汉讲统一战线问题，请乔冠华讲国际形势问题，请安子文讲组织问题和干部问题，请罗琼讲妇女问题，请胡乔木讲中国共产党党史问题。[1] 中共中央党校的这一条件是其他学校不可比拟的。

马列学院最开始只有一个班的教学任务，因此没有组建教研室。1951年，第一班学员毕业时，组建了研究室。1953年10月，正式成立了马列主义基础教研室、政治经济学教研室、哲学教研室、中共党史教研室、历史教研室、语文教研室。1954年又增设了新闻教研室、党建教研室、党和国家政策教研

---

[1]　赵理文：《中国共产党党校教育史》，127页，北京，中共中央党校出版社，2014。

室。1953年10月28日的教学研究会确定了教研室的任务主要有三项：一是主管本门学科的全部教学工作；二是负责本门学科教学过程中的思想工作，及时了解学员的思想状况；三是有计划地进行科学研究工作。为提高教学水平，各教研室要根据本室的教学实践撰写教学总结。杨献珍主持撰写哲学方面的教学总结，1955年1月11日，《人民日报》全文发表《马克思列宁学院第二部哲学教学的经验》，对各地党校开展教学工作发挥了良好的示范效应。许多省市的党校都参照这一经验来改进哲学教学。各教研室还承担起了教材编写的工作。中共党史教研室在1956年编写出《中共党史讲义（初稿）》，由中共中央党校教务处以单页形式印发给学员阅读。1956年9月，在讲义的基础上，《中国共产党历史讲授提纲（初稿）》编定，由中共中央党校作为"本校教材"印制出版，用于校内教学。这是现在能看到的最早的中共党史教研室自己编写的中共党史教材。

马列学院积极吸收了苏联建设党校的宝贵经验。1949年12月，在中国人民大学任教的苏联专家阿尔逊也夫应邀到马列学院讲授社会主义经济学课程。1952年5月29日，刘少奇以中共中央的名义给苏共中央写信，希望给马列学院派来联共党史教授、政治经济学教授、辩证唯物论与历史唯物论教授各一名。[①] 从1950年到1956年，马列学院先后聘请苏联专家60余

---

① 《建国以来刘少奇文稿》第四册，221页，北京，中央文献出版社，2005。

人来校授课。1954 年 10 月 7 日，苏联文化代表团访问马列学院。1954 年 10 月 14 日，以副院长杨献珍为团长的中共中央党校代表团访问苏联。1956 年 4 月 28 日，苏共中央高级党校代表团来马列学院访问。1956 年，马列学院共有 10 名苏联专家，还曾被毛泽东接见。这些苏联专家在马列学院肩负着授课、编写讲义、培养青年教师和担任顾问的任务，为马列学院及后来的高级党校的建设做出了积极贡献。

　　1954 年 8 月 25 日到 30 日，中央组织部和中央宣传部在北京共同召开党校工作汇报会。马列学院、各中央局党校等有关干部 35 人参会，研讨了大区撤销后中共中央接管各中央局党校等问题。1954 年 12 月 17 日，中共中央制定了《中共中央关于轮训全党高、中级干部和调整党校的计划》，规定必须确定党的各级干部轮训制度，有计划、有步骤地把全党各方面的高、中级干部调入党校轮训，以有效提高全党干部马克思列宁主义的水准，适应今后工作的需要。中共中央直属马列学院的主要任务是轮训地委正副书记、专员和相当于这一级以上的高级干部。"全国这一级的干部共约 1 万人，减去病、老后实际应该入马列学院学习的约 7500 人。修业期限为 1 年。自 1955 年正式开始轮训 400～500 人，以后每年轮训 600～800 人，在教学能力充足时也可以轮训 1000 人。"①

────────────

① 赵理文：《中国共产党党校教育史》，136 页，北京，中共中央党校出版社，2014。

　　轮训任务的增加也要求马列学院实现更高层次的转型。1955年8月1日，马列学院更名为中共中央直属高级党校，杨献珍任校长兼党委第一书记。马列学院更名为中共中央直属高级党校，是党的干部教育史上的一个重要转折。它作为中共中央直属的马克思主义训练基地，将在党的干部教育培训中发挥更为重要的作用。当时，中共中央高级党校的南院、北院校舍建设依次铺开。"1955年秋季学期，中共中央直属高级党校共招收学员890人，包括西苑哲学短训班、研究班、普通班、中级班、新闻二班、师资训练部五班，连同原有学员259人，全校共有学员1149人，达到马列学院时期前所未有的培训高峰。"①"1956年秋季开学时，全校学员超过了2000人，另有旁听生1000多人。"②党的干部教育进入新的发展阶段。

　　从1948年夏天创建马列学院，到1959年举行庐山会议，这10余年间，中共中央直属高级党校继承和发扬了延安时期中共中央党校"实事求是"的思想作风，并且创造性地提出了"学习理论、提高认识、联系实际、改造思想"的办学方针。中共中央政治局批准了这一方针，并确定为"学习理论、联系实际、提高认识、增强党性"，作为全国各级党校的办学方针。

　　① 赵理文：《中国共产党党校教育史》，140页，北京，中共中央党校出版社，2014。
　　② 孙春山：《无悔人生：杨献珍》，92～93页，济南，山东画报出版社，1997。

1954年12月，中共中央制定的《中共中央关于轮训全党高、中级干部和调整党校的计划》，把东北、西北、华东、中南、西南的五个中央局党校和山东、华南的两个中央分局党校改为中级党校，并要求在各省会城市逐步成立中级党校。[①] 1955年9月，中共中央转批了《中央宣传部、中央组织部关于中级党校工作座谈会向中央的报告》，对中级党校的教学方针、课程、教员等做出了明确规定。该文件指出，中级党校也应当贯彻统一的教学方针，并统一按照"辩证唯物主义和历史唯物主义、政治经济学和经济问题、苏共党史、中共党史、党的建设"的顺序安排教学。中级党校应当配备和培养一批品学兼优的教员。[②] 中级党校主要负责轮训县委书记、县长及相当于这一级的党政机关中层领导干部。

1955年11月至12月，中央组织部、中央宣传部召开了全国初级党校会议，讨论了《中共中央关于加强初级党校工作的指示（草稿）》，研究了初级党校当时迫切需要解决的问题。1956年2月，中共中央发出《中共中央关于加强初级党校工作的指示》（以下简称《指示》），要求各省市委和自治区党委采取有效措施，把党校工作提高一步，使之逐步走向正轨，进一步适应

---

① 中共中央文献研究室：《建国以来重要文献选编》第五册，602页，北京，中央文献出版社，2011。

② 赵理文：《中国共产党党校教育史》，143页，北京，中共中央党校出版社，2014。

396 | 中国共产党领导下的百年教育◎第二卷（1949—1978）

社会主义建设的需要。该《指示》规定，各省市委党校，一律改称初级党校，其培训任务主要是轮训党的初级领导骨干，让他们学习马列主义基础知识、党的路线政策，以提高他们的政治思想水平，更好地完成党的各项工作任务。该《指示》发出以后，为地方的初级党校建设指明了方向。如贵州省委党校 1956 年 2 月改称中共贵州省委初级党校，1956 年举办了第一期培训班，学制五年，培训学员 416 人，有力地支援了地方的党政建设。[①]

中共中央直属高级党校在"文化大革命"期间停办。1977 年复校，定名为中共中央党校。

二、统战教育

统一战线是马克思主义的一个基本战略和策略问题。中国共产党把马克思主义关于统一战线的基本原理同中国具体实践相结合，创造性地提出了一系列具有中国特色的统一战线理论、方针和政策，成功解决了在中国国情下如何建立、巩固和发展统一战线的问题，为夺取中国革命、建设和改革事业的胜利凝聚了强大力量。为了团结一切可以团结的力量，中国共产

---

① 赵理文：《中国共产党党校教育史》，149 页，北京，中共中央党校出版社，2014。

党在各个层面展开了形式多样、卓有成效的统战教育活动。

（一）统战教育活动

以毛泽东为代表的中国共产党人，在反动势力极其强大、革命力量十分弱小、革命任务异常艰巨的情况下，科学分析了中国社会的性质和中国革命的道路以及对象、动力等问题，创造性地提出要战胜异常强大的敌人，必须建立占全民族绝大多数人口的广泛的统一战线，并明确了新民主主义革命、社会主义革命和建设时期统一战线的基本理论、方针和政策，形成了毛泽东统一战线思想。新中国成立以后，为了适应中国共产党领导全国人民执政和建设的新形势、新任务，围绕协调处理党和其他党派、民族、宗教等社会各方面的关系，党对统一战线理论进行了深入探索和完善。毛泽东统一战线思想构建了完整的理论框架，在毛泽东思想理论体系中占有重要地位，标志着中国统一战线理论的成熟。[①]

1949年的《共同纲领》明确规定："中国人民由被压迫的地位变成为新社会新国家的主人，而以人民民主专政的共和国代替那封建买办法西斯专政的国民党反动统治。中国人民民主专政是中国工人阶级、农民阶级、小资产阶级、民族资产阶级及

[①]　中共中央统战部，等：《中国统一战线教程》，2～3页，北京，中国人民大学出版社，2013。

其他爱国民主分子的人民民主统一战线的政权，而以工农联盟为基础，以工人阶级为领导。由中国共产党、各民主党派、各人民团体、各地区、人民解放军、各少数民族、国外华侨及其他爱国民主分子的代表们所组成的中国人民政治协商会议，就是人民民主统一战线的组织形式。"①除了在"文化大革命"期间，曾一度被改称为"革命统一战线"外，"人民民主统一战线"的提法在新中国成立后一直沿用至今。

1950年3月，新中国第一次全国统战工作会议在北京中南海怀仁堂召开。会上，中共中央统战部部长李维汉作了《人民民主统一战线的新形势与新任务》的报告，明确指出："现在，人民民主统一战线已经开始转到一个新的时期，从为争取人民革命与人民解放战争的胜利，实现人民民主专政的时期，转到为巩固人民民主专政，巩固国防力量，肃清帝国主义在中国的侵略势力及封建主义和国民党反动派的残余，恢复和发展新民主主义的经济与文化，为进入社会主义准备条件的时期。党的统一战线工作的总任务，是要在实行共同纲领、巩固工农联盟的基础上，密切团结全国各民族，各民主阶级，各民主党派，各人民团体，广大华侨，各界民主人士及其他爱国分子，争取尽可能多的能够同我们合作的人，为着稳步地实现新时期的历史

① 中共中央文献研究室、中央档案馆：《建党以来重要文献选编 1921—1949》，758页，北京，中央文献出版社，2011。

任务而奋斗。"各民主党派"基本上都是民主主义性质的政党。因此，巩固同各民主党派的合作，经过它们把上述民主阶级的政治活动分子适当地组织起来，便有利于我们党和人民政府去了解这些民主阶级的思想和要求，从而适当地处理它们的要求，并向它们进行必要的团结和教育工作"。在报告的最后，李维汉强调："把统一战线政策及其正确执行的原则，在党内进行广泛深入的宣传教育，克服关门主义、迁就主义和敷衍主义倾向，使党的统一战线政策思想从上而下切实贯彻到全党组织特别是全党干部中去，仍是当前重要的步骤。"①

第一次全国统战工作会议，明确了新中国成立后统一战线工作的新任务及各方面统战工作的基本方针政策，提高了人们对新中国统一战线工作的必要性和重要性的认识，为统战工作指明了前进方向。新中国成立以后的统战教育工作也基本上是按照这次工作会议提出的方针有序展开的。

1. 统战教育的开展

在建立和巩固政权、恢复国民经济的同时，党领导人民开展了抗美援朝、土地改革和镇压反革命等运动。在运动中，各民主党派、人民团体、广大华侨、各界民主人士及爱国分子均积极参与，受到了深刻的教育，同时展现出了对党领导下的新

---

① 李维汉：《统一战线问题与民族问题》，67页，北京，中共党史出版社，2016。

中国建设的一片赤诚。

1950 年 10 月 19 日，中国人民志愿军奔赴朝鲜战场，国内也掀起了轰轰烈烈的抗美援朝运动，人民民主统一战线表现出了高度的反帝爱国的热情。各民主党派和无党派民主人士纷纷支持组建中国人民志愿军援朝，同时积极参加全国人民抗美援朝运动的统一领导机构——中国人民保卫世界和平反对美国侵略委员会，在全国掀起轰轰烈烈的抗美援朝运动。京、津、沪等大城市的工商界组织了上万人、十万人参加的"抗美援朝，保家卫国"的游行。民主党派在其成员中广泛开展爱国主义和国际主义的教育，并且成立宣传小组深入城乡进行抗美援朝的宣传教育。中国国民党革命委员会（简称民革）、中国民主同盟（简称民盟）、中国民主建国会（简称民建）、中国民主促进会（简称民进）等都建立了捐献委员会，积极进行捐献工作。

民革在抗美援朝运动中成立了抗美援朝捐献委员会，推动各地民革成员积极参加爱国武器捐献运动。时任民革中央主席李济深将自己在香港的一所房子卖掉，款项全部捐献。上海工商界人士先后捐献飞机 404 架，北京工商界人士捐献飞机 43 架，天津工商界人士捐武器代金可购买飞机 100 架和坦克 1 辆、大炮 3 门、高射炮 1 门。① 民建中央副主席胡厥文尽数捐献自己

---

① 中共中央统战部：《中国共产党统一战线史》，192 页，北京，华文出版社，2017。

的积蓄，支持抗美援朝。

1951 年夏，在西安召开的抗美援朝的群众动员大会上，作为西安私立香玉剧社社长的常香玉，发表了讲话。她说："我是个演员，我要以我的演出参加抗美援朝的战斗！"她拿出自己全部的积蓄，卖掉了佩戴多年的首饰、家中的卡车及所有值钱的东西，捐献给国家，而后新编剧本，在全国各地巡演，将所得款项也捐献给国家。中共中央西北局负责人对常香玉的爱国举动表示热烈支持，给予高度的赞扬。[①] 1953 年，常香玉还带领豫剧队在朝鲜战场举办了 180 多场演出，极大地鼓舞了奋战在抗美援朝前线的志愿军将士。

在抗美援朝期间，中国人民抗美援朝总会为转达祖国人民对中国人民志愿军的关怀和敬意，在战争中和停战后，三次组织中国人民赴朝慰问团，前往朝鲜慰问中国人民志愿军和朝鲜军民。慰问团成员由全国各民族、各民主党派、各人民团体和革命烈士家属、军人家属的代表，各条战线的劳动模范和中国人民解放军的战斗英雄及各界知名人士、文艺工作者组成。慰问团通过慰问大会、报告会、座谈会、图片展览、文艺演出、参观访问等多种形式，对中国人民志愿军和朝鲜军民进行广泛的慰问。众多民主党派人士参与了赴朝慰问团，并以各种方式

---

① 孟红：《战火中飞扬的欢笑——知名艺术家赴朝慰问演出记》，载《党史纵横》，2010(10)。

向中国人民志愿军带去问候。这对民主党派人士来说，是一次别开生面的爱国主义教育。

抗美援朝运动是一次成果显著的统战教育运动。胡厥文在写于 1951 年的《我们要以行动来争取和平》一文中就明确呼吁："今后的工作最重要的在于教育工作，如抗美援朝的意义，就必须使得每个工商业家了解。认识到我们是要和平的；一天没有和平，我们事业一天得不到发展；一天得不到和平，整个国家建设就谈不到。但是要和平就必须要以行动来争取，要用斗争来保卫。"[①]

按照《共同纲领》的规定，从 1950 年到 1953 年，我国展开了大规模的土地改革运动。由于民族资产阶级、民主党派和无党派民主人士中有一部分同地主阶级和土地有着千丝万缕的关系，一部分人对土地改革抱有抵触情绪。为了统一认识，中共中央负责同志分别约请各民主党派和无党派民主人士中的代表进行协商座谈，沟通思想，交换意见，开展批评和自我批评，摆事实，讲道理，开展了广泛的教育运动。经过学习，不少民主人士提高了认识，表示要为圆满完成土地改革而努力奋斗。为了教育和引导民主人士，提高他们的思想认识，进而与他们建立反封建统一战线，1950 年 6 月，全国政协一届二次会议建

---

① 民建中央宣传部：《胡厥文文稿选编》，32 页，北京，民主与建设出版社，2014。

议各民主党派成员参加农村土地改革①，在取得他们的同意后，组织民主党派成员、大学教授、民主人士参加、参观和视察土地改革工作，使他们一面帮助农民进行翻身斗争，一面在实践中接受考验和教育。

在各级党委、政府和政协等相关机构的共同努力下，许多民主人士积极报名下乡参观土地改革。1951年1—2月，黄炎培一行16人参观了苏南土地改革。同年上半年，中央人民政府华侨事务委员会副主任委员庄希泉率领该委员会委员林仲易、洪丝丝、杨清源、何仲珉、吴传颐以及清华大学教授潘光旦、教员全慰天等人赴苏南参观土地改革。同年6月，报名参加沪郊土地改革参观团的有1890多人，其中民主党派469人。

民主人士参与土地改革，是一次严肃的教育学习活动。他们在下乡参观前，往往要进行土地改革政策及相关法律法规的学习，从而对土地改革情形有了基本了解。民主人士在到达土地改革地区正式开展参观土地改革活动前，通过听取情况介绍、参加总结大会等形式进行了相关学习。如由北京31名教授组成的华东土地改革参观团到达上海后，土地改革委员会负责人即向他们报告了华东土地改革工作情况。由北京13名教授组成的西北土地改革参观团到达陕西省长安县（现长安区）后，先参加了该县1000多名干部参加的为期7天的第一期土地改革总结大

---

① 《周恩来统一战线文选》，196页，北京，人民出版社，1984。

会。由于身处土地改革地区，这种学习形式能使民主人士比较直观、详细地了解土地改革地区的具体情况。①

民主人士通过参加土地改革，主要了解了旧社会的剥削状况以及土地改革后农村生活的改变。这些内容都充分地化解了民主人士的种种顾虑，既增进了他们对劳苦农民群众的感情，也使他们认识到了土地改革的正义性和必要性，更提高了思想觉悟，增进了对党的感情。

新中国成立初期，为了肃清反革命分子，巩固新生的人民政权，1950年10月10日，中共中央发出《关于镇压反革命活动的指示》。对于这场镇压反革命活动，各民主党派都表示坚决拥护。

1951年3月，中共中央发出《关于在镇压反革命中处理涉及民主党派民主人士爱国分子问题的指示》，对在新中国成立前就已经与中国共产党合作的民主人士以及起义的军官，给予特殊照顾和宽大处理。各民主党派、无党派人士了解了真实情况，提高了认识，统一了思想，坚定了立场，表示坚决拥护中共中央决策，以多种形式积极投入镇压反革命的斗争。

各民主党派也开展了广泛、深入的学习与教育活动。例如，民革中央和北京市民革组织举行了"拥护镇压反革命运动，加强

① 张致森：《新中国成立初期土地改革中的统一战线工作研究——以民主人士下乡参观土地改革为中心》，载《当代中国史研究》，2020(5)。

党内思想教育"大会。李济深主持大会并发表重要讲话，号召民革党员协助政府，检举反革命分子，并向群众广为宣传。这次动员大会后，李济深指示《民革汇刊》2卷第4期刊载了"镇压反革命专号"，帮助各地成员了解镇压反革命的意义和方针政策。许多民革领导人都在此发表文章，谈论民革投身镇压反革命运动的必要性。何香凝在《人人有责镇压反革命》中提出："我们必须提高警惕，发扬维护人民祖国利益的积极性，协助人民政府，检举反革命分子，严厉镇压反革命分子，这是我们中华人民共和国全体人民的责任。"民革各地组织也纷纷举办讲演会、座谈会，学习和宣传有关文件。1951年7月，民革中央与其他各民主党派中央共同发布《关于临时学习委员会工作的联合指示》，号召各民主党派的地方机构，在各地协商委员会的领导下，成立临时学习委员会，以增进人民民主统一战线的团结，巩固人民民主专政。按照这一精神，民革组织了党内的学习活动。通过学习，各地民革党员的思想觉悟有了提高，普遍认识了镇压反革命运动的重要意义。①

　　1951年1月16日至25日，中共中央召开了第二次全国统战工作会议。会议的中心议题是讨论三大运动中的统战工作问题和帮助民主党派发展组织问题。周恩来、彭真等到会作了报

---

　　① 民革中央宣传部党史处：《民革，全党动员，参加"三大运动"》，载《团结》，2019(5)。

告。毛泽东与参加会议的各中央局、大城市党委统战部的同志谈了话，李维汉作了总结报告。会后，中共中央发出《关于进一步加强统一战线工作的指示》。

2. 统战教育的制度化建设

为了积极争取更多的知识分子，1949年12月，政务院文教委员会成立办理留学生回国事务委员会，积极推广思想教育，号召海外科学家、学者和留学生归国，同时统筹归国留学生招待及介绍工作，时任教育部部长马叙伦担任主任委员。早在1949年4月，中国代表团出席保卫世界和平大会时，就开始争取解决海外留学生回国问题。12月18日，周恩来又通过中央人民广播电台，代表中国共产党和中央人民政府郑重邀请在世界各地的海外学子回来参加建设。文化界人士郭沫若、孙平化在访问日本时向青年留学生发出"祖国需要你们"的呼吁，号召留学生踊跃回国。廖承志向中国留日同学总会发出亲笔信，动员留学生回国。[1]

国内也积极安置归国留学生。1949年8月下旬，华北高等教育委员会首次招待17位回国留学生并举行座谈会。新中国成立以后，这项工作正式交由教育部接办。1956年，中共中央关于知识分子问题会议的一系列文件中有《关于从资本主义国家回

---

[1] 张晶：《20世纪50年代留学生归国背景再分析——从陈家镛先生捐赠的信笺谈起》，载《中国博物馆通讯》，2017(4)。

国留学生工作分配情况的报告》，其中记载："从一九四九年八月到一九五五年十一月，由西方国家归来的高级知识分子多达一千五百三十六人，其中从美国回来的就有一千零四十一人。"①他们为新中国的建设做出了自己的贡献。

在毛泽东、周恩来的倡导、关怀和支持下，1951 年 7 月 29 日，董必武同志郑重宣告政务院文史研究馆成立，为学有专长的老知识分子各尽其能提供了制度保障。

3. 宗教界人士的统战教育

新中国成立后，党"实行积极慎重的工作方针，针对各种宗教的实际情况制定具体政策，支持、引导基督教、天主教割断与帝国主义的联系，肃清其影响，使宗教真正成为中国信教群众自办的宗教事业；推动佛教、道教、伊斯兰教实行民主改革，走上正常发展道路，使宗教界逐渐与新社会相适应"②。

1950 年 4 月，吴耀宗、刘良模、邓裕志等基督教民主人士组成的华北访问团来到北京，与京津部分教会人士谒见周恩来。周恩来先后三次同他们进行了坦诚的长谈。周恩来对基督教爱国进步人士提倡的"自治、自养、自传"的自立原则表示支持，强调中国基督教会必须肃清其内部的帝国主义的影响和力量，依照"三自"精神，提高民族自觉，恢复宗教团体的本来面目，

---

① 金冲及：《周恩来传 1898—1976》，1077 页，北京，中央文献出版社，2008。
② 中共中央统战部：《中国共产党统一战线史》，201～202 页，北京，华文出版社，2017。

使自己健全起来。只有这样，才能"使基督教在中国人民的心目中观感一新"。中国基督教民主人士抓住历史的机遇，做出了正确的抉择。1950年7月28日，吴耀宗等40名基督教人士将《中国基督教在新中国建设中努力的途径》的宣言连同征求签名信寄发全国基督教负责人士。该宣言号召全中国基督教徒拥护《共同纲领》，为建设新中国而奋斗，并提出在最短时间内完成"自治、自养、自传"的任务。9月23日，《人民日报》刊登《中国基督教在新中国建设中努力的途径》全文，以及40名发起人和第一批1527位签名者名单，同时发表了《基督教人士的爱国运动》。中国基督教"三自"爱国运动随之在全国范围内蓬勃开展起来。

政务院文教委员会于1951年1月17日举行茶话会，邀请华北地区的天主教人士座谈天主教革新问题。会上，周恩来阐述了党和政府对天主教的政策，支持广大爱国的天主教徒积极参加天主教的革新运动，并指出："天主教和基督教的自治、自养、自传是能够实现的。凡依靠人家而不靠自力更生的决不能自强，凡自主者才有前途。"①此后，中国天主教界的爱国运动迅速发展到全国。

在开展"三自"爱国运动的过程中，一大批爱国积极分子得到了教育和锻炼。1954年7月22日至8月6日，中国基督教全

---

① 中共中央文献研究室：《周恩来年谱（一九四九——一九七六）》上卷，119页，北京，中央文献出版社，1997。

国代表会议在北京召开。会议成立了中国基督教"三自"爱国运动委员会，选举吴耀宗为主席。1957 年 7 月 15 日至 8 月 2 日，第一次全国天主教代表会议在北京召开。会议正式成立了中国天主教爱国会，选举皮漱石总主教为主席。

长期以来，佛教和道教都对中国社会的方方面面产生过深刻的影响。新中国成立初期，在全国性的自下而上的群众性的反封建斗争中，佛教、道教中的种种封建制度和特权被革除，佛教、道教获得了新生。

在经济上，革除寺观地主经济，使佛教、道教走上自养道路。土地改革中，国家征收了寺庙、宫观在农村中的土地分给了租地的农民，废除了高利贷，从而摧毁了佛教和道教的封建剥削制度。城市实行房产改革，寺观原来出租的房屋同其他私人出租房产一样归入地方政府房产管理部门统一管理，获取一定租金。寺观僧尼道众依法保留一部分土地，主要由他们自己组织劳动生产。佛教界发扬"农禅并重"的传统，建立了各种生产劳动组织。

在宗教制度上，废除等级制度，反对上层僧侣对下层僧侣的封建压迫，肃清混乱，改革陋习，建立寺观民主管理制度。与此同时，积极促进佛教、道教界在"爱国爱教"基础上的团结。1953 年 5 月 30 日至 6 月 3 日，中国佛教协会成立会议在北京召开。会议选举圆瑛法师为会长。1957 年 4 月 8 日至 12 日，道教界第一次全国代表会议在北京召开，成立了中国道教协会，选举岳崇岱为会长。

开展反帝爱国运动和宗教制度的民主改革，使中国宗教界独立自主自办地开展宗教事业，使信教群众同不信教群众一起参加新中国建设，对广大信教群众是一次深刻的教育活动。

4."七年方针"与"长期共存，互相监督"

1956年，随着生产资料私有制的社会主义改造进入高潮并基本完成，我国进入全面的、大规模的社会主义建设时期。为适应这一时期的统战任务，继续巩固、扩大人民民主统一战线，中共中央统战部经过集体研究，由李维汉主持起草了《一九五六年到一九六二年统一战线工作的方针（草案）》，简称"七年方针"，后经过修订，提交第六次全国统战工作会议讨论。

1956年2月16日至3月3日，第六次全国统战工作会议在北京召开，着重讨论统战工作的"七年方针"。李维汉指出："从实现社会主义改造这个过渡时期的任务来说，资产阶级分子、知识分子、大多数少数民族、民主党派都走过了有决定意义的一步。社会主义改造的迅速发展和阶级关系的根本变化，要求我们在统战工作方针上有新的提法。制定'七年方针'的基本目的，就是要在今后七年内把教育工作提到首要地位，经过工作实践的教育，经过政治理论的学习，帮助资产阶级分子、高级知识分子和民主人士的思想改造，逐步做到同他们已经变化和正在变化着的政治地位和社会地位相适应，为社会主义建设服务。"①对此，李维汉解释说："用教育说服的方法可以改变资本主义的所有制，是在中国的条件下，这是跟人民民主专政的理论相符合的，同时又根据中国的实际情况。现在，我国阶级关系发生了深刻的变化，这更加有利于我们用教育的方法。"②

为了"贯彻'七年方针'关于教育工作的要求，李维汉还根据民主党派和党外人士的建议，向中共中央提出了创办社会主义学院、政治学校和工商讲习班的建议，并广泛组织各民主党派、各界别民主人士和民族资产阶级人士学习社会发展史和社会主义基本理论"③。在第五次全国统战工作会议的决议中，李维汉就指出："应当仿照高级党校办法设立社会主义学院，吸收各方面高级民主人士入学（包括一部分资产阶级代表人物和一部分高级知识分子）。"④

1956 年 4 月 25 日，毛泽东在《论十大关系》中明确提出"长期共存，互相监督"的八字方针。他指出："究竟是一个党好，还是几个党好？现在看来，恐怕是几个党好。不但过去如此，

---

① 中共中央统战部：《中国共产党统一战线史》，208 页，北京，华文出版社，2017。

② 李维汉：《统一战线问题与民族问题》，187 页，北京，中共党史出版社，2016。

③ 许睢宁：《李维汉统一战线思想与实践研究》，32 页，北京，人民出版社，2014。

④ 李维汉：《统一战线问题与民族问题》，200 页，北京，中共党史出版社，2016。

而且将来也可以如此，就是长期共存，互相监督。"①同年 9 月，刘少奇在中国共产党第八次全国代表大会上正式宣布，"长期共存，互相监督"是中国共产党和各民主党派都应当遵循的方针。

1957 年 3 月 21 日至 4 月 4 日，第八次全国统战工作会议在北京召开。会议主要学习、讨论毛泽东同志《关于正确处理人民内部矛盾的问题》的讲话，研究统一战线内部的各种矛盾。李维汉在发言中表示："毛主席善于把工商界的合理合法利益和意见同政治思想教育结合起来处理，政治思想教育有了实际生活的内容，就生动活跃，不是干巴巴的了。这才是马列主义，不是教条主义。我们应当反对教条主义。"②

1958 年 7 月 1 日至 22 日，第十次全国统战工作会议在北京召开，专门研究对资产阶级分子和民主党派的改造问题。李维汉在会上讲了改造、团结、学习三方面的问题。在改造问题上，他强调对资产阶级的改造，根本方法是说服教育，而不是强迫压服。批评要建立在摆事实、讲道理的基础上，不要把形势逼人同说服教育对立起来。要善于把说服教育变成他们自己的自我教育和自我改造。在团结问题上，他指出，现阶段的统一战线是以"六条政治标准"为基础的为社会主义服务的统一战线；

---

① 中共中央文献研究室：《毛泽东年谱（一九四九——一九七六）》第二卷，568 页，北京，中央文献出版社，2013。

② 李维汉：《统一战线问题与民族问题》，251 页，北京，中共党史出版社，2016。

同民主党派和民主人士的关系，仍是"长期共存，互相监督"。应该加强同他们的团结合作，调动他们为社会主义服务的积极性。关于统战工作干部的学习问题，李维汉强调，要把工作、学习和党性锻炼凝为一体，党的立场、政治方向一定要把稳，要抓住工作的主要环节，做好调查研究，把工作和学习结合起来。

1959 年元旦，在中共中央统战部举行的招待各民主党派和无党派民主人士的会议上，中共中央统战部副部长徐冰宣布了中共中央关于统一战线的"五不变"政策，即"定息不变、高薪不变、学衔不变、政治安排不变和教育改造不变"①，同时强调在统战工作中将采取和风细雨、正面教育的方法，推动党外人士到工作和劳动实践中去，调动他们为社会主义服务的积极性。这一政策对工商界、知识界、民主党派及统一战线各方面人士起到了团结和稳定的作用。

1959 年 8 月 24 日，为了化消极因素为积极因素，毛泽东写信给刘少奇，提出对一批改恶从善的战犯实行特赦。9 月 14 日，毛泽东以中共中央名义向全国人大常委会提出特赦建议，并在 9 月 15 日邀集各民主党派负责人、各人民团体负责人及无党派民主人士座谈。9 月 17 日，全国人民代表大会常务委员会讨论

---

① 中共中央统战部：《中国共产党统一战线史》，272 页，北京，华文出版社，2017。

并通过了毛泽东对国民党战犯实行特赦的建议，并通过了《全国人民代表大会常务委员会关于特赦确实改恶从善的罪犯的决定》。同日，刘少奇发布了《中华人民共和国主席特赦令》。12月4日，杜聿明、溥仪等33名战犯被首批特赦。此后，又陆续释放了5批战犯，至1966年"文化大革命"前共释放了296名。1975年3月17日，第四届全国人民代表大会常务委员会决定：对全部在押战犯实行特赦释放，并赋予其公民权。

改造战犯，以思想教育为主。首先组织他们成立学习委员会，学习共产党的方针政策，学习《社会发展史》《中国革命与中国共产党》以及其他理论书籍和参考资料。他们通过自己看书学习，进行探索和辩论，最后在大量的事实面前终于得出了正确的认识。周恩来也曾多次委托原国民党高级将领及爱国人士张治中、程潜、傅作义、蒋光鼐等先后到功德林和秦城监狱看望他们，做说服开导工作。改造战犯，同时以劳动教育为辅。①

党和政府对战犯在押期间所给予的教育及生活上的照顾，特赦后给予的妥善安置，使绝大多数战犯都受到了深刻的再教育。此事在国民党内部也引起了较大的震动，并获得了国际上的广泛好评。

为增进统一战线内部团结，1959年年底，民建和全国工商联召开全国代表大会，有将近2000名工商界人士参加大会。李

---

① 张旭东、张坤：《国民党战犯改造始末》，载《百年潮》，2016(6)。

维汉多次同民建和全国工商联的领导人黄炎培、陈叔通等谈话和举行座谈，建议并帮助他们改变那种程式化的开会方法，而应采取和风细雨的办法开会，就是要创造一种氛围，让大家都讲话，讲老实话，讲心里话，敞开思想，实事求是，以理服人。这样，与会的工商界人士逐步解除了顾虑，展开了热烈的争论。会议开得生动活泼，实现了自我教育、共同提高的目的。

(二)社会主义学院的建设

社会主义学院是中国共产党领导的统一战线性质的高等政治学院，是民主党派和无党派人士的联合党校，是统一战线人才教育培养的主阵地，是开展党的统一战线工作的重要部门，是党和国家干部教育培训体系的重要组成部分。

新中国成立后，各民主党派有国内成员 11540 人，到了 1955 年增加到约 39000 人。为适应统战工作的需要和民主人士学习马列主义、毛泽东思想的要求，1955 年冬，几位民主党派和无党派民主人士向中共中央统战部部长李维汉提出：党（指中国共产党）有党校，团有团校，各界民主人士也应有一所学习政治理论的学校。这个建议上报中央后得到毛泽东的赞同，并建议以社会主义学院为校名。

1956 年 3 月 31 日，中共中央统战部将《创办社会主义学院的实施方案（草案）》上报周恩来并送中央书记处。中央批准了该方案，决定在紫竹院北侧建设社会主义学院。为了保障社会主义学院的建筑质量，体现民主党派与中国共产党休戚与共的精神，1956 年 4 月 5 日，彭真建议社会主义学院的建筑标准与中国共产党高级党校的标准一致。这一意见得到了周恩来、刘少奇等同志的一致支持。不久，以吴玉章、李维汉、邵力子等 17 人为委员的筹备委员会成立。社会主义学院创建进入实质性阶段。9 月，全国政协二届常委会第二十九次会议通过了社会主义学院的领导人选：院长为吴玉章，常务副院长兼党组书记为聂真。副院长为邵力子、杨明轩、千家驹，秘书长为刘孟纯。在第一届领导班子中，吴玉章、聂真是中共党员，邵力子、杨明轩、千家驹、刘孟纯则以党外人士身份担任副院长、秘书长之职。

1956 年 10 月 15 日，社会主义学院第一期学习班开学典礼在全国政协礼堂举行，宣布社会主义学院正式成立。院长吴玉章发表了热情的讲话，对社会主义学院的筹备、学习课程和方法等做了详细的阐述。他强调社会主义学院是为了适应我国社会主义建设和改造新的政治形势的需要，适应各界民主人士对政治学习和理论学习的要求而成立的。设立社会主义学院的目的，是帮助各民主党派和无党派以及各方面民主人士中的高级干部提高政治理论水平，以便更好地为社会主义建设服务。社会主义学院，就是要教授社会主义，也要教授马克思列宁主义。

社会主义学院开设的课程包括辩证唯物主义和历史唯物主义、政治经济学和中国革命史，以及一些重要时事政策等。社会主义学院的性质、任务决定了其独特的教学原则和教学方法：提倡自觉自动的学习，采取"三自"（自由、自愿、自觉）原则，实行"三不"（不抓辫子、不扣帽子、不打棍子）方针，但也要遵循必要的制度安排，如遵守课堂纪律，除特殊情况外不能迟到、早退等。吴玉章还强调了社会主义学院的学风：在学习中，教师和学员应该互为师生，互相学习，互相取长补短，教学相长，以求共同提高。

社会主义学院特别注意党外人士的学习方法问题，1956年全国政协学习委员会还专门以文件的形式对此进行了规定，包括"三自"原则和"三不"方针。另外，还有"不考试、不做鉴定、不查历史"等很多具体规定。20世纪50年代是我国统一战线史上的一个春天。与社会主义学院成立同年，1956年4月25日，民革中央机关报《团结报》也创建了。1956年、1957年，各民主党派组织获得了更大的发展，民主党派成员有10万多人。1961年7月18日，鉴于地方社会主义学院普遍成立的情况，经全国政协批准，在北京最早成立的社会主义学院更名为中央社会主义学院。

社会主义学院的创办使得人民民主统一战线有了独立、正规的教学机构，有力地促进了统战教育的发展，使大批民主党

派和民主爱国人士更加拥护新政权，积极投身到社会主义建设
事业中来。

三、公检法教育

新中国成立后，中国共产党领导全国成立各级人民政府，
从公安部、司法部到各地各级人民公安机关与司法机关陆续建
立，社会主义民主和法治体系逐步健全。这一时期的公检法教
育，从实际出发，对公安干警、司法与行政干部进行轮训，使
之掌握新的业务知识与技能。国家以解放区公安干部训练班为
基础，改建与新建公安干部学校、公安学校，接收、整顿和加
强旧的政法学院和综合性大学法律系，学习苏联的办学经验，
以院系调整为契机成立培养政法人才的专门学校，新中国的公
检法教育进入了崭新的历史时期。

(一)公检法教育的发展

新中国成立后的公检法教育包括两个方面：一是轮训在职
的警察、司法与行政干部，二是通过高等院校培养公检法系统
的专门人才。公安教育主要以新的人民警察培训和在职干警轮
训为主；政法教育在承担轮训干部任务的同时，开创了高等政

法教育的新局面。

1. 公安教育的发展

新中国成立前夕，为巩固新生的人民民主政权与管理社会治安，各解放区陆续组建了短、中期训练班培训公安人员。早在 1948 年 7 月，中共中央华北局社会部就在河北解放区成立了华北保卫干部训练班，培养能胜任接管新解放城市的公安保卫人员。新中国的人民公安教育，是在继承解放区保卫干部训练班的基础上不断发展的。1949 年 7 月，中共中央决定在华北局社会部和华北公安部基础上组建中央军委公安部。10 月 15 日至 11 月 1 日，第一次全国公安会议①在北京召开。会议讨论了人民公安机关的组织机构与人民警察、人民公安部队的建设问题，明确了公安机关的总任务与在新中国成立之后的工作方针。会议确定如下内容：

> 公安机关的总任务是：完全学会同敌人作隐蔽斗争，特别是同国际特务作斗争，镇压国内外敌人的一切捣乱和破坏，建立革命秩序，保卫国防、保卫建设，巩固人民民主专政。工作方针是：组织队伍，加强队伍，依据各地区不同情况，在城市、海口、交通线上，继续摧毁敌人特务潜伏机构；在农村，中心工作是结合军队、结合群众，限

---

① 全国公安高级干部会议，后称第一次全国公安会议。

期肃清土匪。关于组织问题，会议确定，总的方针是：从中央公安部到全国各级公安部门，要在一年到二年中，建设成能适应今后斗争的规模。干部来源主要靠实际工作与公安学校培养，必需的骨干，可请求党委征调一部分。①

会上，罗瑞卿在讲到干部培养问题时强调"干部来源主要靠实际工作与公安学校培养，将来各战略区、直属市都办公安干部学校"，明确"公安干部学校的分工是：中央公安部培养高级骨干，战略区公安部培养中下级干部，现在中央公安部仍要培养一批中下级干部"，提出"各级公安部门均应建立干部轮训制度"。② 1949 年 10 月 19 日，中央人民政府委员会举行第三次会议，决定任命罗瑞卿为公安部部长。11 月 5 日，罗瑞卿主持召开公安部成立大会，标志着新中国公安机构中央机关的建立。此后地方各级人民公安机关也陆续成立。

新中国成立后，随着全国大部分地区相继解放，为培养大批公安人员，各地原有训练班陆续改建为正规的警察学校、公安干部学校、公安学校，培养新的人民警察和轮训公安干部。1950 年 1 月 11 日，经政务院批准，华北公安干部学校改建为中

---

① 本书编写组：《建国以来公安工作大事要览(1949 年 10 月至 2000 年)》，3 页，北京，群众出版社，2003。

② 《组织队伍，建立新中国的公安工作》，见公安部《罗瑞卿论人民公安工作》编辑组：《罗瑞卿论人民公安工作(1949—1959)》，15 页，北京，群众出版社，1994。

央公安干部学校,由公安部领导,罗瑞卿兼任校长,学校由地区办学扩大为全国公安干部培养基地。12月20日,罗瑞卿向政务院报送《关于人民警察、警官学校的建设及训练计划》,提出:"根据中央已经批准的原则,筹建正规的人民警官学校和人民警察学校,轮训警察干部和警察,训练时间为一年。"①从1949年到1952年,全国大部分地区对公安干警进行短期训练,以政治教育、思想和革命纪律教育为主,讲授必要的业务基础知识。每期训练三四个月或半年,全国公安队伍的思想水平与业务能力有了显著提高。

1953年7月,公安部召开全国公安学校教育工作座谈会,提出"干警教育的重点由培训新干警转变为轮训业务骨干",要求"在五年内将全国公安系统的业务处、科、股、所、队长普遍轮训一遍"。②9月,全国第二次民警治安工作会议提出:"中央、大区设警干校,省设警察学校。"③在公安部的领导下,从1953年到1957年各省依托公安干部学校举办训练班,分期轮训在职人民警察,培训从事保卫工作的工人和青年学生。在此时期,公安部选调了一批公安骨干编写公安专业教材,加快公安

---

① 陶驷驹:《新中国第一任公安部长——罗瑞卿》,204页,北京,群众出版社,1996。

② 四川省地方志编纂委员会:《四川省志·公安·司法志》,188页,成都,四川人民出版社,1997。

③ 董纯朴:《中国警察教育史论》,203页,长春,吉林文史出版社,2007。

人员队伍的专业化培养。

1954年1月2日，根据公安院校办学实际和公安保卫工作新形势，公安部发出《关于加强公安学校工作的指示》，要求"在现有的基础上，进一步将公安学校办好"①，提出要加强领导，明确学校工作方针、任务，加强训练工作的计划性，对教员、教材、经费、设备等问题作出指示。6月，中央人民政府委员会第三十二次会议决定撤销大区一级行政机构，合并若干省、市建制，各大行政区与部分省、市的公安机关、公安学校也随之合并和调整。1955年，公安部在天津召开全国公安教育工作会议，决定在山东、江苏、安徽建立公安学校，加强对公安专业干部的培训，各省具体分工为："山东负责政侦干部的培训，江苏负责刑侦干部的培训，安徽负责劳改干部的培训。"②根据会议精神，各省进一步调整公安学校。

1957年2月25日至3月2日，公安部在天津召开全国公安学校教育工作会议。会议总结了各级公安学校的工作情况，并提出今后的发展意见。会议认为，几年来全国各地公安学校的建立基本满足了轮训公安干部的需要，对加强我国公安队伍建设起到了重要作用，但也在业务教学等方面存在若干问题，提出："必须进一步加强对学校工作的领导；必须对教学干部给予

① 本书编写组：《建国以来公安工作大事要览（1949年10月至2000年）》，66页，北京，群众出版社，2003。

② 董纯朴：《中国警察教育史论》，207页，长春，吉林文史出版社，2007。

特殊重视，充实、调整和大力培养教学干部；正确使用编制，调整教学机构；改革课程设置，认真解决教材问题；加强学校的政治思想工作。"①5月31日，公安部印发会议讨论通过的《关于当前各级公安学校工作的主要情况和今后工作意见》《关于省、市公安学校课程设置的意见》《关于省、市公安学校组织机构建设的意见》三个文件，并发出《关于各级公安机关业务部门应加强对公安学校业务教学工作指导的指示》，要求公安业务部门协助学校培养业务教学干部，参与到讲课与审查教材等工作环节中。12月27日，公安部印发《1958年人民警察建设计划要点》，提出要进一步加强民警队伍的思想建设和制度建设，包括系统地进行社会主义教育，继续整顿队伍，加强军事和业务教育，提升人民警察的政治、军事、业务水平。

20世纪50年代末60年代初，国民经济出现暂时困难，全国公安院校精简合并，部分学校停办，干部训练班也受到一定影响。1963年，国民经济形势逐渐好转，公安教育逐步恢复，停办的公安学校重新恢复办学和上课。

2. 政法教育的发展

1949年2月，新中国成立在即，中共中央发出指示："在无产阶级领导的以工农联盟为主体的人民民主专政的政权下，国

---

① 本书编写组：《建国以来公安工作大事要览（1949年10月至2000年）》，122页，北京，群众出版社，2003。

民党的《六法全书》应该废除，人民的司法工作不能再以国民党的《六法全书》作依据，而应该以人民的新的法律作依据，在人民的新的法律还没有系统地发布以前，则应该以共产党的政策以及人民政府与人民解放军所已发布的各种纲领、法律、命令、条例、决议作依据。"①6月1日，华北高等教育委员会成立。6月27日，《华北高等教育委员会关于南开、北大、清华、北洋、师大等校院系调整的决定》发布，其中第二条规定："取消下列各校中之各系：南开哲教系，北大教育系，清华法律系、人类学系。南开哲教系、北大教育系三年级生提前毕业，二年级以下转系，清华法律系学生可转入该校各系或北大法律系或政法学院，人类学系并入该校社会学系。取消各系教授之工作，在征得本人同意后尽各校先分配，亦得由高教会分配。"②根据法学院课程变动与南开大学等校院系调整的决定，清华大学取消法律系，北京大学从下学期开始停开部分法律课程。

1949年秋季，华北高等教育委员会组织京津各大学文法学院的教授与专家成立课程改革小组，讨论研究文法学院中文、法律等系的任务与基本课程。10月，华北高等教育委员会颁布

---

① 《中央关于废除国民党〈六法全书〉和确定解放区司法原则的指示》，见中央档案馆：《中共中央文件选集第十八册（一九四九年一月至九月）》，152页，北京，中共中央党校出版社，1992。

② 《华北高等教育委员会关于南开、北大、清华、北洋、师大等校院系调整的决定》，见中央档案馆：《共和国雏形——华北人民政府》，420页，北京，西苑出版社，2000。

了《各大学、专科学校、文法学院各系课程暂行规定》，明确"废除反动课程（国民党党义、六法全书等），添设马列主义课程，逐步地改造其他课程"为各院系课程的实施原则，规定"辩证唯物论与历史唯物论（包括社会发展史）、新民主主义论（包括近代中国革命史）为各大学、专科学校各院系共同必修课，政治经济学为文法学院的共同必修课"。① 其中，法律学系的课程有马列主义法律原理、新民主主义的各项政策法令、名著选读、新民法原则、新刑法原理、宪法原理、国际公法、国际私法、商事法原理、犯罪学、刑事政策、苏联法律研究等。10 月 14 日，《人民日报》发表社论《认真实施文法学院的新课程》，号召认真实施《各大学、专科学校、文法学院各系课程暂行规定》中的要求，对旧大学贯彻"坚决改造，逐步实现"的方针。清华大学、北京大学等高等院校政法系科继续调整，停开部分法学专业课程，改革原有政治、法律系的课程设置与教学计划。

　　1950 年 6 月，第一次全国高等教育会议在北京召开，讨论高等教育的方针和建设方向。会议通过了《高等学校暂行规程》《关于实施高等学校课程改革的决定》等五项草案，研究讨论了各系科课程改革的方案。会议结束后，教育部成立高等学校课程改革委员会，制订、发布了包括文、法、理、工 20 个系的《高等学校

---

① 陆昕、徐世虹：《中外法律文化大典——中外法律比较编年》，963 页，北京，中国政法大学出版社，1994。

课程草案》。7月至8月，最高人民法院、最高人民检察署、司法部、法制委员会共同召开第一届全国司法会议，对人民司法的政策观点、工作方针和任务等进行讨论。11月，《中央人民政府政务院关于加强人民司法工作的指示》发出，提出："目前司法干部缺乏，要从几方面逐渐求其充实，除力求改进各大学法律学系的教学内容和方法使其切合实际需要外，省以上人民政府应立即着手帮助司法部门训练干部。吸收旧司法工作人员参加工作时，必须先加教育改造，而后量才录用。"①到1950年年底，全国各省司法干部训练班全年共培训干部2207名。②

1951年5月，董必武在政务院第85次会议上与参会人员讨论教育部1950年全国教育工作总结和1951年教育工作方针与任务时说："政法人员过去最多……解放后，这方面人是少了，学生也少了"，"学校政法系的教师也很苦闷，客观上他们不知道如何教，主观上我们也拿不出东西给他们"。③从讲话中可以看出，当时生源与教学成为制约政法教育发展的突出问题。1951年6月，教育部召开高等学校课程改革讨论会，修订文、法、理、工等系部分学科的课程草案。新修订的《法学院法律系

---

① 《中央人民政府政务院关于加强人民司法工作的指示》，载《人民日报》，1950-11-05。

② 霍宪丹：《中国法学教育的发展与转型（1978—1998）》，276页，北京，法律出版社，2004。

③ 《对加强政法院校教育工作的意见》，见《董必武法学文集》，78～79页，北京，法律出版社，2001。

课程草案的课程表修正稿》规定如下：

（1）各课程的内容应从新民主主义的实际出发，应贯彻爱国主义思想，并以社会发展史的观点，阐明中国新法制之进步性及优越性；

（2）讲授课程由法令者依据法令，无法令者根据政策、命令、决议、决定、指示、通报或参照判例总结及其他材料，如无具体材料可资根据参照，则以马列主义毛泽东思想为指导原则，并以苏联法学教程及著述为讲授的主要参考资料；

（3）批判旧法学，应揭露其实质及作用，避免单独介绍及比较；

（4）各课程的内容，必须包括有关的政策法令，如有一部分不能包括者，应开政策法令课程，如有特定课程不能开班，亦应开政策法令；

（5）各课程应在开设前，编订课程纲要，如条件许可并宜编订较详的提纲或讲义；

（6）个别课程如具备设立教研组条件时，应尽先设立一二组，讨论课程内容，领导教学。①

①　曹义孙、胡晓进：《三十年中国法学教育大事记（1949～1978）》，57页，北京，中国政法大学出版社，2010。

修订后的草案规定，法律系课程分社会发展史、新民族主义论、国文与写作等必修课 24 门与新哲学、逻辑学、犯罪搜查、监狱学等选修课 17 门。1951 年 8 月 10 日，政务院第 97 次政务会议通过《政务院关于改革学制的决定》，指出"实施高等教育的学校为各种高等学校，即大学、专门学院和专科学校"①，明确了大学与专门学院、专科学校、高等学校附设专修科、大学和专门学院研究部的修业年限。根据该文件，综合大学政法系科与专门政法学院对招生、修业年限、毕业等事宜做了明确规定。

从 1952 年开始，教育部、高等教育部对全国高等学校进行院系调整。1952 年 5 月，教育部颁布调整方案，以"培养工业建设人才和师资为重点，发展专门学院，整顿与加强综合性大学"为方针，对华北、东北、华东地区进行重点调整，新设北京政法学院、华东政法学院、西南政法学院三所政法学院，对综合大学政治系、法律系、社会学系进行调整，形成以政法学院为主、综合大学附设系科的政法教育格局。1953 年，高等教育部再次对高等院校进行调整，以"对政法、财经各院系采取适当集中、大力整顿及加强培养与改造师资的办法"为原则，新成立中南政法学院。调整后，全国共有北京政法学院、华东政法学院、西南政法学院、中南政法学院四所政法学院，综合性大学有中

---

① 《政务院关于改革学制的决定》，见何东昌：《中华人民共和国重要教育文献 1949～1975》，106 页，海口，海南出版社，1998。

国人民大学，东北人民大学设有法律学系，武汉大学设有政治法律系，西北大学设有司法专修科。经过 1952 年和 1953 年的院系调整，新中国法学教育体系得到初步稳定。

1954 年 4 月 26 日至 5 月 8 日，高等教育部召开全国政法教育会议，讨论综合大学法律系和政法学院的方针与任务问题。会议认为，"政法教育的任务要适应政法工作发展的需要，有计划地培养热爱祖国、忠实于社会主义建设事业、具有坚定的工人阶级立场、掌握先进政法科学、熟悉专门政法业务的干部和科学家"，确定"在北京大学、复旦大学和西北大学设立法律系，并首先集中力量将中国人民大学、东北人民大学、北京大学法律系和北京政法学院办好"；明确指出，"政法学院在最近几年内，应担负培养专门人才和短期轮训在职干部的双重任务。学制 4 年。综合大学法律系的培养目标，在最近几年内基本上与各政法学院相同，同时也可培养一部分律师团体、公证所以及其他国家机关、企业部门的法律专门人才。中国人民大学法律系应继续招收研究生，为各政法院系培养师资并培养一部分法律科学研究人才"，"中国人民大学与中央政法干校要继续发挥'工作母机'的作用，要增加研究生名额，并接受其他政法院系教师进修"。① 会议审议修订了政法学院的教学计划，对课程开

---

① 《中国教育年鉴》编辑部：《中国教育年鉴 1949—1981》，267 页，北京，中国大百科全书出版社，1984。

设、实习等事项进行了明确。会后，北京大学、复旦大学、西北大学法律系陆续设立。

1955 年，高等教育部参照苏联的教学计划，修订法律专业四年制教学计划，制订了五年制教学计划草案，对北京大学、中国人民大学与其他大学法律系及政法学院的任务进行了分工。6 月 29 日，高等教育部颁布《法律专业（四年）教学计划》，规定"综合大学法律系和政法学院培养目标为法律高级专门人才"。8 月 17 日，《法律专业（五年）教学计划草案》颁布，规定"综合大学法律专业培养目标为法学家"①。根据规定，北京大学、中国人民大学法律系改为五年制，主要培养法学家；其余综合大学法律系与政法学院培养法律高级人才。到 1956 年，全国高等政法教育初具规模，招生规模达到 2824 人。法学专业有了统一的教学计划和课程大纲，科学讨论会、函授教育、研究生培养等陆续展开，综合大学法律系与政法学院的教学与科研工作步入正轨。

1957 年以后，在"左"倾思想的影响下，一些学术问题被当作政治问题看待，法律价值遭到冲击与削弱，法学教育受到严重干扰。"大跃进"高潮中，政法教育领域也受到了影响。

1961 年 9 月，中共中央颁发《教育部直属高等学校暂行工作条例（草案）》（以下简称《条例》），总结新中国成立以来我国高等教

① 汤能松、张蕴华、王清云，等：《探索的轨迹——中国法学教育发展史略》，479 页，北京，法律出版社，1995。

育的办学经验，规定了高等教育的方针、任务以及在教学、生产劳动、研究生培养、科学研究等方面的 60 项条例。该《条例》的颁布，对我国高等教育的发展起到了推动作用。根据该《条例》的指示精神，政法院校改革招生制度，重新调整教学计划，教学质量得到好转。1963 年 7 月，中共中央同意中央政法小组、教育部党组的《关于加强高等政法教育和调整政法院系问题的请示报告》（以下简称《请示报告》）。针对"近年来全国高等政法教育培养的学生在质量和数量上都不能满足补充政法干部队伍需要"的问题，《请示报告》提出如下内容。第一，调整政法院系设置，适当稳定招生人数。要"集中力量"办好几所院系，"着重提高质量"。把当时全国政法院系调整为四院四系，即北京政法学院、华东政法学院、西南政法学院、西北政法学院四院和北京大学、中国人民大学、吉林大学、湖北大学的四个法律系。规定全国政法院系每年共招收学生 1000～1500 人。第二，明确教学方针，确定学制和培养目标，改进教学工作。强调"政法院系是培养无产阶级专政工作干部的学校"，要"特别注意教师和学生的质量，加强思想政治工作，政治理论课的比重要比其他高等学校大一些。培养出来的人，必须政治坚定、思想健康、组织纪律性较强，具有较好的组织水平、文化水平和政法专业知识"。规定北京大学、人民大学法律系培养"法学理论人才"，学制五年；其他院系培养"政法工作干部"，学制四年。根据不同的培养目标，课程设置各有侧重，但都要"努力使学生获得比较系统完整的马克思列宁主义、毛泽东思想的理论知识，掌握政法专业理论和中外历史知识，学好中文和必要的外文，切实打好基础"。第三，补充、调整教师队伍，加强师资培养提高工作。第四，严格掌握招生的政治条件，改进毕业生分配工作。毕业生要全国统一分配，"绝大部分要分配到公安、检察、法院系统"。第五，明确领导关系。各政法学院由教育部和最高人民法院"双重领导"。北京政法学院以教育部领导为主，其余学院以最高人民法院领导为主。"学校党的工作由所在地省市委领导，并请各中央局督促检查。"北京大学、中国人民大学、吉林大学是教育部直属学校，"按现行管理体制不变"；湖北大学法律系为中南区服务，"其管理体制亦不变"。"各法律系在业务上都接受最高人民法院的指导。"①

为落实《请示报告》的精神，1963 年 10 月 7 日至 15 日，教育部和最高人民法院联合召开全国政法教育工作会议，研究加强高等政法教育的措施。会议结束后，教育部与最高人民法院组织制订了《法律专业四年制教学方案（草案）》，对政治理论课、专业课、选修课等课程的门数和学时等进行规定，1964 年 1 月颁发后在四年制的政法院系试行。

1963 年到 1965 年，各政法院系落实全国政法教育工作会议

---

① 刘英杰：《中国教育大事典 1949—1990》下，1166～1167 页，杭州，浙江教育出版社，1993。

的指示，招生人数有了明显回升，1965 年招生达 1298 人，在校生达到 4144 人。[①] 中共中央、国务院多次发出通知，组织高等学校文科师生参加当时在农村和少数城市基层开展的社会主义教育运动。北京大学法学院、北京政法学院等高等法学院校基本都组织师生参加了社会主义教育运动，政治运动与生产劳动仍然占据着大部分时间。为保证政法专业培养人才的政治性，高等教育部将法律等专业列为"绝密、机密专业政治审查标准"招生，以培养政治质量能够保证的机要部门干部。

"文化大革命"期间，公安机关、人民检察院和人民法院被撤销，公检法系统陷入瘫痪，全国公安政法类院校遭到破坏。1973 年以后，部分学校法律系恢复招生，但教学质量仍得不到保证。1976 年粉碎"四人帮"后，公安、检察院、法院系统陆续恢复运转，公检法教育事业得到缓慢发展。

(二)人才培养专门学校的创建

随着国家各项事业步入正轨和国民经济的恢复，中国共产党继承解放区教育的优良传统，学习苏联的办学经验，对高等院校进行调整与改造，建立专门学院培养专业人才。公检法类院校为专门学院之一，主要有公安院校、政法干校、政法学院

---

① 汤能松、张蕴华、王清云，等：《探索的轨迹——中国法学教育发展史略》，403 页，北京，法律出版社，1995。

与综合大学附设政法系科等。

1. 公安院校的创建

1946 年 5 月，山东省警官学校在山东临沂创办，这是中国共产党历史上建立的第一所正规的警察学校，用于训练来自部队的干部、战士和公安、政法机关的领导骨干与警卫人员，后在解放战争中停办。1948 年 9 月，山东省济南市解放后，决定继续开办警官学校，并将学校更名为华东警官学校，迁至济南市府东大街办学。1949 年 4 月，全国解放在即，华东警官学校大部分师生与济南特别市公安局干警一同南下，创建人民公安机关。6 月，留济师生经过整顿，将华东警官学校改建为山东省警察干部学校。[①] 次年 4 月，山东省警察干部学校更名为山东省公安干部学校。同一时期，在大连市公安总局的领导下，大连警察学校于 1946 年 9 月正式创办。

为迎接新中国的到来，各地各级人民公安机关高度重视对公安保卫人员的培养，陆续对从事公安情报保卫工作的干部进行培训。各解放区基本都设立了保卫干部训练班、训练队，部分地区以此为基础成立公安干部学校。1948 年 5 月，哈尔滨组建了东北公安训练队。东北解放后，训练队随东北局机关迁往沈阳市。1949 年 1 月，在原公安训练队的基础上，东北公安干

---

① 董纯朴：《中国警察教育史论》，165～167 页，长春，吉林文史出版社，2007。

部学校成立。1948年7月，河北省建屏县（今平山县）创建了华北保卫干部训练班。1949年1月，华北保卫干部训练班改建为华北公安干部学校，后迁入北平。1950年1月，华北公安干部学校改为中央公安干部学校，成为培训全国公安保卫干部的专门基地，隶属于公安部。这一时期，华东保卫干部训练班也正式开办，全国各地纷纷成立公安干校、公安学校，对青年知识分子、军队干部等学员进行政治教育和公安业务培训，使之尽快适应新中国成立后解放城市的接管、保卫工作。

1953年1月12日，为尽快提高公安队伍的政治素养与业务水平，罗瑞卿向政务院提交报告，拟将在中央公安干部学校的基础上筹建人民公安大学。1月28日，政务院批复："同意将中央公安干部学校改组为正规公安业务学校，但应命名为'人民公安学院'"①。这表明其主要任务由培训新干警转为轮训在职领导和业务骨干，开办培养青年学生的初级班、新疆民族公安干部班和青年班、公安院校师资培训班等。

1954年，大行政区撤销后，东北公安干部学校改为中央人民警察干部学校，归属公安部。1955年1月6日，公安部发出《关于成立公安学院分院的规定》，决定将华东、中南、西北、西南的公安学校分别改建为中央人民公安学院上海分院、武汉

---

① 本书编写组：《建国以来公安工作大事要览（1949年10月至2000年）》，56页，北京，群众出版社，2003。

分院、西安分院、重庆分院。为加强对人民武装警察的培养训练，全国公安干部学校进一步调整，如山东省公安干部学校更名为山东省公安学校，中央人民警察干部学校更名为公安部第一人民警察干部学校，中央人民公安学院武汉分院改为公安部第二人民警察干部学校。至 1956 年年底，全国公安院校增至52 所，其中公安部直属的有 7 所，省、自治区、直辖市公安机关所属的有 45 所。①

20 世纪 50 年代末 60 年代初，受国民经济困难等因素的影响，公安院校进行调整，部分公安学校与政法学院、政法干校合并办学，个别学校被暂时撤销。如中央人民公安学院与中央政法干部学校合并为中央政法干部学校，山东省公安学校与山东省政法干部学校合并为山东政法学院。1961 年，中共中央发出《关于限期停办中央一级机关所属的各种干部学校和干部训练班的通知》，提出暂时停办部属公安学院分院，第一、第二人民警察干部学校和中央政法干部学校。随着国民经济逐渐好转，公安学校陆续恢复。"文化大革命"期间，公检法教育事业遭到破坏，公安学校再次停办。1972 年，公安部第一人民警察干部学校恢复办学，更名为公安部人民警察干部学校。江西政法干部学校等公安学校也陆续恢复办学。1978 年后，北京、湖北、

---

① 陶驷驹：《新中国第一任公安部长——罗瑞卿》，205 页，北京，群众出版社，1996。

湖南等地公安学校增设中专班，培养公安人员。

　　这一时期，公安部队院校已开始创建并不断发展。1951 年 5 月，中国人民公安部队军政干部学校在北京清河正式成立，中央军委于次日授予其"公安部队军政干部学校"番号。1952 年，各地公安部队军政干部学校先后成立，为公安部队培训高素质军政干部，也培养部分青年学生。1953 年，公安部队党委根据中央军委的指示对军政干部学校进行调整，将当时的 6 所军政干部学校改为 4 所公安部队学校，分别命名为中国人民解放军第一、第二、第三、第四公安部队学校。1955 年 7 月 18 日，国防部发出《公布公安军番号》的命令，将中国人民解放军公安部队改为中国人民解放军公安军。由此，中国人民解放军公安干部学校也改为中国人民解放军公安军学校。1956 年，公安军司令部决定实行公安部队分专业、分层次、规模化的办学方式，在 4 所公安军学校的基础上成立公安军高级学校、公安军内卫学校、公安军边防学校。① 1966 年，公安部队番号被撤销，公安部队院校随之被撤销、改编。

　　2. 政法院校的创建

　　新中国成立前夕，根据中共中央的指示，新解放城市成立军事管制委员会接管、保护国民政府留存下来的教育事业，对其进

————————

　　①　董纯朴：《中国警察教育史论》，210～213 页，长春，吉林文史出版社，2007。

行改造。1949年5月，北平市军事管制委员会文教部部长张宗麟受命接管国民党时期的北平朝阳学院，这是新中国成立前的著名法学院。为改造、轮训在职司法干部，培养新中国的专门法律人才，华北人民政府决定以北平朝阳学院为基础，成立北平政法学院。8月，中央决定将筹建中的北平政法学院改名为中国政法大学，任命谢觉哉为校长。这是新中国第一所政法院校，教育方针是学习研究马列主义和毛泽东思想的理论知识、新民主主义的政策知识及中华人民共和国的法律知识与司法工作，以确立学员为人民服务的新人生观及为人民服务的新法律观，并使之掌握切合于新中国实际需要的业务知识与技能。[①] 学校设三个学员部：第一部负责培训在职的县科级以上的司法或行政领导干部，学习时间为4个月；第二部负责训练与改造旧司法、公安人员和知识分子，学习时间为8个月；第三部负责培训高中毕业的青年学生，学习时间为3年。1950年2月，中国政法大学停办。

1949年12月11日，中共中央政治局颁发《关于在北京成立中国人民大学的决定》，决定以华北大学为基础，合并中国政法大学，抽调华北人民革命大学部分干部，创立中国人民大学。12月16日，《政务院关于成立中国人民大学的决定》发布，指出："为适应国家建设需要，中央人民政府政务院决定设立中国

---

① 曹义孙、胡晓进：《三十年中国法学教育大事记(1949～1978)》，7页，北京，中国政法大学出版社，2010。

人民大学，接受苏联先进的建设经验，并聘请苏联教授，有计划、有步骤地培养新国家的各种建设干部。"①同日，《教育部关于中国人民大学实施计划的决定》发布。1950 年 2 月 19 日，中央人民政府委员会第六次会议决定，任命原华北大学校长吴玉章为中国人民大学校长，胡锡奎、成仿吾担任副校长。10 月 3 日，中国人民大学举行开学典礼，刘少奇、朱德、张澜、林伯渠、马叙伦等同志和北京各大学校长等参加典礼。刘少奇发表讲话并指出，中国人民大学"是我们中国第一个办起来的新式的大学，在中国历史上以前所没有过的大学。中国将来的许多大学都要学习我们中国人民大学的经验，按照中国人民大学的样子来办理其他的大学"②。中国人民大学初设时以培养财经、政法专业的学生为主，如表 4-1 所示，本科有法律系、经济系等 8 个系，专修班有教育、法律等 9 个系。法律系下设法学专业，分为本科与研究生两个层次，学制四年；研究生为两到三年。当时的法律系有"国家与法权理论""国家法""刑法""民法""国际法""国家与法权史"6 个教研室。③ 最初的教学主要采取苏联专家经由翻译向中国教师传授苏联法学，经教师整理后

---

① 《政务院关于成立中国人民大学的决定》，见何东昌：《中华人民共和国重要教育文献 1949~1975》，3 页，海口，海南出版社，1998。

② 中国人民大学校史研究丛书编委会：《中国人民大学纪事（1937—2007）》上卷，102 页，北京，中国人民大学出版社，2007。

③ 董节英：《1949—1957 年的中国法学教育》，博士学位论文，中共中央党校，2006。

向学生传授。中国人民大学法律系的重要职能是为政法院系培养师资，培养一部分从事法律科学研究的人才和专家。1954年，教育部明确中国人民大学是以社会科学为主的综合大学，包括短期训练在职的财经、政法干部和高等学校师资以及研究生。

表 4-1　中国人民大学成立时的基本情况

层次	暂设专业	学习期限	培养目标
大学本科	经济系、经济计划系、财政信用借贷系、贸易系、合作社系、工厂管理系、法律系、外交系	两至四年	长时间培养建设干部
专修班	经济计划、财政信用借贷、贸易、合作社、工厂管理、统计、外交、教育、法律	六个月	短期培养迫切需要的干部

资料来源：《政务院关于成立中国人民大学的决定》《教育部关于中国人民大学实施计划的决定》，见何东昌：《中华人民共和国重要教育文献 1949～1975》，3～4 页，海口，海南出版社，1998。

1950 年 1 月 4 日，中国新法学研究院在北京举行开学典礼。[①] 开学当日，沈钧儒院长发表致辞，他指出："新中国各方面正在生长，新的人民的法律正在创造，为巩固人民民主专政，

---

① 早在 1949 年，新法学研究院筹委会分别在 7 月和 8 月召开两次会议，决定创办新法学研究院，并选定沈钧儒任院长，谢觉哉、李达任副院长，李达兼研究指导委员会主任委员，徐平、陈传刚为副主任委员，史良、贾潜、孟庆树、周新民等为委员，吴昱恒为总干事。在 1950 年 1 月开学前，分别于 9 月 25 日、10 月 15 日、11 月 15 日举行三次入学考试。见张小军：《1949 年至 1953 年司法改革演变及若干反思——以"新法学研究院"对旧法人员的改造和 1952 年司法改革为例》，载《政治与法律》，2010(12)。

必须培养大量司法人才。为此，须从三方面着手：一、提高革命政权中的司法工作者；二、改造旧社会的司法人员；三、培养新的司法工作者。"①他对全体学生发出号召，强调必须改造思想，努力成为人民的司法工作者。董必武同志以《旧司法工作人员的改造问题》为题发表讲话："旧知识分子必须改造，要改造自己的生活习惯，要改造自己的工作作风，要改造自己的思想。要改造彻底，特别必须改造自己的思想。"②司法部、法制委员会、最高人民检察署等部门的领导同志相继讲话。新法学研究院的任务是团结、改造与提升旧司法工作者，使之树立正确的立场观点和方法，成为新中国需要的司法工作人员。按照该院的教学计划，学习内容主要包括三个单元：一是"学习理论"，以社会发展史、辩证唯物论与历史唯物论等为学习内容，目的是"以马列主义理论、毛泽东思想，改造非马列主义观点"；二是"学习毛著及政策"，学习《新民主主义论》《论联合政府》《论人民民主专政》等内容，目的是"提高研究员政策水平"；三是"学习新法律批判旧法律"，以苏联法律、解放区司法经验等为主要内容，目的是"肃清旧法律思想，以便能为人民民主专政服务"。学员学习时间为四个月至一年。③ 从第二期起，该院除对

---

① 沈谱、沈人骅：《沈钧儒年谱》，345 页，北京，中国文史出版社，1992。
② 《旧司法工作人员的改造问题》，见《董必武法学文集》，34 页，北京，法律出版社，2001。
③ 张小军：《1949 年至 1953 年司法改革演变及若干反思——以"新法学研究院"对旧法人员的改造和 1952 年司法改革为例》，载《政治与法律》，2010(12)。

旧司法人员进行改造外，还对在职新老干部进行培训。

1950年3月，东北人民政府决定将东北行政学院①更名为东北人民大学，王一夫任校长。9月，东北人民政府教育部颁发了《关于东北人民大学实施计划决定》，提出要培养具有高度文化水平、科学理论基础、专门技术知识、为人民服务的高级建设干部。②从1950年3月起，学校先后设立行政、教育、司法、财政、银行、会计、工作管理等系，设有俄文、会计专修科以及工农干部文化补习班、地方干部训练班、合作干部训练班与研究班，成为培养财经、政法专门人才的学校，是当时高等院校中为数不多的设有司法系和行政系的院校之一。在发展中，根据国家人才培养与学校发展等形势变化的需要，学校的组织机构、科系设置、规章制度等不断调整。1952年，全国高校进行院系调整，北京大学、清华大学、燕京大学、北京师范

---

① 1946年10月，东北行政学院创立于哈尔滨市，由时任东北行政委员会主席林枫兼任院长。1948年5月，东北行政学院与哈尔滨大学合并，改称为东北科学院，仍由林枫兼任院长，副院长为车向忱、王一夫。沈阳解放后，中共中央东北局与东北行政委员会从哈尔滨迁至沈阳，东北科学院也迁往沈阳，并复名为东北行政学院。学院分设行政、教育、司法3个系和1个师范部，培养各方面的专业人才和行政干部。1949年8月，中共中央东北局、东北行政委员会颁发《关于整顿高等教育的决定》，将东北行政学院重新定位为"培养与训练行政干部的高等行政学校"，使其逐渐向正规化高等学校转变。1950年3月，东北人民政府决定将东北行政学院更名为东北人民大学。参见《吉林大学校史》编委会：《吉林大学校史1946—2006》，3～12页，长春，吉林大学出版社，2006。

② 《吉林大学校史》编委会：《吉林大学校史1946—2006》，11页，长春，吉林大学出版社，2006。

大学、辅仁大学、大连工学院、东北工学院等院校的一部分教师，以及大连工学院、东北工学院数学、物理两系的部分学生并入东北人民大学。东北人民大学从财经、政法性质的大学调整为中国共产党领导下的东北地区第一所综合性大学。院系调整后，学校系科在设置上分文、理两科，文科有中文、历史、法律、经济、俄文 5 个系，理科有数学、物理、化学 3 个系。1958 年 8 月，中央决定，东北人民大学划归吉林省领导，更名为吉林大学。

1951 年 7 月 20 日，政务院第 94 次政务会议批准《中央人民政府政务院政治法律委员会关于筹建中央政法干部学校方案》（以下简称《方案》），决定在新法学研究院的基础上成立中央政法干部学校。该《方案》规定，学校的任务是"抽调训练县（市）行政工作和司法工作干部，并培养一部分政法教育工作的师资，以便取得教育内容和教育方法和经验，推动与协助各地对政法干部训练工作的开展"①。中共中央政法委员会副主任彭真任首任校长，由中共中央政法委员会直接领导。学校的课程有阶级论、国家论、国家法、行政工作概论、司法工作概论、各项政策法令，学习时间为 6 至 8 个月。学校设校部和学员一部、学员二部、师资班；学员一部初期称研究班，培训处级

---

① 《中央人民政府政务院政治法律委员会关于筹设中央政法干部学校方案》，载《江西政报》，1951(8)。

干部；学员二部为普通班，培训院长级干部；学员二部又设立民政、司法、检察、军法四系。1952年1月8日，中央政法干部学校正式开学，对民政、检察、司法行政、法院、军事法院等系统的学员进行培训。[①] 1952年6月，董必武在全国政法干部训练会议上讲话，提出："中央和各大区都应办一所政法干部学校，当前主要是训练在职干部，将来则成为政法专门学校，由政法委员会负责领导，请教育部协助。"[②]1952年年底，东北政法干部学校成立。1953年，西北政法干部学校成立。

1952年到1953年，全国进行院系调整，综合大学政法系科和政法学院进行了调整。1952年5月，教育部以"培养工业建设人才和师资为重点，发展专门学院，整顿与加强综合性大学"为调整方针，规定"政法学院以培养各种政法干部为任务，目前以附设在大学内，不单独设立学院为原则，但每个大行政区如条件具备时得单独设立一所，由中央或大行政区委员会直接领导"[③]。1952年年底，全国有3所政法学院和11所综合大学附设政法学科。1953年，高等教育部以"对政法、财经各院系采取适当集中、大力整顿及加强培养与改造师资的办法"为原则，

---

① 刘长敏、张培坚：《甲子华章——中国政法大学校史（1952—2012）》，109~111页，北京，中国政法大学出版社，2012。

② 《关于改革司法机关及政法干部补充、训练诸问题》，见《董必武法学文集》，124页，北京，法律出版社，2001。

③ 孙琬钟：《中华人民共和国法律大事典》，818页，北京，中国政法大学出版社，1993。

进一步对高等学校院系进行调整。①

　　经过 1952 年和 1953 年两次院系调整，全国共有北京政法学院、华东政法学院、西南政法学院、中南政法学院四所专门学院；附设在大学的政法系科大大减少，仅有中国人民大学、东北人民大学、武汉大学设有政法系科，西北大学设有司法专修科。院系调整中大力发展专门学院，原有政治、法律等社会学科受到一定削弱。

　　1954 年 4 月 26 日至 5 月 8 日，高等教育部召开全国政法教育会议，恢复北京大学和复旦大学的法律系，西北大学司法专修科改为法律系，政法教育形成四院六系的格局。1954 年 6 月，中央人民政府《关于撤销大区一级行政机构和合并若干省、市建制的决定》发出后，各大区陆续撤销，东北政法干部学校和西北政法干部学校分别改为中央政法干部学校东北分校和西北分校。1956 年，司法部指示，将中南政法学院分为中南政法学院和中南政法干部学校。到 1956 年年底，中央一级政法教育机构包括中央政法干部学校及其东北分校与西北分校、中南政法干部学校四所干校，北京政法学院、华东政法学院、中南政法学院、西南政法学院四所政法学院，北京大学、中国人民大学、东北人民大学、复旦大学、武汉大学、西北大学的法律系，上海、

---

　　① 《高等教育部关于 1953 年全国高等学院院系调整的计划》，见何东昌：《中华人民共和国重要教育文献 1949～1975》，213 页，海口，海南出版社，1998。

济南、重庆建立的法律学校。① 全国政法教育发展已有相当规模，达到这一时期高等法学教育的高峰。

1958年，中共中央、国务院颁发《关于教育事业管理权力下放问题的规定》，将大部分教育事业下放至地方领导。政法教育领域，除中央政法干部学校和北京大学、中国人民大学的法律系外，其余均下放至省、区、市管理。

一、东北人民大学法律系改为吉林大学法律系。

二、上海、重庆法律学校停办。

三、华东政法学院与复旦大学法律系合并为上海社会科学院政治系。

四、中南政法学院、中南政法干校和武汉大学法律系合并为湖北大学政治系、法律系。

五、中央政法干校西北分校与西北大学法律系合并为西安政法学院。

六、中央政法干校东北分校与辽宁省政法干校合并，仍名辽宁省政法干校。

七、西南政法学院、四川政法干校与公安学院重庆分院合并为四川政法公安学院。

① 霍宪丹：《中国法学教育的发展与转型（1978—1998）》，279 页，北京，法律出版社，2004。

八、济南法律学校并入山东省政法干校，改名为山东省政法学院。[①]

20世纪50年代末60年代初，国民经济出现困难，政法院校精简调整。经济形势好转后，中央政法干部学校及其他政法院校陆续复课，重新担负起培训公检法干部的任务。

1971年，全国教育工作会议确定了《关于高等学校调整方案》，决定撤销106所高等院校，北京政法学院、华东政法学院、西南政法学院和西北政法学院都在撤销之列，综合大学法律系仅保留北京大学和吉林大学的法律系。1972年后，江西省政法干部学校、北京大学法律系、吉林大学法律系等陆续恢复招生，但大部分法律课程被取消，业务课的比例很小，教学质量得不到保证。

1978年2月，国务院转发《教育部关于恢复和办好全国重点高等学校的报告》，恢复"文化大革命"期间被撤销的高等学校，中国人民大学、北京政法学院被重新列为国家重点高校。西南政法学院、北京政法学院、西北政法学院、中国人民大学等陆续复校，学校教师的职务重新恢复。

①　霍宪丹：《中国法学教育的发展与转型（1978—1998）》，279～280页，北京，法律出版社，2004。

四、民族教育

中国共产党历来高度重视民族问题。新中国成立以后，为了建成一个统一、富强的社会主义新中国，少数民族教育问题日益凸显其重要性。在法律法规层面，1949 年《共同纲领》第五十三条规定："各少数民族均有发展其语言文字、保持或改革其风俗习惯及宗教信仰的自由。人民政府应帮助各少数民族的人民大众发展其政治、经济、文化教育的建设事业。"[①]这是指导新中国民族教育工作的第一个基本方针。

(一)行政体系的建设

1949 年 10 月，中央人民政府民族事务委员会成立，负责全国的民族宗教事务，李维汉兼任主任委员，乌兰夫、刘格平、赛福鼎·艾则孜担任副主任委员。1950 年 3 月，第一次全国统战工作会议讨论了民族工作问题，要求必须采取有效办法，逐步消除历史上造成的民族间的仇恨、隔阂、猜忌、歧视和不信任的心理，反对汉民族中的大民族主义倾向，同时在少数民族

---

① 《中国人民政治协商会议共同纲领》(节录)，见何东昌：《中华人民共和国重要教育文献 1949~1975》，1 页，海口，海南出版社，1998。

中反对狭隘民族主义倾向。1950 年 4 月 28 日，政务院召开政务
会议，听取中央人民政府民族事务委员会副主任乌兰夫报告当
前民族工作问题。报告强调：民族工作的方向和目的，是要尽
量减少民族间的隔阂和矛盾，加强和巩固各民族人民的团结，
并尽可能有计划、有步骤地帮助各少数民族逐渐发展其政治、
经济和文化。对少数民族地区的一切工作，必须采取慎重缓进
的方针，反对急性的做法。政务院批准了这个报告。之后，周
恩来把"慎重缓进"改为"慎重稳进"，并在欢迎来京参加国庆
一周年典礼的各民族代表宴会上的讲话中正式提出：对于少数
民族内部的改革，按照各民族大多数人民的觉悟和志愿，"采取
慎重稳进的方针"。[①] 这也成为这一时期党在处理民族教育问题
时的核心方针。党和政府在少数民族地区进行社会改革，非常
慎重，非常注重条件，少数民族地区的教育工作也是在这一背
景下开展起来的。

　　1951 年 9 月，第一次全国民族教育会议召开。此次会议确
定了发展少数民族教育的方针：少数民族教育必须以新民主主
义为内容，即实施民族的、科学的、大众的教育，并应采取适
合于各民族人民方针和进步的民族形式。会议还确定了少数民
族教育的任务：少数民族教育目前应以培养少数民族干部为主

---

①　中共中央统战部：《中国共产党统一战线史》，238～239 页，北京，华文
出版社，2017。

要任务，以满足各民族政治、经济文化教育建设的需要，同时应当加强小学教育和成人业余教育，提高少数民族的文化水平，并应努力解决少数民族各级学校的师资问题。① 这次会议解决了兴办民族教育的方针，在民族教育史上起到了重要作用。

新中国成立后，党把在少数民族聚居的地方推行民族区域自治作为民族工作的一项主要任务。邓小平高度重视少数民族问题，在他的努力下，1950 年 12 月，西康省藏族自治区成立，这是新中国最早成立的相当于省辖市一级的民族自治地方。此后，西北、西南、中南也建立了一些自治地方。1952 年 2 月22 日，政务院通过《中华人民共和国民族区域自治实施纲要》(以下简称《实施纲要》)。同年 8 月 8 日，中央人民政府委员会批准该《实施纲要》，次日公布施行。《实施纲要》明确规定：各民族自治区统为中华人民共和国领土不可分离的一部分。各民族自治区的自治机关统为中央人民政府领导下的一级地方政权，并受上级人民政府的领导。各少数民族聚居的地区，依据当地民族关系、经济发展条件，并参酌历史情况，分别建立各种自治区：以一个少数民族聚居区为基础建立自治区；以一个大的少数民族聚居区为基础建立自治区，包括在该自治区内的各个人口很少的其他少数民族聚居区，均应实行区域自治；以

① 《关于第一次全国民族教育会议的报告》，见何东昌：《中华人民共和国重要教育文献 1949～1975》，129 页，海口，海南出版社，1998。

两个或多个少数民族聚居区为基础联合建立自治区。《实施纲要》还对民族自治机关、自治权利、自治区内的民族关系、上级人民政府的领导原则等问题做了具体规定。

1952年，政务院做出《政务院关于建立民族教育行政机构的决定》，规定："在中央人民政府以及有关的各级地方人民政府的教育行政部门内设立民族教育行政机构或设专人负责掌管少数民族教育事宜。"其中，中央人民政府教育部内设民族教育司；各大行政区人民政府（军政委员会）教育部或文教部（华北行政委员会为文教局）应视工作需要设民族教育处（科）或在有关处（科）内设专职人员。其编制员额，在原有编制人数内调剂；各有关省（行署）、市、专署、县人民政府教育厅（处）、局、科，应根据该地区各少数民族人口的多寡、民族教育工作的繁简，依照下列原则分别设适当的行政机构或专职人员。

省、地、县民族教育行政机构设置原则为：在少数民族人口占当地总人口百分之十以上的省（行署）、市或人口虽未及百分之十而民族教育工作繁重的省（行署）、市教育厅（处）局应视其具体工作情况，设专门机构；少数民族人口不到当地总人口百分之十，民族教育工作比较简单的省（行署）、市教育厅（处）、局亦在有关处、科内指定专人负责；有关的专署教育科、县人民政府教育科，均应指定专人负责；民族自治区或少数民族人口占当地总人口半数左右的地区的各级人民政府教育行政部门，其主要任务就是管理少数民族教育工作，不另设民族教育行政机构。但在多民族地区应对不同的民族教育工作的领导做适当的分工。关于全国统一的一般的教育行政、经费、师资、学制、课程、教材等事项，仍由各主管司、处、科负责处理；但关于少数民族教育的行政、经费、师资、学制、课程、教材等特殊问题由民族教育司、处、科或所设专人负责处理。① 到1955年，全国的民族教育行政机构已基本建成，民族教育有了较好的发展条件。1955年4月28日，教育部给各省、自治区、直辖市的教育厅（局）发出《全国民族教育行政领导问题》的意见，要求各级教育部门继续充实和健全民族教育行政机构，明确了民族教育行政机构的工作范围，以加强民族教育行政领导。

这一时期，新中国还开展了民族识别工作。在新中国成立以前，中国究竟有多少个少数民族，并不清楚。1953年，新中国进行了成立后的第一次全国人口调查。在全国6.19亿人口中，除汉族外的其他民族共3532万人，约占全国人口总数的6.06%。在人口普查中，汇总各地登记自报的民族名称有400多个，仅云南就有260多个。为了全面贯彻实行民族平等政策，从1953年起，党和政府组织了大规模的民族识别考察工

---

① 《政务院关于建立民族教育行政机构的决定》，见何东昌：《中华人民共和国重要教育文献1949～1975》，147页，海口，海南出版社，1998。

作，辨别民族成分和民族名称。识别考察从中国的历史和现实情况出发，按照科学认定与尊重本民族意愿相结合的原则，只要具有构成单一民族条件的，不管其社会发展水平如何，不论其居住区域大小和人口多少，都认定为一个民族。经过认真的调查研究，到 1954 年，我国确认了 38 个少数民族。1964 年我国又确认了 15 个少数民族，1965 年确认了珞巴族，1979 年确认了基诺族。到 20 世纪 80 年代中后期，民族识别和更改民族成分工作基本完成，全国 55 个少数民族都被正式确认并公布。55 个少数民族加上汉族，我国共有 56 个民族。民族识别工作使许多不被旧中国的统治者承认的少数民族获得了应有的承认，并与其他民族一样享有平等权利，这是民族教育发展的重要基础。①

(二)民族教育事业的发展

新中国成立初期，少数民族教育以培养少数民族干部为主。1950 年 11 月 24 日，政务院批准的《培养少数民族干部试行方案》指出，当前少数民族教育的方针是，应根据新民主主义的教育方针，普遍而大量地培养少数民族干部。因此，国家在北京设立中央民族学院，并在西北、西南、中南各设中央民族学院

---

① 金炳镐：《民族理论与民族政策概论》，76～79 页，北京，中央民族大学出版社，2006。

分院一处，必要时还可以增设。为鼓励与帮助少数民族学生接受各种高等教育，凡考入高等学校（包括少数民族高等学校）的少数民族学生一律公费待遇。[①] 1951 年，《政务院关于民族事务的几项决定》也提出培养少数民族干部是民族学院的主要任务，并要求其将培养情况定期向政务院报告。1956 年召开的第二次全国民族教育会议，进一步明确了少数民族教育事业的目标，即缩小少数民族教育与汉族教育上的差距。为了达到这个目标，1956 年《关于优先录取少数民族学生事宜》要求："今年在录取时，应该特别注意照顾他们。只要他们的学科成绩达到最低录取标准，汉语程度估计能够听懂讲课，则予以优先录取。"在这个政策的指导下，至 1959 年全国高等学校少数民族学生有16000 人，是之前的 27 倍。为进一步增加少数民族接受高等教育的机会，1962 年教育部《关于高等学校优先录取少数民族学生的通知》明确了少数民族学生"同等成绩、优先录取"的招生办法。据统计，全国高等学校的少数民族在校生，由 1951 年的2100 人增加到 1962 年的 28700 人。国家在财政上也对少数民族教育予以了大力支持，"国家在一般教育事业费之外特设民族教育补助费，用以解决民族学校设备、教师待遇、学生生活等方面的特殊困难。这项经费逐年增加，1951 年为 151.2 万元，

---

① 《关于第一次全国民族教育会议的报告》，见何东昌：《中华人民共和国重要教育文献 1949～1975》，129 页，海口，海南出版社，1998。

1955 年达到 10819.9 万元"①。

与此同时，党非常尊重民族特点，建立起了符合少数民族实际的民族教育体制，当时在接收旧学校、建立新学制、制订教育发展计划、采取多种办学形式等方面，都采取了一系列特殊政策。1952 年《教育部关于接办私立中等学校和小学的计划》强调对少数民族团体或私人举办的私立中小学可暂缓接办，经费有困难者应予补助。在自愿的原则下，政府可予以接办，接办之后须尊重少数民族学校的特点。第一次全国民族教育会议提出："少数民族学校的教学计划、教学大纲应以教育部的规定为基础，结合各民族的具体情况加以变通或补充。少数民族各级学校的学制应遵照《政务院关于改革学制的决定》，结合具体情况有步骤地实行改革和建立。"全国小学自 1952 年起，一年级新生普遍推行五年一贯制。但教育部规定，在一部分少数民族地区、游牧区及个别经济文化特别落后的地区，在现实还不能解决教材供应和师资问题时，报教育部批准，可延缓改制年限。1952 年，教育部颁发的《中学暂行规程（草案）》和《师范学校暂行规程（草案）》都规定，全国各地区少数民族的中学、少数民族师范学校规程另行规定。根据全国教育发展不平衡、少数民族教育发展落后的情况，1953 年《政务院关于整顿和改进小学教

---

① 金炳镐：《中国共产党民族政策发展史》，299 页，北京，中央民族大学出版社，2006。

育的指示》发布，提出："乡村公立小学，除在学校较少的少数民族地区和老革命根据地应作适当发展外，其他地区均应以整顿提高为主，一般不作发展。"在办学形式上，根据民族地区的特殊情况，除在少数民族聚居区外，在少数民族较多的地区，单独设立民族中小学，在经济困难和交通不便的少数民族边远山区和牧区，办好寄宿制民族中小学。1955 年 10 月，教育部和中央人民政府民族事务委员会在北京召开牧区民族教育汇报会。会议指出，牧区的特点是居住分散，流动性大，交通不便，季节差异很大。各省、自治区已采用的固定的、流动的、半固定的等方式，还是可以继续试行的。但是，什么地方采用什么方式，应该注意不同情况，研究决定，必须坚决克服一般化或正规化的倾向。[1]

寄宿制民族中小学，从 20 世纪五六十年代开始在部分省、自治区举办，这是一种国家专为少数民族举办的特殊学校，主要在少数民族地区、边远山区和经济不发达地区，面向农村、牧区、边远山区招收少数民族学生。寄宿制学校以公办和助学金为主，实行全日制中小学计划。学生食宿在校，享受助学金，减缴或免缴学杂费、书本费。学校还发给特别困难者日常生活用品、服装等。国家在经费、师资、设备等方面给予特殊照顾。[1]

1956 年 6 月，教育部在北京召开第二次全国民族教育会议。这次会议提出使少数民族的教育事业逐步接近和赶上汉族水平，在少数民族地区有步骤地开展扫盲工作和普及小学义务教育。1958 年以后，在"左"倾思想的影响下，许多民族学校被撤销或合并，少数民族语文教学被取消，少数民族学生的公费待遇被取消或削减，使民族教育政策遭受挫折。1961 年以后经过调整，这些错误得到了纠正。

1957 年，国务院批准了关于少数民族创制和改革文字的方案以及帮助壮、布依、哈尼等 10 个没有文字的少数民族创制文字的方案，使民族语文教学得到更广泛的推广。1952 年颁布的《中华人民共和国民族区域自治实施纲要》还规定，各民族自治区自治机关采用各民族自己的语言文字，以发展各民族的文化教育事业。这一时期国家还强调了汉族学习少数民族语言和少数民族学习汉语的必要性，并且强调："在一切民族学校内，应发扬共同纲领精神，克服大民族主义倾向与狭隘民族主义倾向，培养民族间相互尊重、平等、团结、友爱、合作的作风。"[2] 1959 年 9 月，文化部、教育部、中央人民政府民族事务委员会

---

[1]　吴明海：《中国少数民族教育史教程》，304 页，北京，中央民族大学出版社，2006。

[2]　《培养少数民族干部试行方案》，见何东昌：《中华人民共和国重要教育文献 1949～1975》，68 页，海口，海南出版社，1998。

联合召开全国少数民族出版工作会议。会议指出：各民族地区的中小学和师范学校应译用或采用全国通用教科书，另外自编本民族语言教材和民族学校汉语教材及民族补充教材；民族文字教材的编译，必须以党和国家的教育方针为指导思想；在教材的政治内容上要用社会主义、共产主义和爱国主义思想教育学生。[①]

在"文化大革命"期间，许多民族院校被停办，大批从事民族教育的干部、教师遭到不公正待遇，民族教育工作受到严重干扰和破坏。但即便在这样的条件下，民族教育工作也取得了一些成绩。国家有序安排了6个省市对口支援西藏教育工作。"1975年至1986年，由上海、江苏、山东等省市派出中学教师支援西藏，两年轮换一次，先后派出7批共3056人次。根据中央组织部有关文件精神，派三批大学教师支援西藏，共400人次。"[②]

新中国成立以后，全国各地的少数民族教育事业全面开花，各具特色。在东北地区，1956年满族学龄儿童的入学率已经在80%以上。1962年，根据教育部发出的《关于高等学校优先录取少数民族学生的通知》，吉林省在高考录取时，对满族自治

① 吴明海：《中国少数民族教育史教程》，305页，北京，中央民族大学出版社，2006。

② 吴明海：《中国少数民族教育史教程》，307页，北京，中央民族大学出版社，2006。

县、乡（镇）的满族学生降低 10 分，对不是自治县的满族学生降低 5 分，提高了满族学生录入高等院校的比例。① 1949 年 3 月，全国民族地区最早的民族大学——延边大学在延吉成立，为朝鲜族的高等教育提供了制度保障。同时，朝鲜族中小学也有新的发展，到 1965 年已建成 11 所高中。达斡尔族的教育也在新中国成立后迎来快速发展。到 1966 年，莫旗已有以达斡尔族为主的小学 44 所，达斡尔族学生 3109 人，达斡尔族教师 147 人。齐齐哈尔梅里斯区有以达斡尔族为主的小学 13 所，达斡尔族学生 1200 多人。国家在偏僻的农村山区也办起了小学，使广大农牧民子弟都受到了应有的普及教育。②

在北京地区，1949 年 9 月 6 日，北京市政府将国立成达师范和私立西北中学合并，成立了国立回民学院。1951 年，该回民学院为本校职工建立了托儿所，这是北京最早的回民托儿所。1951 年，北京蒙藏学校改组为中央民族学院附属中学。1958 年，牛街地区相继成立了一批回民托幼园所。20 世纪 50 年代，国家将私立民族小学陆续转为市立民族小学或将其并入市立小学，使其办学条件得到改善，师资力量得到充实，并配有民族干部担任学校领导。

---

① 王铁志：《新中国民族教育政策的形成与发展》上，载《民族教育研究》，1998(2)。
② 吴明海：《中国少数民族教育史教程》，331 页，北京，中央民族大学出版社，2006。

　　在内蒙古自治区，1951 年，全区小学已增至 3750 余所，在校生 307000 余人，其中蒙古族学生约占三分之一；中等学校增至 10 所，蒙古族学生 1128 人。1952 年，内蒙古师范学院成立，招收少数民族学员，是中国第一所设有民族语文授课系，以培养少数民族师资为宗旨的高等师范学校。在干部教育方面，1950 年，绥远省行政干部学校曾与内蒙古干部训练班共同开办蒙古族干部培训班，招收 100 余名蒙古族干部。绥远省于1951 年 3 月开办民族干部学校，在校学员 328 人。内蒙古自治区人民政府于 1953 年成立编译委员会，次年开始编译民族中学各科教材，到 1956 年完成了从小学到高中的全套课本的编辑出版任务。①

　　在西北地区，新疆维吾尔自治区于 1950 年成立，当时该区受教育的人数非常有限，少数民族文盲率高达 90%。1954 年，新疆维吾尔自治区教育厅召开了专区文教科长联席会议，1955 年召开了第一届初级教育会议，这些会议都非常重视发展少数民族教育。新疆地区开展了有效的双语教育基础性工作。1950 年，新疆人民政府发出《关于目前新疆教育改革的指示》，对部分课程进行调整，要求民族班选修汉文或俄文，汉族班选修俄文或维吾尔文。1959 年，新疆的民族小学从四年级起加授

　　① 　吴明海：《中国少数民族教育史教程》，343 页，北京，中央民族大学出版社，2006。

汉语，高等学校和中等专业学校新入学的民族学生先集中在预科学习一年汉语。1963年，新疆维吾尔自治区编写了民族中学汉语课本和教学大纲。此外，新疆维吾尔自治区还在许多民族地区创办了少数民族重点小学，在哈密、塔城等创办了多所师范学校，在农牧区试办了简易小学、流动小学和农牧区中学。1963年，经新疆维吾尔自治区人民政府批准，对少数民族聚居的边远地区和经济比较落后的农牧区减免学杂费，少数民族教材出版实行国家补贴。同时，一些民汉合校试验也稳步展开。①

在宁夏回族自治区，1952年，宁夏民族公学设立，主要培养回族、蒙古族等少数民族的干部。同期，国家投资兴建银川师范学校、吴忠师范学校、固原师范学校，并在三校设立民族班，后逐步设立宁夏大学、宁夏医学院、宁夏农学院，注重招收少数民族学生。宁夏少数民族教育稳步前进。1957年，宁夏回族的在校小学生达到32032人，在校中学生达到1316人，中等专业学校在校生达到514人。②

在青海省，有条件的地区均积极创办民族小学。到1957年，全省民族小学增至467所，在校少数民族学生39066人，分别是新中国成立前的4.28倍和7.97倍。1951年，青海省师

---

① 吴明海：《中国少数民族教育史教程》，355页，北京，中央民族大学出版社，2006。

② 吴明海：《中国少数民族教育史教程》，361页，北京，中央民族大学出版社，2006。

范学院开始设立民族师资培训班；1957 年，全省各个自治州普遍办起了民族师范院校，着重培养中小学教师，缓解当地民族中学师资的紧张状况。到 1957 年，全省已有少数民族教师802 人。

在甘肃省，从 1949 年到 1952 年，全省为少数民族专设的小学共 389 所，兼设的有 572 所。专、兼设学校在校学生为29322 人。1953—1957 年，初等教育有了更大发展，一些历史上长期没有学校的牧区县结束了没有学校的历史。到 1954 年，为少数民族专设的中等学校增加到 11 所，民族师范学校有 7所，少数民族中等学校在校学生共有 2401 人。1950 年，西北民族学院建成，1952 年院系调整时，吸收了西北大学民族学系和兰州大学文学少数民族语言系，教学实力得到了较大的提升，为甘肃省少数民族高等教育事业的发展奠定了基础。

在西藏自治区，1951 年和平解放以后，西藏各级党组织和进藏人民解放军遵照中央指示，根据西藏的实际情况，稳步推动西藏地区文教事业。1951 年成立昌都小学，1952 年成立拉萨小学，之后又在盐井、波密等地陆续办起一些小学，1956 年创办西藏第一所中学——西藏中学。西藏各地因地制宜，办起了各种形式的民办学校，如全日制、半日制、隔日制、农闲学校、帐篷小学等。到 1965 年，全自治区公办小学有 80 所，在校学生有 10000 余人；民办小学有 1742 所，在校学生有 56700 人；

初级中学有 3 所，完全中学有 1 所，在校学生有 1059 人。此期间还创办了学前教育，全自治区有保育院 9 所，在院儿童有 700 余人。1952 年 1 月开办西藏军区藏语培训班，同年年底扩建为西藏军区干部学校。1956 年该校改为西藏地区干部学校，培养了大批民族干部。1961 年，拉萨市师范学校创办；1965 年，西藏民族学院创办。这一时期，"一个从学前教育、小学教育、中等教育到中等专业教育、高等教育以及成人教育的西藏自治区民族现代教育体系的雏形已经初步形成"①。"文化大革命"期间，西藏教育受到较大冲击。但在 20 世纪 70 年代初，各校开始恢复教学秩序。西藏民族学院 1971 年恢复招生；西藏师范学校 1972 年恢复招生，并于 1975 年发展为西藏师范学院；西藏医学院也在 1972 年成立。

云南省有 40 多个少数民族，世居民族 24 个，是特有民族成分最多的一个省。新中国成立前，云南还保留有原始公社、奴隶制、封建制等多种社会经济形态，文教事业相对落后。党和政府高度重视云南地区的少数民族教育问题，于 1956 年 10 月 21 日召开云南省第一次民族教育会议，传达、贯彻第一次全国民族教育工作会议精神。1950 年，云南省人民政府接管了 45 所民族小学、3 所中学、70 所教会学校和 2 所私立中学，这

---

① 吴明海：《中国少数民族教育史教程》，375 页，北京，中央民族大学出版社，2006。

些学校都由云南省直接管理并拨给经费。1952 年，大批干部和教师到边疆民族地区创办了一批食宿包干的省立中小学。1956 年，一部分小学正式开始推行民族语文教学。1957 年，云南省中专学校增加到 16 所。1951 年，云南民族学院成立，开始轮训少数民族干部，并逐步发展为一所综合性大学。1955 年，云南省民族师范学校在昆明成立，面向边疆各民族招生。

1949 年 12 月 11 日，广西全境解放。解放初设立广西省，1958 年 3 月 5 日成立广西僮族自治区，1965 年 10 月 12 日改称广西壮族自治区。1953 年，广西第一次少数民族教育工作会议召开，把发展民族小学教育确定为工作重点。1957 年，以拉丁字母为基础的拼音《壮文方案》由国务院批准执行，由此壮族人民有了自己的文字，推动了民族文字教育的发展。1963 年，中共广西僮族自治区委员会转批自治区宣传部、统战部《对当前民族教育、卫生、文化工作的意见》，提出要从各方面照顾少数民族学生入学。该文件规定：入学年龄要适当放宽；在广西民族学院增办大学先修班；在南宁、百色、柳州三地各选择一所中学设初中补习班等。在一系列政策的支持下，广西民族教育在新中国成立后取得了长足进步。

(三)中央民族大学与地方民族学院的成立

中国共产党一贯重视少数民族工作。早在抗日战争时期，

"为团结更广大的少数民族同胞实现全民族抗战，1941 年 9 月
18 日，中国共产党在陕北公学民族部的基础上，将中共中央西
北局民族问题研究室、中央党校西南民族班等院校的少数民族
师生员工集中起来，创办了我党第一所专门培养少数民族干部、
研究民族问题的高等学校——延安民族学院。其任务为：贯彻
党的民族政策；争取团结全国各少数民族实现抗日民族统一战
线；调查研究有关少数民族的历史、政治、经济、文化和社会
生活；加快和更多地培养少数民族干部和从事少数民族工作的
汉族干部"①。

以延安民族学院为基础，党创办了中央民族学院等一批少
数民族院校。

《培养少数民族干部试行方案》规定："在北京设立中央民族
学院，并在西北、西南、中南各设中央民族学院分院一处，必
要时还可增设。"但在实际执行的时候，各地区相继建立的民族
学院均独立办校，其中唯有中南民族学院曾一度被称为中央民
族学院中南分院。

1. 中央民族学院

在抗日战争时期，党在延安创建了民族学院，称延安民族
学院。延安民族学院初创时，学生主要来自陕北公学民族部，

---

① 张京泽：《民族高校铸牢中华民族共同体意识的使命担当——兼论中央民
族大学的理论创新与实践探索》，载《中央民族大学学报（哲学社会科学版）》，
2020(5)。

当时有来自全国各地的少数民族学生约 180 余人。1943 年，延安民族学院并入延安大学。1951 年 6 月 11 日，按《培养少数民族干部试行方案》规定，中央民族学院在北京正式成立。党中央为中央民族学院确定了三项主要任务：为国内各少数民族实行区域自治以及政治、经济、文化建设培养高级和中级干部；研究中国少数民族问题以及各少数民族语言文字、历史文化、社会经济，发扬并介绍各民族的优良历史文化；组织和领导关于少数民族语言文字方面的编辑和翻译工作。[1]

1952 年，是中央民族学院发展史上具有重要意义的一年，这一年确定了中央民族学院作为中国少数民族最高学府的社会地位。首先，这年夏季，北京西郊白石桥的新校舍主体工程竣工，学院迁入新校舍。新校舍由清华大学土木建筑系建筑学家梁思成主持，按我国传统建筑风格设计：大屋顶，灰砖青瓦，磨砖对缝，画梁红柱。整个校园典雅隽秀，错落有致，花草树木点缀其间，美丽如画，在 20 世纪五六十年代一直被誉为花园式学校。当时国家经济十分困难，在不到两年的时间里，建成了这一片令世人瞩目的具有浓郁民族特色的古典建筑群，可以说一砖一瓦、一花一木都渗透了党和国家领导人对学院的深切关怀。其次，这年暑期，全国高等学校院系进行统一调整。根

---

① 张京泽：《民族高校铸牢中华民族共同体意识的使命担当——兼论中央民族大学的理论创新与实践探索》，载《中央民族大学学报（哲学社会科学版）》，2020(5)。

据《筹办中央民族学院试行方案》规定的学院办学任务的精神，经中央同意，燕京大学社会学系师生，北京大学东方语言文学系藏、维吾尔专业师生，以及清华大学、中国科学院考古研究所等的相关学科的教师、研究人员调整到中央民族学院。不久，中央人民政府民族事务委员会参事室也并入中央民族学院。其中，教师、研究人员共计40余名，包括社会学家、民族学家潘光旦、吴文藻、杨成志、吴泽霖、费孝通、林耀华等，历史学家翁独健、冯家昇、傅乐焕等，语言学家于道泉、王静如、马学良等。这一举措使中央民族学院人才济济，奠定了学院的社会地位和学术地位。一时间，不论在国内还是在国际上，学院都声名大震。同年，中央民族学院在此基础上成立了少数民族语文系和研究部，为学院少数民族语言文学、民族历史、民族学三大主干学科奠定了牢固基础，对整个学院的发展产生了深远影响。①

　　中央民族学院建立后，始终得到党的高度重视。至1966年5月，毛泽东等同志曾先后14次接见学院师生代表。毛泽东特别强调创办中央民族学院的重要性。据中央人民政府民族事务委员会原副主任刘春（当时兼任中央民族学院副院长）回忆："1953年7月13日晚上，毛主席主持召开中央政治局会议，讨论全国统战工作会议通过的《关于过去几年内党在少数民族中进

---

　　①　梁艳菊：《中央民族大学》，载《中国民族》，2009(Z1)。

行工作的主要经验总结》。当讨论到'关于培养少数民族干部'问题时，毛主席说：'苏联办东方大学，我们办西方大学。'毛主席说的'西方大学'就是指中央民族学院。因为我国少数民族多分布西北、西南地区，毛主席为与苏联的东方大学相对应，而把中央民族学院说成'西方大学'。"①

建校之初，中央民族学院在积极参与完成国家组织开展的少数民族成分识别、少数民族语言和少数民族社会历史三大调查任务的同时，将爱国主义教育、民族团结教育、中华民族认同教育放在首位，并贯穿于教育教学全过程，收到了积极效果。中央民族学院师生在"民族问题三套丛书"的编写工作中贡献尤多。学院在为党和国家培养大批少数民族革命干部及扎根边疆地区、民族地区的忠诚可靠的社会主义事业的建设者和接班人的同时，也为维护边疆稳固、促进民族团结进步以及铸牢中华民族共同体意识发挥了不可替代的重要作用。

1966年"文化大革命"开始以后，中央民族学院的一切教学、科研活动被迫终止，学校陷入无序状态。1969年11月，大批教职工及其家属赴湖北"五七干校"接受"再教育"。②

1972年，中央民族学院恢复了部分招生和教学工作。"1972年招生开学，学制二年，生源为地方政府推荐。但在当

---

① 梁艳菊：《中央民族大学》，载《中国民族》，2009(Z1)。

② 荣仕星：《中央民族大学五十年》，7～8页，北京，中央民族大学出版社，2001。

时的气氛下，教学秩序很不规范，从办学思想到教学方法，从课程设置到课程内容都受到很大限制。"①但值得一提的是，在如此艰难的条件之下，中央民族学院研究部仍然在"文化大革命"期间完成了《中国历史地图集》东北部分的编绘工作；多名教授共同翻译了尼克松的《六次危机》的下册；民族史知名学者王锺翰教授参与了《清史稿》的点校工作。研究部还为外交部提供了中苏边界的有关资料。

中央民族学院在1952年建立了语文系和政治系，1953年建立了预科，1956年建立了历史系；1956年根据西藏工作的需要，建立了预科二部，主要培养藏族干部及水利、电工、医等中专生；新中国成立10周年前夕，根据民族地区文化建设的需要，建立了文艺系。这样，从建院到20世纪50年代末，中央民族学院便以四系二部的格局奠定了学校发展的基石。② 20世纪60年代，学院体制略有变化，1964年根据民族地区汉语人才奇缺的状况，在语文系汉语言文学班的基础上建立了汉语系。

中央民族学院的语文系在创立后的16年间开设过藏语、彝语、纳西语等24个语言专业；根据国家民族工作所需设有本科班、研究班、进修班、专修班和短训班，其宗旨在于"尽快培养

---

① 荣仕星：《中央民族大学五十年》，8页，北京，中央民族大学出版社，2001。

② 荣仕星：《中央民族大学五十年》，18页，北京，中央民族大学出版社，2001。

教授民族语文、改进或创制民族文字、参加语言调查、从事翻译工作所急需的教学、科研、翻译人才"①。20世纪50年代后期，各级自治地方相继建立歌舞团等文艺团体，急需相关人才，文艺系的建立正是为了应对这一需要。历史系则以五年制本科为主。中央民族学院的教师群体也独具特色。20世纪50年代，据不完全统计，"已有27个民族，不仅有满、回、壮、蒙古、藏、维吾尔、彝、苗、侗、布依这些人口较多民族的教员，而且在首都高校第一次有来自边远地区的景颇、哈尼、傈僳、纳西、黎、水、高山、俄罗斯这些人口较少民族的教员"②。总之，在"文化大革命"以前，中央民族学院的学科建设和教学活动同中国的少数民族事业发展密切相关，极大地推动了全国性的少数民族地区建设事业。

中央民族学院的学生也同步参与了国家的多项少数民族帮扶事业。如中央民族学院1954级藏语班16名学生，在1958年五一前夕抵达拉萨，开展了实习工作。其中，陆莲蒂被分配到西藏地方干部学校，她回忆说："西藏干校的学员是一批藏族男女青年，他们共分4个班，我被分配到三班教汉语文。由于我们入藏任教，拉萨各学校拟在汉语教学课中推广普通话，这就

① 荣仕星：《中央民族大学五十年》，20页，北京，中央民族大学出版社，2001。

② 荣仕星：《中央民族大学五十年》，32页，北京，中央民族大学出版社，2001。

要求学员首先必须学会汉语拼音，汉语拼音对于我们来说也是一种全新的知识，只能边学边教。当时和我一道来西藏干校的5人中，唯有我一人能说普通话，故其他班原有教汉语的教师也来我班听课。双语教学还要求有较高的藏语水平，这对我压力很大。为了更好地掌握藏语，我利用周日半天和课余时间，为班内男学员义务理发，以便加强与藏族学员的沟通与交流。""课堂上下与学生关系融洽，不仅促进了学生学习汉语的积极性，亦提高了我自己的藏语水平。当我在1958年8月底离校时，藏族学生已能用汉语拼音书写日记和作文，多数学生能用流利的普通话进行交流。"张兰被分派到拉萨市第二小学（简称拉萨二小）实习，她回忆说："拉萨二小当时算是回民小学，藏族老师比较少。我在那儿教的是汉语文，给学生上课的时候大部分时间都用汉语教学，有时也用藏语跟学生们进行解释。拉萨二小从一年级到四年级都有班，一个班有四五十人，基本上都是普通百姓家的孩子。学生学习汉语的积极性很高，对我们这些去实习的老师也很尊重。"①

　　后来，中央要求在全国范围内开展少数民族社会历史调查。藏语班的学生也参与其中。"中央民族学院1954级藏语班的学生

---

　　①　张宁、黄维忠：《亲历民主改革前后的西藏——中央民族学院1954级藏语班学生进藏实习回忆与访谈》，载《民族学刊》，2019(2)。

经过一年大风大浪中的实习，几乎人人都成长为'多面手'，给相关单位留下了深刻的印象。有的学生因此就地分配留在了拉萨。张兰留在拉萨二小，刘仁培、翟连级被安排到《西藏日报》报社工作，边振勋也留在了拉萨，毕玉龙甚至在那曲工作。"[①]

2. 地方民族学院

除了中央民族学院外，全国各地还开办了多所民族学院，其中包括：1950年8月成立的西北民族学院——新中国最早成立的民族学院；1951年成立的贵州民族学院；1951年成立的云南民族学院；1951年成立的中央民族学院中南分院，1952年1月更名为中南民族学院；1952年成立的中央民族学院广西分院，1953年更名为广西省民族学院，1958年更名为广西民族学院；1956年成立的青海民族学院。1957年至1965年年底，新中国民族学院已有10所。这10所民族学院，在全国大致形成既有分工又有合作的少数民族干部教育体系，确定了中国民族院校的基本布局。[②] 民族院校的创立是新中国民族教育史上的重要里程碑，表明中国共产党对民族问题的深切关注和高度重视，也标志着我国民族高等教育进入了一个新阶段，为我国少数民族高等教育体系的形成和发展奠定了

[①] 张宁、黄维忠：《亲历民主改革前后的西藏——中央民族学院1954级藏语班学生进藏实习回忆与访谈》，载《民族学刊》，2019(2)。

[②] 唐纪南、张京泽：《中国民族院校发展史》，39页，北京，中国社会科学出版社，2012。

基础。

这些民族学院培养了大量各民族政治干部、民族专业技术人才、民族语言文字翻译人才，以及少数民族地区民族、宗教爱国人士，为民族工作打下了坚实基础。各民族学院在办学初期，以短期培训为主要办学形式，投入少数民族干部培养工作。到 1956 年前后，各校均已开办过多种干部培训班次。此外，西北民族学院还开办有一些学制不甚规范的本专科教育班次；到 1954 年秋，西北民族学院的语文系参加全国高等学校统一考试招生，下设语文系、政治系、法律系的学制从二年级起由三年延长至四年，成为比较规范的本科教育。各民族学院也开设预科班，为汉语程度不好甚至不懂汉语的少数民族学生提供汉语课程。

这些学校以灵活的教学形式有力地促进了民族大团结。例如，贵州民族学院每期干部培训班都由国家拨专款，由学校组织学生到重庆、成都、武汉等地参观。通过对先进地区、现代化工厂、大型建筑（如长江大桥）等的参观，通过各地区党政领导机关和人民群众的热情欢迎与招待，学员们感到了祖国的伟大、各民族大家庭的温暖，增强了民族团结。西南民族学院组织学生参观工厂、农村，并组织学生参加成都市 1951 年五一国际劳动节盛大游行等。1952 年五一劳动节，中南民族学院第一期学员到北京天安门观礼，毛泽东还与学员代表杨瑞清亲切握手。通过参加这些活动，学生认识到要为加强民族团结、共同建设伟大的祖国而努力。[1] 据粗略估算，到 1956 年，除青海民族学院外，其余 7 所民族学院均形成千人以上的办学规模，在校生总规模在 1.2 万人以上，为我国民族教育事业开拓出了新局面。

"文化大革命"给各地民族院校的发展带来了冲击，除了中央民族学院和广西民族学院外，其余的民族学院都被撤销或停办，不少教师遭到批判。到了 20 世纪 70 年代初期，除中南民族学院外，各民族院校先后得到恢复，并招收工农兵学员，但因为生源质量参差不齐，政治运动不断，学校教育质量受到影响。

五、工妇团少教育

新中国成立以后，各项事业欣欣向荣，工会、妇联、共青团、少先队等党领导下的群众组织蓬勃发展，为新中国的发展贡献了巨大力量，在新中国的教育事业上也起到了不可磨灭的作用。这些组织既开办学校，也组织各类社会活动，有力地推

---

[1] 刘鹤、刘喜凤、陈虹宇：《新中国初期民族院校开展民族团结教育的历史回顾及现实启示》，载《河池学院学报》，2020(3)。

动了新中国教育事业的发展。

（一）工会教育

中国共产党领导下的中华全国总工会有着漫长而光荣的革命史、斗争史。早在 1921 年 1 月 11 日，在北京共产党早期组织的指导与帮助下，长辛店劳动补习学校正式开学，办学宗旨是增进劳动者和劳动者子弟的知识，培养劳动者和劳动者子弟高尚的人格。1922 年 5 月 1 日，在时任中共湘区委员会书记和中国劳动组合书记部湖南分部主任毛泽东的领导下，安源路矿工人成立了工人俱乐部。俱乐部初建时有会员 300 人，后发展到 700 多人。

1948 年 8 月 1 日，第六次全国劳动大会在哈尔滨召开。大会恢复了中华全国总工会，总结了新民主主义革命时期工人运动的经验，制定了正确的工人运动方针和政策，在中国工人运动史上起着承上启下的作用。随着全国主要大城市相继解放，1949 年 7 月，中华全国总工会在北平召开了全国工会工作会议，确定要在一年左右，基本上把全国工人阶级组织起来，不仅要组织产业工人，而且要把手工业工人、店员以及其他脑力劳动者都组织起来。① 新中国成立后，中国工会的地位发生了根本

---

① 吴亚平：《建国后工会的组织建设及其经验教训》，载《中国工运学院学报》，1992(4)。

性改变，成为国家政权的重要社会支柱。1950年6月29日颁布实施的《中华人民共和国工会法》指出，中国工会是工人阶级自愿结合的群众组织，实行民主集中制的组织原则。1953年，中国工会第七次全国代表大会确定了工会在国家建设时期的基本方针和任务：在中国共产党的领导下，联系并教育工人群众，不断地提高工人群众的觉悟程度和组织程度，巩固工农联盟，团结各阶级人民，积极地完成国家建设计划，并在发展生产的基础上，逐步地改善工人阶级和全体劳动人民的物质生活与文化生活，为逐步实现国家的工业化与过渡到社会主义社会而斗争。[①] 新中国成立以后，工会的发展极为迅速。到1957年，全国已拥有会员1360万人，约占全国职工的55.4%。而在大中城市和规模较大的工商企业，会员则占全体职工的绝大多数。这是新中国成立以后，工会教育蓬勃发展的重要基础。

中国工会组织不仅加强对工会干部的培养和训练，也高度注重自身的宣传教育工作。1949年9月下旬，中华全国总工会干部学校在华北职工干部学校的基础上成立。中华全国总工会副主席李立三兼任校长，狄子才担任副校长，学校设在天津。1949年11月1日，中华全国总工会干部学校召开第一次校务会

---

① 历昕明、朱海波：《中国工会的历史发展和在新时代的使命》，载《北京市工会干部学院学报》，2018(2)。

议，通过了《学校组织规程》，确定了学校办学的组织机构、职责范围、领导原则、工作制度等。1949 年 11 月 8 日，中华全国总工会干部学校第一期普通班举行开学典礼。① 1954 年 7 月，经中共中央批准并由刘少奇同志亲自审定学校校址，学校从天津迁至北京。中华全国总工会干部学校紧紧围绕党以及工会的中心工作，全力培养适应社会主义革命和社会主义建设需要的工会干部，截至 1966 年，共培训了工会干部近万名。广大工会干部说它是用马克思主义武装革命头脑的"熔炉"，称赞它是对中国工会干部进行教育的最高学府。② 在"文化大革命"期间，中华全国总工会干部学校被迫停办。

　　全国各地也陆续创办了工会干部学校。例如，上海总工会虽在 1925 年宣告成立，但有规模、有系统的工会干部培训于 1951 年上海总工会干部学校创建时才正式启动。1949 年 6 月初，上海总工会筹委会召开了首次全体委员会，提出"要训练一二万工人干部，能掌握政策，进行工作"。为此，上海总工会筹委会决定由文教部负责工会干部教育工作。7 月，上海总工会文教部专设干部训练班，负责工会干部、工会积极分子的教育工作。经过 20 余天的紧张筹备，首期职工干部学习班在 7 月

---

　　① 李德齐：《中国劳动关系学院校史前溯》，载《中国劳动关系学院学报》，2015(6)。

　　② 狄子才：《庆祝全总干校建校四十五周年》，载《工会理论与实践·中国工运学院学报》，1994(5)。

底正式开学。到 9 月底，上海总工会先后举办 3 期学习班，全体学员近 1500 人脱产一周集中住宿学习，就此揭开了工会干部教育的序幕。1949 年内，上海总工会先后举办业余职工干部学习班、师资训练班、工会干部学习班，学员总计 1600 余人。当时，由于人力、工作条件等的限制，工会干部教育与职工政治教育交叉进行，没有完全分开。1950 年 2 月，上海市首届工人代表大会召开。会议通过的《关于上海工人运动当前方针与任务的决议》指出，"加强学习，培养干部"，"应该注重工会干部的培养，各级工会应该有计划地组织工会工作在职干部的业务学习"。为了加强工会干部的教育工作，当年 4 月，上海总工会组织部设立干部教育指导处，专管全市工会干部的培训工作。工会干部教育工作作为专项工作单独开展，为系统地培训工会干部进行组织准备。①

全国各企业工会也在日常工作中加强了教育工作。例如，1949 年北京市工会开始筹组时，只有组织部与宣传部，可见组织与宣教在党的心目中有非同一般的分量。这是因为组织与宣教工作紧密相连，共同服务于党的各项工作的主旨。② 1949 年

---

① 徐迟、朱虹：《建国初期上海总工会的干部培训：以 1951 年上海总工会干部学校为中心的讨论》，载《工会理论研究（上海工会管理职业学院学报）》，2017(2)。

② 贺宝玉：《共和国之初北京市私营企业工会研究(1949—1956)》，103 页，北京，社会科学文献出版社，2016。

的北京市暑期工人教育堪称是一次教育的政治运动。北京市总工会根据市委加强工人教育工作的指示，与市委、市教育局、市妇联、中小学教联共同组成的市暑期工人教育工作委员会，建立了会议、汇报制度。该委员会从各大中学动员 266 个青年团员和进步同学参加工作，7 月 10 日开始分配在 18 个公营工厂及 11 个区工作，8 月 15 日工作结束，历时 35 天。这是 1949 年 1 月以来北京第一次较大规模的和比较正规的工人教育工作，参加学习的工友有 1.2 万余人，按知识程度分为高、中、初三级，共有 33 个班，并且结合壁报、黑板报、快报、画报、标语等文字宣传方式，结合小组座谈会、动员大会的方式进行了广泛动员。①

新中国成立以后，由工会兴办的针对工人阶级的教育往往"耗时最久、倾力最多"②。这是因为当时在工人群体中，80%以上是文盲、半文盲，小学程度的占 6%，初中程度的占 4%，高中以上的只是凤毛麟角。工人文化知识的缺乏和低下，是党领导下的工会开展各项工作的一个巨大障碍。各类现实生活条件也让工人对夜校学习有心无力。

有鉴于此，工会往往因地制宜，根据集体实际问题进行教育。例如，在北京地区，夜校就开始进行国际主义教育，安排

---

① 贺宝玉：《共和国之初北京市私营企业工会研究（1949—1956）》，115 页，北京，社会科学文献出版社，2016。

② 贺宝玉：《共和国之初北京市私营企业工会研究（1949—1956）》，116 页，北京，社会科学文献出版社，2016。

艾思奇讲苏联的历史，讲苏联对中国革命的帮助，讲国际主义与民族主义，带领学员学习《中苏友好同盟互助条约》及"中苏经济合作的伟大意义"。[①] 同时，工会有组织地放手发动自由思想讨论。因此，在教学中，教师能创造一种宽松温暖的气氛，鼓励工人学员知无不言、言无不尽，公开思想、公开意见，然后大家充分地进行分组讨论，明辨是非，坚持真理，修正错误。

这一时期更普遍的工会教育是和生产运动相结合的。例如，新中国成立初期，苏北南通、扬州、泰州、盐城、新海连等地的工会组织，在一部分工厂开展"红五月生产运动"；苏南总工会筹备委员会在无锡及苏州、常州、松江、镇江等地选择基层工会组织较强的单位开展爱国主义生产竞赛。1950年7月，苏北总工会在扬州召开执委（扩大）会议，传达中华全国总工会群众生产工作会议的精神，在一部分工业、商业、粮食和供销财贸企业中组织生产竞赛。11月15日，苏北总工会发出《关于迅速开展爱国竞赛运动工作的指示》，号召全区职工在镇压反革命运动和抗美援朝中广泛开展爱国主义生产竞赛。新海连、盐城、扬州、南通、徐州等地发动职工群众订立爱国公约，开展爱国主义增产节约劳动竞赛。据统计，全区90%的企业订立了爱国公约，85%的企业开展了竞赛，涌现了宿迁白酒厂等先进单位。

---

① 贺宝玉：《共和国之初北京市私营企业工会研究(1949—1956)》，121页，北京，社会科学文献出版社，2016。

1951 年，苏州有 14 家企业参加竞赛，参赛职工 6700 余人。苏州源康纱厂锭产从 0.7 磅提高到 0.9 磅，运转率从 70.3% 提高到 90.1%。南京市总工会在同一年发出《关于公、私营厂矿企业开展生产竞赛运动的指示》，全市职工开展了多种形式的竞赛。1951 年年初，齐齐哈尔第二机床厂马恒昌小组向全国工人阶级发出倡议，开展爱国主义劳动竞赛，得到全国 1.8 万多个班组的响应，苏北、苏南总工会和南京市总工会以及重工、轻工、纺织、建筑、店员、交通运输、邮电、搬运等产业工会，深入基层，发动群众，响应马恒昌小组的倡议，全面开展爱国主义劳动竞赛。1953 年，经过"三反""五反"和民主改革运动后，群众性的爱国增产节约运动在江苏省各地普遍开展，投入这一运动的职工有 17 万余人。

在国家实行第一个五年计划时期，江苏省各级工会组织，以实现"一五"计划为总目标，组织广大职工参加社会主义劳动竞赛和先进生产者运动。竞赛从工业、交通、基本建设和部分商业企业开始，发展到文化、科技、教育、卫生和财贸系统各行业；从生产第一线发展到科室、生产后勤服务各部门。1954 年，南京、无锡、徐州、苏州等 6 个市企业中的 164 个车间开展了劳动竞赛，参赛职工有 71489 人。职工在竞赛中学习王崇伦生产革新精神，发现与培养生产技术革新的先进人物，掀起技术革新的高潮。徐州贾汪煤矿大力推行技术革新，采用了机械化采煤，代替了手工操作。

毛泽东倡导在全国开展先进生产者运动。中华全国总工会于1956年2月做出《关于开展先进生产者运动的决议》。3月12日，中共中央发出《关于积极领导先进生产者运动的通知》。江苏省各级工会，在社会主义劳动竞赛的基础上，普遍开展先进生产者运动。先进生产者运动充分体现"互相学习，互相帮助，取长补短，共同提高"的竞赛原则，突出技术革新、合理化建议，总结、交流先进经验，学习、推广先进工作法，广泛地开展"比、学、赶、帮"活动。到1956年年底，江苏全省涌现出先进生产者163580人，各级工会召开先进经验交流8659次，参加经验交流的职工有289912人。许多厂矿企业以先进生产者为骨干，开展"比、学、赶、帮"活动，一方面自己以优异的成绩创先进，另一方面乐意帮助后进赶上自己。

1956年10月26日，中共中央、国务院召开全国工业、交通、财贸方面社会主义建设先进集体和先进生产者代表会议。周恩来亲自总结劳动竞赛的经验，在肯定"比、学、赶、帮"之后，又提出"超"的内容。从此，"比先进，学先进，赶先进，帮后进，超先进"掀起热潮，技术革新成果不断涌现。1961年至1962年，南京市各企业制成自动化作业线270条，流水作业线1037条，有20余个车间、工段实现自动化，试制成功2000余种新产品，有1.7万名工人从繁重的体力劳动中解放出来。① 这些蓬勃发展的生产建设活动对广大工人阶级产生了巨大的教育效果，革新了广大工人群众的精神面貌，有力地支持了新中国的工业建设。

(二)妇联教育

中华全国妇女联合会，简称全国妇联，是中国共产党领导的为争取妇女解放而联合起来的中国各族各界妇女的群众组织，是中国共产党领导下的人民团体。根据中共中央 1948 年 9 月会议的决定，1949 年 3 月 24 日至 4 月 3 日，中国妇女第一次全国代表大会在北平召开，成立了中国统一的妇女组织——中华全国妇女联合会。大会规定其宗旨为：团结全国各阶层各民族妇女大众，和全国人民一起，为彻底反对帝国主义、摧毁封建主义及官僚资本主义，为建设统一的人民民主共和国而奋斗，并努力争取废除对妇女的一切封建传统习俗，保护妇女权益及儿童福利，积极组织妇女参加各种建设事业，以实现男女平等、妇女解放。

新中国成立以前，妇女在事实上未能与男子享有平等的受教育权，大部分尚处于文盲状态。新中国成立后，国家对妇女教育给予全方位法律政策和制度保障，中国妇女获得了几千年

---

① 江苏省地方志编纂委员会：《江苏工会组织职工积极参与新中国生产建设历史回望》，载《工会信息》，2020(10)。

来从未有过的平等受教育权。1949年通过的具有临时宪法性质的《共同纲领》和1954年《宪法》均明确规定，妇女在文化教育方面享有与男子平等的权利。国家保障妇女受教育权的各项机制也在不断健全。在国家层面，我国逐步建立了由全国人民代表大会和全国政协妇女工作机构、中央政府妇女工作机构——国务院妇女儿童工作委员会和全国妇联等共同组成的提高妇女地位、促进性别平等的国家机构。在工作层面，国务院和地方各级政府定期召开妇女儿童工作会议，定期专题研究部署妇女教育等各项工作；逐步建立与完善法律政策性别平等评估机制，加强对包括妇女教育法律政策在内的各项法律政策的性别平等审查。

新中国成立以前，我国90％以上的妇女是文盲。在一些农村及偏远地方，妇女文盲率甚至达到了100％。新中国成立后，为了提高全民族的文化水平，政府有计划、有步骤地组织群众进行扫盲，取得了显著成效，妇女文盲人数大大减少。新中国成立之初，党和政府把扫盲教育作为改革旧有教育文化的重要举措予以大力推行。

1950年，全国工农教育会议明确提出逐步减少文盲。1956年，全国扫除文盲协会成立，陈毅担任首任会长。同年，国务院《关于扫除文盲的决定》颁布，对扫除文盲的有关师资、教材和组织领导等问题进行了具体指示。在一系列政策措施的推动下，我国在1952年、1956年和1958年掀起了三次扫盲风潮，1600万妇女摘掉了文盲的帽子。新中国成立初期的扫盲运动，不仅提高了妇女的文化素质，推动城乡妇女掌握工农业生产技术，而且还提高了妇女的政治觉悟，增强了她们对新政权的认同，进一步鼓舞了她们建设新中国的信心。

新中国成立以前，男童的入学率大大高于女童。新中国成立之初，政府采取比较灵活的办学政策，使初等教育获得较大发展，越来越多的女童进入小学接受教育。比如，中央采取国家办学与厂矿企业、社会办学并举的方针，鼓励群众办学，为学龄儿童上学创造机会。一些地方通过半日制班、午班、夜班、女青少年班，以及巡回教学、允许带弟妹上学等多种形式为女童入学营造条件。各地教育部门和妇联通过座谈走访、挨门逐户宣传等方式帮助群众破除"女子读书无用"的旧观念，动员大批女童入学。1952年，全国小学为52.7万所，小学女生达到1679.7万人，占全部学生数的32.9%。新中国成立前，我国中等教育主要以普通中学教育为主，结构单一，规模较小。新中国成立后，我国在扩大普通中学办学规模的过程中，注重发展中等职业教育，女性接受职业教育的比例大为增加。新中国成立前，妇女接受高等教育的比例很低。1947年，我国仅有女大学生2.76万人，占大学生总数的17.8%。新中国成立初期，政府即对原有的高等学校进行调整、接收和改造，一些女子高校并入普通高校。伴随我国高等院校数量的增加和招生规模的扩大，中国妇女有了更多接受高等教育的机会。1952 年，人民助学金制在全国范围内全面实施，不仅从经济上保障了工农子弟上大学的机会，更为妇女接受高等教育排除了经济障碍。①

新中国成立后，中国妇女教育取得了突飞猛进的发展，这是妇联开展各项教育工作的重要背景。在革命和新中国建设过程中，一大批优秀女性也逐渐崭露头角。据统计，至 1951 年，全国妇女干部共计约有 15 万人，分布在新中国建设的各个岗位；到 1955 年年底，女性干部又增加到了 61 万余人，占干部总数的 14.5%。② 为了让这批妇女干部拥有更高的文化、科学和理论水平，妇女干部的培训事宜便提上了议事日程。

1949 年 7 月，中华全国妇女联合会正式接管了河北省立北平女子职业学校。8 月 15 日，经全国妇联第八次常委会批准，该校更名为新中国妇女职业学校。1950 年 7 月，400 名学员均完成学业毕业，被分配后奔赴工作岗位。毕业学员遍布包括新疆、西藏在内的全国各地和少数民族。朝鲜战争爆发后，有十余名毕业生奔赴前线参加了抗美援朝战争。1950 年 7 月，新中国妇女职业学校更名为中华全国民主妇女联合会妇女干部学校，成为全国民主妇联培养妇女干部和妇女人才的基地，为国

---

① 林丹燕：《新中国 70 年中国妇女教育的进步与成就》，载《中国妇运》，2019(9)。

② 中华全国妇女联合会：《中国妇女运动重要文献》，105 页，北京，人民出版社，1979。

家培训了一大批县妇联主任以上干部、女法官和保教干部。此外，各省也陆续建立了妇女干部学校，妇女干部培训工作在全国如火如荼地展开。1961 年 3 月，根据中共中央做出的精简机构的决定，全国妇联书记处决定停办妇女干部学校。

妇女干部学校培养教育了大批妇女人才。1950 年 10 月 4 日，第一期妇女干部训练班开学。这期训练班分妇女干部业务训练班、保育人员训练班、文化班、会计班、打字班等，共 400 人。其中开设三个文化班，主要帮助那些过去因为战争环境的限制缺乏学习机会的工农妇女干部提高文化水平。她们在经过速成文化学习后，于 1951 年 10 月全部转入政策班，继续学习政治理论、党的方针政策、妇女工作的方针与任务、妇女问题基本知识等业务课。毕业后，她们都成为各条战线上的骨干。1951 年 10 月至 1952 年 7 月，妇女干部学校举办了第二期妇女干部训练班。这期训练班除了培训 232 名妇女干部之外，还培训了保育干部 151 人，为国家培训了一批托幼园园长、幼儿教师及全国妇联分管儿童福利工作的干部。她们的辛勤耕耘促进了我国 20 世纪 50 年代初期保育事业的发展。1952 年 10 月 6 日至 12 月 25 日，女司法人员训练班开班，为当时即将开展的"贯彻《婚姻法》运动月"（1953 年 3 月）做好了准备，培训出了国家第一批女性司法工作者，共计 404 人。她们进入司法战线工作，为司法改革、保护妇女儿童合法权益做出了巨大贡献。妇女干部学校还开展了各类县以上妇联专职干部轮训工作。从1954年到1956年，参加轮训的妇女干部共计1652人。自1950年创办到1961年暂时停办，妇女干部学校共办14期训练班。全国妇联的主要领导蔡畅、邓颖超以及帅孟奇等都到校为女学员讲课。她们以自己的革命经历，讲党的光荣传统和妇女运动的各项事宜，对广大妇女干部产生了深远影响。

除了中华全国民主妇女联合会妇女干部学校之外，全国各级妇联也开展了多种训练活动。当时全国妇联指出："目前需要有计划、有系统地进行对妇女干部的文化、政治、业务教育，特别是训练基层妇女工作的干部。为此，各地妇联应在可能条件下举办各种训练班，就地培养县以下的妇女工作干部，县以上的干部由省、大行政区及全国妇联分别训练。"①从1950年到1955年，全国创立了一批工农速成中学，其中招收了不少妇女学员。1954年，工农速成中学女学员郝建秀、郭秀云、孙考菊光荣地当选为第一届全国人民代表大会代表，极大地鼓励了全国妇女同胞。

（三）共青团教育

成立于1922年的中国社会主义青年团②有着光荣的革命传

---

① 中国妇女管理干部学院：《中国妇女运动文献资料汇编（1918—1949）》，75页，北京，中国妇女出版社，1988。

② 中国社会主义青年团，1925年改称中国共产主义青年团，1935年改组。1949年中国新民主主义青年团成立，1957年又改名为中国共产主义青年团（简称共青团）。

统。新中国成立后，共青团作为党领导下先进青年的群团组织，也得到了较快发展。中国共产党从巩固和扩大党执政的青年群众基础出发，从维护政权稳定和社会的长治久安出发，从社会主义事业可持续发展出发，高度重视对青年价值观的培育，赋予共青团的根本任务就是将广大青年培养成"无产阶级可靠的接班人"和社会主义事业的建设者。一般来说，从中央、省到地区、县，再到乡镇、街道、村，凡是有党组织的地方，就有团组织；凡是有党的基层组织的地方，就有团的基层组织。[①] 因此，1949 年到 1957 年成为团组织迅速发展的阶段。1949 年 4 月，中国新民主主义青年团第一次全国代表大会召开，当时全国仅有 19 万名团员。7 月，青年团中央和军委总政治部联合发布《关于部队中建立新民主主义青年团的决议》，在人民解放军中正式建立青年团组织。9 月，全国团员达到 90 万人。到 1950 年 3 月，全国团员达到 150 万人。[②]

根据党中央的部署，为培养具有新思想、新作风的青年团干部，以确立新式青年团的坚实基础，中央青年工作委员会着手筹建中央团校。1948 年 9 月，中央团校在当时的党中央所在地河北省平山县创建。中央团校成立以来，始终肩负着为党的

[①]　胡献忠：《社会变革中的共青团》，77 页，北京，中国青年出版社，2018。

[②]　胡献忠：《社会变革中的共青团》，79 页，北京，中国青年出版社，2018。

青年群众工作培养优秀骨干人才的重要使命，始终得到党中央的高度重视和亲切关怀。毛泽东、周恩来、刘少奇、朱德、邓小平、陈云等多次亲临学校接见学员和教工，对学校的建设发展和青年人才的培养作出了一系列重要指示。1949 年 7 月 4 日，中央团校第一期学员毕业典礼在中南海怀仁堂隆重举行，毛泽东发表了热情洋溢的讲话。历届团中央主要负责同志兼任学校校长，直接领导、参与和推动学校各项事业不断发展。1949 年，中央团校学员先后参加了接管平津、开国大典等重大活动。同年 11 月，学校正式迁入北京。1954 年，学校迁至现址，教学、工作和生活条件得到较大改善。

中央团校为社会主义革命和建设事业培养了一大批具有共产主义觉悟和一定理论水平、熟悉青年工作业务、活泼开朗、朝气蓬勃的青年干部。据中央团校第一期学员李纯回忆，第一期学员大多来自陕甘宁、晋绥等解放区，当中大多数是团的中层领导骨干，里面有战斗英雄李德昌、许影等人，还有曾领导地下学生运动的同志，年龄大都 20 多岁，是一批富有朝气的年轻同志。李纯还回忆道："当时团校的物资条件很差，既没有窗明几净的教室，也没有明亮的电灯照明。学员们白天在野外坐着草墩听课，晚上在小油灯下读书。即便这样，却没有一个人叫苦，他们只有一个念头，就是在较短的时间内，提高理论和政策水平，掌握业务知识，提高自己的政治和文化素质，做一名符合时代要求的青年工作者。""党内有名的专家学者杨述、于光远、黄华、齐燕铭、师哲等同志的授课，使学员能较好地理解和掌握课程的内容。最使人感动的是，朱德总司令亲临团校作了全国军事形势的报告，使全体学员受到了极大的鼓舞。"①中央团校全体人员还参加了接管平津的工作，不仅出色完成了各项工作，而且在实际工作中得到了锻炼。第二期学员聆听了彭真、邓颖超、廖承志、艾思奇等人的演讲。据他们回忆："中央领导和中央有关部门负责人和专家学者，一讲就是三四个小时。而且都是站着讲。不念讲稿，没有客套话，开门见山，亲切自然。学员思想很活跃，讲完一段或一个问题，可以当场提问。"②学员们学习近 9 个月，对新民主主义建设的各个方面有了更加深刻的认识。

共青团的教育职能更体现为各级学校的共青团组织在学校生活中所起到的引领作用。在抗美援朝运动中，青年团响应中共中央"抗美援朝，保家卫国"的号召，在广大青年中进行了广泛深入的爱国主义和国际主义教育，动员广大青年以各种方式参与和支持抗美援朝的伟大斗争。在朝鲜战场上，年轻的志愿军指战员顽强战斗、英勇杀敌，用辉煌的胜利捍卫了新中国的

---

① 李纯：《中央团校第一期的回忆片段》，载《中国青年政治学院学报》，1988(4)。

② 范银怀：《重温新民主主义——追记 60 年前中央团校二期的学员生活》，载《党史文汇》，2010(1)。

尊严。在国内，广大青年把参军作战和后勤支援紧密结合在一起。在抗美援朝的第一年里，有 3440 名团员和 2671 名青年参加了志愿运输队，为前线战斗的胜利提供了强有力的支持。但是，面对帝国主义阵营的包围，有些青年学生存在不同程度的亲美、崇美、恐美的思想。对此，党提出青年团的任务在于"加强国际主义和爱国主义教育，开展大规模群众性抗美援朝思想政治教育"，积极清除各种消极思想的影响；要求青年团"转为开展增产节约运动及青年干部的培养，及时向新中国的党和政府输送干部，切实发挥好党的后备军作用，做好抗美援朝的准备"；强调"爱国主义教育是目前团的思想教育的中心内容。应从抗美援朝的时事宣传中，以具体生动的事实、活泼丰富的内容，加深对伟大人民的祖国的认识和热爱"。总之，这一时期高校青年团结合团中央的指示，加紧给高校学生设立时事政治学校，以多种形式，如时事学习、演讲比赛、征文比赛、军事操练等，将思想政治的内容融入美术、电影、戏剧，教育青年，激发青年学生保家卫国的爱国热情，从而消解了帝国主义长期侵略给中国留下来的政治阴影。[1]

为尽快恢复和发展生产，不断提高劳动生产率，加快建设新中国，青年团在广大青年中开展了劳动教育。为加强热爱农

---

[1]　颜茵、张译：《演进、特征与展望：新中国 70 年高校共青团思想政治工作》，载《教育文化论坛》，2019(6)。

村、热爱劳动的教育，做好具体的思想工作和组织工作，妥善解决不能升学的高小和初中毕业生参加或准备参加农业劳动的问题，1954 年 4 月 22 日，团中央发出《关于组织不能升学的高小和初中毕业生参加或准备参加劳动生产的指示》，强调劳动教育是当时社会主义教育一个不可缺少的组成部分，要使学生正确认识到凡是有益于社会主义建设的脑力劳动和体力劳动都是光荣的，要培养青年学生立志做建设社会主义的优秀劳动者的思想品质。青年团开展的劳动教育活动中，涌现出技术革新能手模范郝建秀、"走在时间前面"的王崇伦、治淮模范金秀兰、北京展览馆建设工地青年突击队等一大批青年个体和集体劳动模范。同时，在中共中央"向荒原进军""向困难进军""植树造林、绿化祖国"等口号的召唤下，广大青年的劳动成果异彩纷呈。他们在北大荒建起各种"青年庄"，在鄱阳湖畔建成"共青城"，将大陈岛变成"东海上的一颗明珠"，让祖国大地披上了绿装。

20 世纪 50 年代中期，青年团启动和开展了对青年的共产主义道德教育活动。针对当时由于受到旧道德的影响，在一些大、中城市的青年中时有发生的偷盗、拐骗、贪污、赌博及严重破坏公共秩序的事件等道德败坏现象，1954 年春天，中共中央提示团中央书记处要注意青年中的纪律和社会风气问题。团中央认真研究和落实中共中央的指示，要求各地团组织开始注意对青少年的共产主义道德教育工作。10月起，《中国青年》发表系列文章和社论，揭露旧的反动思想对青少年的毒害，强调"加强对青少年的共产主义道德教育，抵制资产阶级思想的侵蚀"。11月，团中央书记处向中共中央报送《关于加强对青年的道德教育、抵制资产阶级思想侵蚀的请示报告》，提出对青少年加强新道德、遵守法律的教育；以积极态度关心广大青年的学习和生活，认真组织青年的学习活动；引导各级团组织面向广大青年，并着重注意对落后青年做工作；打击那些引诱、指使青少年犯罪的流氓头子和不法资本家；用更多新书刊代替旧书刊，以新的曲艺代替旧的曲艺，多为青少年出版通俗有趣的书刊等。这个请示报告受到中共中央的肯定并向全国转发，极大地推进了青年共产主义道德教育活动。一时间，清新之风在社会上吹起，也形成了一种关怀、保护青少年健康成长的舆论和氛围。[1] 对青少年的思想道德教育由此成为共青团的一项经常性的重点工作。

社会主义建设时期共青团青年价值教育还有一个重要内容就是毛泽东思想教育。毛泽东思想在1945年召开的党的七大上被确立为党的指导思想，学习和宣传毛泽东思想成为党团员政治生活的一项重要任务。在1949年5月召开的中华全国青年第

---

[1] 胡献忠：《共青团培育青少年价值观的历史考察》，42~46页，北京，新华出版社，2015。

一次代表大会上，周恩来再次发出"学习毛泽东""学习毛泽东整个思想体系"的号召。共青团在全国掀起学习马克思主义理论和毛泽东著作的热潮。1958 年 6 月 28 日，共青团三届三中全会发布《关于组织广大青年学习马克思列宁主义、学习毛泽东著作的决议》。1960 年 4 月 3 日，共青团三届六中全会批准了《共青团中央关于加强学习马克思列宁主义、学习毛泽东著作的工作规划》。广大青年通过举办毛泽东著作讲座、报告会，参加业余学校、红专学校的政治课，成立青年学习小组，开展读书活动等多种形式，把学习毛泽东著作活动推向一个又一个高潮。这项活动占据思想引领和价值教育的高地，促进了马克思列宁主义、毛泽东思想在全国青年中的普及，促进了一代青年的健康成长，其中杰出的代表是伟大的共产主义战士雷锋。他的生命历程只有短暂的 22 年，但他勤奋学习、努力工作、热爱祖国、热爱人民、勤俭节约，坚持不懈地为群众做好事、做善事，将平凡的人生实践赋予不平凡的人生价值，改善和创新了中国大众的伦理品质结构。1963 年，毛泽东发出"向雷锋同志学习"的号召，全国青年开展了轰轰烈烈的"学雷锋"活动。不久，经过党和国家领导人的关怀、支持和鼓励，这项活动发展成全民性的历久不衰的经常性活动，对全社会关爱他人、奉献社会良好风气的树立起到了积极推动作用。"学雷锋"活动是以树立和宣传青年先进典型，用亲切、真实的典型人物的典型事迹对青年进行思想道德教育的好形式，在长期的历史实践中成为共青团开展青年价值教育的一个品牌活动和品牌形式，成为中国青年志愿者行动最深刻的思想和实践渊源。

社会主义建设时期共青团青年价值教育的核心内容和成就，是通过理论学习、思想引领、劳动教育、道德建设、典型宣传，组织一代代青年在新中国的建设中发挥突击队和生力军作用，成功培养了一代又一代社会主义的建设者和接班人。[①]

(四)少先队教育

中国少年先锋队是中国共产党创建并委托中国共产主义青年团直接领导的少年儿童的群众组织。中国少年先锋队有着光荣的革命传统，大革命时期的劳动童子团，土地革命时期的共产主义儿童团，抗日战争时期的抗日儿童团，解放战争时期的儿童团、地下少年先锋队等，均为中国革命事业做出了贡献。

新中国成立后的 1949 年 10 月 13 日，中国新民主主义青年团中央发布了《青年团中央关于建立中国少年儿童队的决议》（以下简称《决议》）和《中国少年儿童队章程草案》，全国统一的少年儿童组织由此正式成立。《决议》规定："中国少年儿童队是在中国新民主主义青年团领导下的少年儿童组织，吸收九岁到十

---

① 戴启明：《共青团青年价值教育历史实践回顾》，载《新生代》，2020(5)。

五岁的少年儿童参加，这个组织是在学习和各种集体活动中，团结和教育少年儿童，培养他们成为爱祖国、爱人民、爱劳动、爱科学和爱护公共财物的新中国的优秀儿女。""各级团委要加强领导少年儿童工作，要广泛地向少年儿童、向小学教师宣传少年儿童队的性质及作用，并须在取得教师们的支持和协助下，首先从工作条件较好的学校与人口较集中、团的工作基础较好的村镇开始。青年团中央并责成这些地方团的组织，划出一部分优秀团员担任建立少年儿童队的工作。区级以上的少年儿童队不设队部，团的区委以上的少年儿童部，即作为少年儿童队的领导机关。学校、机关、街道、村庄（或乡）各单位有少年儿童组织的地方，应设队部，队长由队员选举产生之。"①1950 年 4 月，青年团中央召开第一次全国少年儿童工作干部大会，毛泽东、刘少奇等同志参会并接见与会代表。

建队工作开展有序，北京、沈阳 11—12 月已经有 2300 多名少年儿童首批入队。1953 年 8 月 21 日，青年团中央第二次全国代表大会决定把"中国少年儿童队"改名为"中国少年先锋队"，旨在教育儿童学习革命先辈的光辉事迹，继承革命事业，做革命的接班人。

1949 年 12 月 13 日，政务院通过《统一全国年节和纪念日放

---

① 《青年团中央关于建立中国少年儿童队的决议》，见何东昌：《中华人民共和国重要教育文献 1949～1975》，1～2 页，海口，海南出版社，1998。

假办法》，其中 6 月 1 日为国际儿童节。1950 年 6 月 1 日，为庆祝新中国成立后的第一个国际儿童节，毛泽东、刘少奇、周恩来、朱德、宋庆龄为儿童节题词。

1953 年 8 月 21 日，《青年团中央关于"中国少年儿童队"改名为"中国少年先锋队"的说明》发布，阐述了"先锋"二字的意义，说明以"先锋"这样一个富于教育意义的称号加之于少年儿童的组织，主要是教育儿童学习先锋的榜样，继承他们的事业，沿着中国共产党和毛泽东同志及其战友们为我们开辟的道路勇敢前进；并且着重指出："'中国少年儿童队'改名为'中国少年先锋队'，并没有改变队的性质和任务，中国少年先锋队仍然是广泛性的少年儿童自己的组织。"[①]中国少年先锋队，在毛泽东同志"好好学习，天天向上"的教导下，认真学习文化知识，努力掌握建设社会主义的本领。

1954 年颁布的《中国少年先锋队队章》明确规定了"队名、队的创立者和领导者、队旗、队的标志、队礼以及呼号"。1958 年，共青团三届三中全会根据当时的形势和工作需要，对队章做了重要修改，主要体现在完全用儿童的语言进行表达，以突出少年儿童的主体地位。1961 年颁布的《中国少年先锋队工作条例（试行草案）》，全面总结了新中国成立以来少先队的工

[①]《青年团中央关于"中国少年儿童队"改名为"中国少年先锋队"的说明》，见何东昌：《中华人民共和国重要教育文献 1949～1975》，234 页，海口，海南出版社，1998。

作经验，进一步规范了少先队工作，使少先队工作有章可循。这些文件的颁布为少先队夯实了其在和平时期中国少年儿童成长中的重要地位，也树立了当时少先队员的积极向上的儿童形象。基于此，到20世纪60年代中期，少年儿童加入少先队的愿望强烈，少先队工作发展形势大好，也得到了较高的社会认同。1965年，中共中央书记处指出："要把七至十四岁的少年儿童全部吸收入队。"到1966年前后，全国队员发展到1亿多人，占队龄儿童的70%以上。①

这个时期的少先队教育，以培养社会主义新一代为主要目标，重视激发少先队员爱祖国、爱人民的理想和意愿。1950年，中国人民志愿军跨过鸭绿江参加抗美援朝战争。全国各地少年儿童积极参加各项抗美援朝活动，给志愿军写慰问信、送慰问袋等。

1953年11月，第二次全国少年儿童工作会议召开。会议指出要努力培养新生一代，引导少年儿童好好读书、热爱劳动，提升对文体活动的兴趣。在会议精神的鼓舞下，全国的少先队员积极参加劳动，参加社会主义建设。值得注意的是，在青年团中央的支持下，1951—1956年，《中国少年报》《辅导员》相继创刊；1956年，中国少年儿童出版社在北京成立。这标志着少

---

① 刘翀、卜玉华：《我国少先队工作70年发展历程及反思》，载《中国青年研究》，2020(1)。

先队拥有了属于自己的文字阵地及发声喉舌。

1954 年 6 月，教育部、青年团中央下发《关于加强少年儿童暑期活动的领导的通知》，要求各地各学校以少先队小队为单位开展多种多样分散小型的活动：可以开展体育游戏、文娱活动；可以培植花草、采集标本、饲养动物；可以举办短期旅行、参观访问、图书阅读、文艺晚会；可以让少年儿童参加力所能及的家务劳动和社会工作；还可以举办暑期儿童乐园、短期夏令营等。团委和教育行政部门可以联合有关方面，举办夏令营和各种比赛。

1954 年 7 月 26 日至 8 月 22 日，青年团中央在山东省青岛市举办中国少年先锋队夏令营活动。这是新中国成立之后举办的第一个全国性的少先队夏令营。参加这次夏令营的有来自全国各地的 182 名少先队员，以及应邀而来的朝鲜、越南、保加利亚三国的数十名少先队员，可以说这是一个国际少先队夏令营。夏令营举行了"庆八一联欢会"（开幕式）海上旅行、与青岛市儿童联欢等大队活动，以及游览、参观、旅行、赶海等中队活动和主题中队会，还组织了航模、舰船、生物、工艺、音乐、舞蹈等各种小组活动，达到了"使儿童很好休息，增进健康，扩大眼界，受到爱国主义和国际主义教育"的预定教育目标。

1954 年 7 月至 8 月，青年团中央又派三批少先队代表应邀分别参加苏联少先队夏令营、匈牙利人民共和国少先队夏令营和保加利亚人民共和国少先队夏令营。

1956 年 8 月 12 日，第一届全国少年运动会在山东省青岛市举行，有 1800 多名 14～17 岁的优秀少年运动员参加。这次运动会由国家体育运动委员会、教育部、青年团中央和中华全国总工会联合举办，进行了多种项目的体育竞赛，促进了我国少年体育的发展。

1955 年，在全国人民积极投入发展国民经济的第一个五年计划中，江苏省宜兴县、辽宁省松树区和北京市的少先队员发出了开展"小五年计划"活动的倡议，他们说："大人有大五年计划，我们也有小五年计划，我们也要为祖国建设做贡献。"1955 年 11 月 27 日，《青年团中央、教育部关于支持全国少年儿童开展小五年计划活动的联合指示》发出，指出："我们应该大力支持这一倡议，并且号召全国九周岁以上的小朋友参加'小五年计划'的活动。通过这一活动，我们可以培养少年儿童的爱国主义思想、社会主义劳动观点，并且可以使他们在劳动中学到实际的生产知识与技能，同时还将为祖国增加一些财富。"[①]全国少先队员热烈响应这一倡议，"小五年计划"活动迅速在全国城乡广泛地开展起来。他们通过种植、饲养、制作教具、绿化校园、收集废弃金属、做"小先生"扫除文盲等活动，

----

① 《青年团中央、教育部关于支持全国少年儿童开展小五年计划活动的联合指示》，见何东昌：《中华人民共和国重要教育文献 1949～1975》，541 页，海口，海南出版社，1998。

为国家、为集体做事情，从中受到了教育和锻炼。河北省的少先队员，利用自己捡粮、割草、种油料、拾废品所得的收入，为集体建筑了一座"红领巾水库"。黑龙江省的少先队员，用自己"小五年计划"活动的收入，为国家建造了一个"少先队拖拉机站"。特别是在最早倡议开展"小五年计划"活动的宜兴县，宜城中心小学、城北小学、蜀山中心小学的小朋友，将活动开展得有声有色。他们开展了"五年计划放光芒""钢铁多么重要"等活动。他们还充当了"小先生"，"把自己学的字向不识字的爸爸妈妈和邻居进行传授。为了帮助农业生产合作社的社员学会记工算账，各校的小朋友着重教农业生产合作社的社员首先会写会认一、二、三、四、五、六、七、八、九、十和月、日、劳动、工分，等十六个字。这样教的效果很好，社员学得的字马上就可以用起来"[1]。

为了更快发展壮大少先队组织，1955 年 3 月，第三次全国少年儿童工作大会召开。会议强调进一步加强思想和组织建设，吸收更多儿童加入组织。由此，少先队活动更加丰富和活泼。

1960 年，共青团中央召开第四次全国少先队工作会议，强调少先队活动要坚持共产主义方向。1962 年，第五次全国少先队工作会议召开。会议提出要坚持共产主义理想教育，为培养

---

① 立人：《宜兴县各小学少年儿童开展"小五年计划"活动的初步收获》，载《江苏教育》，1955(24)。

共产主义新一代而奋斗。1962 年 8 月 15 日因为意外而去世的雷锋同志，生前曾担任辽宁省抚顺市建设街小学少先队校外辅导员。1963 年 2 月 23 日，共青团中央发出追认雷锋同志为全国优秀辅导员的决定，并号召全体辅导员向他学习。1963 年 3 月 5 日，毛泽东发出"向雷锋同志学习"的号召。全国各地少先队组织广泛而持久地开展了"向雷锋叔叔学习"的活动，"这项活动是少先队组织发起的范围最广、持续时间最长的一次共产主义榜样教育活动"①。随着"学雷锋"活动的开展，少先队员以英雄人物为榜样，慰问军属、祭扫先烈、拥军优属，以更大热情投入"为人民服务"中。20 世纪六七十年代，英雄人物不断涌现，给少先队员以极大的鼓舞和精神力量。

少先队员从自然人成为一个有政治归属、政治觉悟和政治行为的人，离不开少先队组织这块土壤。新中国成立初期的少先队组织强调教育队员爱憎分明、立场坚定、舍己为公、助人为乐，以及第六次全国少先队工作会议召开以来强调的培养"合格建设者"和"可靠接班人"的方针，都表明思想政治性在少先队教育中是最为突出的。新中国成立初期的少先队教育突出思想意识教育，为少先队员的政治社会化打下了坚实的基础。因为新中国是劳动人民当家作主的新社会，社会主义道德风尚、共

---

① 全国少工委办公室：《中国少先队 60 年》，25 页，北京，中国青年出版社，2011。

产主义理想教育必然成为少先队教育的主题。同时，在发展社会主义的浪潮中，共青团中央也多次强调少先队员要努力学习文化知识，掌握建设祖国的本领，还要兴趣广泛、身心健康、全面发展。

当然，值得注意的是，整齐划一的集中活动没能很好地关注队员的个性发展。另外，过强的劳动活动给队员的身体和学习带来了压力。特别是在"文化大革命"期间，少先队变名为"红小兵"，过多地参与到"以阶级斗争为纲"的运动中，影响了系统的知识学习。这些是需要认真总结和反思的地方。

第五章 ｜ 中国共产党领导教育的基本经验

　　新中国成立至 1978 年，是党领导教育的一个承前启后、吐旧纳新的历史时期。新中国教育是在批判和继承中华民族两千多年的优秀教育传统、教育思想、教育经验和教育资源的基础上起步和前进的。在这个过程中，苏联教育理论和教育经验影响很大。新中国教育作为中华民族教育历史的延续和创新，它的产生在中华民族教育发展史上是一次质的飞跃。在客观地梳理新中国教育的发展历程的基础上，总结社会主义改造与建设初期的中国共产党教育的主要成就和基本经验，对探讨建设中国特色社会主义教育的基本规律具有深远意义。

一、加强党对教育的领导是改进全部教育工作的关键

坚持和加强党对教育的领导，是新中国成立以来我国教育事业的一条基本经验。新中国成立后，新教育的起步就是从中国共产党领导下的人民政府接管和改造旧教育开始的。在接管和改造旧教育的过程中，中国共产党初步酝酿了教育为工农服务、为经济建设服务的新民主主义性质的教育方针。为了巩固人民民主专政，保证马克思列宁主义、毛泽东思想在教育领域的指导地位，使新中国各级各类教育逐步向社会主义过渡，国家从各方面加强党对教育工作的领导。三大改造基本完成后，中共中央根据社会环境和教育要求，调整并制定社会主义教育方针，有力保证了教育从新民主主义向社会主义的过渡；通过重视学校思想政治工作机构建设、改进和加强学校政治理论课及进行日常思想政治工作等措施，加强党对教育工作的领导权。

(一)确立和加强党对教育工作的领导

苏联社会主义的缔造者列宁一向重视共产党对教育的领导权，以此为社会主义方向的保证。他在《俄共(布)党纲草案》中

规定了苏俄共产党在改造国民教育方面的任务："把 1917 年十月革命时开始的事业进行到底，即把学校由资产阶级的阶级统治工具变为摧毁这种统治和完全消灭社会阶级划分的工具。学校应当成为无产阶级专政的工具，就是说，不仅应当传播一般共产主义原则，而且应当对劳动群众中的半无产者和非无产者的阶层传播无产阶级思想、组织、教育等方面的影响，以利于彻底镇压剥削者的反抗和实现共产主义制度。"①他认为，在教育部门担负领导责任的党员，对社会主义文化教育事业的发展负有很大责任，检验他们工作的成绩标准，主要看其在发现、使用和团结专家工作方面、在帮助教师工作和提拔他们以及介绍、参考他们的经验方面的表现。他强调教育必须同现实政治相联系，必须坚持社会主义的政治方向，苏维埃国家的教育制度和学校教育都是顺利实现无产阶级专政的工具。为了保证教育发展的正确方向，列宁强调共产党对社会主义教育事业的领导权问题。他指出在国民教育机构中"首先应该公开承认共产党的政治领导"。"为了建设共产主义，工农劳动群众必须战胜知识分子的旧习气，必须改造自己，不这样就无法着手建设事业。我们的全部经验表明，这个事业十分重要，因此我们要重视承认党的领导作用问题。"②从无产阶级专政的高度，列宁

---

① 《列宁全集》第三十六卷，106 页，北京，人民出版社，1985。
② 《列宁全集》第三十九卷，402～403 页，北京，人民出版社，1986。

肯定了教育对建设社会主义和共产主义的重要作用，强调了共产党对教育事业的领导权。

中国共产党一直切实加强对教育工作的领导，将马克思列宁主义中国化，无论是在土地革命时期、抗日战争时期，还是在解放战争时期。新中国成立后，中国共产党作为执政党，特别强调要坚持社会主义的办学方向，强调党对教育的领导权。1949年12月5日，专门发出《中共中央关于中央人民政府成立后党的文化教育工作问题的指示》，宣布此后的全国文教工作由中央政府文教部门管理。这样，中央宣传部和各级党委宣传部工作"集中注意于党内外的思想斗争，党的宣传鼓动工作的领导和党的文化教育政策的制定"[①]。对于教育工作上的重大问题，要按照《中共中央关于建立报告制度的指示》，经过党的系统向中央报告和请示。

毛泽东强调："领导我们事业的核心力量是中国共产党。"[②]毛泽东《关于正确处理人民内部矛盾的问题》指出，教育应培养德智体全面发展、有社会主义觉悟的有文化的教育者。《中共中央、国务院关于教育工作的指示》指出："党的教育工作方针，是教育为无产阶级的政治服务，教育与生产劳动结合。

[①] 《中共中央关于中央人民政府成立后党的文化教育工作问题的指示》，见何东昌：《中华人民共和国重要教育文献1949～1975》，2页，海口，海南出版社，1998。

[②] 《毛泽东著作选读》下册，715页，北京，人民出版社，1986。

为了实现这个方针，教育工作必须由党来领导。没有党的领导，社会主义的教育是不能设想的。"这是中共中央首次以文件的名义将"教育工作必须由党来领导"明确列入社会主义教育方针，加强党对教育工作的领导。中国共产党成为中国社会主义事业的领导核心，坚持和加强中国共产党对社会主义各项事业的领导，是各项事业取得成功和胜利的保证，也是社会主义教育事业取得成功和胜利的保证。

(二)切实加强党在教育系统中的组织建设

从组织建构看，在教育部设立党组织，并在县以上各级教育行政机构建立党组，成员由教育行政部门的党员干部组成，是各级教育行政部门的领导核心。在组织上，中央教育行政部门的党组直接接受中共中央的领导，地方教育行政部门党组则在本级党委的领导下工作。党组的主要任务是负责贯彻执行中共中央和各级党委提出的教育方针政策、各项指示和决定，讨论和决定教育工作的重大问题。党组是党和国家的教育工作任务的组织保障。

为了加强党对学校工作的领导，中共中央和各级党委曾专门派遣一部分党员干部到中等以上学校担任领导职务。随着第一个五年计划的启动，大规模的经济建设急需学校培养大批合格的建设人才。为了保障培养人才和学校的正确政治方向，中共中央多次指示要尽快抽调党员领导加强学校工作。1953 年

5月，中共中央政治局开会讨论教育工作。在毛泽东的建议下，会议决定从中央一级党政机关抽调 1000 名高、中级党员干部，派往大学和中等学校充实领导力量，并要求在几年内由地方逐渐充实中小学的党员领导骨干。9 月 24 日，《中共中央批发中央教育部党组等〈关于检讨官僚主义和对今后普通教育方针的报告〉等三个报告给各级党委的指示》（以下简称《指示》）中，专门提出如下内容：

改进文教工作的关键，是加强各级党委对文教工作的领导和改善文教部门本身的领导状况。过去三年内，各级党委忙于领导各项社会改革和经济恢复工作，还来不及多管这方面的工作，这是事实。但某些文教部门不向党委和上级请示报告，就对许多重大问题任意作出决定和布置的分散主义，确是很严重的。这种恶劣的倾向，如不坚决纠正，势必造成更加严重的错误和损失。因此，各级党委今后务须分出一定的力量抓紧领导文教工作，把它列入各级党委的议事日程，督促各文教部门党员负责人，大力克服无组织无纪律现象，严格执行请示报告制度，并以此教育全体文教干部，使文教工作能受到党的经常领导和严格监督。同时，目前各级学校缺乏领导骨干的情况还相当严重，中央组织部和各中央局、分局、省市委应即调配一批比较强的党员干部到各大学和各高级中学去担任主要职务。初级中学以下的学校领导骨干，亦应由各地党委有计划地逐步加以配备。①

在《指示》中，中共中央指出今后全部文教工作必须在中央的统一方针领导下逐步纳入国家建设计划的轨道，中央各文教领导机关要集中力量做好领导工作。经过几年的努力，各级党委对学校教育工作已有所加强，学校里党的领导力量状况有所改善。从全国来讲，当时有 14 所高等学校没有配备党员校长或副校长，不重视或不大重视学校教育工作的现象还存在。有些地方的党委不关注学校中党的工作，对学校教育的政治思想领导还处于薄弱环节。有鉴于此，1955 年 3 月，中央宣传部召开全国学校教育工作座谈会，集中讨论如何加强学校中的党建工作，讨论如何继续配备与培养学校领导骨干和建设共产党的领导核心，以及各级党委如何加强对学校工作的领导和监督等问题。8 月 27 日，中共中央批转宣传部《关于学校教育工作座谈会的报告》（以下简称《报告》），并在给各级党委的指示中提出：必须引起全党对学校教育工作的重视。而保证做好学校工作的关键，就是必须建立起那里的强有力的党的领导，没有党在高校

_____

①　《中共中央批发中央教育部党组等〈关于检讨官僚主义和对今后普通教育方针的报告〉等三个报告给各级党委的指示》，见何东昌：《中华人民共和国重要教育文献 1949～1975》，239 页，海口，海南出版社，1998。

中的基层组织，没有强有力的党的领导，党委不管学校中党的工作，就等于放弃对教育的领导权，就会犯很大的错误。《报告》明确规定，高等学校所需要的党员正副校（院）长由中央宣传部会同中央组织部和各有关政府党组及省（市）负责调配，党委书记由各省（市）委和自治区党委负责调配。① 按照《报告》的精神，各级党委要把学校教育工作列入议事日程，定期在党委会议上讨论学校教育方面的重大问题，并在党委书记、常委、委员的分工上安排专人负责学校教育工作。同时，要注意建立和健全党委管理学校教育的机构，以加强党委对学校教育工作的监督；此外，要对调配到高等学校的校（院）长、党委书记加强监督和帮助。这些举措都无疑加强了党在教育系统中的领导权。

为了加强党在学校教育中的群众基础，中共中央号召各级基层党组织积极吸收知识分子，特别是高级知识分子加入中国共产党。1957 年 6 月 28 日，中共中央发布《关于在一两个月后吸收一批高级知识分子入党的通知》。为了确保党对教育的领导权，就要积极动员、吸纳高级知识分子进入中国共产党队伍，确保教育的社会主义办学方向。

(三)重视学校思想政治教育的工作

毛泽东认为："掌握思想教育，是团结全党进行伟大政治斗

---

① 中共中央文献研究室：《建国以来重要文献选编》第七册，129～130 页，北京，中央文献出版社，1993。

争的中心环节。如果这个任务不解决，党的一切政治任务是不可能完成的。"①1951年5月，在中国共产党第一次全国宣传工作会议期间，刘少奇强调：确立马列主义是工人阶级的思想领导，巩固与加强这种领导，是在政治上、经济上加强工人阶级领导的前提。用马列主义思想原则在全国范围内和全体规模上教育人民，是我们党的一项最基本的政治任务。会议决议确定："各级党委必须把党内外进行马克思列宁主义的宣传教育工作，当作头等重要的任务，并把这一任务和各个时期的中心任务结合起来。"②从此以后，教育系统中的各级党委将思想教育工作与各个时期的中心任务结合起来，将党对教育的领导权落到学校的各项事业中。

提高马列主义的政治理论课教学水平，是高等学校思想建设工作的中心环节。这主要通过两个环节来落实：一是加紧培养高等、中等学校马列主义理论师资，在中国人民大学创设马列主义研究班，为全国高校培养专业师资；在高校助教和高等、中等学校高年级学生中选拔优秀团员担任本校政治理论课助教或助理，结合实际工作，指导他们系统地学习马列主义理论，用理论结合实际，毕业后加入高校和中等学校的政治理论

---

① 《毛泽东选集》第三卷，1094页，北京，人民出版社，1991。

② 中央宣传部办公厅：《党的宣传工作会议概况和文献(1951—1992年)》，33页，北京，中共中央党校出版社，1994。

课师资队伍。除此之外，学习中国人民大学的经验，各大行政区选择有条件的高校举办马列主义研究班，设立政治教育系或专修科，培养中等学校的专门师资等。二是在全国高校中有重点地建立政治工作制度和机构，如设立政治辅导处，下设若干专职辅导员，辅导一个系或几个系学生的政治学习和社会活动，组织和推动教职员的政治理论学习和社会活动。

1955年，毛泽东提出政治工作是一切经济工作的生命线的论断。1957年3月7日，毛泽东在与七个省、市的教育厅厅长、教育局局长座谈中小学教育问题时指出，省、地、县三级第一书记要管教育，不管教育的现象是不容许的。[1] 1958年，毛泽东进一步指出："思想工作和政治工作，是完成经济工作和技术工作的保证，它们是为经济基础服务的。思想和政治又是统帅，是灵魂。"[2] 为了切实改进和加强学校思想政治工作，1958年9月19日，《中共中央、国务院关于教育工作的指示》指出：学校党委要"配备党员去做政治思想工作"，"党委书记和委员要力求担任政治课教学、研究工作"。"高教六十条""中学五十条"及"小学四十条"三个全日制学校暂行工作条例明确规定，学校的思想政治工作都由党组织来领导。共青团作为党的

---

① 中央教育科学研究所：《中华人民共和国教育大事记 1949—1982》，190~191页，北京，教育科学出版社，1984。

② 《毛泽东文集》第七卷，351页，北京，人民出版社，1999。

有力助手，在开展学校思想政治工作中负有重要责任。1959 年 6 月 17 日，中共中央批转共青团中央关于对学生进行思想政治教育的几个问题。共青团发现对青少年的思想政治工作，有些地方只追求表面轰轰烈烈，放松了深入细致的思想教育工作。"学校工作以教学为中心，思想工作应当有利于教学工作的进行，有利于在学生中造成认真读书、刻苦钻研的空气。只追求表面上的轰轰烈烈，搞过多的活动，反而会影响学生的学习。在帮助学生思想进步方面，搞一些必要的政治思想运动是有益的，但不能事事搞运动，天天搞运动，而应当经常地进行深入细致的思想教育工作。"①中共中央同意共青团中央报告中提到的解决办法，并督促有关党委予以注意和检查。1962 年 1 月 4 日，中共中央转发《共青团在学校中的思想政治工作纲要（试行草案）》，指出共青团作为团结教育青年的核心，是党联系青年群众的纽带，应在党的领导下，密切配合有关部门工作。

1964 年 3—4 月，高等教育部召开直属高等学校领导干部扩大会议，认为高等学校的思想政治工作必须同教学、科学研究等业务工作紧密结合起来，同意在直属高等学校中设立政治部。

---

① 《中共中央批转共青团中央关于对学生进行思想政治教育中几个问题的报告》，见何东昌：《中华人民共和国重要教育文献 1949～1975》，910 页，海口，海南出版社，1998。

根据这次会议的精神，高等教育部向中共中央报送了《关于加强高等学校政治工作和建立政治工作机构试点问题的报告》。6月10日，中共中央批转了这个报告："中央同意高等教育部试行改党组为党委制，并同意全国高等学校平均每100个学生配备一名政治工作干部。所需编制名额，原则上由主管这些学校的部门和地区的职工计划人数中调剂解决。""从高等教育部到高等学校建立起政治工作机构，加强和充实政治工作干部队伍，是促进高等教育事业革命化，进一步加强党对高等学校领导的一项重大组织措施。"[①]中共中央确定北京大学、清华大学为高等教育部直属高校建立政治部的试点学校，明确政治部既是直属高校党委的工作机构，同时也是领导全校思想政治工作的行政机构。试点学校班级还配备了政治辅导员或班主任，教研室和其他基层单位根据需要配备专职或兼职的政治干部。此外，高等教育部直属高校的思想政治工作，实行以高等教育部党委的领导为主、以地方党委的领导为辅的双重领导制度，先在试点学校实行。此后，高等教育部直属高校普遍设立政治部，充实政治工作队伍，改进和加强了思想政治工作，高等学校逐步建立健全了政治工作机构。

---

① 《中共中央批转高等教育部党组〈关于加强高等学校政治工作和建立政治工作机构试点问题的报告〉》，见何东昌：《中华人民共和国重要教育文献 1949～1975》，1285～1286 页，海口，海南出版社，1998。

思想政治理论课是学校思想政治工作的重要阵地。新中国成立后，中共中央指出："全党必须明确，向人民群众宣传马克思主义以提高人民群众的思想觉悟，是党的一项最基本的经常的任务。"[①]中国共产党在教育领域强调坚持马克思主义意识形态的宣传，将向人民群众进行思想政治教育列为党的一项基本任务。在党的领导下，从新中国成立到1956年社会主义改造基本完成，学校思想政治教育工作逐渐走向制度化、规范化。在此期间，根据国内外政治形势的变化，中共中央对学校思想政治理论课的内容、目的和要求做出了必要的调整。

1950年上半年，国家要继续完成反帝反封建的民主革命任务，此时学校思想政治教育的主要任务是根据《共同纲领》进行革命的思想政治教育，肃清封建的、买办的、法西斯主义的思想，树立正确的为人民服务的思想。1950年8月，《高等学校暂行规程》颁布，第二条明确规定了高等学校的具体任务，指出："根据中国人民政治协商会议共同纲领，进行革命的政治及思想教育，肃清封建的、买办的、法西斯主义的思想，树立正确的观点和方法，发扬为人民服务的思想。"为此，新中国取缔国民党在高校的党团组织和特务组织，取消训育课程，开设新民主主义革命的课程，以便肃清封建的、买办的、法西斯主义的思

---

① 李安增、李先明：《中华人民共和国史纲》，66页，济南，山东人民出版社，2011。

想，确立和发展为人民服务的社会主义教育体系。10月4日，中共中央批转《教育部关于全国高等学校暑期政治课教学讨论会情况及下学期政治课应注意事项的通报》，提出三个工作重点：一是应适当配合教学工作，并在系统理论的基础上，进行反对美帝侵略及批判对美帝存在幻想的教育；二是贯彻土改教育；政治课要围绕这一重点进行教育，着重批判反对土改的思想，尤其是要说明废除封建的土地所有制是中国革命的基本问题；三是发扬"五爱"教育，即提倡"爱祖国、爱人民、爱劳动、爱科学、爱护公共财物"五项国民公德的教育。① 为了改进和加强政治理论课的教学工作，各级各类学校都把设置政治理论课放在学校教育的重要位置。

在开展学校思想政治工作的过程中，各地各级各类学校重视树立典型，以英雄模范的思想道德和先进事迹教育儿童与青少年，广泛开展学习雷锋、黄继光、王杰、焦裕禄等英雄模范人物的活动，对提高儿童和青少年的社会主义觉悟有显著效果。此外，各学校还通过学习毛泽东著作与时事政策、开展课外活动、参加生产劳动等日常渠道开展思想政治教育工作。各级政府和各高等学校积极行动起来，举办脱产轮训班和寒暑假教师讲习会、专题讲座及日常政治学习，在中小学教师、高校教师

---

① 《教育部关于全国高等学校暑期政治课教学讨论会情况及下学期政治课应注意事项的通报》，见何东昌：《中华人民共和国重要教育文献1949～1975》，60页，海口，海南出版社，1998。

中广泛进行马列主义理论和时事政治学习。就学习的主要内容来讲，中小学教师主要学习《社会发展简史》《中国革命与中国共产党》《新民主主义论》《共同纲领》以及新华社评《美国与中国的关系白皮书》、时事政策等，学习时间一般为半个月至一个月，学习方法采取个人钻研与集体讨论、交流心得体会相结合，并辅以经常性的业余学习。高等学校教师的学习内容除以上列举书目外，根据其工作性质，还增加了《辩证唯物主义和历史唯物主义》《政治经济学》《实践论》等马克思主义的理论经典著作。一些著名专家、学者应邀到高等学校讲课。教师在学习中运用民主讨论和专题研究的方法，开展批评与自我批评。① 广大教师通过学习，了解了新民主主义教育的方针政策、任务和教育工作者的责任；认清了封建的、买办的、法西斯主义的思想对人民的毒害及亲美、崇美、恐美奴化思想的危害和根源；认识到了社会主义、共产主义是社会发展的必然趋势；改变了"超阶级"、不问政治的态度和雇佣观点，自觉接受马列主义理论指导和共产党领导，提高了改造思想的自觉性和主动性，初步树立了唯物主义的世界观和为人民服务的思想。

我们要充分总结并借鉴新中国成立后重视思想政治教育课程的经验，高度重视对广大学生的思想政治教育。"培养什么

---

① 何东昌：《中华人民共和国教育史》上卷，137页，海口，海南出版社，2007。

人""如何培养人"，是我国社会主义教育事业发展中必须要解决好的根本问题。结合当今时代要求，党要通盘考虑教育要求、教育内容、教育方法、教育评价等改革与创新问题，在纵向上突出层次性，建构科学、由低到高、符合各年龄阶段学生的生理心理特征和思想特点的社会主义教育体系；在横向上突出整体性，尤其是教育体系的整体性，构建中国化马克思主义的整体性教学体系，着重吸取新中国成立后思想政治教育"进课程""进教材"和"进头脑"的经验，并将其作为坚持社会主义办学方向的检验标准。

对教育重视与否，能否牢牢把握对教育的领导权，是一个执政党是否具有远见卓识、能否把握未来的真实反映。在新民主主义革命时期，中国共产党承担了争取民族独立和人民解放的重任，以毛泽东同志为主要代表的中国共产党人对坚持党的领导有过精辟的论述："中国无产阶级、农民和其他劳动人民，有长期的革命斗争的经验。这种革命斗争经验的集中表现，就是中国共产党的革命和建设新国家的伟大的领导能力。"[1]新中国成立后的历史经验告诉我们，只有切实加强中国共产党对教育工作的领导，通过正确的教育方针政策的实施，才能始终保持教育事业的社会主义发展方向，也是保证最为广泛的工农群

---

[1] 中共中央文献研究室：《毛泽东著作专题摘编》下，1862页，北京，中央文献出版社，2003。

众能充分享有受教育权利的政治基础。"中国共产党是全中国人民的领导核心。没有这样一个核心，社会主义事业就不能胜利。"①只有坚持和加强党对教育的领导，才能培养一代代可靠的社会主义事业的建设者和接班人，培养一批批符合国家建设需要的高素质人才。只有坚持和加强党对教育事业的统一领导，才能巩固社会主义的教育阵地。

二、促进人的全面发展是社会主义教育建设的目标

促进人的德智体全面发展是新中国成立后教育发展的基本经验之一。教育作为培养人、提高人素质的一种社会现象，也是实现人的全面发展的根本途径。新中国成立以来，党和政府就非常重视全面发展的教育，提出"教育与生产劳动相结合""教育为工农服务"等方针政策。1951 年，《人民教育》曾展开对人的"全面发展"问题的讨论。1957 年，国家制定了"德智体全面发展"的社会主义教育方针。促进人的全面发展，是党领导下的社会主义教育发展的动力和目标。社会主义革命与建设时期的方针政策以及相应的教育实践，为我们当下的教育提供了经验教训。

---

① 《毛泽东文集》第七卷，303 页，北京，人民出版社，1999。

（一）人的全面发展学说

马克思关于人的全面发展学说，是中共中央制定和推行新中国教育方针政策的理论基础。马克思认为，全面发展的教育包括德育、智育、体育、综合技术教育，通过这几方面的教育，人的体力和智力便可以得到和谐发展，成为身心健康、体脑结合、各种才能都得到全面发展的人。在马克思看来，全面发展的教育关系着工人阶级乃至全人类的未来。"最先进的工人完全了解，他们阶级的未来，从而也是人类的未来，完全取决于正在成长的工人一代的教育。"[①]他通过对欧文教育试验的态度，来表明教育对个人全面发展的重要作用："正如我们在罗伯特·欧文那里可以详细看到的那样，从工厂制度中萌发出了未来教育的幼芽，未来教育对所有已满一定年龄的儿童来说，就是生产劳动同智育和体育相结合，它不仅是提高社会生产的一种方法，而且是造就全面发展的人的唯一方法。"[②]全面发展的教育，有助于实现"用那种把不同社会职能当作互相交替的活动方式的全面发展的个人，来代替只是承担一种社会局部职能的局部个人"的社会理想。"教育就会使他们摆脱现代这种分工为每个人造成的片面性。这样一来，根据共产主义原则组织起来的社会，

---

① 《马克思恩格斯全集》第十六卷，217 页，北京，人民出版社，1964。
② 《马克思恩格斯全集》第二十三卷，530 页，北京，人民出版社，1972。

将使自己的成员能够全面地发挥他们各方面的才能，而同时各个不同的阶级也就必然消失。"①教育成为造就全面发展的人的有效途径。列宁在继承马克思、恩格斯关于人的全面发展理论的基础上，将教育与生产劳动相结合这一思想的核心表述得更加具体。他把生产劳动看作"人类普遍的全面发展"的条件，"为了使普遍生产劳动同普遍教育相结合，显然必须使所有的人都担负参加生产劳动的义务"。为此，列宁指出要使生产劳动成为综合技术教育中不可缺少的内容，而那些"为有钱缴纳全部学费的富人设立的纯粹城市中学"②，也有参加生产劳动的义务，目标就是按照社会需要培养全面发展的人才。在他们看来，教育是实现个人全面发展必需的条件，教育应同社会政治、经济、科学技术等综合起来考虑；只有从根本上变革资产阶级教育，并适应现代科学技术发展的要求，注重教育与生产劳动的紧密结合，才能促进个人的全面发展。

坚持培养全面发展的人才是毛泽东一直坚持的。早在1917年，他以"二十八画生"笔名发表《体育之研究》一文，阐述了体育与德育、智育之间的辩证关系。他认为，体育能强筋骨、增认识、强意志、调感情。他批评旧学校重德育、智育而轻视体育的弊端，导致培养出"偻身俯首，纤纤素手，登山则气迫，

① 《马克思恩格斯全集》第四卷，370～371页，北京，人民出版社，1958。
② 《列宁全集》第二卷，464页，北京，人民出版社，2013。

涉水则足痉"的文弱书生，导致"民族之体质日趋轻细"。为救此弊，他提出"三育并重，身心并完"①，呼吁教育界应注重德智体全面发展。1921年，毛泽东在《湖南自修大学创立宣言》中指出要培养学生的健全人格，提出："本大学学友为破除文弱习惯，图脑力与体力之平均发展，并求知识与劳力两阶级之接近，应注意劳动。"②在土地革命战争时期，毛泽东在学习吸收马列主义理论的基础上，开始将全面发展理论进行本土化改造。1934年1月，在第二次全国苏维埃代表大会上，毛泽东提出中央苏区的教育方针："在于以共产主义的精神来教育广大的劳苦大众，在于使文化教育为革命战争与阶级斗争服务，在于使教育与劳动联系起来，在于使广大中国民众都成为享受文明幸福的人。"③这明确提出了教育要为革命战争服务，要将教育与生产劳动相结合，让广大中国民众成为"享受文明幸福的人"。在抗日战争时期，为了集中抗战力量，组建全面发展的抗日后备军，毛泽东在1939年发表《大量吸收知识分子》一文，提出要同时实现"工农干部的知识分子化和知识分子的工农群众化"④。这些观点都为新中国成立后党和政府制定人的全面发展的教育方针奠定了基础。

---

① 二十八画生：《体育之研究》，载《新青年》，1917，3(2)。
② 《湖南自修大学组织大纲》，载《新时代》，1923，1(1)。
③ 《毛泽东同志论教育工作》，8页，北京，人民教育出版社，1992。
④ 《毛泽东同志论教育工作》，76页，北京，人民教育出版社，1992。

新中国成立后，中共中央不仅将工农速成教育、职业技术教育、扫盲教育等针对不同对象的不同层次的教育纳入国民教育体系，而且在重视知识习得的同时，强调教育与生产劳动相结合，强调学生的体魄锻炼。1951 年 3 月，第一次全国中等教育会议在北京召开。会议提出"使青年一代在智育、德育、体育、美育各方面获得全面发展，成为新民主主义社会自觉的积极的成员"①，这是国家第一次以中央文件的形式提出人的全面发展思想。毛泽东曾致函教育部部长马叙伦，希望采取措施解决学生学习负担过重、影响身体健康的问题，并提出"健康第一，学习第二"②。1954 年 2 月 21 日，周恩来在政务会议的讲话中指出："毛泽东同志特别强调要增强人民体质。我们向社会主义、共产主义前进，每个人要在德、智、体、美等方面均衡发展。""均衡发展是要思想和身体都健康。"③4 月，《政务院关于改进和发展中等教育的指示》发布，明确提出教育目的是要把学生培养成"社会主义社会全面发展的成员"。1957 年 2 月，毛泽东在《关于正确处理人民内部矛盾的问题》中正式提出中国的教育方针应该是使每一位受教育者在德育、智育、体育等方面得

① 《马叙伦部长在第一次全国中等教育会议上的闭幕词》，见何东昌：《中华人民共和国重要教育文献 1949～1975》，87 页，海口，海口出版社，1998。

② 《毛泽东同志论教育工作》，296 页，北京，人民教育出版社，1992。

③ 杨天平、黄宝春：《中国共产党教育方针 90 年发展研究》，77 页，重庆，重庆大学出版社，2015。

到发展，这是对人的全面发展内涵的第一次完整表述。6 月
26 日，周恩来在全国人大一届四次会议上作《政府工作报告》，
进一步强调："我们今后的教育方针，应该是培养有社会主义觉
悟的、有文化的、身体健康的劳动者。过去这个方针是不够明
确的。"此后，在教育部的统一部署下，各学校普遍重视劳动教
育，普遍开设劳动课程，组织学生参加社会实践活动，促进学
生的全面发展。1957 年 3 月 16 日，《中共中央宣传部关于加强
中小学校毕业生劳动生产教育的通知》指出："从事劳动生产是
许多不能升学的高小和中学毕业学生的基本出路。"[①]该文件称，
一年以来，由于普通学校许多毕业生得到升学机会，各地对于
劳动生产方面的宣传和教育有所放松，特别表现为学校劳动教
育薄弱，应尽快加强中小学生的劳动教育。

1958 年，毛泽东再次强调"教育必须同生产劳动相结合"，
指出这是人的全面发展的现实途径。4 月 15—24 日，中共中央
召开教育工作会议。会议"批判了教育部门的教条主义、右倾保
守思想和教育脱离生产劳动、脱离实际，并在一定程度上忽视
政治、忽视党的领导的错误"[②]。4 月 30 日，徐特立在《人民教

---

① 《中共中央宣传部关于加强中小学校毕业生劳动生产教育的通知》，见何
东昌：《中华人民共和国重要教育文献 1949～1975》，736 页，海口，海南出版社，
1998。
② 中央教育科学研究所：《中华人民共和国教育大事记 1949—1982》，
221 页，北京，教育科学出版社，1984。

育》上解答了关于教育方针的几个问题，谈到参加生产劳动对于培养有社会主义觉悟的有文化的劳动者的积极意义："人类之所以为人类，最基本的特征，就是能够制造工具，能够进行有目的有计划的手脑并用的生产劳动。……到了生产有了一定程度的发展，有了人剥削人的可能，产生了阶级，也就产生了劳心与劳力的对立、生产与教育的分离。到了生产力高度发展，能够消灭剥削、消灭阶级、建立了社会主义的生产关系的时候，那就会开始使劳心和劳力逐步统一起来，使生产和教育紧密结合起来。这是社会发展的辩证过程，也是社会发展的必然规律。毛主席提出'培养有社会主义觉悟的有文化的劳动者'的教育方针……这是反映了社会历史的必然规律，这是掌握了历史发展的必然方向。"①徐特立从社会历史发展趋势的角度明确了新教育方针的高度。刘少奇指出："过去教育分为三段：一九四九至一九五三年，比较好，学习苏联结合中国，并以此与资产阶级作斗争；一九五四年、一九五五年，无产阶级教条主义很严重，搬苏联的；一九五六年，搬资产阶级教条。过去成绩是主要的，缺点是严重的，在一个时期内有方针性的错误，如劳动教育等。"②他认为这种忽视劳动教育的错误反映出教育领域存在

---

① 凌光：《徐特立同志解答关于教育方针的几个问题》，载《人民教育》，1958(4)。

② 中央教育科学研究所：《中华人民共和国教育大事记 1949—1982》，221 页，北京，教育科学出版社，1984。

一条"资产阶级的教育方针"，存在"为教育而教育""劳心和劳力分离"等严重问题。

1957年8月6日，《教育部、共青团中央关于发榜前后做好中小学毕业生工作的通知》要求各地教育行政部门和学校以及共青团组织开展广泛宣传，使家长和毕业生明确中小学的主要任务是培养有社会主义觉悟和一定文化程度的体力劳动者。[①] 按照中共中央加强思想政治工作的指示和全国第三次教育行政会议的精神，1957年8月17日，教育部发文，要求中学、师范学校在各年级设置政治课，以更好地培养学生成为有社会主义觉悟和优秀品质的人。[②] 思想政治教育在各级教育中得到加强。1958年6月10日，陆定一在全国教育工作会议上专门强调："教育必须同政治结合，教育必须同劳动结合。我们的教育要全面发展。什么叫全面发展？这就是说，政治同教育结合，教育同劳动结合。这是我们与资产阶级根本不同之处。"[③]9月，《中共中央、国务院关于教育工作的指示》指出，"既能从事脑力劳动又能从事体力劳动的人"是培养"共产主义社会的全面发展的

---

① 《教育部、共青团中央关于发榜前后做好中小学毕业生工作的通知》，见何东昌：《中华人民共和国重要教育文献1949～1975》，781页，海口，海南出版社，1998。

② 《教育部关于中学、师范学校设置政治课的通知》，见何东昌：《中华人民共和国重要教育文献1949～1975》，783页，海口，海南出版社，1998。

③ 《陆定一同志在全国教育工作会议上的讲话》，见何东昌：《中华人民共和国重要教育文献1949～1975》，835页，海口，海南出版社，1998。

新人"的必要条件，号召知识分子与工农群众相结合。1961 年9 月 30 日，《教育部关于全国重点高等学校安排新学年工作必须注意劳逸结合的通知》发布，指出教育部直属高校要适当地安排和控制学生的劳动时间；还指出："各校应当在本学期生产劳动计划规定的时间之内，积极支援农业生产。劳动期间，要照顾师生的体力，保护他们的健康和安全。劳动量不要过重，每天的劳动时间不要过长（每天 4 小时、5 小时或 6 小时，最多不超过 7 小时），更不要突击竞赛。"①可见，教育部专门下文要求各重点高校在新学年要劳逸结合。

1964 年 3 月，毛泽东在《对"北京一个中学校长提出减轻中学生负担问题的意见"的批示》中重申了党的教育方针，指出要让青年学子在"德智体诸方面生动活泼地主动地得到发展"②，强调学校和社会要为人的全面发展创造良好的环境，尊重个体的主体意识，发挥个人的个性特长。1964 年 8 月，中共中央、国务院转发《高等学校毕业生劳动实习试行条例》，规定高等学校本科、专修科的毕业生、毕业研究生和毕业回国留学生，在分配工作后，都应该参加为期一年的劳动实习；认为高等学校毕业生劳动实习是"促使青年知识分子劳动化、革命化，提高社

---

① 《教育部关于重点高等学校安排新学年工作必须注意劳逸结合的通知》，见何东昌：《中华人民共和国重要教育文献 1949～1975》，1067 页，海口，海南出版社，1998。

② 《毛泽东同志论教育工作》，286 页，北京，人民教育出版社，1992。

会主义觉悟，抵制资产阶级思想侵蚀，防止修正主义和教条主义的一项重大措施"，争取用三年时间建立并巩固毕业生劳动实习制度。① 这些理论和陆续出台的政策，为社会主义革命与建设时期人的全面发展指明了方向。

（二）人的全面发展的内在要求

无论是在理论层面还是在实践层面，新中国成立后党和政府均将劳动教育视为培养德智体全面发展的人的有效途径。坚持教育与生产劳动相结合、知识分子与工农群众相结合、脑力劳动与体力劳动相结合，是劳动教育的内在要求。"三个相结合"偏重点不同，彼此交叉重叠。教育与生产劳动相结合、知识分子与工农群众相结合都内在蕴含脑力劳动与体力劳动相结合，坚持知识分子与工农群众相结合就是坚持脑力劳动与体力劳动相结合，而教育与生产劳动相结合是一种实现脑力劳动与体力劳动平衡发展的方式，是引导知识分子与工农群众相结合的重要途径。仅为行文方便将三者分开叙述，实则密不可分。

"教育与生产劳动相结合"思想在马克思教育理论中占据重要地位。马克思主义认为教育与生产劳动各有逻辑体系，但二者之间又存在必然的内在联系，两者的结合对于提高社会生

---

① 中央教育科学研究所：《中华人民共和国教育大事记 1949—1982》，366 页，北京，教育科学出版社，1984。

产力、改造现代社会和造就全面发展的人具有重要意义。十月
革命胜利后，列宁从社会主义革命和建设的实际出发，进一步
丰富和发展了马克思教育理论，其教劳结合思想对中国共产党
影响颇大。新中国成立初期，中国共产党继承马列主义观点并
加以发展，十分重视教育与生产劳动相结合。毛泽东认为，知
识分子只有走与工农群众相结合的道路才能保证其思想上的革
命性。他指出社会主义教育要达到德育和智育结合，而这"二者
都同从事劳动有关，所以教育与劳动结合的原则是不可移易
的"①。这是强调教育与生产劳动相结合对促进青年学生和知
识分子同工农群众相结合、对逐步实现脑力劳动和体力劳动相
结合的意义和作用。教育与生产劳动相结合之所以是劳动教育
的内在要求，是实现人的全面发展的途径，有两大原因。第
一，与生产劳动相结合的教育是提高生产力的有效手段，通过
教育可以使受教育者习得契合国民经济发展实际需要的生产知
识，培养高素质的劳动者；同时，受教育者在学习理论知识的
同时，通过参加生产劳动，可以促进理论知识与实践知识的
融合。第二，教育与生产劳动相结合可以使受教育者在生产
劳动中磨炼意志，增进与工农群众的感情，培养艰苦奋斗的
精神和锻炼强健的体魄，从而促进个体全面发展。为了将教
育与生产劳动相结合落到实处，在中共中央的领导下，全国

---

① 《毛泽东文集》第七卷，399 页，北京，人民出版社，1999。

上下进行了加强学校学生生产劳动、勤工俭学、半工（农）半读、参加社会主义教育运动、"两条腿走路"等典型教育实践，就是让广大青年学子注重生产劳动，在生产实践中树立正确的劳动观念，自力更生，为改变国家贫穷落后的面貌奉献自己的力量。

坚持知识分子和工农群众相结合，被作为改造知识分子和工农群众的办法，改变知识分子只重视文化知识学习而忽略参加劳动实践锻炼，以及工农干部有丰富的实践经验却忽略或缺乏文化知识的学习的不利局面，做到教育理论和教育实践有机结合。毛泽东曾指出知识分子要把工农群众当作自己的先生，要到工厂、农村中参加实践锻炼，在实践中增长知识、积累经验，拉近与工农群众的距离，培养为人民服务、为国家建设做贡献的优良品质。同时，他还指出工农干部和群众仅拥有丰富的革命工作经验，不注重或缺乏理论知识的学习，也是片面的、局部的发展；新中国成立后建立的工农速成中学、农业中学以及大规模的扫盲运动都是救弊之举。知识分子和工农群众要克服各自的片面性，就必须要弥补自己的缺陷，坚持劳动人民知识化，知识分子劳动化。要坚持知识分子与工农群众相结合，坚持理论与实践相结合，唯有如此，才能克服教条主义和经验主义，人才能在正确的轨道上获得全面发展的机会。

劳动教育将脑力教育与体力劳动结合起来，有利于消灭两者的差别，从而促进人的全面发展。三大改造完成后，社会主义制度初步建立起来，破除了剥削社会所固有的剥削关系以及利益之间的根本对立关系。无论从事脑力劳动还是从事体力劳动，都是社会主义的劳动者，不存在高低贵贱之分，他们之间的区别仅在于社会分工的不同。毛泽东指出："在社会主义社会里，主要的社会成员是三部分人，就是工人、农民和知识分子。知识分子是脑力劳动者。"①但"一遇风浪，他们的立场，比起工人和大多数劳动农民来，就显得大不相同。前者动摇，后者坚定，前者暧昧，后者明朗"②。之所以会出现这种情况，是因为"我们现在的大多数的知识分子，是从旧社会过来的，是从非劳动人民家庭出身的。有些人即使出身于工人农民的家庭，但是在解放以前受的是资产阶级教育，世界观基本上是资产阶级的，他们还是属于资产阶级的知识分子"③。要改造这些资产阶级知识分子，就要坚持脑力劳动与体力劳动相结合，在劳动教育中改变世界观。20 世纪五六十年代，全国掀起"学校办工厂，工厂办学校""学工、学农、学军"和社会主义教育运动等热潮，积极探索一条培养、造就社会主义新人全面发展的中国式道路。

---

① 《建国以来毛泽东文稿》第六册，381 页，北京，中央文献出版社，1992。
② 《建国以来毛泽东文稿》第六册，382 页，北京，中央文献出版社，1992。
③ 《建国以来毛泽东文稿》第六册，384～385 页，北京，中央文献出版社，1992。

三、坚持实事求是、推陈出新是党领导教育遵循的原则

坚持实事求是、推陈出新是社会主义革命和建设时期党领导教育遵循的原则，也是基本经验之一。新中国成立后，中国共产党在领导经济建设的同时，坚持实事求是、因地制宜、古为今用、洋为中用、推陈出新的原则，"以老解放区新教育经验为基础，吸收旧教育有用经验，借助苏联经验，建设新民主主义教育"，高度重视教育改革在政治、经济和社会变革中的地位与作用，大力发动、依靠广大人民群众，改造旧教育，建设新教育，开创了新中国的层面明晰、错落有致的教育布局。

（一）始终坚持实事求是、因地制宜的办学路线

新中国成立后，中国社会处于从新民主主义社会向社会主义社会过渡的转型时期。这一时期，政治、经济领域的急剧转变使得教育领域呈现出极其复杂的局面。新旧杂陈，中国传统文化与外来文化交互碰撞，人们对事物的思想认识、观念见解也随之发生变化，反映到教育领域表现如下：旧有的教育目标、办学模式、教学方法等，都面临着许多与正在变化的社会现实不相适应甚至相背离的方面。作为执政党的中国共产党，必须

认真回答"为谁办教育"和"办什么样的教育"的重大战略问题。能否整合并引领各种思想观念、对这两个重大战略问题做出科学回答，决定着其所制定的教育方针政策的正确与否。面对如此挑战，中国共产党坚持实事求是的思想路线，遵循《共同纲领》对新中国性质的判定①，坚持从国情出发，采取因地制宜策略制定了新民主主义教育方针："中华人民共和国的文化教育为新民主主义的，即民族的、科学的、大众的文化教育。人民政府的文化教育工作，应以提高人民文化水平，培养国家建设人才，肃清封建的、买办的、法西斯主义的思想，发展为人民服务的思想为主要任务。"人民翻身当家作主，充分享有受教育权利是必然之意，接受民族的、科学的、大众的教育，同时理所当然要肃清封建的、买办的、法西斯主义的教育思想。由此，结合国内外的政治形势和中国教育具体的实际情况，党始终坚持实事求是、因地制宜的办学路线，在新中国成立后教育实践的多个方面都有体现。

新中国成立后，百废待兴，为了保持教育事业的连续性，党没有全盘否定旧中国教育事业，没有打碎原来的教育基础"另起炉灶"，而是采取先妥善接收再逐步改革的谨慎政策。党从

①　中华人民共和国为新民主主义即人民民主主义的国家，实行工人阶级领导的、以工农联盟为基础的、团结各民主阶级和国内各民族的人民民主专政，反对帝国主义、封建主义和官僚资本主义，为中国的独立、民主、和平、统一和富强而奋斗。

一开始就坚持因地制宜的方针，分门别类接收、接管旧学校（先接收国民政府遗留下来的公立学校，再逐步接收享有外国津贴的教会学校、中国人自办的私立学校）。各学校的教职员，大部分按照原职原薪继续工作。这样既保证了学校的教学秩序和一大批知识分子的思想稳定，又尊重了教育的传承，因此得到学校教职员和社会各界的支持与拥护。党和政府一边接收接管，一边着手改造，在原有的硬件基础上加以重新调整，废除训导制度、特务统治和反动的政治教育，废止国民政府的"党义""公民""童子军""军事训练"等带有反动性的课程；初步建立革命的政治教育，增设政治经济学、新民主主义论、社会发展史等新课，使马列主义、毛泽东思想的教育"进学校""进思想"和"进行动"。此外，对高等教育和基础教育进行了重新布局，特别是对高等院校的全国性调整，不仅节约了教育资源，更开创了新中国的新教育体系。

为了巩固"工人阶级领导的、以工农联盟为基础的"人民民主专政，党和政府制定"教育为工农服务"的教育方针，颁布了一系列规章制度将"教育向工农开门"落到实处。不仅开展扫盲运动，在高校专业录取中对工农出身的考生予以倾斜，而且将工农速成初等学校、工农速成中学、业余初等学校、业余初级中学和业余高中等纳入学校系统，在 1951 年 10 月正式施行的新学制中予以制度性保障。从晚清"癸卯学制"开始，近代中国不同政府主体先后颁布数个学制，作为教育体系的制度性保障。尽管教育界多次呼吁努力，但面向工人和农民的各种补习学校、训练班却一直未能纳入学校系统，没有在学制中占据应有的位置。1951年10月，《政务院关于改革学制的决定》颁布，将工农干部教育和工农群众学校，按其程度分别列入正规的学校系统，使其相互衔接。相对于普通学校而言，这类学校的修业年限有所缩短，对入学年龄不做统一规定。如此制度设计，是新中国工农联盟政权特点的直接体现，将工农速成中学和业余补习学校放在与其他学校同样重要的位置，将"教育向工农开门"方针落到实处，给工农干部和工农劳动人民及其子女充足的受教育的机会。新学制实现了民国时期教育家多年竭力提倡的"社会教育学制化"追求[1]，第一次开创性地解决了社会（成人）教育的地位问题。

党在制定教育政策时，还根据人口分布特点、地形特点以及农村农忙时间等，采取了全日制、半工（农）半读、巡回制等办学形式来开展学校教育，设置了早晚班、季节班（如冬学）、业余班等进行扫盲教育。城市里的学校教育一般采取全日制，而对于需要参加家庭劳动的学生，则采用半工（农）半读形式。对于居民居住零散、无法组织成班级的牧区、山区等地区，采

---

[1] 周慧梅：《域外观念与中国学制变革——基于20世纪30年代"社会教育制度建设"的考察》，载《教育研究》，2011(5)。

用巡回制，由教师往返地区之间给学生上课；一些地区还开办了"帐篷学校""马背学校"，从实际出发，因地制宜，灵活采用了多种办学形式，在很大程度上满足了劳动人民接受教育的愿望，为国家培养了一大批合格的建设人才。

(二)正确处理继承优秀教育传统、借鉴和创新的关系

"古今中西"之争是贯穿近代整个思想文化史的一条基本线索。关于如何处理传统与现代、传承与吸收的关系，如何对待中国古代文明与外来文明等问题，一直众说纷纭，莫衷一是。新中国成立后，以毛泽东同志为主要代表的中国共产党人在领导中国新民主主义教育和社会主义教育建设过程中，对文化思想建设进行了独特的探索。他们将马列主义的普遍真理与我国具体的国情、实践相结合，吸收中国优秀传统文化，借鉴世界先进文化思想，以"民族的、科学的、大众的"教育为教育目标，坚持"古为今用、洋为中用""百花齐放、百家争鸣"等基本方针，形成了具有中国特色的教育思想，丰富了马列主义的教育理论，促进了中国社会变革，促进了中国共产党自身建设，为完成新民主主义教育向社会主义教育的顺利转变提供了坚实保障。

中华民族伟大复兴要传承中国传统文化中的精髓，要恢复中华民族固有的民族精神，发挥中华民族的创造力、自信力。

正如毛泽东在《新民主主义论》中所强调的，民族复兴是要"建设一个中华民族的新社会和新国家"，在这个新社会和新国家中，不但有新政治、新经济，而且还要有新文化、新教育，"一句话，我们要建设一个新中国"。① 新中国成立后，党确定了"民族的、科学的、大众的"的反帝反封建的文化教育总方针；实事求是地指出，新中国成立后一段时间内，文化依然是以无产阶级社会主义文化思想为领导的人民大众反帝反封建的新民主主义文化。

新民主主义的文化教育是民族的。新民主主义文化反对帝国主义压迫，主张中华民族的尊严和独立，是带有我们民族特性的文化。作为具有悠久历史、从未间断的中华民族文化，本身就是世界文明不可或缺的一部分，是多样性、多元化的世界文明的象征。中华民族的新民主主义文化同一切别的民族的社会主义文化和新民主主义文化相联合，建立互相吸收、互相发展的关系，共同形成了世界的新文化。"中国应该大量吸收外国的进步文化，作为自己文化食粮的原料，这种工作过去还做得很不够。这不但是当前的社会主义文化和新民主主义文化，还有外国的古代文化，例如各资本主义国家启蒙时代的文化，凡属我们今天用得着的东西，都应该吸收。但是一切外国的东西，如同我们对于食物一样，必须经过自己的口腔咀嚼和胃肠运动，

① 《毛泽东选集》第二卷，663页，北京，人民出版社，1991。

送进唾液胃液肠液，把它分解为精华和糟粕两部分，然后排泄其糟粕，吸收其精华，才能对我们的身体有益，决不能生吞活剥地毫无批判地吸收。"①毛泽东指出，要特别警惕形式主义地吸收外国的东西，必须和民族的特点相结合，经过一定的民族形式才有用处，中国文化教育应有自己的民族方式。新民主主义文化的发展，要处理好民族文化和外来文化的关系：一方面要坚守文化的民族性，坚持民族自信心；另一方面要大胆借鉴，引进、消化、吸收优秀的外来文化，古为今用、洋为中用。

新民主主义的文化教育是科学的。它反对一切封建思想和迷信思想，主张实事求是，主张客观真理，主张理论和实践相一致。我们的先辈在长期的封建社会历史中创造和积累了灿烂的古代文化，我们现在的新文化是从古代的旧文化中发展而来的。因此，"我们必须尊重自己的历史，决不能割断历史。但是这种尊重，是给历史以一定的科学的地位，是尊重历史的辩证法的发展，而不是颂古非今，不是赞扬任何封建的毒素"②。毛泽东指出，在梳理古代文化的过程中，剔除其封建性的糟粕，吸收其民主性的精华，是发展民族新文化、提高民族自信心的必要条件，批判性地兼收并蓄，用科学的态度对待传统文化。

新民主主义的文化教育是大众的。党的文化教育建设要反

---

① 《毛泽东选集》第二卷，706～707 页，北京，人民出版社，1991。
② 《毛泽东选集》第二卷，708 页，北京，人民出版社，1991。

映工农大众的利益、人民的意愿。新中国成立后，党确定了"教育为工农服务"的教育方针，大众的新民主主义的文化为工农大众服务，并逐渐成为他们的文化。党和政府确立了提高和普及互相区别又互相联系的对策，教育局面为之大变。从 1950—1965 年学生中工农学生的比例变化可以看到广大人民群众参与教育改造的结果：高等学校学生总数中工农学生的比例，1951 年为 19.1％，1959 年为 51.4％，1965 年高达 64.6％；中等学校学生总数中工农学生的比例，1951 年为 52.8％，到了 1965 年已为 81.0％，其中以中等技术学校增长最快（1950 年仅占总量的 37.2％，1951 年为 41.3％，到了 1965 年增至 76.0％）。① 为工农大众服务的新民主主义文化教育，为中国共产党领导的新中国教育事业顺利过渡到社会主义文化道路上提供了坚定力量。

　　1956 年，在中共中央政治局扩大会议上，毛泽东提出"百花齐放、百家争鸣"的方针（简称"双百"方针）。其核心精神体现在艺术上为不同形式和风格可以自由发展，体现在科学上为不同学派可以自由争论。"双百"方针不仅是中国共产党领导文学艺术的基本方针，也是我们党指导科学研究工作的基本方针。毛泽东指出："百花齐放、百家争鸣的方针，是促进艺术发展和

----

① 中华人民共和国教育部：《三十年全国教育统计资料 1949—1978》，27 页，自刊，1979。

科学进步的方针，是促进我国的社会主义文化繁荣的方针。"①在学术批评和研讨中，任何人都不能有特权，"双百"方针允许不同学派自由辩论，不乱"戴政治帽子"，不乱"打棍子"，提倡在文学工作和科学研究中有独立思考、有辩论的自由，有创作和批评的自由，有坚持和保留自己意见的自由。"双百"方针在文艺界和科学界引起了强烈反响，教育领域也显示出生机勃勃的景象。由于反右派斗争扩大化，"双百"方针受到一定干扰和损害。20世纪60年代初中共中央认识开始调整，但这一方针在随后的"文化大革命"中受到严重破坏。"文化大革命"结束后，特别是党的十一届三中全会以来，党和政府重新将"双百"方针确定为中国社会科学文化事业的指导方针，文化教育领域也得到不断创新和发展。

美国汉学家施拉姆认为："我们不但应该在中国和西方的思想、文化中去找概念的起源，而且应该调查概念怎样在实践中变化，为什么变化。否则，马克思主义的中国化这个最根本的问题，我们就不能正确分析。"②面对多元化的文化碰撞，党以开放的态度和包容的心态去学习，以中华优秀文化资源为主体，积极吸纳外来优秀文化，对其进行整合和创新发展，进而建构

---

① 《毛泽东文集》第七卷，229页，北京，人民出版社，1999。

② ［美］施拉姆：《我研究毛泽东思想的经验》，载《毛泽东邓小平理论研究》，1989(4)。

中国特色的文化教育，增加文化教育的主导权和话语权，传播民族文化价值观，探索了一条中国特色教育发展的道路。

(三)坚持教育为国家建设服务的教育发展战略

新中国成立后，党始终坚持贯彻教育为国家建设服务、向工农开门的教育方针，在经济条件有限的情况下，明确政府发展教育事业的责任，加大教育财政的投入，优先发展教育。新中国成立前夕，中国人民政治协商会议第一届全体会议通过的《共同纲领》指出："有计划有步骤地实行普及教育，加强中等教育和高等教育，注重技术教育，加强劳动者的业余教育和在职干部教育，给青年知识分子和旧知识分子以革命的政治教育"，这样做的目的便是"以应革命工作和国家建设工作的广泛需要"，从而确立了"教育为国家建设服务"的方针。在该方针的指导下，为了培养新中国成立后经济发展所需的大量建设人才，将普通中学、中等专业学校(包括中等技术学校)、工农速成中学等都纳入中等学校序列；为了培养急需的工业建设人才和合格师资队伍，以"以培养工业建设人才和学校师资为重点，发展专门学院，整顿和加强综合大学"为原则，调整了高等教育布局；对各级各类学校的课程、教材做了相应改革。1958年，为了配合"鼓足干劲，力争上游，多快好省地建设社会主义"的总路线，党大力进行学制改革、开门办学和加快扫除文盲的进度安排。

此外，新中国成立后的数次全国规模的知识分子思想改造运动以及社会主义教育运动，都凸显了教育改造对社会主义性质的国家和社会改造的重要作用。可以看出，党是将教育发展放在国家建设发展框架下统筹考虑的。

教育经费的投入也体现出教育为国家建设服务的方针。新中国成立后，我国经济仍处于全面恢复之中，国家财政较为困难，但为了满足教育发展的需要，党对教育经费的投入做出了很大的努力。中共中央在《关于编制1953年计划及长期计划纲要的指示》中，提出"边稳、边打、边建"方针，要求集中力量保证重工业的建设，绝不能被理解为可以忽视文化教育卫生事业的发展，以及对这些事业的领导。[①] 据统计，1950年教育事业费支出为3.76亿元，占财政总支出的5.52%；1951年教育事业费上升为7.42亿元，占财政总支出的6.06%；随着国家经济局势逐渐好转，1952年教育事业费增至8.95亿元，占国家财政总支出的5.09%。[②] 在国家财政全面吃紧的情况下，党能保持教育事业费的总值逐年增加、投资比例在5%以上，相当不易。教育部党组在报告关于大中小学教育和扫盲运动等问题时指出，党在第一个五年计划中对教育的预算经费为"年达30余亿元"，专门强调："国家的教育建设计划是与国家的经济建设计划密切

---

① 《第一个五年计划文献选载》，载《党的文献》，1989(4)。

② 《中国教育年鉴》编辑部：《中国教育年鉴1949—1981》，98页，北京，中国大百科全书出版社，1984。

配合的，如果教育计划不能准确地完成，必将大大影响国家经济建设。"①在经费分配使用上，向教育资源薄弱地区、农村地区以及少数民族地区有意识地倾斜。这种投入力量和经费分配的倾斜，为改造旧教育、建设新教育，特别是为工农及其子女能够进入学校学习、广大农民参加扫盲培训班等提供了有力保障。

新中国成立后的教育发展，面对着如何妥善处理传统文化和外来文化的重要问题。毛泽东运用阶级分析法和历史唯物主义，辩证地看待中华传统文化，指出应该批判地继承中华传统文化，创造性地利用中华传统文化："对中国的文化遗产，应当充分地利用，批判地利用。中国几千年的文化，主要是封建时代的文化，但并不全是封建主义的东西，有人民的东西，有反封建的东西。要把封建主义的东西和非封建主义的东西区别开来。封建主义的东西也不全是坏的。我们要注意区别封建主义发生、发展和灭亡不同时期的东西。当封建主义还处在发生和发展的时候，它有很多东西还是不错的。"②民族文化离不开文化传统，只有正确地接受和改造传统文化，"取其精华，去其糟粕"，在此基础上的社会主义文化才能成为有本之木、有源头之

---

① 《中共中央批转教育部党组关于大中小学教育和扫盲运动等问题的报告》，见何东昌：《中华人民共和国重要教育文献 1949～1975》，172 页，海口，海南出版社，1998。

② 《毛泽东文集》第八卷，225 页，北京，人民出版社，1999。

水。正如党对待优秀传统文化教育的态度一样，国外优秀的文化教育理念也被纳入新中国社会主义文化教育源头，要用辩证的、批判的方法学习："我们的方针是，一切民族、一切国家的长处都要学，政治、经济、科学、文学、艺术的一切真正好的东西都要学。但是，必须有分析有批判地学，不能盲目地学，不能一切照抄，机械搬用。他们的短处、缺点，当然不要学。"①从新中国成立后的现实情况看，要在一穷二白的中国实现工业现代化和国家富强，必须善于学习外国先进的科学文化，取人之长，补己之短。"学习的时候用脑筋想一下，学那些和我们情况相适合的东西，即吸取对我们有益的经验，我们需要的是这样一种态度。"②我们要根据中国的实际情况，来学习、吸收国外优秀教育经验。"我们要学的是属于普遍真理的东西，并且学习一定要与中国实际相结合。如果每句话，包括马克思的话，都要照搬，那就不得了。我们的理论，是马克思列宁主义的普遍真理同中国革命的具体实践相结合。"③这指出不能照抄照搬，而要将国外优秀文化理论中国化、民族化，成为社会主义教育体系的一部分。不过，在对待外国文化教育遗产时，由于受到世界政治局势的影响，我国也曾出现过"一边倒"、以意识形态来定性文化教育的情况，在某些方面造成了教育的中断

---

① 《毛泽东文集》第七卷，41 页，北京，人民出版社，1999。

② 《毛泽东文集》第七卷，242 页，北京，人民出版社，1999。

③ 《毛泽东文集》第七卷，42 页，北京，人民出版社，1999。

和浪费。但总体来讲，党基本上贯彻了"古为今用、洋为中用"的方针。这种彰显民族自信心的学习态度，值得我们继续传承和发扬下去。

四、坚持"教育为工农服务"是党领导教育的方向保障

新中国成立后，中国共产党确定了"教育向工农开门"的教育方针，回答了"为谁培养人""培养什么样的人"的根本问题，保证了我国社会主义教育的基本方向。这是党阶级性质的直接体现，与新中国成立后巩固人民民主专政、恢复和发展国民经济的任务相适应，并开创了党领导教育的新局面。以工农为主的业余教育、成人补习教育均进入学制系统，保障了广大工农群众受教育的权利。在教育方针的指导下，党和政府对教育布局做了全面调整，使教育在地域、空间两方面都得到较大改善；工农出身的学生在各级各类学校中的比例大增，为工农联盟的人民民主专政输送了源源不断的合格后备军；广大农民借助大规模的扫盲运动、社会主义教育运动，在文化和政治上都得到了很大的提升。教育与国家政治、经济事业发展步调协一。这一教育方针的制定和贯彻，使得最广大的人民群众在历史上第一次享有受教育的权利，具有划时代的意义。

(一)"教育为工农服务"是中国共产党执政理念的具体化

新中国成立后，中国共产党作为执政党，以马列主义为理论基础制定教育方针，将"教育为工农服务""教育为生产建设服务"列为新民主主义教育的中心方针。这是中国共产党政党性质的直接体现，是中国共产党执政理念的具体化。"由于我们的国家是以工农联盟为基础的人民民主专政的国家，因此我们的教育也应该以工农为主体，应该特别着重于工农大众的文化教育、政治教育和技术教育。"[①]能不能让工农大众真正当家作主、真正全面享有作为公民的各项权利，是判断一个政党是否是执政为民的无产阶级政党的根本所在。毛泽东在中国共产党建党28周年前夕发表了《论人民民主专政》，特别指出："人民民主专政的基础是工人阶级、农民阶级和城市小资产阶级的联盟，而主要是工人和农民的联盟，因为这两个阶级占了中国人口的百分之八十到九十。推翻帝国主义和国民党反动派，主要是这两个阶级的力量。由新民主主义到社会主义，主要依靠这两个阶级的联盟。"[②]该论断成为《共同纲领》的政策基础，成为党制定教育方针的价值取向，也成为广大教育工作者的一个重要政治任务。正如教育部党组书记钱俊瑞面对社会各界"为什么我们

---

① 中共中央党校理论研究室：《中华人民共和国国史全鉴·教育卷》，7页，北京，中央文献出版社，2005。
② 《毛泽东选集》第四卷，1478～1479页，北京，人民出版社，1991。

要把'为工农服务'作为当前建设人民教育的中心方针"的疑问所指出的："人民民主专政好比一所房子，工农联盟是屋基，屋基打得不坚固，不用钢骨水泥，而用普通泥土，那我们的房子就不结实，就不能盖成高楼大厦。"在这种情况下，"我们的一切教育工作者应该从文化科学上与政治上不断地提高工人阶级和农民阶级，加强工人阶级的领导力量，加强工农的联盟及其建设的和创造的力量，使之成为我们人民民主专政这所大厦的完全现代化的钢骨水泥的基础"[①]。而要真正提高工农的文化政治水平，就要求新中国成立后教育首先和主要地为工农服务。"现在我们国家的经济正处于恢复阶段，需要人'急'，需要'才'专"[②]，因此，教育发展以人数最为广大的工农群众为主要对象，是快速增加人才培养数量的最佳应对策略。"教育为工农服务"将中国共产党执政理念具体到教育领域，不仅为新中国培养了大量工农出身的领导干部和建设人才，更保证了广大普通工农群众受教育的权利和受教育的机会，巩固和加强了工人阶级领导的、以工农联盟为基础的人民民主专政的国家政权，保证了新中国成立后政权的稳定。

(二)"教育为工农服务"实现了工农大众的文化翻身

教育为占全国人口总数 80% 以上的工农服务，符合工农在

---

① 钱俊瑞：《当前教育建设的方针》，载《人民教育》，1950(1)。
② 《周恩来教育文选》，9页，北京，教育科学出版社，1984。

政治翻身之后的文化翻身的迫切要求。新中国成立后，全国工人和农民除有少数识字班、业余学校和老解放区的冬学外，还极端缺乏经常的和合适的文化教育。"全国现有大学和专科学校共约二百所，学生约十五万人；中等学校共约五千所，学生约一百五十万人，小学约三十万所，学生约二千余万人。这些学校除老解放区的小学和中学已有极大多数的学生是农民工人的子女以外，其他地区的各级的学校的学生绝大多数还是中农以上和城市小资产阶级以上的子女；占全国人口百分之八十以上的工农大众及其子女基本上还被关在学校门外。"[1]作为国家政治基础和基本力量的工农大众，在实现政治翻身之后，迫切需要实现文化翻身。以毛泽东为代表的共产党人为新中国成立后教育方针的确立指出了方向，从新教育内容和教育建设部署方面做了制度性安排。就新教育内容看，为实现工农大众的文化翻身，党不仅规定新中国教育内容要以工人阶级的思想为领导，选择那些切合工农需要的民族的、科学的、大众的东西，密切联系他们的实际生活和实际斗争，选用广大工农群众喜闻乐见的形式来表达新教育内容，还合理改革文字（比如简体化），使言语力求接近工农大众。在此基础上，党加强工农干部和人民解放军教育，推行工人、农民业余补习教育，在全国范围内推行大规模的识字运动、扫除文盲运动，要求各级各类学校为工

---

① 钱俊瑞：《当前教育建设的方针》，载《人民教育》，1950(1)。

农及其子弟开门等，并附设工农速成中学、工农补习班等。这些政策的出台及实践的落实，使广大工农群众实现了政治翻身和文化翻身，为人民民主专政的新中国政权的稳固提供了最大数量的工农支持者。

(三)"教育为工农服务"开创了党领导下的教育新模式

新中国成立初期，教育部部长马叙伦在第一次全国工农教育会议开幕式上指出："我们现在把工农教育问题列为国家教育工作主要的议事日程，这在中国历史上是一件空前的大事。"他对工农教育予以范围的界定："主要的是指在生产战线上的广大青年和成年男女工人和农民的教育问题以及培养工农知识分子的问题。这是属于一个新的教育范畴的。"[①]鉴于广大工农群众自身和国家经济建设的需要，党和政府因势利导，采取将工农教育正式纳入学制系统、切合当时历史条件的方法来予以解决。

1950 年 5 月，成立半年的社会教育司汇报全国的工作进展，指出工人业余教育、农民扫盲运动取得较大进展。特别是冬学，不仅让总计 11946594 人脱盲（其中以青年为多，壮年次之，老年最少），而且通过识字教育，农民提高了政治意识。新中国成立后社会教育的重点工作主要集中在文化补习教育方面，这点

---

① 《马叙伦部长在第一次全国工农教育会议上的开幕词》，见何东昌：《中华人民共和国重要教育文献 1949~1975》，58 页，海口，海南出版社，1998。

与当时教育方针和社会实况是相契合的。"教育为工农服务"的教育方针，要求将教育发展的侧重点指向最为广泛的工人和农民，而80％不识字的人员中绝大部分为工农和工农出身的子弟。随着新中国的成立，工农大众实现政治翻身、经济翻身、文化翻身成为主要政治诉求。工农速成教育的创立和快速发展，识字扫盲的全国规模铺开，工农文化翻身的落实，这些都在1951年出台的新学制中得到了体现。学制改革，是新中国教育史上的一件大事。它使得我们的教育制度适合于新民主主义的政治需要，适合于当时人民大众的要求和新中国建设的需要。它规定着新中国人民教育的规模和发展方向，成为之后一切教育实施的依据，制定和讨论各种规程的准绳。在政务院颁布新学制的同时，教育部还制定和颁布了各级各类学校规程或暂行办法，对不同类型学校的教育宗旨、目标、任务、原则、内容、方法及学校行政管理等事项做了相应的规定，从而构建起了新中国完整的学校教育制度体系。在各级教育改革的基础上，新学制出台，为新教育体系的构建提供了制度上的保障。

当然，在新中国成立后的教育改革和建设中，也存在一些将教育与政治、经济问题等同起来，发动大规模的运动的情况，这种泛化教育给国家的建设和发展带来了冲击。政治、经济问题具有教育意义，但本身并不一定是教育问题。把教育当作政治运动来进行，为了解决问题发动大规模的运动，给国家政治、经济和社会生活带来了极大的混乱。新中国成立后的实践已经证明了这一点："我们过去在社会主义改造完成以后，仍然搞这个运动、那个运动，一次运动耽误多少事情，伤害多少人。"①这些经验教训，值得我们深刻反思。

---

①　《邓小平文选》第二卷，251页，北京，人民出版社，1994。

参考文献 |

一、原始档案
　　(一)中华人民共和国教育部档案处
　　全宗 98（C）：1950-C-6、22、23、36、42、48、59、71、76、136、137、138、168；1951-C-41、42、56、59、131、139、144、145；1952-C-11、85、86、87、156、158；1953-C-19、27、139、140、142、145、230；1954-C-38、81、83、106、162；1955-C-31、43、51、172、173、175；1956-C-17、34、50、51、164、167；1957-C-56、62、144、145；1958-C-13、40、130、139、345、346、347、362、363；1958-C-230；1959-C-152、153、288、289、291；1959-C-12、14、46、246、247；1960-C-29、30、35、294-301。
　　全宗 98（Y）：1949-Y-1、27；1950-Y-3、17、18、63、68、86、116；1951-Y-27、28、75、157、161-163、168；1952-Y-17、53、73、76、78、79、87、88、89、180、181；1954-Y-8、

17、160、172-177；1955-Y-45、171；1957-Y-13、139；1956-Y-5；1958-Y-4、35、189、194、286、287、291；1959-Y-5、9、21、23、25、167、244、245；1960-Y-23、196、292、293；1965-Y-19、20、21、22、23。

（二）中央档案馆

1948 年卷 262-4、5、8。

（三）北京市档案馆

全宗 J153，1-2、3、23。

全宗 I1，22-1209、1221、1223。

（四）中国人民大学档案馆

全宗 1960，XZII-XB-24、25、27。

（五）北京师范大学档案馆

教务处全宗，1957-31、32；1954-64。

校长办公室全宗，1952-28、51；1956-110。

党委办公室全宗，1964-22、25、28。

二、重要文集、文选

《马克思恩格斯全集》第四卷，北京，人民出版社，1958。

《马克思恩格斯全集》第十六卷，北京，人民出版社，1964。

《马克思恩格斯全集》第二十三卷，北京，人民出版社，1972。

《列宁选集》第二卷，北京，人民出版社，2013。

《列宁选集》第四卷，北京，人民出版社，2013。

《列宁全集》第三十六卷，北京，人民出版社，1985。

《列宁全集》第三十九卷，北京，人民出版社，1986。

《邓小平文选》第二卷，北京，人民出版社，1994。

《周恩来教育文选》，北京，教育科学出版社，1984。

《刘少奇选集》上卷，北京，人民出版社，1981。

《刘少奇选集》下卷，北京，人民出版社，1985。

《毛泽东著作选读》下册，北京，人民出版社，1986。

《毛泽东选集》第二至四卷，北京，人民出版社，1991。

《毛泽东同志论教育工作》，北京，人民教育出版社，1992。

《毛泽东文集》第七卷，北京，人民出版社，1999。

《毛泽东文集》第八卷，北京，人民出版社，1999。

《建国以来毛泽东文稿》第六册，北京，中央文献出版社，1992。

《建国以来刘少奇文稿》第四册，北京，中央文献出版社，2005。

《建国以来刘少奇文稿》第九册，北京，中央文献出版社，2018。

三、资料汇编

教育资料丛刊社：《当前教育建设的方针》，北京，人民教育出版社，1952。

中央人民政府高等教育部高等教育通讯编辑室：《中国人民大学教学经验讨论会报告汇编》，北京，高等教育出版社，1954。

中国共产党农垦部政治部教育部：《坚持半农半读的方向 农垦系统半农半读学校经验汇编》，北京，农业出版社，1965。

中华人民共和国教育部：《三十年全国教育统计资料

1949—1978》，自刊，1979。

中华人民共和国国家农业委员会办公厅：《农业集体化重要文件汇编（1949—1957）》上，北京，中共中央党校出版社，1981。

中央教育科学研究所：《中华人民共和国教育大事记1949—1982》，北京，教育科学出版社，1984。

《中国教育年鉴》编辑部：《中国教育年鉴1949—1981》，北京，中国大百科全书出版社，1984。

中华人民共和国国家教育委员会高教三司：《普通高等学校函授夜大学文件资料汇编》，内部资料，1988。

军事科学研究院军事历史研究部：《中国人民解放军六十年大事记(1927—1987)》，北京，军事科学出版社，1988。

劳动部政策法规司、吉林省劳动厅：《中华人民共和国劳动政策法规全书》第一卷，长春，吉林科学技术出版社，1990。

中央宣传部办公厅：《党的宣传工作会议概况和文献(1951—1992年)》，北京，中共中央党校出版社，1994。

金铁宽：《中华人民共和国教育大事记》第一卷，济南，山东教育出版社，1995。

国家教育委员会成人教育司：《扫除文盲文献汇编1949—1996》，重庆，西南师范大学出版社，1997。

《中国人民解放军通鉴》编辑委员会：《中国人民解放军通鉴1927—1996》，兰州，甘肃人民出版社，1997。

何东昌：《中华人民共和国重要教育文献1949～1975》，海口，海南出版社，1998。

陈大白：《北京高等教育文献资料选编1949～1976》，北京，首都师范大学出版社，2002。

本书编写组：《建国以来公安工作大事要览（1949年10月至2000年）》，北京，群众出版社，2003。

教育部国防教育办公室：《学校国防教育文献汇编（1949—2004年）》，北京，军事谊文出版社，2004。

中共中央党校理论研究室：《中华人民共和国国史全鉴·教育卷》，北京，中央文献出版社，2005。

曹义孙、胡晓进：《三十年中国法学教育大事记（1949～1978）》，北京，中国政法大学出版社，2010。

总政治部办公厅：《中国人民解放军政治工作历史资料选编》第十一册、第十三册，北京，解放军出版社，2002。

中央档案馆、中共中央文献研究室：《中共中央文件选集（1949年10月—1966年5月）》第二册（1950年1月—4月），北京，中共中央党校出版社，2013。

国务院法制办公室：《中华人民共和国法规汇编 1953—1955》第二卷，北京，中国法制出版社，2014。

国务院法制办公室：《中华人民共和国法规汇编 1956—1957》第三卷，北京，中国法制出版社，2014。

全国人大常委会办公厅、中共中央文献研究室：《人民代表大会制度重要文献选编》（一），北京，中国民主法制出版社，2015。

四、著作

董渭川：《新中国的新教育》，上海，中华书局，1953。

李维汉：《回忆与研究》下，北京，中共党史资料出版社，1986。

靳宏斌：《毛泽东同志教育思想研究》，武汉，湖北教育出版社，1986。

王永贤：《上海成人教育史 1949—1989》，上海，上海社会科学院出版社，1991。

薛连璧、张振华：《中国军事教育史》，北京，国防大学出版社，1991。

《毛泽东同志论教育工作》，北京，人民教育出版社，1992。

沈谱、沈人骅：《沈钧儒年谱》，北京，中国文史出版社，1992。

孙琬钟：《中华人民共和国法律大事典》，北京，中国政法大学出版社，1993。

瞿葆奎：《教育学文集·教育与教育学》，北京，人民教育出版社，1993。

刘英杰：《中国教育大事典 1949—1990》上、下，杭州，浙江教育出版社，1993。

顾明远：《中国教育大系·马克思主义与中国教育》下，武汉，湖北教育出版社，1994。

公安部《罗瑞卿论人民公安工作》编辑组：《罗瑞卿论人民公安工作(1949—1959)》，北京，群众出版社，1994。

陆昕、徐世虹：《中外法律文化大典——中外法律比较编年》，北京，中国政法大学出版社，1994。

汤能松、张蕴华、王清云，等：《探索的轨迹——中国法学教育发展史略》，北京，法律出版社，1995。

陶驷驹：《新中国第一任公安部长——罗瑞卿》，北京，群众出版社，1996。

顾洪章：《中国知识青年上山下乡始末》，北京，中国检察出版社，1997。

孙春山：《无悔人生：杨献珍》，济南，山东画报出版社，1997。

四川省地方志编纂委员会：《四川省志·公安·司法志》，成都，四川人民出版社，1997。

［日］大塚丰：《现代中国高等教育的形成》，黄福涛译，北京，北京师范大学出版社，1998。

陈廷伟、张桦、葛寄海：《周恩来教育思想》，南京，江苏教育出版社，1998。

宋嗣廉、韩力学：《中国师范教育通览》中卷，长春，东北师范大学出版社，1998。

中国学前教育研究会：《中华人民共和国幼儿教育重要文献汇编》，北京，北京师范大学出版社，1999。

唐淑、钟昭华：《中国学前教育史》，北京，人民教育出版社，2000。

喻本伐：《中国幼儿教育史》，郑州，大象出版社，2000。

闻有信、杨金梅：《职业教育史》，海口，海南出版社，2000。

李滔：《中华留学教育史录——1949 年以后》，北京，高等教育出版社，2000。

中央档案馆：《共和国雏形——华北人民政府》，北京，西苑出版社，2000。

胡建华：《现代中国大学制度的原点：50 年代初期的大学

改革》，南京，南京师范大学出版社，2001。

《董必武法学文集》，北京，法律出版社，2001。

盖军：《中国共产党八十年历史纪事》，武汉，湖北人民出版社，2001。

方晓东、李玉非、毕诚，等：《中华人民共和国教育史纲》，海口，海南出版社，2002。

刘捷、谢维和：《栅栏内外——中国高等师范教育百年省思》，北京，北京师范大学出版社，2002。

朱世杰、廖文科：《学校国防教育史》，北京，军事谊文出版社，2003。

朱永新：《嬗变与建构：中国当代教育思想史》，北京，人民教育出版社，2004。

霍宪丹：《中国法学教育的发展与转型（1978—1998）》，北京，法律出版社，2004。

毛礼锐、沈灌群：《中国教育通史》第六卷，济南，山东教育出版社，2005。

程裕祯：《新中国对外汉语教学发展史》，北京，北京大学出版社，2005。

陆士桢、魏兆鹏、胡伟：《中国儿童政策概论》，北京，社会科学文献出版社，2005。

徐京利：《解秘中国外交档案》，北京，中国档案出版社，2005。

杨建才：《中国职业教育历史》，沈阳，辽宁大学出版社，2005。

杨元华、沈济时、陈挥，等：《中华人民共和国 55 年要览

1949—2004》，福州，福建人民出版社，2006。

李涛：《借鉴与发展：中苏教育关系研究（1949—1976）》，杭州，浙江教育出版社，2006。

《吉林大学校史》编委会：《吉林大学校史 1946—2006》，长春，吉林大学出版社，2006。

何东昌：《中华人民共和国教育史》上、下卷，海口，海南出版社，2007。

中国人民大学校史研究丛书编委会：《中国人民大学纪事（1937—2007）》上卷，北京，中国人民大学出版社，2007。

董纯朴：《中国警察教育史论》，长春，吉林文史出版社，2007。

中国铁道学会教育委员会：《中国铁路教育史（1949—2000）》，成都，西南交通大学出版社，2007。

金冲及：《周恩来传 1898—1976》，北京，中央文献出版社，2008。

王伦信、曹彦杰、陈绵杰：《新中国中学教育改革研究》，上海，上海教育出版社，2008。

朱旭东、胡艳、施克灿，等：《时代使命——北京师范大学与中国教师教育改革》，北京，北京师范大学出版社，2008。

何增光：《浙江高等师范教育史》，杭州，杭州出版社，2008。

王维新、陈金林、戴建国：《中国百年师范教育图志》，上海，上海辞书出版社，2009。

于富增：《改革开放 30 年的来华留学生教育 1978—2008》，北京，北京语言大学出版社，2009。

王逸舟、谭秀英:《中国外交六十年(1949—2009)》,北京,中国社会科学出版社,2009。

李太平:《普及与提高:中国初等教育 60 年》,杭州,浙江大学出版社,2009。

徐焰:《六十年国事纪要·军事卷》,长沙,湖南人民出版社,2009。

赵峰、苗丹国、魏祖钰,等:《新中国六十年留学大事概览:1949—2009》,北京,现代出版社,2010。

李喜所:《中国留学通史·新中国卷》,广州,广东教育出版社,2010。

顾定倩、朴永馨、刘艳红:《中国特殊教育史资料选》下卷,北京,北京师范大学出版社,2010。

王义智、李大卫、董刚,等:《中外职业技术教育》,天津,天津大学出版社,2011。

当代中国研究所:《中华人民共和国史稿 1966—1976》第三卷,北京,当代中国出版社、人民出版社,2012。

王炳照:《王炳照口述史》,北京,北京师范大学出版社,2010。

刘长敏、张培坚:《甲子华章——中国政法大学校史(1952—2012)》,北京,中国政法大学出版社,2012。

卢乐山:《卢乐山口述史》,北京,北京师范大学出版社,2012。

曾宪义、王健、闫晓君:《律学与法学:中国法律教育与法律学术的传统及其现代发展》,北京,中国人民大学出版社,2012。

苏渭昌、雷克啸、章炳良：《中国教育通史·中华人民共和国卷》上、下，北京，北京师范大学出版社，2013。

徐晓红：《周恩来生平研究资料》，北京，中央文献出版社，2013。

中共中央统战部，等：《中国统一战线教程》，北京，中国人民大学出版社，2013。

淳于淼泠、潘丽霞：《重庆留学史研究：以留学人物·留学政策为中心（1898—1966）》，北京，中国社会科学出版社，2014。

李均：《中国高等教育政策史（1949—2009）》，广州，广东高等教育出版社，2014。

民建中央宣传部：《胡厥文文稿选编》，北京，民主与建设出版社，2014。

赵理文：《中国共产党党校教育史》，北京，中共中央党校出版社，2014。

粟高燕：《中国百年幼儿师范教育发展史研究（1904—2004）》，天津，天津古籍出版社，2014。

田景正、杨佳：《中外学前教育史》，北京，北京师范大学出版社，2014。

《北京外国语大学图史》编撰委员会：《北京外国语大学图史1941—2014》，北京，外语教学与研究出版社，2016。

高田钦：《"文革"时期我国高校组织及制度变迁》，南京，南京大学出版社，2015。

孔寒冰：《"黑脚"的汉语之路：法国汉语总督学白乐桑口述》，北京，北京大学出版社，2015。

沈志华：《苏联专家在中国（1948—1960）》，北京，社会科学文献出版社，2015。

杨天平、黄宝春：《中国共产党教育方针 90 年发展研究》，重庆，重庆大学出版社，2015。

李维汉：《统一战线问题与民族问题》，北京，中共党史出版社，2016。

沈宁、沈旦华：《岁月如水流去：夏衍日记》，北京，中华书局，2016。

曹晔，等：《当代中国中等职业教育》，天津，南开大学出版社，2016。

顾明远：《中国教育路在何方：顾明远教育漫谈》，北京，人民教育出版社，2016。

李拉：《我国特殊师范教育制度研究》，南京，南京大学出版社，2016。

《共和国日记》编委会：《共和国日记（1950）》，郑州，河南人民出版社，2017。

顾明远：《顾明远口述史》，北京，北京师范大学出版社，2018。

蒋纯焦，等：《上海教育史》第三卷，上海，上海教育出版社，2019。

胡艳：《规制与解放：百年来中国中小学教师专业化进程研究》，北京，北京师范大学出版社，2020。

马建强、何侃、王培峰，等：《共和国教育学 70 年·特殊教育学卷》，北京，北京师范大学出版社，2020。

索　引　|